▲ ⬬ ◆ ᗞ ▲ ● ⬟ ✖ ▼ ●

中国学前教育
史料集成

卷
三

蒙养园论集

下册

总主编　喻本伐
本卷主编　喻本伐　赵燕

中国教育出版传媒集团
人民教育出版社·北京

编者说明

一、"学前教育"术语,是近代西方"新教育"传入中国后,才得以在中国确立和广泛运用的。学前教育,有广义和狭义之分。广义的学前教育,是指对从出生到6周岁或7周岁的儿童所实施的保育和教育。从这个意义上说,它与中国原本使用的"慈幼教育"或"童蒙教育"同义,并非严格意义的公共教养机构,以与正规学校制度对接。而狭义的学前教育,则是指对3~6周岁或7周岁的儿童所实施的保育和教育,它仅指广义学前教育的后半段。它的重要特征,一为有专设的公共教养机构,二为此机构能与其后的小学教育紧密衔接。本丛书命名之要义,实则偏重于狭义。

二、最早由西方基督教传教士在中国开办的学前教育机构,名为"小孩察物学堂"。中国政府于1902年颁布《钦定学堂章程》时,并未配套设置学前教育机构;在1904年颁布《奏定学堂章程》时,首次以"蒙养院"作为学前公共教养机构的名称。1912年中华民国成立,在随后颁行的"壬子癸丑学制"中,将"蒙养院"变更一字,改称"蒙养园"。在1922年颁行的"壬戌学制"中,又将"蒙养园"改称"幼稚园"。1949年中华人民共和国成立,在1951年颁行的《关于改革学制的决定》中,最终将"幼稚园"改定为"幼儿园"。本丛书的史料收集,依照蒙养院、蒙养园、幼稚园和幼儿园四段展开。

三、本丛书的史料,又依据制度、实践和思想三要素,各自进行分类编年。具体而言,制度部分由"制度、章则、令案"合构,实践部分由"绍介、创设、办理"合构,思想部分由"理论、思想、主张"合构。史料选取,以蒙养院、蒙养园、幼稚园和幼儿园教育为主体,兼及托儿所教育、幼儿师范教育、慈幼教育和家庭教育等诸方面。史料的上、下时限,一般均依法定学制的颁布时间而定,而思想渊源或影响,或则稍溢出此范畴,实为学制颁布前后的铺垫或延伸。

四、具体来说,本丛书由如后10卷合构:《卷一 蒙养院论集》(1904—1911年,包括制度、实践和思想三部分),《卷二 蒙养园论集 上册》(1912—1922年,包括制度、实践二部分),《卷三 蒙养园论集 下册》(1912—1922年,包括思想部分),《卷四 幼稚园论集 上册》(1922—1951年,包括制度、实践二部分),《卷五 幼稚园论集 中册》(1922—1932年,包括《幼稚园课程标准》颁布前之思想部分),《卷六 幼稚园论集 下册》(1932—1951年,包括《幼稚园课程标准》颁布后之思想部分),《卷七 幼儿园论集 上册》(1951—2001年,包括制度部分),《卷八 幼儿园论集 中上册》(1951—2001年,包括实践部分),《卷九 幼儿园论集 中下册》(1951—1978年,包括"十一届三中全会"召开前之思想部分),《卷十 幼儿园论集 下册》(1978—2001年,包括"十一届三中全会"召开后之思想部分)。

五、本丛书的选录对象为各种文论,包括手稿、论文、演讲记录、调查报告、提案、书信、日记、参观记等,原则上不包括单独成册的专著(序、跋除外)。至于论文集、文献汇编等,则选取其中的单篇。对于文论的选录,以全篇整录为通例;其特例,则为部分选录(篇名后标明"节录"或"未完稿",正文中部分省略)。少量与正文相关并确有必要的文字,收作正文附录。

六、所收文论,以"保留原貌"为准则。尽可能依据最早发表时的原件,而不取全集、文选等再发表件编者之删改或修饰的结果。原文中的繁体字、异体字等,按照国家所颁行的相关规定统一处理。明显的错别字、脱字等,编者统一后置"〔〕",并将供参考之字或词置于其内。已无法辨识的文字,由编者用"□"表示。原竖版中的"如左""如右"等表述，均改为"如下""如上"等。

七、对于原文中的断句和标点符号使用，由编者依照通例统一处理；对于原文未分段或分段不当者，由编者根据文意，重新进行分段；对于原文中的各式序号标列，由编者按相关标准统一处理；原文（表格除外）中的中文数字，皆保留原样。原文中的表格，均尽可能保留原有形式，但为阅读便利，其中凡为竖式者，皆改为横式；中文数字，一般情况下改为阿拉伯数字。全书的表号和表题，由编者进行统一处理。文中原发表时的附图，保留原样，以"原图"表示；由编者插入的图片等，则用"另图"表示。书中的原图与另图，也分别由编者统一拟题和加冠序号。

八、本书各篇文论的题目之下，标明作者或发文单位及该文面世时间，并置"题解"，交代文章撰写或发表时间、原载刊物、作者简介、相关背景或载刊简介等。文内注释，采用脚注形式，每页均重编序号。注释对象，为人物、事件、专用术语、特殊名词、个别难僻字词、非通译人名或外文等。同一注释对象，在同一卷中仅详注一次，且以首次出现时加注为原则。对于在题解中已介绍的人物等，不再详注。对于难以查找到的非通译人名、地名，权且从略。

九、本丛书的总主编为喻本伐。各分卷主编依次为：《卷一　蒙养院论集》，喻本伐、郑刚；《卷二　蒙养园论集　上册》，喻本伐、张汶军；《卷三　蒙养园论集　下册》，喻本伐、赵燕（武汉市城市职业学院）；《卷四　幼稚园论集　上册》，喻本伐、李先军；《卷五　幼稚园论集　中册》，喻本伐、徐恩秀（集美大学师范学院）；《卷六　幼稚园论集　下册》，喻本伐、王帅；《卷七　幼儿园论集　上册》，喻本伐、郑刚、张汶军；《卷八　幼儿园论集　中上册》，喻本伐、郑刚、张汶军;《卷九　幼儿园论集　中下册》,喻本伐、郑刚、张汶军;《卷十　幼儿园论集　下册》,喻本伐、郑刚、张汶军。除已标明者外,余皆为华中师范大学教育学院教师。

喻本伐
2022 年 4 月 13 日

目录

第三编

理论　思想　主张

1	对于新教育之意见｜蔡元培　1912年2月10日	003
2	全国临时教育会议开会词｜蔡元培　1912年7月10日	013
3	玩具与幼稚教育之关系｜徐斧言　1913年2月25日	018
4	蒙台梭利新教育法之设施｜悫生　1913年8月10日	023
5	儿童之好奇心｜［日］上野阳一著　鲁迅译　1913年11月	029
6	家庭教育之方针｜金学俨　1913年12月1日	041
7	儿童研究｜志厚　1914年4月15日	048
8	蒙铁梭利女史新教育法（节录）｜顾树森　1914年7月	057
9	《蒙台梭利教育法》序言｜高凤谦　1914年10月15日	068
10	幼稚园实验教育谈｜殷鲜颢　1915年2月5日	070
11	论推广幼稚园之必要｜周闳　1915年4月5日	080
12	家庭教育与幼稚园｜李然　1915年5月10日	082
13	幼稚园师范谈话会｜姚曼英　1915年5月19日	086
14	论中国幼稚园不发达之原因｜汪乃熙　1915年5月	089
15	推广幼稚园为当务之亟论｜程铭西　1915年7月10日	091
16	今日之教育方针｜陈独秀　1915年10月15日	094
17	游戏之科学研究｜傅锐　1915年10月15日	101
18	育婴堂急宜改设幼稚园议｜褚铁华　1916年3月5日	104

19	儿童之玩具教育	
	——译美国《母范杂志》| 宗良　1916 年 3 月 5 日	108
20	家庭教育中之家训 | 李元蘅　1916 年 5 月 25 日	113
21	在江苏幼稚教育研究会大会上的演讲 | 薛锦琴等　1916 年 8 月 26 日	119
22	国人宜注意幼稚教育 | 王立才　1916 年 9 月 15 日	126
23	家庭教育论（未完稿）| 恽代英　1916 年 11 月	131
24	近代西洋教育	
	——在天津南开学校演讲 | 陈独秀　1917 年 7 月 1 日	153
25	幼稚教育宜注重觉悟力 | 黄炎培　1917 年 8 月 23 日	157
26	予之近今幼稚教育观 | 余日章　1917 年 8 月 23 日	160
27	婴儿当由国家保护论	
	——译《英国十九世纪及其后》| 愈之　1917 年 12 月 15 日	164
28	新教育与旧教育之歧点	
	——在"直隶全省小学会议欢迎会"上的演说词 | 蔡元培	
	1918 年 4 月 30 日	170
29	儿童游戏与人类学之意义 | 天民　1918 年 8 月 20 日	174
30	儿童公育	
	——彻底的妇人问题解决法，处分新世界一切问题之锁钥 | 沈兼士	
	1919 年 1 月 30 日	184
31	教育上之玩具观 | 贾丰臻　1919 年 2 月 20 日	191
32	教育之对待的发展 | 蔡元培　1919 年 2 月	206
33	贫儿院与贫儿教育的关系	
	——在北京青年会演说词 | 蔡元培　1919 年 3 月 15 日	209
34	幼稚园之新动力 | [美] 布郎女士　1919 年 4 月	214
35	蒙养园与德谟克拉西（节录）| 蒋拱辰　1919 年 11 月	217
36	儿童读物的研究 | 丁锡纶　1920 年 1 月 5 日	221
37	《儿童游戏教育》的要点	
	——撮译 G. E. Johnson 的著作 | 应元道　1920 年 2 月	228
38	非"儿童公育" | 杨效春　1920 年 3 月 1 日	234
39	儿童与玩具之关系	
	——译美国《世界观杂志》矮德何女士原著 | 师蠡　1920 年 3 月 5 日	240
40	对于儿童玩具的意见 | 丁锡纶　1920 年 3 月 15 日	247
41	在江苏一女师附属蒙养园纪念会上之演说 | 龚俊　1920 年 4 月 13 日	252

42	驳杨效春君《非"儿童公育"》｜恽代英　1920年4月18日	255
43	幼稚时期展长之必要｜周邦道　1920年4月20日	261
44	评儿童公育问题	
	——兼质恽、杨二君｜雁冰　1920年5月上旬	267
45	儿童公育问题的我见｜颂华　1920年5月18日	275
46	对于蒙养园练习写、读的意见	
	——主张添授注音字母｜胡人哲　1920年12月	279
47	儿童公育问题的注意点｜力子　1920年8月4日	287
48	大家为"儿童公育"努力｜恽代英　1920年8月19日	291
49	儿童公育	
	——致《新青年》记者｜杨钟健　1920年9月1日	295
50	蒙台梭利所用体操器械之研究｜任荣　1920年10月	299
51	儿童学与教育｜舒新城　1920年11月20日	302
52	欧文（Robert Owen）底略传和他底新村运动｜李大钊　1920年12月8日	315
53	编译儿童用书与儿童心理｜陈鹤琴　1920年12月9日	323
54	儿童公育在教育上的价值｜恽代英　1920年12月20日	330
55	《幼儿教育研究》发刊词（一）｜刘吴卓生　1920年12月	344
56	《幼儿教育研究》发刊词（二）｜陈斟玄　1920年12月	346
57	世上最呆与最聪明的儿童｜张耀翔　1920年12月	349
58	保姆当研究儿童的游戏｜唐若兰　1920年12月	354
59	对于神话教材之怀疑｜邰爽秋　1921年1月20日	358
60	游戏教育｜余家菊　1921年3月20日	377
61	儿童心理及教育儿童之方法｜陈鹤琴　1921年3月	389
62	儿童心灵底发育｜［美］密鲁著　余家菊译　1921年3月	398
63	兴趣与儿童教育｜顾克彬　1921年3月	412
64	余之幼稚园观｜陈俶　1921年4月	416
65	幼稚园是教育的基础｜王余矩英　1921年8月	424
66	活的教育｜陶知行　1921年夏	428
	附录 《陶知行致〈学灯〉记者函》	438
67	论家庭教育｜黄德正　1921年12月4日	439
68	幼稚园之现在与过去｜Julia W. Abbot著　小青译　1921年12月20日	450
69	论儿童公育｜瞿爱棠　1922年1月	456
70	幼稚园中社会生活之设计｜邰爽秋　1922年2月1日	462

71	根据儿童心理的家庭教育｜陈鹤琴　1922年2月	471
72	儿童公育园	
	——论寄婴库（krippe）｜黄胜白　1922年3月30日	478
73	趣味教育与教育趣味｜梁启超　1922年4月10日	487
74	美育实施的方法｜蔡元培　1922年6月20日	494
75	幼稚园的设计教学法｜陈静波　1922年6月	500
76	幼稚园中游戏的价值｜李国华　1922年6月	504
77	幼儿心理和幼稚园｜胡超伦　1922年11月6日	507
78	幼稚园恩物应当用福氏教具入手｜陈中瑾　1922年11月10日	513

第三编

理论 思想 主张

1 对于新教育之意见

蔡元培

1912年2月10日

另图1 蔡元培像

题 解 本篇原载《教育杂志》第3年第11期"言论"栏。发表时间为1912年2月10日。原发表时题为《新教育意见》,今题系编者改拟。

本文在《教育杂志》发表的同时,也连载于1912年2月8、9、10日《民立报》,之后又登载于《临时政府公报》第13号(1912年2月11日)、《中华教育界》第1年第2号(1912年2月25日)和《东方杂志》第8卷第10号(1912年4月1日)。在《民立报》发表时,题名《对于新教育之意见》;在《临时政府公报》、《中华教育界》和《东方杂志》发表时,题名均为《教育部总长蔡元培对于新教育之意见》。

撰著者蔡元培(1868—1940),字鹤卿,号子民,化名蔡振、周子余等,浙江绍兴人。1883年考取秀才,1889年中举人,1890年成贡士,1892年经殿试中进士,选庶吉士。1894年后任翰林院编修,1898年归里,任绍兴中西学堂监督(即校长)。后历任上海澄衷学堂教师(协理校务)、上海南洋公学特班总教习、中国教育会会长、爱国女校和爱国学社经理等职;发起成立光复会,加入同盟会,参加革命活动。1907年自费赴德国留学,入莱比锡大学研习心理学、美学、哲学等。闻武昌起义消息后归国,于1912年1月4日出任中华民国南京临时政府教育总长,领导了民元的教育改革(此文可视为此次改革之纲领)。著作有《蔡元培全集》等。

在1920年由新潮社编辑出版的《蔡孑民先生言行录》中,该文题为《对于教育方针之意见》。此后的各种文献中,也多有采用此题者。如,高平叔编《蔡元培教育文选》(人民教育出版社1980年版)中,就采取了《对于教育方针之意见》一题。所据为,蔡元培在1919年3月15日发表的《贫儿院与贫儿教育的关系》演讲中曾言及:"我于民国元年,在南京发表一篇《对于教育方针之意见》。"

比较《对于新教育之意见》和《对于教育方针之意见》二题:前者中的"新教育"较为宽泛,它所针对者,既有中国的旧传统教育,即专务儒家的经史之学,又有近代引进的新传统教育,即西欧的班级授课制、五段教授法和具有日本色彩的学校制度;后者中"教育方针"的表述,不仅是本文的切入点和收束处,而且相对集中、具体,并具有高屋建瓴的意义。因此,似乎以后者定名更为恰当。不过,若考虑本文立论的哲学基础,再考虑教育总长所居的地位,那么,蔡元培所思考的,应不仅仅是教育方针的更定,他还须考虑共和教育的管理、学制、课程、教材、教法等方方面面的问题。即是说,本文具有施政大纲的意味。故编者认为,本篇采"新教育"之名,似较以"教育方针"之名为好。

《教育杂志》,教育月刊。创刊于1909年2月,由商务印书馆主办。历任主编有陆费逵、朱元善、李石岑、唐钺等。该刊宗旨为"研究教育,改良学务"。主要栏目,有主张、论说、学术、教授管理、教授资料、史传、教育法令、记事、评论、杂纂、质疑答问、名家著述等;主要撰稿人,有蔡元培、蒋梦麟、黄炎培、胡适、陈鹤琴等。在其办理过程中,有过两次中辍:一次在"一·二八事变"后;一次在1941年日军攻占香港,商务印书馆被劫后。1948年12月终刊,共出33卷382期。

近日在教育部与诸同人新草学校法令[①],以为征集高等教育会议之预备,颇承同志饷以谠论。顾关于教育方针者殊寡,辄先述鄙见以为嚆引,幸海内教育家是正之。

教育有二大别:曰隶属于政治者;曰超轶乎政治者。专制时代(兼立宪而含专制性质者言之),教育家循政府之方针以标准教育,常为纯粹之隶属政治者;共和时代,教育家得立于人民之地位以定标准,乃得有超轶政治之教育。

---

① 学校法令:此处实指1912年1月19日由南京临时政府教育部颁发的《普通教育暂行办法》和《普通教育暂行课程标准》。此时,有关中华民国学制系统的各种方案也开始提出,并时有讨论,甚至多有争论。在蔡元培看来,相关法令似属次要,首当其冲者应为教育观念。因此,本文便以"新"字作为了切入点。

清之季世，隶属政治之教育、腾于教育家之口者，曰军国民教育。夫军国民教育者，与社会主义僢驰，在他国已〔己〕有道消之兆。然在我国，则强邻逼处，亟图自卫，而历年丧失之国权非凭藉武力势难恢复。且军人革命以后，不保无军人执政之一时期，非行举国皆兵之制，将使军人社会永为全国中特别之阶级，而无以平均其势力。则如所谓军国民教育者，诚今日所不能不采者也。

　　虽然，今之世界所恃以竞争者，不仅在武力，而尤在财力。且武力之半，亦由财力而挚乳。于是有第二之隶属政治者，曰实利主义之教育，以人民生计为普通教育之中坚。其主张最力者，至以普通学术悉寓于树艺、烹饪、裁缝及金、木、土、工之中。此其说创于美洲，而近亦盛行于欧陆。我国地宝不发，实业界之组织尚幼稚，人民失业者至多，而国甚贫。实利主义之教育，固亦当务为急者也。

　　是二者，所谓强兵富国之主义也。顾兵可强也，然或溢而为私斗，为侵略，则奈何？国可富也，然或不免知欺愚，强劫弱，演而为贫富悬绝，资本家与劳动家血战之惨剧，则奈何？

　　曰：教之以公民道德。何为公民道德？曰：法兰西之革命也。所标揭者，曰：自由、平等、亲爱。道德之要旨，尽于是矣。

　　孔子曰："匹夫不可夺志。"① 孟子曰："大丈夫者，富贵不能淫，贫贱不能移，威武不能屈。"② 自由之谓也，古者盖谓之义。孔子曰："己所不欲，勿施于人。"③ 子贡曰："我不欲人之加诸我也，吾亦欲毋加诸人。"④《礼·大学》记曰："所恶于前，毋以先后；所

---

① 语出《论语·子罕》。完整原文为："三军可夺帅也，匹夫不可夺志也。"意为：前、中、后三军的统帅可以更换，而男子汉的志向是不宜改变的。
② 语出《孟子·滕文公下》。完整原文为："富贵不能淫，贫贱不能移，威武不能屈，此之谓大丈夫。"意为：富贵不能使之腐化堕落，贫贱不能使之改变志向，武力也不能使之屈服，这样的人才，可以称为"大丈夫"。
③ 语出《论语·卫灵公》。完整原文为："子贡问曰：'有一言而可以终身行之者乎？'子曰：'其恕乎！己所不欲，勿施于人。'"所引"己所不欲，勿施于人"意为：自己不愿意做的，就不要强加于他人。
④ 语出《论语·公冶长》。意为：我不愿别人把他的意愿强加给我，我也不会把自己的意愿强加给别人。

恶于后，毋以从前；所恶于右，毋以交于左；所恶于左，毋以交于右。"①平等之谓也，古者盖谓之恕。

自由者，就主观而言之也。然我欲自由，则亦当尊人之自由，故通于客观。平等者，就客观而言之也。然我不以不平等遇人，则亦不容人之以不平等遇我，故通于主观。二者相对而实相成，要皆由消极一方面言之。苟不进之以积极之道德，则夫吾同胞中，固有因生禀之不齐、境遇之所迫、企自由而不遂、求与人平等而不能者，将一切恝置之。而所谓自由若平等之量，仍不能无缺陷。

孟子曰："鳏寡孤独，天下之穷民而无告者也。"②张子曰："凡天下疲癃、残疾、茕独、鳏寡，皆吾兄弟之颠连而无告者也。"③"禹思天下有溺者，由己溺之。稷思天下有饥者，由己饥之。"④伊尹："思天下之人〔民〕，匹夫匹妇有不与被尧、舜之泽者，若己推而纳之沟中。"⑤孔子曰："己欲立而立人，己欲达而达人。"⑥亲爱之谓也，古者盖谓之仁。

---

① 语出《礼记·大学》。完整原文为："所恶于上，毋以使下；所恶于下，毋以事上；所恶于前，毋以先后；所恶于后，毋以从前；所恶于右，毋以交于左；所恶于左，毋以交于右。"意为：厌恶上级对待下属（我）的态度，（我）就不会用同样的态度去对待自己的下属；厌恶下属对待上级（我）的态度，（我）就不会用同样的态度去对待自己的上司；厌恶前人（对我）所做的事，（我）就不会对后人做那样的事；厌恶后人（对我）所做的事，（我）就不会对前人做那样的事；厌恶右边的人（对我）所做的事，（我）就不会对左边的人做那样的事；厌恶左边的人（对我）所做的事，（我）就不会对右边的人做那样的事。

② 语出《孟子·梁惠王下》。完整原文为："老而无妻曰鳏，老而无夫曰寡，老而无子曰独，幼而无父曰孤；此四者，天下之穷民而无告者。"意为：老年丧妻者可称为"鳏夫"，老年丧夫者可称为"寡妇"，年老而无子嗣者可称为"独人"，年幼而失去父亲者可称为"孤儿"，这四种人，便是天下处于穷途、痛苦而无处诉说之人。

③ 语出宋朝张载《正蒙·乾称篇》。意为：普天之下所有的老态龙钟之人、残疾不便之人、孤苦无依之人或鳏夫寡妇，都是我困苦而无处诉说的兄弟姐妹。

④ 语出《孟子·离娄下》。完整原文为："禹思天下有溺者，由己溺之也；稷思天下有饥者，由己饥之也。是以如是其急也。"意为：大禹觉得，只要天下还有遭受水灾的人，就是缘于自己的治水不力；稷神觉得，只要天下还有挨饿的人，就是缘于自己的玩乎职守；他们对拯救人民是如此急迫。

⑤ 语出《孟子·万章上》。意为：商之贤相伊尹所思虑的就是，天下百姓中，只要有一个普通男子或妇女没有享受到尧舜恩泽，就好像是自己把他们推进了痛苦的深渊一样。

⑥ 语出《论语·雍也》。完整原文为："子贡曰：'如有博施于民而能济众，何如？可谓仁乎？'子曰：'何事于仁，必也圣乎！尧、舜其犹病诸！夫仁者，己欲立而立人，己欲达而达人。能近取譬，可谓仁之方也已。'"所引"己欲立而立人，己欲达而达人"意为：要想自己有所建树，同时也帮助别人有所建树；要想自己达成目标，同样也帮助别人达成目标。

三者，诚一切囗〔道〕德之根原，而公民道德教育之所有事者也。

教育而至于公民道德，宜若可为最终之鹄的矣？曰：未也。公民道德之教育，犹未能超轶乎政治者也。世所谓最良政治者，不外乎以最大多数之最大幸福为鹄的。最大多数者，积最少数之一人而成者也。一人之幸福，丰衣足食也，无灾无害也，不外乎现世之幸福。积一人幸福而为最大多数，其鹄的犹是。立法部之所评议，行政部之所执行，司法部之所保护，如是而已矣。即进而达《礼运》之所谓"大道为公"，社会主义家所谓"未来之黄金时代"，人各尽其所能而各得其所需，要亦不外乎现世之幸福。盖政治之鹄的，如是而已矣。一切隶属政治之教育，充其量亦如是而已矣。

虽然，人不能有生而无死。现世之幸福，临死而消灭。人而仅仅以临死消灭之幸福为鹄的，则所谓人生者，有何等价值乎？国不能有存而无亡，世界不能有成而无毁。全国之民、全世界之人类，世世相传，以此不能不消灭之幸福为鹄的，则所谓国民若人类者，有何等价值乎？且如是，则就一人而言之，杀身成仁也，舍生取义也，舍己而为群也，有何等意义乎？就一社会而言之，与我以自由乎？否则与我以死，争一民族之自由，不至沥全民族最后之一滴血不已，不合全国为一大家〔冢〕不已，有何等意义乎？且人既无一死生、破利害之观念，则必无冒险之精神，无远大之计画，见小利，急近功，则又能保其不为失节堕行、身败名裂之人乎？谚曰："当局者迷，旁观者清。"非有出世间之思想者，不能善处世间事。吾人即仅仅以现世幸福为鹄的，犹不可无超轶现世之观念，况鹄的不止于此者乎！

以现世幸福为鹄的者，政治家也；教育家则否。盖世界有二方面，如一纸之有表里：一为现象；一为实体①。

现象世界之事为政治，故以造成现世幸福为鹄的；实体世界之事为宗教，故以摆脱现世幸福为作用。而教育者，则立于现象世界，而有事于实体世界者也。故以实体世界之观念为其究竟之大目的，而以现象世界之幸福为其达到于实体观念之作用。

---

① 实体：此处实指"本体"。所据为康德哲学。康德在《纯粹理性批判》中，提出了"现象"与"本体"这一对哲学范畴，成为"二元论"哲学的典型代表。简言之，"现象"是认识的对象，是感性与知性结合的产物，属形而下学；而"本体"是思想的对象，它不可能被感知，也不可能通过理性分析来认识，属形而上学。

然则，现象世界与实体世界之区别何在耶？曰：前者相对，而后者绝对；前者范围于因果律，而后者超轶乎因果律；前者与空间、时间有不可离之关系，而后者无空间、时间之可言；前者可以经验，而后者全恃直观。故实体世界者，不可名言者也。然而既以是为观念之一种矣，则不得不强为之名。是以或谓之"道"，或谓之"太极"，或谓之"神"，或谓之"黑暗之意识"，或谓之"无识之意志"。其名可以万殊，而观念则一。虽哲学之流派不同，宗教家之仪式不同，而其所到达之最高观念皆如是。（最浅薄之唯物论哲学，及最幼稚之宗教祈长生、求福利者，不在此例。）

然则，教育家何以不结合于宗教，而必以现象世界之幸福为作用？曰：世固有厌世派之宗教若哲学，以提撕实体世界观念之故而排斥现象世界，因以现象世界之文明为罪恶之源，而一切排斥之者。吾以为不然。现象、实体，仅一世界之两方面，非截然为互相冲突之两世界。吾人之感觉，既托于现象世界，则所谓实体者，即在现象之中，而非必灭乙而后生甲。其现象世界间，所以为实体世界之障碍者，不外二种意识：一、人我之差别；二、幸福之营求是也。

人以自卫力不平等而生强弱，人以自存力不平等而生贫富。有强弱、贫富，而彼我差别之意识起。弱者、贫者苦于幸福之不足，而营求之意识起。有人我，则于现象中为种种之界画，而与实体违。有营求，则当其未遂，为无已之苦痛，及其既遂，为过量之要索，循环于现象之中，而与实体隔。能剂其平，则肉体之享受纯任自然，而意识界之营求泯，人我之见亦化。合现象世界各别之意识为浑同，而得与实体吻合焉。

故现世幸福，为不幸福之人类到达于实体世界之一种作用，盖无可疑者。军国民、实利两主义，所以补自卫、自存之力之不足。道德教育，则所以使之互相卫、互相存，皆所以泯营求而忘人我者也。由是而进以提撕实体观念之教育。

提撕实体观念之方法如何？曰：消极方面，使对于现象世界无厌弃，而亦无执著；积极方面，使对于实体世界非常渴慕，而渐进于领悟。循思想自由、言论自由之公例，不以一流派之哲学、一宗门之教义梏其心，而惟时时悬一无方体、无终始之世界观以为鹄。如是之教育，吾无以名之，名之曰世界观教育。

虽然，世界观教育，非可以旦旦而聒之也；且其与现象世界之关系，又非可以枯槁、单简之言说袭而取之也。然则何道之由？曰由美感之教育。美感者，含〔合〕美丽与尊严而言之，介乎现象世界与实体世界之间，而为之津梁。此为康德①所创通〔造〕，而嗣后哲学家未有反对之者也。

在现象世界，凡人皆有爱恶、惊惧、喜怒、悲乐之情，随离合、生死、祸福、利害之现象而流转。至美术，则即以此等现象为资料，而能使对之者自美感以外，一无杂念。例如采莲、煮豆、饮食之事也，而一入诗歌，则别成兴趣；火山赤舌、大风破舟，可骇可怖之景也，而一入图画，则转堪展玩。是则对于现象世界，无厌弃而亦无执著也。人既脱离一切现象〔世〕界相对之感情，而为浑然之美感，则即所谓与造物为友，而已接触于实体世界之观念矣。故教育家欲由现象世界而引以到达于实体世界之观念，不可不用美感之教育。

五者，皆今日之教育所不可偏废者也。军国民主义、实利主义、德育主义三者，为隶属于政治之教育（吾国古代之道德教育，则间有兼涉世界观者，当分别观之）；世界观、美育主义二者，为超轶政治之教育。

以中国古代之教育证之：虞②之时，夔③典乐而教胄子④以九德⑤，德育与美育之教育也；周官以乡三物教万民⑥，六德、六行，德育也，六艺之射、御，军国民主义也，书、数，实利主义也，礼为德育，而乐为美育。

以西洋之教育证之：希腊人之教育，为体操与美术，即军国民主义与美育也；欧洲

---

① 康德：伊曼努尔·康德（Immanuel Kant，1724—1804），德国哲学家、不可知论者、古典美学的奠基者。生于东普鲁士柯尼斯堡，毕业于柯尼斯堡大学，后长期执教于该校。他被认为是欧洲最具影响力的思想家之一。他的思想成为蔡元培论述新教育的哲学基础。
② 虞：指有虞氏。"虞之时"，此处指舜帝当政之时。
③ 夔：相传为尧舜时代掌管音乐的大臣。
④ 胄子：帝王或贵族的长子。
⑤ 九德：指"宽而栗，柔而立，愿而恭，乱而敬，扰而毅，直而温，简而廉，刚而塞，强而义"。引文见载于《尚书·虞书·皋陶谟》。意为：宽厚而严肃，柔顺而不阿，诚实而恭敬，干练而专一，随顺而坚毅，直率而温和，简约而廉明，刚正而笃实，勇敢而正义。
⑥ 语出《周礼·地官·大司徒》。完整原文为："以乡三物教万民，而宾兴之。"意为：以乡学中的三门课程教育万民，对成绩优异而被推举为贤者、能者的人举行乡饮酒礼，来表示对其的尊崇。乡三物，指六德（知、仁、圣、义、忠、和）、六行（孝、友、睦、姻、任、恤）和六艺（礼、乐、射、御、书、数）。

近世教育家，如海尔巴脱①氏，纯持美育主义；今日美洲之德弗伊②派，则纯持实利主义者也。

以心理学各方面衡之：军国民主义毗于意志；实利主义毗于知识；德育兼意志、情感二方面；美育毗于情感；而世界观，则统三者而一之。

以教育界之分言三育者衡之：军国民主义为体育；实利主义为智育；公民道德及美育，皆毗于德育；而世界观，则统三者而一之。

以教育家之方法衡之：军国民主义、世界观、美育，皆为形式主义③；实利主义，为实质主义④；德育，则二者兼之。

譬之人身：军国民主义者，筋骨也，用以自卫；实利主义者，胃肠也，用以营养；公民道德者，呼吸机、循环机也，周贯全体；美育者，神经系也，所以传导；世界观者，心理作用也，附丽于神经系，而无迹象之可求。此即五者不可偏废之理也。

本此五主义而分配于各教科，则视各教科性质之不同，而各主义所占之分数，亦随之以异。

国语、国文之形式，其依准文法者，属于实利，而依准美词学⑤者，属于美感。其

---

① 海尔巴脱：通译赫尔巴特，即约翰·弗里德里希·赫尔巴特（Johann Friedrich Herbart，1776—1841），德国哲学家、心理学家。其教育思想在世界近代教育史上产生了广泛而深远的影响，被誉为"科学教育学的奠基人"。所创"四段教学法"，被发展为"五段教授法"，长期影响着班级授课。著有《普通教育学》《心理学教科书》《教育学讲授纲要》等。
② 德弗伊：通译杜威，即约翰·杜威（John Dewey，1859—1952），美国实用主义哲学家、教育家。早年师从心理学家皮尔士，1884年获约翰斯·霍普金斯大学博士学位。后相继在密执安大学、明尼苏达大学、芝加哥大学、哥伦比亚大学任教。1894年与妻子共同创立了一所实验小学，1896年又独自主持创立了一所实验中学，兼任该校校长，并以此作为其教育理论的实验基地。后创立实用主义教育学说，反对传统的灌输和机械训练的教育方法，主张从实践中学习；提出"教育即生活""学校即社会""从做中学"的基本主张。胡适、陶行知、蒋梦麟、陈鹤琴等，均为其弟子。著有《民主主义与教育》《我的教育信条》《明日之学校》等。
③ 形式主义：又称"形式教育"或"形式训练"。它是18世纪创立于欧洲的一种教育学说，以英国教育家洛克为代表。它认为，普通教育的任务主要是训练并发展感官的能力，知识的传授并非紧要。其理论基础为官能心理学。
④ 实质主义：又称"实质教育"或"实质训练"。它是相对于"形式教育"而兴起的学说，盛行于18~19世纪初的欧洲，以德国的赫尔巴特和英国的斯宾塞为代表。它认为，普通教育的任务主要是传授有价值的知识，因为学习知识本身就包含能力的培养，故能力无须加以特别训练。其理论基础为联想主义心理学。
⑤ 美词学：现今通称"修辞学"，即用艺术手法加强言辞或文句效果的学问。

内容，则军国民主义当占百分之十，实利主义当占其四十，德育当占其二十，美育当占其二十五，而世界观则占其五。

修身①，德育也，而以美育及世界观参之。

历史、地理，实利主义也。其所叙述，得并存各主义：历史之英雄、地理之险要及战迹，军国民主义也；记美术家及美术沿革，写各地风景及所出美术品，美育也；记圣贤，述风俗，德育也；因历史之有时期而推之于无终始，因地理之有涯涘而推之于无方体，及夫烈士、哲人、宗教家之故事及遗迹，皆可以为世界观之导线也。

算学，实利主义也，而数为纯然抽象者。希腊哲人毕达哥拉士②以数为万物之原，是亦世界观之一方面；而几何学各种线体，可以资美育。

物理、化学，实利主义也。原子、电子，小莫能破；爱耐而几③，范围万有，而莫知其所由来，莫穷其所究竟，皆世界观之导线也。视官、听官之所触，可以资美感者尤多。

博物学④，在应用一方面，为实利主义；而在观感一方面，多为美感。研究进化之阶段，可以养道德；体验造物之万能，可以导世界观。

图画，美育也，而其内容得包含各种主义，如实物画之于实利主义，历史画之于德育是也。其至美丽、至尊严之对象，则可以得世界观。

唱歌，美育也，而其内容，亦可以包含种种主义。

手工，实利主义也，亦可以兴美感。

游戏，美育也；兵式体操，军国民主义也；普通体操，则兼美育与军国民主义二者。

上之所著，仅具辜较，神而明之，在心知其意者。

满清时代，有所谓钦定教育宗旨者，曰忠君，曰尊孔，曰尚公，曰尚武，曰尚实。忠君与共和政体不合，尊孔与信教自由相违（孔子之学术，与后世所谓儒教、孔教，当

---

① 修身：课程名称，由清末"壬寅学制"所确立。民国"壬戌学制"颁行后，更名为"公民"。现今通称为"思想品德"或"道德与法治"。
② 毕达哥拉士：通译毕达哥拉斯（Pythagoras，约前580—约前500），古希腊数学家、哲学家。他出生在希腊萨摩斯的贵族家庭，年轻时曾到埃及和巴比伦学习数学，后发起组织毕达哥拉斯学派，创立毕达哥拉斯定理（中国称"勾股定理"）。他还坚持主张数学论证必须从假设出发，开创了演绎逻辑思想。
③ 爱耐而几：英文"energy"的音译，意为能量、动力。
④ 博物学：清末民初的课程名称，后改称为"生物学"。

分别观之。嗣后教育界何以处孔子，及何以处孔教，当特别讨论之，兹不赘），可以不论。尚武，即军国民主义也。尚实，即实利主义也。尚公，与吾所谓公民道德，其范围或不免有广狭之异，而要为同意〔义〕。惟世界观及美育，则为彼所不道，而鄙人尤所注重。故特疏通而证明之，以质于当代教育家。幸教育家平心而讨论焉。

2 全国临时教育会议开会词

蔡元培

1912年7月10日

题 解 本篇原载《教育杂志》第 4 卷第 6 号 "特别记事" 栏。系演讲记录，记录者为我一。演讲时间为 1912 年 7 月 10 日，发表时间为 1912 年 9 月 10 日。原发表时题为《临时教育会议日记》，本文摘自其中，今题系编者改拟。

1912 年 7 月 20 日，《民立报》也刊载了此演讲记录。

有关演讲者蔡元培，参见前文《对于新教育之意见》题解。

记录者我一，即庄俞（1876—1938），名亦望，字伯俞，又字我一，江苏武进（今属常州）人。早年被聘为武阳公学教习，参与创设体育会、演说会、天足会、私塾改良会、藏书阅报社等社团。后赴上海，任商务印书馆编译员，参与编写《最新国文教科书》《简明教科书》《共和国新教科书》等教材，兼任该馆附设尚公小学校长。著有《我一游记》等。

全国临时教育会议，系中华民国北京临时政府教育部主持召开的全国教育会议。此会计划议决教育方针、学制系统、各级各类学校规程、教育行政体制等重大问题。1912 年 7 月 10 日开幕，直至 8 月 10 日才闭幕。这大体是中国教育史上时间最长的一次教育会议。

《临时教育会议日记》中记录了本次会议召开的情形："午前九点五十五分钟振铃开会。议员到五十余人。教育总长蔡元培（子民）、次长范源濂（静生）及各议员入议场。首由蔡总长报告开会缘由并演说。"演说毕，由到会代表票选正、副议长。结果，王劭廉当选正议长，张伯苓当选副议长。其后，蔡元培便向他们移交了会议主持权。

蔡元培之所以要移交会议主持权，是因为他会前便提出了辞呈，并且辞意坚决。此会开幕后次日,他又面晤袁世凯,当面陈述了辞职原因。7月14日,袁世凯令准蔡元培的辞职。此后蔡元培便既不与会,也不到部,并于是月底出京南下。有鉴于此,可视这篇演说为"告别词",因而文中必须对"新教育"作个交代。应该说,本篇较好地完成了这个任务。

有关《教育杂志》,参见前文《对于新教育之意见》题解。

今日之临时教育会议,即中华民国成立以后第一次之中央教育会议。此次会议,关系甚为重大。因有此次会议,而将来之正式中央教育会议,即以此次会议为托始;且中国政体既然更新,即社会上一般思想亦随之改革。此次教育会议,即是全国教育改革的起点。

此次议决事件,如果能件件实行,固为重要关系;即使间有不能实行者,然为本会已经议决之案,将来亦必有影响。诸君有远来者,即或在近处者,亦是拨冗而来,均以此次会议关系重大之故。

民国教育与君主时代之教育,其不同之点何在?君主时代之教育方针,不从受教育者本体上着想,用一个人主义或用一部分人主义,利用一种方法,驱使受教育者迁就他之主义。民国教育方针,应从受教育者本体上着想:有如何能力,方能尽如何责任;受如何教育,始能具如何能力。

从前瑞士教育家(沛斯泰洛齐①)有言:"昔之教育,使儿童受教于成人;今之教育,乃使成人受教于儿童。"何谓成人受教于儿童?谓成人不敢自存成见,立于儿童之地位而体验之,以定教育之方法。

民国之教育亦然。君主时代之教育,不外利己主义。君主或少数人结合之政府,以其利己主义为目的物,乃揣摩国民之利己心,以一种方法投合之,引以迁就于君主或政

---

① 沛斯泰洛齐:通译裴斯泰洛齐(Pestalozzi, 1746—1827),瑞士教育家。毕生重视儿童教育,办理了两所学校作为实验教育理论的基地,获得了极大成功。著有《林哈德与葛笃德》《葛笃德如何教育她的子女》《天鹅之歌》《我一生的命运》等。

府之主义。如前清时代承科举余习，奖励出身①，为驱诱学生之计，而其目的在使受教育者皆富于服从心、保守心，易受政府驾驭。现在此种主义已不合用，须立于国民之地位，而体验其在世界、在社会有何等责任，应受何种教育。

社会逃不出世界，个人逃不出社会。世界尚未大同，社会与世界之利害，未能完全一致。国家为社会之最大者。对于国家之责任与对于世界之责任，未必无互相冲突之时，犹之对于家庭之责任与对于国家之责任，不能无冲突也。国家、家庭两种责任不得兼顾，常牺牲家庭以就国家；则对于国家之责任，自以与对世界之责任无冲突者为范围，可以例而知之。

至于人之恒言，辄曰权利、义务。而鄙人所言责任，似偏于义务一方面，则以鄙人对于权利、义务之观念，并非相对的。盖人类上有究竟之义务，所以克尽义务者，是谓权利；或受外界之阻力，而使不克尽其义务，是谓权利之丧失。是权利由义务而生，并非对待关系。而人类所最需要者，即在克尽其种种责任之能力无可疑。由是，教育家之任务，即在为受教育者养成此种能力，使能尽完全责任，亦无可疑也。

当民国成立之始，而教育家欲尽此任务，不外乎五种主义，即军国民教育、实利主义、公民道德、世界观、美育是也。五者，以公民道德为中坚，盖世界观及美育皆所以完成道德，而军国民教育及实利主义则必以道德为根本。

我国人本以善营业闻于世界，侨寓海外、忍非常之困苦以致富者常有之，是其一例。所以不免为贫国者，因人民无道德心，不能结合为大事业以与外国相抗；又不求自立，而务侥幸。故欲提倡实利主义，必先养其道德。至于军国民主义之不可以离道德，则更易见。我国从前有"勇于公战、怯于私斗"②之语。现在军队时生事端，何尝非尚武之

---

① 奖励出身：指"奖励出身制度"。清廷于1904年颁行《奏定学堂章程》时，为鼓励学子进入新式学堂，特地配套颁行了《各学堂奖励章程》。该章程规定，由上而下地分别奖给各级各类学堂毕业生以"翰林""进士""举人""优贡""拔贡"等出身。次年废止科举后，遂依此章程授予相应"功名"。1908年，清廷还专设"游学毕业生廷试"，开始对留学归国人员依廷试成绩分别奖励出身。中华民国成立后，在蔡元培主持制定的《普通教育暂行办法》中，明令废止了此制。
② 语出《史记·商君列传》。"公战"，指国家发动的对外战争。因公战可建立军功、获得爵位，故人人奋勇。"私斗"，指因民间纠纷而引发的打斗。因私斗会受到法律的严厉制裁，故人人慎戒。

人由无道德心以裁制之故耳？

教育者，非为已往，非为现在，而专为将来。从前言人才教育者，尚有"十年树木，百年树人"之说。可见教育家必有百世不迁之主义，如公民道德是。其他因时势之需要，而亦不能不采用，如实利主义及军国民主义是也。吾人会议之时，不可不注意。

又有一层，我中国人向有一弊，即是自大；及其反动，则为自弃。自大者，保守心太重，以为我中国有四千年之文化，为外国所不及，外国之法制皆不足取。及屡经战败，则转而为崇拜外人，事事以外国为标准。有欲行之事，则曰"是某某国所有也"；遇不敢行之事，则曰"某某等国尚未行者，我国又何能行"。此等几为议事者之口头禅，是由自大而变为自弃也。普通教育废止读经，大学校废经科①，而以经科分入文科之哲学、史学、文学三门，是破除自大旧习之一端。

至现在我等教育规程，取法日本者甚多。此并非我等苟且，我等知日本学制本取法欧洲各国。惟欧洲各国学制，多从历史上渐演而成，不甚求其整齐画一，而又含有西洋人特别之习惯；日本则变法时所创设，取西洋各国之制而折衷之。取法于彼，尤为相宜。然日本国体与我不同，不可不兼采欧美相宜之法。即使日本及欧美各国尚未实行，而教育家正在鼓吹者，我等亦可采而行之。

我等须从原理上观察，可行则行，不必有"先我而为之"者。例如十三个月之年历②、十二音符③之新乐谱，在欧美各国，为习惯所限，明知其善而尚未施行，我国亦不妨先取而行之。学制之中，间亦有类此者。

此刻教育部预备之议案，大约有四十余种之多。第一类，是学校系统；第二类，是各学校令及规程；第三类，教育行政之关系；第四类，学校中详细规则；第五类，大概含有社会教育性质。

---

① 经科：专门肄习儒家经典的科目。
② 十三个月之年历：指"十三月历"。它将一年分为13个月，每月28天。每年有1天（闰年有2天）额外的休息日，置于岁末，不计入月份和星期。
③ 十二音符：指律学上的"十二平均律"，一种将八度分为12个间距音程相等的半音的律制。这种律制是为转调方便而设，近代键盘乐器、竖琴等均依此律制定弦。

其中有一大问题，是国语①统一办法。现在有人提议：初等小学宜教国语，不宜教国文。既要教国语，非先统一国语不可。然而，中国语言各处不同，若限定以一地方之语言为标准，则必招各地方之反对，故必有至公平之办法。国语既一，乃可定音标。从前中央教育会②虽提出此案，因关系重要，尚未解决。

此外，又有种种问题，不能单从教育界解决者。如前清学部主张中学以上由中央政府直辖，中学以下归地方政府管辖。日昨有几位谈及，谓废府③以后，中学校应归省立或县立。此等须俟地方官制颁布后，始能规定。现在，只能假定一划分之方法，即如：中等以上教育，取给于国家税，或以国家产业作基本金；中等以下，取给于地方税，或用地方产业作基本金。亦只能为假定之方法。

诸君此次来京，想亦有几多议案提出。其间，与本部及他议员提出之问题略同者，可以合并讨论。此次临时教育会议，时期甚短，而议案至多。若讨论过于繁琐，恐耽误时间，不能尽议。盖诸君多半担任教育事务者，即使延会，恐亦不能过于延长。所以，希望诸君于议案之排列，将重要者提前开议。又，每案之中，先摘出重要诸点，详细讨论；其他无关宏旨者，不妨姑略之。

鄙人今日所欲言者，止此。

---

① 国语：当时对"普通话"的称谓，指全国统一使用的标准语。中华民国成立后，于1913年召开读音统一会，通过国音标准以及拼注国音的注音字母。1916年，国语研究会成立。1919年，教育部通令全国各国民学校改国文科为国语科。此后，国语便成为了课程名称。

② 中央教育会：1911年6月发起成立的全国教育辅助性机构。该会受清廷学部监督，具有半官方属性。同年6月20日，该会于北京开会，通过《统一国语办法案》，决议在京城成立国语调查总会，各省设分会，进行语词、语法、音韵的调查，审定国语标准，编辑国语课本、国语辞典和方言对照表等。旋因辛亥革命爆发，所计划的事项并无实际进展。

③ 废府：指废除府级地方行政体制。清末地方行政体系，包含省、道、府（直隶厅、直隶州）和县（州）四级。清廷于1906年预备立宪后便提出"简化地方层级、废除'府厅之制'"的主张。民国成立后，废府之议得以逐步实现，即由四级地方行政体制简化为三级地方行政体制。

3 玩具与幼稚教育之关系

徐斧言

1913年2月25日

题 解 本篇原载《妇女时报》第9号。发表时间为1913年2月25日。

撰著者徐斧言，生卒年未详。除本篇外，还在《妇女时报》上发表过《女子职业问题之商榷》，在《妇女杂志（上海）》上发表过《说素食有益于卫生》等文。

《妇女时报》，初为月刊，后为不定期刊，1911年5月创刊于上海。由狄葆贤主办，包笑天与陈冷血二人轮流编辑，上海有正书局出版发行。该刊以"提倡女子学问，增进女界知识"为宗旨。主要栏目，有实验谈、社会观、家政说、交际说、歌曲、评论、小说、诗词、科学小品、生活知识、西方文艺、图片等；主要撰稿人，有汪杰梁、吴征兰、江纫兰、朱惠贞、冰心、恽代英、汤修慧、汤剑我等。1917年4月终刊，共出21期。

《记》曰："良冶之子，必学为裘；良工〔弓〕之子，必学为箕。"[①] 希沙罗[②]（Ceasar）曰："素丝之缁赤，视其所染；歧路之东西，视其所趋。"此家庭教育之所由来也。古者，儿童自初生以至九岁，皆赖门内之教，见于《内则》[③]。

---

① 语出《礼记·学记》。意为：善于冶炼的工匠之子，为学必须先从连缀皮囊（鼓风器具）开始；善于制作良弓的工匠之子，为学必须先从编织簸箕（练习驭竹木）开始。
② 希沙罗：通译凯撒（前100—前44），古罗马政治家、军事家，最终成为罗马共和国的独裁者。人名所跟"Ceasar"误，当为"Caesar"。
③ 《内则》：指《礼记·内则》。其基本内容为家庭内部父子、夫妇、长幼所应遵行的规则。

西哲亚利士多德①（Aristatle）曰："教育根基，必在家庭。务当触物引喻，以养其是非羞恶之心。"及第一教育改革家科美尼斯②（Comenius Tohnsnos），乃唱幼稚教保育之说。一八四〇年学弗罗彼尔③（Froebel）起，世所称之幼稚园者，始完全来立。弗氏之言曰："名之园者，以儿童为植物，比保姆于园丁，而视学树〔校〕为花园也。"拙盦主人曹广权④之言曰："幼稚园者，儿童极乐之囿，国民教育植根之灵囿也。"幼稚教育之要，概可知矣。

夫教者，导也；育者，养也。教育之范围至广，教授之材料至多，吾人随时随地所接触之事事物物、形形色色，皆绝妙之好教材。故凡一花一叶、一草一虫，苟能近取譬，循循善诱，谆谆诲人，娓娓动听，裨益自非浅鲜。岂必限于一事一物者邪？

孟铁尼⑤（Montaigne）曰："真正之教育者，不论地位、时间，于悠游嬉戏之间，不识不知，导之以学问，而使得其智识。"第二教育改革家巴斯德罗⑥（Pestalozzi），其教授法一依于心，竟自然教育之顺序，以直觉作用为基础。不佞以为，直觉作用与儿童心意最洽、接触最近，而最可利用者，莫恩物玩具若也。

罗马著名之大雄辩家昆提仑⑦之教授儿童读书也，先教以文字之名称与形状，用玩

---

① 亚利士多德：通译亚里士多德（Aristotle，前384—前322），古希腊哲学家、科学家和教育家，在诸多领域作出了开拓性贡献，著有《形而上学》《论灵魂》《论青年、老年及死亡》《修辞学》等。人名所跟"Aristatle"误。
② 科美尼斯：通译夸美纽斯，即扬·阿姆斯·夸美纽斯（Johann Amos Comenius，1592—1670），捷克教育家，教育学理论的奠基者。长期执教于教会学校，悉心研究教育理论。著有《大教学论》《母育学校》《世界图解》等。人名所跟"Comenius Tohnsnos"误。
③ 弗罗彼尔：通译福禄培尔，即弗里德里希·福禄培尔（Friedrich Froebel，1782—1852），德国教育家，幼儿园制度的创始者。崇尚裴斯泰洛齐的教育思想，曾在裴氏身边工作了两年。1816年在家乡办学，实验裴斯泰洛齐的教育主张，并取得了成功。1837年，为学龄前儿童创办了一所学校，几年后，将该校正式改名为"幼儿园"。著有《人的教育》《慈母曲及唱歌游戏集》《幼儿园教育学》等。
④ 曹广权（1861—1924）：字东寅，号拙盦，湖南长沙人。清光绪年间，任淇县知县、禹州知州。考察日本实业和教育后，归国升任礼部参议，倡行幼稚教育，于自家创设曹家花园幼稚园。
⑤ 孟铁尼：通译蒙田（M. de Montaigne，1533—1592），法国文艺复兴后期人文主义思想家。广闻博览，埋头写作，所著散文《随笔集》思想内涵丰富，被后世誉为"思想的宝库"，其中也明确提出了蒙田的教育主张。
⑥ 巴斯德罗：通译裴斯泰洛齐。
⑦ 昆提仑：通译昆体良（M. F. Quintilianus，约35—约100），古罗马时期的雄辩家、教育家。著有《雄辩术原理》《论罗马雄辩术衰落的原因》等。

弄物以使其理解与记忆之容易；教授习字也，刻文字于木片或蜡板而使用之。博爱派巨子白绥德①（Basedow），其教育意见亦以愉快为主义，故或以食物作拉丁文字之形而使儿童食之，或作文学之玩具而使儿童弄之。

弗罗彼尔之保育主义，重幼儿之自发活动，以游戏为第一手叚〔段〕。其游戏，分运动的与精神的二种。前者，磨练身体及感官；后者，以种种恩物，使构造种种之形状，以启发其理解力。由斯以观，则幼稚教育之要既如彼，而玩具之效力又如此。玩具与幼稚教育有莫大之关系，章章明焉。于是，略述鄙见如下。

一、玩具之目的何在乎

吾国人于玩具一道，概视为营业性质。间有发明美妙、灵奇之想，然不出牟利之涂，初非有教育思想存乎其间也。

殊不知，玩具之效用及于儿童者弥大。养其推理、摹拟之力，导其活泼、毅勇之路，成其敏锐之思，教其礼节之心；可以悦耳目、资运动，大有审美、健捷之功。何一非玩具之效力？故凡为玩具者，不特于营业上着想，尤当于儿童身心上着想，为至要也。

二、玩具之弊害如何乎

玩具者，小儿之小朋友也。吕近溪②有云："要成好人，须寻好友。引酵若酸，那得甘〔甜〕酒？"③滥交之害如此。滥用玩具之害，抑尤甚矣。玩具与儿童，既有如是之

---

① 白绥德：通译巴泽多（J. B. Basedow，1723—1790），德国教育家、泛爱主义教育的创始人和主要代表。获基尔大学硕士学位。早年任贵族家庭教师时，采用自由游戏和实物教学法，取得良好效果。历任丹麦索勒文科中学教师、阿尔托纳文科中学校长，后以创设泛爱学校著称于世。著有《父母、教师用书》等。
② 吕近溪：吕得胜，生卒年未详，字近溪，河南宁陵（今属商丘）人。明代学者吕坤之父。二人于嘉靖三十七年（1558年）编成《小儿语》《女小儿语》各一卷。
③ 语出《小儿语》。意指择友对一个人的发展十分重要。

关系，然则玩具之弊害，可不加注意乎？

（一）自玩具发生之可最恐弊害
（1）颜料之毒质，或误入口。
（2）泥制玩具之易破坏与片块之入口。
（3）口吹玩具之传染肺病及各种传染病。
（4）口吹玩具有损于呼吸器。
（5）金类之有危险者。
（6）玩具过小而误至下咽者。

（二）自玩具发生之品性上弊害
（1）智识发达，易生弃旧换新之观念。
（2）惹起博赌之恶习惯。

三、玩具如何选择乎

玩具之弊害，既有如上所言，则有儿童教育之责者，乌可草卒〔率〕选择乎？必当精确之考察，于儿童心身上无妨碍者，于心身上有直接的或间接的利益，类别而严择之。尤当注重童儿日常之游戏。

儿童常好装饰玩具。如为游戏，为父母者不可不大加注意。即于此中，养其秩序之观念，与教以普通礼法之概念。当与模拟古来伟人、英雄之雏形，而于形状、色彩尤须致〔注〕意，则有益于儿童之精神上不小也。尤须依儿童心身自然之发达，与之相当之玩具。如弗罗彼尔之精神游戏。即我国之七巧板、九连环之类，皆好资料也。

四、玩具如何提倡乎

玩具为教育之符〔附〕翼物，为识者所共认。顾玩具有历史玩具与教育玩具之分，与仪器、美术品、艺术品性质相近，故不必限于商店之专卖品，学校中亦当产出者也。

今日我国所出之玩具，非窳陋不堪即不合教育原理，远不及日人所制者万万。而日本又不逮欧西（其中以德为最）。盖泰西政府亲自实行干涉主义，发行规模宏大之玩具杂志，日事提倡而未己〔已〕也。日本亦有玩具杂志发行。

我国人概视此事卜蝇头之利，不知改良，不寓教育思想于其内，安住〔往〕而不败哉？不欲提倡则已，苟能提倡，则其利：（1）挽回漏卮〔卮〕（按：全国小学教科书年费当在数十万以上，玩具之数当不止者）；（2）于幼稚教育有极大之关系在焉。识者，当不河汉斯言。

4 蒙台梭利新教育法之设施

悫生

1913年8月10日

题　解　　本篇原载《教育杂志》第 5 卷第 5 号"实验"栏。发表时间为1913 年 8 月 10 日。

撰著者悫生，生卒年未详。除本篇外，还在《教育杂志》上发表了《暑假中高小学生处置法》等文论。

蒙台梭利，即玛丽亚·蒙台梭利（Maria Montessori，1870—1952），女，意大利学前教育家，是意大利历史上第一位女医学博士。1907 年，她在罗马贫民区建立儿童之家，招收 3～6 岁的儿童加以教育，获得了惊人的效果。她所创立的蒙台梭利教育法曾风靡西方世界，深刻地影响了世界各国的儿童教育。著有《教育人类学》《运用于"儿童之家"的幼儿教育的科学教育方法》等。

有关《教育杂志》，参见前文《对于新教育之意见》题解。

义大利①医学博士《蒙台梭利女史之新教育法》②，已载本志第五卷一号。

溯女史手创学校所谓"儿童之宅"者，于今不过六年，扩充校数至于数十。此数十校中，悉为女史精神所弥纶。凡所布置，皆出女史之新理想，一一本其平日之计画，以为实际之试验。所得成效，如化〔农〕学家之因其土性，施种种新培植法，而随种随获，

---

① 义大利：通译意大利。
② 该文为志厚所撰，已收入本套书《卷二　蒙养园论集　上册》，可参阅。

隐然获利于无穷也。

效益彰著既如此，世界教育家则闻风群起，注目企踵，擎穷其教法。最先着意者，为美国哈巴德大学教授霍姆慈及诺登二人；其后，扩而布之于全国各大学，莫不盛倡其教法。学者及学校教员等入罗马实地考察者，趾相错也。于是有多数学校采用最新之教法，仿制创造之教具。而英国亦组织"蒙台梭利会"于伦敦，研究日有进步，仿行之学校亦日以加多。法兰西、瑞士等，无不皆然。瑞士邻接义国边境之地，用新教育法教授之学校已达七十有奇。可知其教法之价值矣！

兹述其设施及成效如下。

一、新教育法之特色

（一）悉听儿童之自由，使其精神无处不发现

女史之教法，与向来极端之锻炼主义迥乎不侔，以为真训练在于自由之中，须令其自动，勿令其受动。儿童沉默无为，惟他人之命是听，是不啻已成麻痹，不可谓之曾受训练，但图教师之便利，不为儿童他日独立自营之计。凡儿童之饮食、服御以及种种事项，一一干涉而处置之，是婢仆之职，而非教育家所宜为。其他无用之佐助，尤为女史之所忌。夫克己自抑，有自动之能力，在社会中实为美德；然则自由之中，尤当培其涵养之力，无待论矣。

（二）为感觉之教练

感觉者，知识之嚆矢[①]。欲求知识之富有而正确，必自行练习充足之感觉；且感觉与精神之作用，有息息相关之理，是为实验教育学之确证。吾辈当知，练习感觉，匪直为人类生活之要素，且于涵养德性上亦占重要之地位矣。

---

① 嚆矢：带响声的箭，借指事物的开端或先行者。

（三）重视教具

普通之教育法，主用口舌说明，入于儿童之耳而止。此只可施于智慧判断力已发达之成人，实非所以教儿童。夫足引起其自发之能力者，惟教具之力为多；况欲达练习感觉之目的，于此尤应注重。盖教具不备之教育，不可谓非与自然的教育全然相反矣。

二、蒙台梭利学校之教具

游历罗马时所观之校，在一旧教①之修道院内。教师为一尼、一女助教，男女儿童约共三十人，都为贫家子女，然皆服饰清洁、举止端正、进退活泼，绝不见有家庭之恶习。各手教具，或坐椅中，或踞地板上，专心致志，将所与之教具精细工作。为普通学校教室所未见。

儿童每晨九时入校，下午五时半止以为例。入校后，先往厕所，次洗手、面、颈、耳等处，乃着清洁之胸衣，以所与各异之教具，开始上课。工夫为成效之母，成效又为兴趣之母。儿童授课时间，长者历二小时有奇，静肃凝思，意念不纷，无倦容而有愉色。各课之间，又练习唱歌、游戏、进行、沉默等事。

兹述下列主要之教具，以见课业之梗概。

（1）练习指头之运动者。如图（原图1、2），用木框张种种之布及皮，令习系钮扣、打辫等事，以为平日穿着衣服之准备，并期运动指头之熟练。

（2）练习辨别物体大小之视觉者。用大小不等之木制圆柱形〔体〕三副，及木匣有孔足以嵌入此圆柱形〔体〕者。第一副，高低相同，直径各异（原图3）；第二副，反是——直径相同，高低各异（原图4）；第三副，高低、直径皆不同（原图5）。今欲将此等物，各嵌入相当之孔内。其高低大小，须有正确之判决。如用布片蔽其目，使练习之，不惟养判断力而已，且足发达筋肉。

（3）高塔及阶级木之教具。目的如上。如图（原图6），用大小不同之六角〔面〕

---

① 旧教：指天主教。

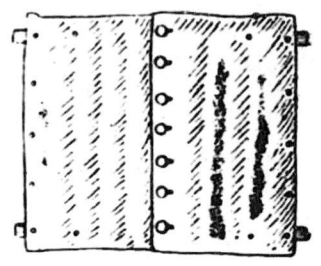

原图1 打辫教具　　　　　　　原图2 系钮扣教具

形木块，或堆成塔形，或堆成阶级形，或纵横并列。先由教师将木块混和后，教以正确之并列法。一二次后，令学生自为之。

（4）用木棍十，最短者长一寸，以次递加一寸，最长者为一尺。或依长短，顺次排列；或以两棍相接，别以一棍比例之，以讲明加法、减法。

原图3　圆柱体教具（第一副）

原图4　圆柱体教具（第二副）

原图5　圆柱体教具（第三副）

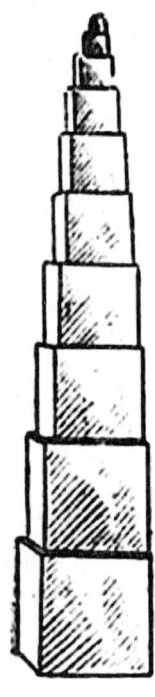

原图6　塔形教具

（5）练习色觉者。以颜色线八种，每种卷成八圈；由淡至浓，各异其度，使之辨别各色。令将每种线圈，随其浓淡相差之色，依次排列，以练习色觉。

（6）练习触觉者。此项教具有二种，皆以木为之：一，其面半平滑，半贴砂纸；一，面上兼有平滑、粗松之处。以布片蔽儿童之目，使之手触木面，令其触觉非常锐敏。此外，又用天鹅绒、哔叽、麻布、纱布、绸缎之属，使之蔽目，手触之。

（7）识别种种实体之形状者。用各种形状之金属片，及有与其形状相当之孔之金属板，使将金属片各嵌入原形之孔内。此练习，初令目视，日渐熟练，则蔽目为之。

（8）识别重量之感觉者。用多数之木片，以比重不同之各种之木制成（原图7）。使用手掌托之，以知各木片重量之各异。

（9）练习听觉者。用木制成圆筒数个，中装种种物体，置儿童之耳边而振荡之，使辨识其声音之各别。

原图7　木片教具

三、应用新教育法之成效

用上述之教具，引起儿童自有之能力。练习数月，儿童四五岁者，能计算五十以内之数，并解简易之减法；复杂之衣服，固已能自着自弛，即于衣服之材料、颜色、花样之类，其识别之正确，实为成人所不及。

餐时，此等儿童又为侍者。杯皿之属，罗列井然，卓、幂等处，不遗一滴之汁。警敏如此，诚可惊叹。

又视儿童之面，无论所为何事，无不喜色盈溢。盖其心中，各具盎然之天趣可知。是皆因一任儿童之自由，用种种多趣之教具，凡所举动，悉令自出心裁故也。

儿童自四岁至六岁之成长期内，练习感觉与养成筋肉致密之运动，最为切要。此时玩忽，后虽十分勤勉，完全之能力终难发达。蒙台梭利女史之学校，成绩卓著如是，深愿以彼之教法、教具，一切用之于吾国幼稚园及小学校之中。兹述其概略，以供教育家及为人父母者之参考，冀为可爱之儿童、前途有为之子女，熟思之而效法之也。

附记

义国售卖此等教具之处如下，每副约合吾国银圆八十圆。

（1）Societe Umanitaria, S. Barnabe, 38 Milano, Italy.[①]

（2）The House of Childhood, 200 Fifth Avenue, New York City, U. S. A.[②]

（3）Phitip & Tacey Ltd. (Centrad Educational Depot), Norwich Street, London E. C.[③]

---

① 此外文可译为：意大利米兰巴纳比大街 38 号乌马尼塔里亚协会。
② 此外文可译为：美国纽约第五大道 200 号童年之家。
③ 此外文可译为：伦敦诺维奇街皮蒂普 & 塔切有限公司（中央教育站）。

5 儿童之好奇心

［日］上野阳一著
鲁迅译

1913年11月

另图2 上野阳一像

另图3 鲁迅像

题 解　本篇原载《教育部编纂处月刊》第1卷第10册。发表时间为1913年11月。原发表时题下注有"译日本上野阳一著论",但无译者署名。据鲁迅研究者考证,此文系鲁迅所译,并已收入《鲁迅全集补遗续编》。

原著者上野阳一（1883—1957）,日本学者。1908年毕业于东京帝国大学心理学专业。1919年受聘为早稻田大学教授,主讲产业心理学。1922年创办产业能率研究所,任所长。1938年开设日本能率学校（后发展为产业能率大学）,成为管理心理学的先驱。所著《心理学讲义》及论文《儿童记忆之发达》《社会教育与趣味》《艺术玩赏之教育》等,均被及时译介到中国,并产生良好反响。

译者鲁迅（1881—1936）,曾用名周樟寿,后改名周树人,曾字豫山,后改豫才,笔名鲁迅、长庚、风声、尊古等,浙江绍兴人。早年就读于江南水师学堂、南京陆师学堂附设矿务铁路学堂。1902年赴日本留学,于弘文学院普通科江南班（为日语学习速成班）结业后,入仙台医学专门学校。后弃医从文,除日语外,又学习德语、俄语,专门从事文艺译著工作。1909年归国,先任浙江两级师范学堂教员,后任绍兴府中学堂教员兼监学。中华民国成立后,历任教育部科长、佥事,历兼北京大学、北京女子师范大学讲师。1926年至1927年,历任厦门大学、中山大学教授。后定居上海,专门从事著述。著有多部小说集、杂文集及学术专著,译作亦颇丰。

《教育部编纂处月刊》,教育月刊,1913年2月创刊于北京,由教育部编纂处编辑、发行。该刊旨在研究国内外的教育理论,主要内容包括介绍欧美教育体制对人才培养的重要性，宣传当时教育部颁布的有关学校教育的法令、政策等。主要栏目，有法令、学说、外论、译闻、文牍录要、本部纪事、附录等；主要撰稿人，有周自齐、毛邦伟、汪荣宝、周树人（鲁迅）等。1913年11月终刊，共出10期。

好奇心云者，为心之动作，致意于新异之谓。若就发达具足之状言之，其界域颇极显著。第逆溯发达初期，则界域亦从而愈晦，有不知究为好奇心之始与否者矣。今先述好奇心之见于动物生活者其状若何，为参考焉。

一、动物生活中所见之好奇

斯事研究，尚不甚深，故未能言其成果。罗麦纳斯尝以精神发达之度，别动物之等级，而拟之于人。

其第三级，为昆虫及蜘蛛之属。洎乎是级，乃始见好奇心之作用。有如昆虫，每见光辉，辄欲飞集，即其证也。然其就之也，岂诚起于好奇，抑趋明之动，属于生象，则未能决之矣。若在人类，赤子初育，往往向明，然不得谓好奇。第见撄于光，遂起生象上之反射而已。

至第四级，是为鱼类。能见光而赴，众皆知之。惟究为好奇，抑缘生象，仍所未喻。

更进为鸟类，乃灼然见精神发达之征，有好奇心，已甚彰著。昔曾有人以时表示鹦鹉而考验之，鸟闻其音，生好奇心，有研究状。

猫、犬与鹿，此心尤著。狩猎之术，多利用之。人若就牧场卧而作声，无何，必见牛羊群聚，环立其侧。猫、犬遇能动之物，辄肆敖戏，盖亦好奇心之发见也。

而猿尤甚。尝有学者以墨涂箧之内侧，纳诸笼中，猿遂徐至而详审之，怵惕触之，终复取而启之。箧盖顿开，乃复舍之而逸，则恐怖之心生也。第其好奇之心即制恐怖，遂复取之，或嗅或啮，更探以手，终戴于首矣。猿之好奇，于此可见。

审是可知，动物之级愈上，则好奇之本能亦弥彰，然其冲动则较弱。任何动物，凡有本能，无亢进胜于此者。惟仅用此能，无所制御，则又易蹈于危殆。盖每生此心，便欲近物施以诊查，而危事亦从而多也。故好奇之外，复有恐怖以为控制，使远于危。

好奇之与恐怖，均为生物之天禀，亦本能之一也。惟此二能，往往偕作。譬如犬之遇蛙，见其腾跃，便即好奇，然亦恐怖。第虽恐怖，又欲审观。二者交争于中，在状可见，即方作敖戏之势，而又有遁逸之形是也。谚谓："可怖者，渴于视。"（此日本之谚）大足见此二能之交斗。有如婴儿，初能辨人，倘见生客，则啼而匿于母之怀抱，俄复反顾，然又大啼，亦即恐怖与好奇之交争耳。要而言之，则好奇之心，是生近就物体之运动；而恐怖之情，则生远之之运动者也。

二、儿童好奇之发达阶级

言童子好奇始于何时，殆属至难之事。今就学者之所研肄，述其大较如次。

（一）

最单简者，为撄之以光，则凝视也。惟此仅属注视，而目睛不向于光耀。是时，两目未能协同，第作无律之动，倘见有光，辄即留目，其状甚愉。速者，生八九日即见斯象。虽仅生象上之反对〔应〕，然亦与精神作用偕。将来展发，则求智之萌芽也。

美国有女子沁者，深究童稚之事。其大母尝言："婴儿所视，不当碍之。设不然，虑有妨注意之力也。"以今日教育上之理论证之，亦复甚合。如以练习注意之运动机关，为教育低能童子之要义是矣。盖婴儿由于受动，而凝视一物至数秒时，实知识生活所由昉，亦至要之时期也。

（二）

其次，则幼儿遇有兴味之物体，辄运目以向之。其事，约始于生后四五星期。最所注意，则为视觉之撄。如有光者、能动者，明暗对照之著者，均足发其兴起。

至听觉之撄，则生一星期后，已能见之。惟音之所感，多觉不愉，虽非恐怖，似受激动也。

凡自动之观物，始于一龄。其时，不以徒观为足，而渐欲触握、嗅味，或翻图书，或检抽屉，凡扃缄者，莫不动其好奇之心。观所未见之念，日益汗漫，而本柢亦甚深，似与统系发生相系属也。盖动物以至原人，必须求食，故每趋险履危，搜索隐伏。以是因缘，遂见于童子个体发生之际耳。日本童子，大抵喜翻火钵、户棚之屉。设使申禁，则失其所以为孺子之地。纵令狼籍，亦不过一二月而止，诚不若任之之善也。若知成人以后，凡研究室中之研索、两极探险之壮图，惟此实其萌蘖，则仅是略扰一室，又何当禁绝之耶？

（三）

当自动观物时，初止审谛，进乃实验。实验云者，谓故意自为之也。实验之始，多属调筋，次第展拓，乃及他觉。其时虽有不愉或感苦痛，亦反以为研究之启发也。

触、味及听觉之实验，二龄而著。其验听觉也，有为成人之耳所难堪者。验味稍迟。虽生后四月已能持物近口，味觉之质亦稍发达，乳牙既露，咀嚼随之，而实验于味，则二龄方始。

据培尔言，子所味之品，多至百八十二种。凡可持之至口，或以口就之者，殆为天地间物，无所不有。又据或人报告，或生十四月之男儿，尝食肥皂，越三星期，又复食之，迨至其后，始知不可食云。

七龄至十龄时，关于味之好奇心尤为著明。或思茹生，或以糖杂盐而食之。时亦有本非食品或至不洁之物，而因好奇之心辄欲尝试。至于成人，则故食人之所憎，以自夸于众者有之。

吸烟之欲，亦当八龄至十龄而见。此之欲求，非关生象，仅缘好奇，尤在识味。烟草之外，亦食他物。培尔所言，凡至七十一种。此皆因童子嗜异，冀得新觉，故纵令食之不愉，亦复实验而不肯止。

复次，则因于好奇心之外观残酷，尚当一言之也。人见童子生拔蝉翼，或断蜻蛚①之尾，则每以为天禀甚忍矣。然大非也。所以然者，一由无智，一由好奇，爰生实验之

———
① 蜻蛚（liè）：蟋蟀。

要求，而此特其发露而已。又如儿童之挤猫子于水者，亦非加苦于猫、溺之为乐也。探索动机，殆缘疑此猫当如金鱼，能泳于水，故试之耳。夫童子所行，固非无残酷之分函于其中，第外观若酷之事，则往往好奇之所使，而研究亦寓焉尔。

（四）

复次，童子言语既渐发达，是生种种问题。此不独由于好奇，亦藉以识精神生活之涯略，益切要事也。凡所发问，若相度内容，区而别之，可得五类：一曰关于天力者；二曰关于机力者；三曰关于生命由来者；四曰关于神明者；五曰关于死者。

（1）上五类中，关于天力者最多，约得全问之半。如日月、星云、风雨、雷电、水火、动植等，皆隶之。所问之语，多为谁氏所造、何物所成。苦究其母，时令不耐。然若应以不当之辞，或竟拒而不理，是则不知此种问端为将来知识生活之基础者矣。

（2）凡关于机力之问，斯即对于运动之好奇心矣。假以应用机力之玩具授之儿童，则好奇之心与恐怖并起。在猫亦然，逮少惯习，恐怖遂尽，然能感兴味者，究莫胜于鞠丸[①]。而在童子，亦复如是。若玩具繁复，纵加审察，亦难了然，则甚非童子所乐，无宁易于分析又易于合成者之为善也。第使仅供观瞻，乃又不宜于孺子。试察独乐纸鸢，必经童子之手，始生动作者。斯亘古今、东西，无不愉悦之矣。至关于机力之问，则如时表、汽车因何而动是也。

（3）关于生命由来之问，以六七龄为最盛。至其答言，则教育者所当审究也。譬如或问"我何自来？"而答则曰"汝生于木"。虽甚谩诞，顾童子亦安之。然亦每缘答辞之谬，而令关于滋殖之观念不能纯洁者，有之。故当择适宜之言，定其思虑。否者，或因报章放僻之辞，而于滋殖之事独驰想象，终以赤子诞生与罪恶、羞耻、秘密相系合，则不可拯救之弊作矣。

（4）宗教之问，多曰神祇〔祇〕为谁、佛陀安在。日本童子虽不若泰西之多，然亦

---

① 鞠丸：亦称皮丸。古时以皮囊充以羽毛制成，有弹性，类似皮球，用作玩具。

时时有之。美国女子曰海伦·开罗[1]者，以盲、聋而博学。当十龄时，即有孰造世界之问。与以诠释，则又问孰造神明、此新世界何缘而作、唯水与土何所从来、最初物种与夫动物何自而得、神居何处、孰曾见之等。非废疾者，当亦如之。凡此诸问，宜用何答，俾于崇信有所裨益，则亦所当研究者也。

（5）三龄至七龄之童子，对于死之态度，多因好奇。其初见死，盖在家畜，或目击虫、鸟之骸。是时不生悲哀，惟有好奇之心，爰作诸问。因人所答，而感情亦从而定焉。观童子于死，初无怖畏，终乃见尸而惧，足知应答如何，其关系为甚大矣。

（五）

童子好毁物，而于玩具为尤。自成果言之，毁物诚非佳事也，故凡父母，常施斥责。然其毁也，亦缘好奇，冀睹内景，以为研究耳。虽凡毁物非必好奇，而其泰半固由于此。音之与动，最撄童心，故时表、乐器，受毁独众。若其毁机力玩具者，乃欲究其运动；而坏偶人者，乃欲谛观内景也。

此毁坏性，以四龄至八龄为最烈。凡发达正当〔常〕之童子，决无久藏机力玩具绝不毁损者，必因好奇、思见内景而毁之矣。故依理想言，则造作玩具，可不劳毁坏而能悟运动之理及最简物理之力者，盖不可缓也。

（六）

以好奇心发动故，遂有旅行之欲。如是见象，多为青年。凡友朋之所谭言、游记之所载述，均有以致之。有所谓彷徨之癖者，殆即此心发育偏著，复由他故，相俟而成者也。依据统计，则逸去最多者，实惟春日。案：动物有移住本能，入春而发，此或与之相系欤。

---

[1] 海伦·开罗：通译海伦·凯勒（Helen Keller，1880—1968），美国女作家、教育家、慈善家、社会活动家。幼年失去视力和听力，通过刻苦努力学会了读书、写字、说话，毕业于哈佛大学拉德克利夫女子学院。著有《假如给我三天光明》《我的生活》《走出黑暗》《我的老师》等。

三、无益之好奇

以上所言，第依好奇心发达次第，自显见之状，区分为六，加以研肄耳。若就已发达者审之，则有害而无益者，固亦有之也。

（1）童子好奇，不为有益，历览前论，足以知之。惟其启发求知，乃独有利耳。故即起好奇之心，亦有无关于知识者，又有不宜于德行者。

凡童子遇感觉撄动，辄生好奇之心，且其注意展转无定。然若教育不全，或未经教育，则虽已成人，为状亦无殊童稚，即局于现在，限于目前，而对于他事绝无好奇之心是也。此于愚妇所萃之井边会议，可以见之。其所致意，不外狭巷陋室之中所生细故；而日日会议，更无已时。凡如此者，因好奇心未能发达，中路滞著，宛如婴儿，后日成果，则为肤末之见，事虽琐屑，妄行扰攘。又如车驿、公园，众所往来之地，必见多人徘徊、瞻顾，而初无切身之事。此盖好奇心之至不当者也。

都会人士偶入村落，辄瞠其目，以为新奇。即在东京，亦每见外人行路，而众人尾随，状至浅陋。虽曰用心肤末，都人居多，然夷考其实，则殆缘人数繁多，遂至于此。凡有社会，若教育未敷，则此种好奇之心，固未有不极彰著者也。

复次，又有对于感觉撄动之好奇心，独著于一事者。如在东京，有火灾狂，一闻警钟，则舍弃一切，奔赴观之。彼所谓纵火病者，缘其乐观纷纭，不恤纵火。此虽未至故焚人室，而或闻火灾，必不远十里而至，倘其后时至而火熄，辄乃惘然失望，如未及聆父母之遗教，是诚刺谬之甚者矣。

（2）好奇心发现之无用者，有搜集癖，即妄聚一物是也。第斯事之中，亦有聚敛标本，稍含科学研究之意者。若其偏至，则为滥集之病。今此所言，乃又在二者之间。即尚非精神之疾，而其搜集又无目的，亦无意义，仅因嗜异，爰成热中。甲既厌矣，更移于乙。如搜罗邮票，虽由好奇，然可审知异域，又作票帖，汇而理之，亦足养秩序之习，固亦有益也。至昔腓立大王有烟草合子千五百。若绝无正鹄，而徒以斗靡夸多是务，则欲不谓之有害不可矣。

又有不特好奇，且又求奇于所集之物者。如燧合之纸①，亦加收录，偶会希见，购以重金。此皆绝无价值，凡所措置，第由好奇。夫勤劳至此，何为不用之有益学术，或有裨趣味者乎？佳事至多，当非不可觅也。

又尝有人专在车驿，聚敛茗壶（日本驿中卖茗连器，饮已往往弃之），或则聚电车回数券②册子之面，至厚五寸。后乃有收买故物者，愕然以二十文购之耳。又如收藏书画、网罗写本，业诚善矣，然若专重稀有，仅尚珍奇，则自就堕落已耳。凡买图籍，无间古今，固为好奇上品，而流别亦颇多：有意在文饰，专择美异者；有好收孤本，为世罕见者；有不问何书，专取初印以自喜者。如斯收集，均非遴选内容，特为藏书家而已。

（3）更就较殊别者言之，则若好奇之心动，而不轨于正，乃见蛮野之戏。纪元前二六四年，罗马有斗戏③，其法甚残，佣人被甲持械而战，用示于众。盖全因好奇，甚非文明之戏也。是戏之式至多，有曰安达巴提（Andafatae）④者，面甲无孔，目不得视，执持剑刃，而妄相挈〔击〕。倘有创败，则或即休止，或仍战斗，迄于颠殒，惟观者之命是听。斯诚残酷之好奇，近于兽性者矣。设有民族教育敷及而趣味发达者，当不乐此。而渊雅之希腊人，乃果不乐此也。

斗戏之作，在纪元前，人或将谓此古民之所好。而近世之所无者欤？亦非也。西班牙有国技曰"斗牛"。虽人兽有差，而残酷不逊此，然举国竞观之。斗牛之长，受民赞叹，有逾国王。一八九九年，此戏入法国，法国以法律禁之，而大撄国民好奇之心，几不能制。其在日本，则伊豫南北宇和郡亦有斗牛，以角互抵，虽二三十分至一小时而止，而头腹见血，为状亦至惨也。

与此残酷之好奇心性质有相类者，则有好观决狱之事。讼之与己绝无犯干，而必趋往观听，藉快其意。甚者，乃日日集法廷之门，略见佹事，便入听之。夫事而至于讼，其非可乐之事，审矣。此虽不如斗戏、斗牛能直接以残酷相感，而以观听他人之苦闷为

---

① 燧合之纸：通称"火花"，即火柴盒上带有图案的贴纸。
② 回数券：类同优惠券。在日本乘坐电车或地铁时，一般买回数券比每次买一张票稍有优惠。
③ 斗戏：通称"角斗"，即由受过专门训练的角斗士，手持剑、匕首等兵器，在角斗场上拼死格斗，观者如云，场面盛大。公元前264年，一对贵族兄弟在他们父亲的葬礼上迫使三对角斗士互相厮杀，这是最早的角斗记载。
④ 人名所跟"Andafatae"误，当为"Andabatae"。

乐，用慰好奇之心，则一也。

巴黎有列尸之地。若道死不知名氏者，陈之于此，又克日以示人，则每日必有绝无关系，仅因好奇而趋来观览者云。

（4）以缄闭之箧与猿，即生好奇心来启其盖，已见前例矣。凡动物以至于人，而遇扃结隐阂，则莫不动好奇之心，渴欲审知函实。以宝函贻浦岛，嘱以勿启，则好奇而启之矣（此日本相传童话）。命亚当勿食果实，则又好奇而食之，为罪人矣。由此审之，可知禁止之事，于教育不为有效，而或反足以加损也。

凡书之禁售，亦足动人好奇之心，或用作多得读者之方术。盖其读也，非为受禁之书内函佳胜也，第欲观此受禁者而已。

童子逾五龄，于本身利害渐就明晰，则好奇心即作种种形以显于外。如窃听父母之言，窥觊箧筒〔笥〕之物，或乐探他人隐密，更以告语于人。若在女儿，逾轨尤众，盖有以刺人隐事更述于人为业者矣。彼约翰菩儿之喜剧，曰《保罗普来》，所记剧主普来，生无恒业，而专以探索他人、施以干涉为务。此亦即好奇之心偏动于他人行事之一例矣。

汽车及电车中，有见邻客读书、阅报而窥觊之者，其心理亦同此。君子不当有此态也。

四、好奇之变态

变态为词，虽与常态对立，而两者区别颇难了然。常态者，殆如几何学之点、线，不具面积，即仅表理想之式而已。至案之事实，乃适合此式者，几于绝无。惟距此稍近者，谓之常；较远，斯谓之变。故若研究变态，则所谓常态诸人中，亦复时见其缺憾。例如清洁症为精神病之一征，而常态者亦每有洁癖。假使就食他处，有非审视皿碗、拭以素纸则不食者。第素纸之不洁，则不复措意矣。是故言好奇变态，亦颇足裨益常人，用作参考。今分为二端而论述之。

（1）好奇心之缺乏者，可别为三。甲曰纯全白痴。其人殆无意识现象，仅具植物性、反射性之机能，无可型性，即绝不能施以教育是也。凡如此者，虽加撄动，而终不生好奇之心。乙曰轻度白痴。其人略有意识现象，示以烈光、大声，亦稍注意，惟学校教育乃所难能。丙曰痴。注意之发，绝无自动，仅有受动，而其赓续又不久长。学校教育虽尚可为，然必待特别之设备。

（2）好奇心之过度者，可别为二。一为荒唐之知识欲。夫求知之心，虽云甚盛，而此则希冀吊诡，不能自知，必无之事，妄行究治，如炼金之术是矣。术者之意，殆谓铅之与金，成分无别，所不同者，第由内函不纯物而已。倘得哲人之石，去其不纯，则铅成黄金，易若反手。故昔人于此哲石，尝尽心力以求之。按：此事业，虽实促化学之进步，顾自今日视之，则悠谬已甚矣。然在今世，乃尚有出于好奇，密设协会而加以研究者，凡三种也。又如欲知未来而归心占卜者，亦可以好奇之变态视之。

好奇心既越常轨，则有成质问之症，就人滥行质问者。此症有二。

一曰强迫观念性质问症。其强迫观念，作质问之形，显见于外。问无意义，纯由强迫，偶会细故，偏起斯念。所问略如风何故而吹、几何以四足之类，咸极愚陋。亦有因此自感强迫、颇极不快者。若其细别，则成意而未成言者，为穿索症；至妨常道之决断及行为者，为疑惑症也。

二曰观念奔逸性质问症。是缘观念联合过于迅捷，遂成问端，显为病态，童子往往有之。大抵顿生众念，艰于解释，因发诸问。譬如偶然当风，便问风何自来，又将何往，云物在天，何质所造。展转推究，而其心则不觉强迫。但因求知，殊极活泼。惟一问既出，辄不俟答，竟便即移易及于他事。此在低能儿童，时时见之。

上二症中，童子之患甲症者少；有之，则善后亦不易，每转为偏执之疾。乙症较多，善后亦易，然亦愚钝之征，或小儿精神病之征也。

夫童子好问，固知识发达之始基，顾近于非常，又非良朕。惟常与非常之间，颇有似者，加以析分，实为要义。即健康童子，虽出疑问，若与解答，便即释然，或则别作新问，然与前问心相联贯，可以推寻。设为病儿，纵施明答，亦无微效。即在强迫性时，则每受联想强迫之影响，仅一疑问，而反复不止；在奔逸性时，则虽聆诠释，亦续发诸问，与旧题不相系属也。

要而言之，今兹所当图惟者，特在居缺乏与过度之两间，即健全好奇心之发达而已。

五、文明与好奇心

〔其〕一，自此，当别依文明与社会之进步，审好奇心而一论之。

往古之人，见自然、人事一切现象，是生叹异，则为宗教起因之一，世既以为允矣。然则好奇之心，当为宗教发达之要素，亦即社会中保存力之一也。然此好奇，又为社会进步之动因而负重任，斯又当知之耳。

盖本能中之好奇，即思辨及科学倾向之本。缘有此能，而哲理、科学咸以上达。是故，察其倾向，即知社会文明之度，并文明进步之因。征诸往史，亦见思辨与科学极盛之时，适社会进化最速之际。例如亚理士多德①时，其社会一面亦甚展发，是也。盛世既往，爰生滞着，故思辨及科学亦仅有绍述而止。例如孔子以后则生祖述之学者，亚理士多德以后爰有亚氏宗徒及注释之士，康德以后有康德哲学宗徒是也。

文明进步至如今兹，谓由于好奇赓续而成，殆无不当。例如探险南极，即缘深嗜觚奇〔奇觚〕，非文明人不生是念矣。吾侪偶履生地，辄欲知其户口，而文化浅者，决无此心。曾有英人欲得统计资材，致书以属突厥一吏。得所答复则云："所嘱之事，于予为难能，亦复无用。予虽日居此土，而于户口初未历数。"盖世事莫善于信神，星有绕星而行者，有曳其尾者，施以研究，徒劳而已。可知吾侪所欲知者，在彼辈或绝无趣味。

前者引台湾蕃族②历游东京，人若揣测，必以为凡有闻见，蔑不惊怪矣，而实不然。第见巨炮、快枪杀人之具，似颇动好奇之心，而他事乃极冷澹。至文饰之事，则尤为漠然，若无关也。盖彼我文明，相越过远，故能起吾侪好奇之心者，于彼乃无所感耳。

〔其〕二，思辨倾向，既缘好奇之本能为基础而发达矣。推言究竟，则归于因果概念之进步。今复寻求其迹，析之为三：一曰幻术级；二曰超自然级；三曰科学级。

（1）幻术级者，由人类欲左右天力而生，而于外缘势力之性质则所未喻，然亦微觉宇宙万有，互相关联。譬如阴雨，天力之一也，乃时因私意，希其晴霁。夫今之科学，固知阴雨非人力所能止矣。而属此级者，所思不尔，于是作日照偶人，悬之为禳。其所思惟，以为天地间物当有连络，故降雨之与日照偶人必亦如斯，因彼偶人可得开朗。此

---

① 亚理士多德：通译亚里士多德。
② 台湾蕃族：今通称台湾高山族，主要分布在台湾中部山区和东部纵谷平原。

其意中，虽于以上理致未能明言，而析分行事，则实如此。

至于关联之法，乃意极汗漫，故当希冀挽回天力之际，所操方术亦甚漠然。凡禁厌之方，莫不同此。如云遇犬吠时，写"虎"字于掌，握之则止。或谓儿脐突出，以始出行脚者之杖，按之则愈。夫儿脐突出，与用为方术之初出行脚者之杖，自今日吾侪视之，其绝不相关审矣。而此级之人，则信以为神效也。又有编藁象人，以钉钉之，用作禁厌者，亦属此类。

幻术之事，驱使人心者久，至于今日，遗风犹存。虽小学儿童间，时或用之。此禁厌中，若颇关于精神者，亦时因深信有效之暗示力而适见验。顾不验者，自亦极多，于是操术之人渐生觖望。譬如造作日照偶人至于无数，而终不得晴霁也，则遂弃其旧术，以移于次级。

（2）入超自然级者，由好奇之冲动，逗其想象。以为霖雨不已，当有违反我心而司其事者，于是对此致雨之力益加崇敬，凡有事故，皆祈于神。假如降雨，则更不造作偶人，而惟祈晴于神明矣。

然此二级，莫能画分，使不溷杂。纵令全群大众，多入宗教一级，而是中若干人，尚有不以超自然之解释为然，终留"（1）"级崇信怪幻者。惟其方术，乃弥益繁复，颇见进步。此亦好奇所驱，欲于左右造物之力特见神效，故渐加以增益也。凡如是者，为人心已进，而此独尚泥于古。如幻人术士炼金、星占之侪，即其成果矣。顾属于"（2）"级之宗教家，则斥为异端外道，加以排除或迫害之。

（3）至科学级，则万有问题无不取决于科学。譬如晴雨之事，知非偶人亦非祈禳所能左右，则假物理上之力如电气者，案诸科学，以立诠解。此盖尊保守之宗教状态，与尚进行之研究状态，两相抵触，至于今时，遂获成果，得斯进步。如今日者，盖以科学理法慰吾侪好奇心之时代也。

若好奇心之教育，亦臻此境，使此本能对于社会进化，为有力之一要素，则诚当务之急矣。

6 家庭教育之方针

金学俨

1913年12月1日

另图4 金学俨像

> **题 解**　本篇原载《教育周报（杭州）》第26期"言论"栏。发表时间为1913年12月1日。
>
> 　　撰著者金学俨（1885—1947），字簏仙，浙江安吉（今属湖州）人。1914年毕业于浙江省高等学堂师范科，历任安吉县立高等小学校长，安吉县城教育会会长，浙江省立第一师范学校、浙江省立女子师范学校等校教员，兼任国立中央大学实验中学校长，为浙江省教育会的骨干成员。后调任浙江省教育厅科员、督学。1939年，奉命筹办浙西第二临时中学。立校后，任代校长一学期。后重返教育厅任督学。除本篇外，另撰有《德育方针之商榷》《怎样去利用儿童节》《怎样去做父母》《怎样选用各科教材》等文论。
>
> 　　《教育周报（杭州）》，教育周刊，1913年4月创刊于杭州，由浙江省教育会编辑并发行。该刊宗旨为"统一全浙教育事业，继而推动社会进步"。主要栏目，有言论、学术、纪闻、时评、法令、专件、附录等；主要撰稿人，有经亨颐、邓萃英、何绍韩、孙增大、朱毓魁、蓝公武、宋崇义等。1919年3月终刊，共出235期。

　　人生斯世，从狭义教育言，其不入学校者，谓之一生不受教育，可也。何也？以狭义教育仅指学校教育而言也。从广义教育言，谓凡人自老及少，无时不受教育，可也。何也？以广义教育实包学校教育、社会教育、家庭教育而言也。

一、当以家庭教育为基本教育①

今之教育主义，则已进狭义的而为广义的矣。故凡言教育者，除学校教育以外，恒注重于社会教育及家庭教育。而以余之观察，则当以家庭教育为基本教育，而学校及社会〔教育〕为补助教育。

一证之教育之起原而可知也。

人之一生，与欲相缘。饥而欲食，寒而欲衣，露处而欲宫室，所以维持一人之生活也。而一人之生活仅数十年，犹未足以满足其欲也。于是进而有牝牡之欲，而使子女继其生活焉。又以子女之未能传其生活于永远也，于是欲以一己之知识、经验，教授其子女焉。是即教育之起原也。

教育之起原，父母负教育之责，而以家庭为教育之场，无所谓教师，无所谓学校也。故家庭教育，实为基础教育。嗣以为，父母者之未能悉心教育其子女也，而于是托之于教师；又以为，教师者之不能专教一家子女也，而于是兴之以学校。故学校教育不过为补助教育。

学校教育既如斯，社会教育更微论已。

二证之教育之时间而可知也。

吾人自生迄死，无一时可脱家庭关系，即无一时不受家庭教育。故受教育之时间，以家庭为最多。次则为社会，最次为学校。受社会教育之时间，较家庭少；受学校教育之时间，较社会尤少。不受学校教育，犹可代之以家庭；至不受家庭教育或家庭教育不良，虽受学校教育，其不为所淘汰者，仅矣。此家庭教育为基本教育，学校教育为补助教育之说也。

社会者，成于多数之家庭。多数之家庭教育良，而谓社会教育必不良，夫谁信之？此家庭教育为基本教育，社会教育为补助教育之说也。

从上述之理由言之，家庭教育既为基本教育矣，是家庭教育之重要，实驾学校、社会而上之。况吾国学校教育未普及，社会教育未进步，实以家庭居教育之中坚。则家庭

---

① 此标题系编者加拟。其后"二、三"两部分标题为作者原拟。

教育，安可不亟定方针耶？

方针维何？亦曰，由人为淘汰之结果，而采用感化主义是已。

二、何谓人为淘汰？

（一）限制生育时期

盖儿童一生之祸福，与父母之年龄有莫大之关系。

按：

匈利牙利①统计局长古洛西氏云："父年二十岁以下所生之儿，多虚弱；二十五岁至四十岁生者，最强壮；四十岁以上生者，亦虚弱。母年三十五岁以下所生者，最强壮；三十五岁至四十岁生者，百分之八虚弱；四十岁以上生者，百分之十虚弱。"

因之，马罗氏积种种之经验，而得其结果如下：

（1）父年二十五岁以下所生之儿童，多罹精神病。此外，为盗贼者亦不少。

（2）父年四十五岁以上所生之儿童，犯罪者居多数。杀人犯，百分之五十九。犯胁迫、诈伪等罪者，亦多生于此时期。

（3）父年二十六岁至四十岁所生之儿童，间有关于情色之犯罪者，然亦不数数觏。

执是以推，凡经一定时期内所孕育之宁馨儿②，即是中种之最宜，而为天之所择者也。

譬诸园丁治园，始则为之铲刈杌草，斩除恶木；继乃为之树嘉葩，栽美箭，滋兰九畹，种橘千头；夫而后种种美观，可期恒保。不然，飞者啄之，走者躏之，虫豸为之虫，莓苔速其枯，莽莽荒荒，自生自灭，又乌能与天行争胜耶？

（二）防止烈性遗传

"夫良弓之子，必学为箕；良冶之子，必学为裘。"父为通儒硕彦，其子必吟风弄月，

---

① 匈利牙利：通译匈牙利。
② 宁馨儿：对孩子的美称。语出《晋书》："何物老妪，生宁馨儿！"

逸兴遄飞；父为佐命元勋，其子必击楫枕戈，壮心不已。此犹心理上一部分的倾向，非若罹神经质者之难以矫正者也。

至于血统上病的遗传，其贼害儿童，更甚于洪水猛兽。法儒摩勒尔氏云，昔有一父好酒、母性狂燥〔躁〕者，生子女五人：一子自杀，两子犯罪，一女发狂，又一女绝蠢。此其最著者也。英国之爱尔密拉监狱①，囚人达四千以上，而两亲好酒者，居百分之三十七。夫沉湎于酒，犹其小焉者也；而流毒于子若孙，已若彼其甚。况今之所谓男子无行者，岂仅与曹邱生②结不解缘而已耶？然则有家庭教育之责者，其亦可以返矣。

三、何谓感化主义？

所谓感化者，即以家庭为天然之校舍，父母为仁爱之教师，使儿童耳濡目染，涵育薰陶，湔除恶习之灌输，建筑善良之基础之谓也。昔谢安③之妇，尝怪其夫之不教子。安曰："吾尝身自教之。"此非实行感化主义之先例乎？窃尝举东西诸教育家之学说，参互错综，而得其大要如下。

（一）屋址宜选择也

乡村寂静，态度雍容，较诸大都会、大市场鏖闹扑地，鼓吹沸天，固偶乎远矣。是以英人凤留意自然之美趣，聘情田舍之况味，累叶相传，沿为习惯。迄今游览伦敦之西部，垂杨庭院，鱼跃鸢飞，人人有活泼、进取之气象。然则孟母三迁，为未来之伟人留一席地，良不诬矣。

---

① 爱尔密拉监狱：爱尔密拉，为美国监狱中的一类。据 1876 年通过的《爱尔密拉教养院法令》，此类监狱为关押被判 1 年以下监禁服刑人员的场所。
② 曹邱生：《史记》和《汉书》中记载的人物，为楚人、辩士，专爱结交有权势的官员，借以炫耀和抬高自己。
③ 谢安（320—385）：字安石，为东晋名臣。出生于名门，自幼便聪颖过人。历任吴兴（今属湖州）太守、吏部尚书、中护军、后将军、卫将军等文武要职。所指挥的淝水之战，为历史上以少胜多的著名战例。诗文、书法俱佳。撰有《上疏论王恭》《与支遁书》等。

（二）装置宜整齐也

入其国，田野荒芜，则其国必不治；入其家，几椅散乱，则其家必不治。是故善治家者，凡古代所传之器具，自名誉之纪念物，以及盘皿之类，均位置井然。故入其客室，如入小博物馆。至于园圃之中，花莳种竹，别饶雅趣。然则接触于儿童之眼帘者，又何一非教授之材料耶？

（三）言语宜真实也

"昔曾子①之妻之市，其子随之而泣。其母曰：'汝还，顾反为尔杀彘。'适市来，曾子欲捕杀之。妻止之曰：'特与婴儿戏耳。'曾子曰：'婴儿非与戏也。婴儿非有知也；待父母而学者也，听父母之教令。子欺之，非以成教也。'遂烹彘。"② 然则今之为父母者，见儿童啼哭，则谈虎以止其声，见儿童倾跌，则击地以平其怒，是皆所以养成其欺诈心、骄慢心，而为家庭教育所急宜改革者也。

（四）仆役应屏除也

英国人民，无论何事，巳〔己〕所当为者，尽力为之，不求人助，且自求所为者为能，而以依赖人为耻。故无论贵显富豪，邱第皆由主母掌中馈、操井臼焉。我国不然，资产稍丰，遂仆从盈门，颐指气使，且以其至宝至贵之子女，使之提携捧负，声音笑貌，日事仿模。语曰："习于善则善，习于恶则恶。"树橘柚者，食之则甘，嗅之则香；树枳棘者，成而刺人。今欲求其有改良之习惯，而不慎其所树，非南辕而北辙乎？

（五）公德宜培养也

凡文明国民之对于公众建筑物也，莫不表深切之敬爱。入其中者，恭敬肃穆，遇一

---

① 曾子：曾参（前505—前435），字子舆，鲁国南武城（今属山东）人。16岁拜孔子为师，颇得孔子真传。主张以孝为本，以诚信立身，且以省身、慎独来提高个人修养。他既传授孔门儒学，又整理相关典籍，可视为"思孟学派"的开山祖。
② 语出《韩非子·外储说左上》。引文中的个别字词与原文有出入。大意为：曾子的夫人为了不让孩子跟自己去集市，假意答应回来后杀猪吃，曾子认为父母不应该欺骗孩子，应当言而有信，于是待夫人回来后，真的杀猪煮肉给孩子吃。

切陈设之物品，无敢妄以手触摩之者。是岂有所强制而然耶？盖得力于家庭教育者深矣。尝观英人之会食也，每日有一定之时间。及期，或鸣铃，或鼓锣，家人咸集，为礼问之语。席中，从容谈话，寂静无哗。故爱马逊有言："英国为贵族之国。"其主要之现象，不在裁判所，而在夕食。

返观我国，食事散乱，兄弟、姊妹夺坐争先，似群牛之骤奔，拟万鹤之争唼。推而至于公园、图书馆、博物院，以及稠人会合之场，又乌能保其不毁伤折取、捣乱秩序耶？不宁惟是，欧美公园之禽鸟，常见童子而不惊飞；冬日大雪，禽鸟无所得食，童子掷面包屑以饲之，皆飞翔来集焉。我国则何如？蝉也，蝶也，蜻蜓也，蟋蟀也，燕雀也，皆儿童所任意宰杀，恬不为怪者也。残暴不仁，莫此为甚。然则有家庭教育之责者，宜如何养成慈祥恺悌之风、孕融融泄泄之乐耶？

（六）观念须正确也

凡外物，由觉官导入脑筋，印一心象，再由心眼返观心象，而悉物体之状态，是谓认识。故外物与认识，非直接，乃间接也。加博尔士曰："人生后三年所得者，较在大学校三年所得者为多。"是以当保育儿童之任者，应供给其适宜之游戏材料，又宜诱之户外，使接于自然界。此独逸弗罗比①氏所以创设幼稚园也。

瑞儒巴斯德罗②氏亦主张此理，曰"教授之第一步，宜直观的"，为教育上不摩之格言。至于儿童食品，各国异制。日本以伟大人物印于饼饵之上，发起其高尚之思想。美国则改为动植物，所以增儿童直观上之知识者也。英国儿童之玩具，多有用橡皮者，取养成坚忍之性之义。则然〔然则〕欲图家庭教育之改良，又乌可不注意及此耶？

以上所列各条，均取其最著者言之。至于如何锻炼其身体、发达其智识、陶冶其品性，尤赖为父母者擘画周详，以身作则。庄周③不云乎："水之积也不厚，则负大舟也无力。"④又曰："藜藿之生，蠕蠕然日加数寸，不可以为栌栋；梗枏豫章之生也，七年

---

① 弗罗比：通译福禄培尔。
② 巴斯德罗：通译裴斯泰洛齐。
③ 庄周（约前369—约前286）：字子休（亦说子沐），宋国蒙（今属河南商丘）人。战国中期著名的思想家，为道家学派的代表人物。著有《庄子》（又称《南华真经》）。
④ 语出《庄子·逍遥游》。意为：水不够深，就没有承载大船的力量。

而后成，故可以为棺舟。"① 然则琼林玉树，欲其生我阶除，亦注全神于陶铸可耳。

---

① 语出《淮南子·修务训》。其准确表述为："藜藋之生，蠕蠕然日加数寸，不可以为栌栋；梗、楠、豫章之生也，七年而后知，故可以为棺舟。"意为：藜和藋长得很快，却不能用来做栋梁；梗、楠、豫章长得很慢，却能用来做棺材和舟船。

7 儿童研究

志厚

1914年4月15日

另图5 樊炳清像

题 解　本篇原载《教育杂志》第6卷第1号"学术"栏。发表时间为1914年4月15日。

撰著者志厚，即樊炳清（1877—1929），字少泉，一字抗父，又作抗甫，号志厚，祖籍浙江山阴（今属绍兴），生于贵州贵阳。清末诸生。1898年入南洋公学东文学堂，后长期追随罗振玉，参与东文学社和教育世界社的编译事务。历任湖北农务学堂和江苏师范学堂的教习和翻译，供职于学部图书编译局。1912年受聘担任商务印书馆编辑，参编《共和国教科书》《高等小学女子新国文》等书，并开始在《东方杂志》《教育杂志》《学生杂志》等刊物上以不同的署名发表文论。有关幼稚教育的文论，另有《蒙台梭利女史之新教育法》《摹仿说》等。

有关《教育杂志》，参见前文《对于新教育之意见》题解。

　　自来以科学攻教育者，取道有二：一论其鹄，一论其法。

　　昔之哲学家或教育学家以孜孜研究者，恒在教育之鹄。曰宗教主义，曰功利主义，曰人文主义，曰实科主义，曰美育主义，异说纷蕃〔繁〕，旨归则一，第谓教育之用，宜导人以达若何之理想而已。

　　至若教育方法，古人殆罕措意。叩以某岁之儿，所注重者何在，所应教者何事。古代教育学，未能有以诏示吾侪也。逮于近世，研究教育方法者，非无其人，然或以一己理想为准，或虽亦观察儿童，而范围究狭，往往凭当时之常识，据二三之事例，而信之为原理，衍之为规律。今读其书，名言卓识，诚大有过人处，然精而审之，是否确有科学之根柢，究难置信。且有明明陷于谬误者，不能为昔人讳也。以是，今之教育学，欲求基址坚实，乃移其研究之苦心，以向教育方法论。此中门类固夥，而根柢中之根柢，则所谓"儿童研究"是。

设词以譬之，则古之教育学如工师造器，但论所成之器宜若何而后可，而于材料之为梗楠①抑为杞柳②，所不计焉。今则以儿童自身为一研究之对象，与夫理化学之以物体为对象者，无以异也。

今之教育学所由改其研究之向者，实验心理学③之勃兴盖与有力焉。四五十年以前，心理学犹具演绎性，未能脱哲学之羁绊也。其后，乃有欲凭实验所得之果，以归纳法而立精神活动之原则者，是之谓实验心理学。其始也，所实验者，犹不过初步之精神作用，若感觉、知觉、运动作用等是。既而研究日进，范围日广，乃于记忆、想像、判断、推理、注意、情绪、意志种种，亦实验及之。其进步可谓骤矣。

抑实验心理学者，其研究之范围，仅以纯理为限，而不涉及实验问题。此为学问之进步计，自不能不尔。盖无论何种科学，其始，从事者皆不外欲阐宇宙隐秘之理，餍一己研究之心，初非为应用计也。虽然，纯理之学既进步而达一定之程，则更取所获理论筑为基址，以攻究实际问题，此又必至之势。

观于纯正理化学之进步，而有今世之应用理化学，其理自易睹矣。自实验心理学之勃兴，或则援据其法则以研究罪犯心理，或应用之于医学，又或藉以解决社会问题，若所谓广告之心理、群集之心理是。而最受实验心理学之影响者，自莫如教育学。诚以教育之对象，本即人类之精神作用也。某学者尝谓："教育学为应用心理学。"其说之当否姑弗论，而教育学与心理学之关系之密迩，固尽人所公认者。心理学既由实验方法而一新壁垒，则与有关联之教育学，安得不别辟蹊径乎？

---

① 梗楠：指黄梗木与楠木，珍贵并难得。
② 杞柳：常见灌木，枝条可编筐篮，平常而易得。
③ 实验心理学：心理学分支之一，是在实验室控制条件下进行研究工作的心理学。它有广义和狭义之分。广义的实验心理学，是相对于人文取向的心理学体系，也叫科学心理学；狭义的实验心理学，是研究心理实验的基本理论、基本技术并介绍心理学各分支领域中实验研究成果的科学。冯特、铁钦纳、桑代克、巴甫洛夫、华生、韦特海默等人对该学科的发展贡献卓著。

于是，以研究成人心理所得法则，应用之于儿童，而以所得儿童心理之知识，确立教育学之客观的基址，是即所谓"儿童研究"。彼莫曼①氏所倡导之实验教育学，义略如是。

惟严以核之，则"实验教育学"与"儿童研究"二语尚有不同。曰"儿童研究"，则范围较狭；而曰"实验教育学"，则不但以儿童身心为研究之对象，又教育上种种实际问题亦当在研究之列也。又，"儿童研究"一语，亦与儿童心理学略有不同，盖不独研究其心理方面，兼研究其生理方面也。

莫曼之实验教育学，虽概自心理学、病理学、伦理学、名学、美学及儿童研究之中，采用其研究结果，然斯学自身，本有特定之范围，故仍不失为独立之科学。盖科学资格，必若何而始备，诚难言之。宁为便于研究计，遂但就其范围及方法较异于他科学者，名之为一科学耳。虽然，莫曼亦自言之，现在研究结果贫乏而罕系统，欲以之为一科学，或须俟诸异日。则虽谓今之实验教育学，仍不越乎儿童研究之范围以外亦宜。要之言其精，则实验教育学之与儿童研究，虽有范围广狭之殊，而言其粗，则即谓二者为一无不可也。

实验心理学虽发源于德国，而大抵置重理论。其以实验心理学之方法，应用于实际，而由之以研究儿童身心及种种教育问题者，不得不以美、法二国为首，学者后先踵起。

其在美国，则爱尔大学②之心理学实验室，研究此事者最盛。如噶尔巴忒氏之于"儿童对音调之感受性"，如噶氏及史利普剔亚氏之于"儿童身心发育问题"，又如谟阿氏之于"疲劳现象"，其尤著者也。

其在法国，则首先从事于此者，端推比奈③。略举其实验结果，若"对色彩之认识力"，若"对错视之认识"，若"知能发达之诊断法"，又若"对言语及短句之记忆力"，大为学者所重视。此外，则有蒲尔敦氏研究"年龄与直接记忆之影响"，毕雅弗礼德氏研究"错视之认识"，亦各有盛名焉。（大概言之，则法国心理学家，多系研究高等精神

---

① 莫曼：通译梅伊曼，即恩斯特·梅伊曼（Ernst Meumann，1862—1915），德国心理学家、教育家。1901年，他率先将实验教育思想称为"实验教育学"。
② 爱尔大学：通译艾奥瓦大学（The University of Iowa），位于美国艾奥瓦州艾奥瓦城，为美国知名高校。
③ 比奈：阿尔弗雷德·比奈（Alfred Binet，1857—1911），法国实验心理学家，智力测验的创始人，著有《智力的实验研究》《推理心理学》等。1905年，他与T.西蒙一同创造了测量智力的方法，编成了比奈-西蒙量表，1908年发表该量表的修订本，1911年发表该量表的第二次修订本。不久，该智力量表便传播到许多国家。

作用，如观念作用及记忆、思考等项，且使用机械之实验法较少。）

其后未几，法、美二国之遗响，亦传播于德意志，而莫曼、克勒丕林[①]诸家相继以兴。莫氏且命以"实验教育学"之名，其语至为各国学者所袭用。迄于今，各国教育学家及心理学家、病理学家，殆莫不彼此相携，而殚心努力以攻究此问题者矣。

然则"儿童研究"一语，其范围若何？其内容若何？此在今日研究之涂径多歧。欲详言之，殊不易易。姑从莫曼氏之"实验教育学"以为分汇，则可大别之为二：其一，研究儿童身心发育之状态；其二，则以学校儿童为限，而研究其对作业之状态是也。后者范围较狭，但由教育见地以观，尤为直接而切要之事。是以分别论之。

一、儿童身心发育之状态

此中更分二类。

第一，身心发育之普遍的状态。

向来学者之论教育方法也，其于儿童身心发育之状态，概凭常识的观察，而立为假定之说。今据实验的研究之结果，乃知其误殊多。研究此问题者，更可分子目如下。

（1）研究身心发育之时期。盖儿童之发育，不问身、心两面，皆非循次发达、终始一致者。某期，则发育较骤；次期，则发育较迟，甚或全然停止。即就一年中言之，其发育之度，亦因季节而异。例如体重率之增加，多于秋、冬，而少于春、夏。其一端也。

（2）研究身体发育与精神发育之关系。据研究之结果，则身、心两者，不能以平行之状同时发育。譬如盛夏之时，身体发育较盛，而精神发育稍衰是也。

（3）在发育期，各段之儿童较之成人，平均有何差别？又，儿童之次序发育，以接近成人也，状态若何？此亦研究中之一项目。旧教育学，于儿童与成人之差别，颇蔑视

---

① 克勒丕林：通译克雷佩林（Kraepelin，1856—1926），德国精神病学家。曾师从冯特，在其实验室工作。在精神病学上，他站在实验心理学与比较精神病学的立场，纠正了过去对神经错乱、脑疾病、妄想症等疾病的错误观点。

之。故教授之际，恒以成人之心揣儿童之心。虽亦曰不可不顾虑儿童心理，顾所视为儿童心理者，实出自常识之揣测，而非有确切之根据。欲救斯失，不得不恃诸实验研究之结果也。

（4）既知儿童身心发育之一般状态，宜更就各种精神作用分别研究。譬如感觉、知觉、观念、记忆、思考、推理等，其作用若何？又，感情、意志等，其作用若何？一一取为研究之对象是也。儿童之各种精神能力，决非平均发达者。方某岁时，某作用较盛；及某岁，则以他作用代之。一切精神能力之发达，皆各有一至适之期，而一种作用旺盛时，其全体势力悉萃于此，故他种作用之发育自然较迟。不但此也，同一精神作用，而其中尚有种种差别。如以记忆作用言，则有感觉之记忆，有数学之记忆，有文学之记忆，是亦因时而异。其发育之度者，不可不详悉也。

第二，个性之差别。

由以上之研究，而于某年龄之通常儿，知其身心发育状态。则以平均而得之结果，视为同一年龄者之代表。如曰七岁儿当若何，八岁儿当若何，此盖自平均上言之。若一一衡诸个人，则又因人而殊，故不可不研究个性之差。世称，美国狄采那氏之于实验心理学，赢得贵重产物者三。个性差之发明，即其一也。

以一己或其左右为准，而妄谓一切人都如是，在昔学者，恒不免此弊。然果与多人相触接，而由实验方法以推见，个性相差之甚。当憬然于常识的观察，多有未足恃者矣。至于个性之差，得由种种性质而区别之。如对精神之作业，其适应作用迟速何若；如对妨害之外因，其抵抗作用大小何若；又如注意集散之状况，强弱何若；忍耐疲劳之时间，久暂何若。凡此之类，皆因人而殊者也。

就中关于知力作用（如直观记忆、观念推理等）之个人差，其于教育实际，尤切要而饶趣味。学者或以研究此类问题之事，名之曰"禀赋论"。而其由显著之特征以区别此知力作用之差也，则立为种种之型，若所谓直观型、观念型即是。譬如甲、乙、丙三人，同浮现某物于观念，而浮现于甲之观念者，以视觉的要素为主，乙则以听觉的要素为主，丙则以运动的要素为主，因名甲为视觉的观念型，乙为听觉的观念型，丙为运动的观念型是也。

与个性差之问题关联而起者，尚有二事。

其一，则劣等儿之研究也。劣等儿，谓身心发育之度较平均儿童更劣、更迟者。既由实验方法，于若者为精神薄弱儿，若者为低能儿，若者为劣等儿，一一鉴别不爽，则更应其程度、性质，而谋适当之教育法。此在今日教育界，久视为重大之务。其研究成绩亦较优，且多有应用之于实际者矣。

又其一，则优等儿之研究也。与前者适反，即谓发育之度较平均儿童更优或更早者。此种研究，尚未能若前者之进步。然由教育见地以观，则兹事之重要，宁数倍于前者。故今之学者，渐倾心以攻究此事矣。

二、学校儿童作业之状态

此中更分四类。

第一，就学校儿童之身心、作业一一分析，而规定其适当之条件。申言之，即研究儿童之于学习及作业必如何而后进步容易，又如何而能节用势力是也。

第二，就学校一切作业，研究其卫生方面。盖儿童之于作业，以耗费其身心之势力故，则生疲劳现象。然则所谓势力之耗费分量如何？其由耗费势力之结果而生疲劳现象也，条件如何？又，疲劳之程度如何？有疲劳过度而至于势力尽灭者，其时状态如何？此外，则又有恢复疲劳之方、豫防疲劳之法。凡取此等问题而研究之者，今谓为学校作业之精神卫生。（此与通常所谓"学校卫生"者，其意义不同。盖学校卫生论，但研究学校之位置及设备，期有助于学生身体之康健。故研究之范围不同也。）

此种研究起源最早，在儿童研究中当以此事为先驱。一千八百七十九年，有季柯斯克者，既由默写法测定疲劳之度，以其研究之结果著为论文，题曰《疲劳与儿童作业之影响》。后，一千八百九十一年，蒲该尔斯丹氏继之，更藉简单之习算，以测定一小时内之疲劳度。自是，"疲劳"一语，大为学者所措意。研究之法层出不穷，且有用握力表、检触器等，以间接法测定身体之疲劳者。

第三，研究学校作业与家庭作业之优劣。详言之，即谓儿童之于作业，其合多人而为之者，与一人独为之者，结果孰善是也。

第四，既由以上之研究而知学校作业之一般状况，则又进而入狭义之教授学方面，分别各科目，以研究其学习之状况若何。即如读法、数法、写法、缀法、描法等之研究是也。

儿童研究之范围与内容，略如以上所述。自从事研究以来，为日虽浅，而其贡献于教育学之功绩，亦既丕然昭著。有古代常识的教育学所凤信为真理，经后人之实验研究而摧毁不遗者，盖不一端。今自其关系最要、兴趣最饶者，略举数事，亦足以证之有余矣。

其一，则关于形色之认识也。昔者，仅据偶然之事例演为定理，遂有谓幼儿最好赤色者，以为赤之为色，有光辉而含温性，故为幼儿所嗜。证以实验，乃知不然。儿童之嗜色彩，因年龄而殊，更因男女而异。其最好紫色，而置赤色于第二、三位者，亦复不少。又如海尔巴德①谓，三角形最简，为幼儿所易解。证以实验，乃知儿童最易解者，非三角形，而宁为方形。此又一事也。

其二，则记忆作用也。向者，皆曰儿童年龄渐长，则记忆力渐退。尝见某心理书，竟谓儿童十岁，记忆力之发达已臻绝顶，至二十岁则减其几分之几，三四十岁更减其几分之几，且示以图表，言之凿凿，若确有其事者。然从实验之结果乃知，记忆力之最强，实在二十岁稍过以后。自是，次第渐衰。然其衰退之率，亦不如昔人之说之甚。且以十岁许之儿童，比成人之记忆力，宁较弱数倍。且昔之人浑称为记忆而已，今则知记忆之中，实可分为直接记忆与间接记忆二种。又，音之记忆、色之记忆、形之记忆、名数之记忆等，亦因人而殊其发育之度者。此亦昔人所未及知也。

其三，则于肌肉发育之关系，亦获重要知识。昔见儿童躯体纤小，疑其仅能为细巧之事，故主张幼稚园作业当择其细巧者，以多用脑力、目力为主。今由实验之结果，乃亦知其不然。儿童身体中，其粗大之肌肉反较成人发达，而纤小之肌肉反是。故知儿童作业转以粗大者为宜。苟忽于此，即有引起种种神经病之虞。

其他类是者，殆不遑悉数。然则儿童研究之功绩卓著，已可想见。况他时进步之迹，尚未有艾耶？

虽然，今之所谓儿童研究，不得不曰尚在幼稚之域。有仅仅研究琐屑问题，而自教育学视之，实无甚意义者；有研究之题目相同，而彼此所得结果适成其反，遂有无从

---

① 海尔巴德：通译赫尔巴特。

置信者；其实际教育家，更有不谙心理的实验之术，而于所用方法、所记数字未能适当，因以获谬误之结论者。即如德国莱伊①之实验教授学，虽负时名，而学者仍多所指摘。莫曼之实验教育学，较前者为精，而全体之不统一，亦诚有如莫氏所自白者。此则研究之时尚浅，于理于势，诚有所不容已也。

教育家之于儿童研究上，盖有不可不注意者三事。

第一，关于心理的实验之方法，不可不练习于平时，而通晓其大体。昔之心理学，仅为书籍上学问，而今也则不然。其浅近者，固可凭书籍以窥知大略，然至精密处，自非曾由适当之练习而谙于观察或实验之法者殆未能理解也。人或言，吾不能自事实验，但能理解他人之研究结果以备应用，亦既足矣。是殊不然，苟不知心理实验法之为何，亦未有能理解他人之研究结果者也。盍观于理化学，谓不谙实验之技术而能了然于理化学说者，世果有其人乎？

第二，使实际从事教育者，必用精密器械，以专门的练习实验之技术，此诚不免强人所难。然当知，所谓儿童研究，非必恃精密之器械、挟专家之技俩，始可与言研究也。其能以教授余暇，不假器械而从事实验者，亦多有之。故实际教育家，但当通晓心理实验法之大体，而从事于通常的研究。其精密之器械的实验，以俟专家可也。

第三，无论从事实验或读他人之研究报告，于所用数字，有不可信之过度者。凡实验之结果，概表以数量。如实验记忆作用者则曰：一小时后，所忘者居三分之几；一昼夜后，所忘者居五分之几。又如实验反应作用者则曰：用豫定刺戟时，为一秒之千分之几；又用视觉刺戟时，为一秒之千分之几是也。然当知，精神作用之变化无方，远非物质作用可比；且同一人之身，亦因时、因境而异者。由实验而得之数字，其精确可信之度，自与物理的实验之结果不同。故于此等数字，但能视为大体可信者；若并其小数以下而亦深信不疑，则失之惑矣。至若定数字之信用之度，此自研究者言之，诚为要图。自当反复实验，且由平均统计法，而后可获真切之知识。然言其大体，则但使稍加注意，未始不可以常识判其信用之度也。

---

① 莱伊：通译拉伊，即威廉·奥古斯特·拉伊（Wilhelm August Lay，1862—1926），德国教育家、心理学家。1903年撰写了《实验教育学》一书。其后，与梅伊曼联合创办了《实验教育》杂志，从而使实验教育学成为一门新兴的、独立的学科。

學術

兒童研究

志厚

自來以科學攻教育者取道有二。論其鵠一論其法昔之哲學家或教育學家以攻教研究者恆在教育之鵠曰宗教主義曰功利主義曰人文主義曰實科主義曰美育主義異說紛蕃指歸則一第謂教育之用宜導人以達若何之理想而已至若教育方法古人殆罕措意叩以某歲之兒所注重者何在所應教者何事古代教育學未能有以詔示吾儕也逮於近世研究教育方法者非無其人然或以一己理想為準或雖亦觀察兒童而範圍究狹往往憑當時之常識據二三之事例而信之為原理衍之為規律今讀其書名言卓誠大有過人處然精而密之是否確有科學之根柢究難置信且有明明陷於謬誤者不能為昔人諱也以是今之教育學欲求基址堅實乃移其研究之苦心以向教育方法論此中門類固夥而根柢中之根柢則所謂「兒童研究是」設詞以警之則古之教育學如工師造器但論所成之器宜若何而後可而於材料之為梗楠抑為杞柳所不

8 蒙铁梭利女史新教育法（节录）

顾树森

1914年7月

另图7　顾树森像

题　解　本篇原载《中华教育界》第19号。发表时间为1914年7月。全文原发表时共八章，分四期连载。今节录《中华教育界》第19号发表的前四章。在该刊第20号发表者，为第五章"自由主义之训育"和第六章"感觉教育论"；在第21号发表者，为第七章"知能教育"；在第22号发表者，为第八章"体育论"。该文于1914年底由中华书局刊印了单行本，今仍有复印本行世。

撰著者顾树森（1886—1967），字荫亭，江苏嘉定（今属上海）人。1905年考入上海龙门师范学校三年制本科，毕业后任小学教师。1912年任中华书局编辑，参与编纂小学教材，并开始撰文介绍欧美教育思潮。1917年担任《中华教育界》编辑主任，参与筹创中华职业教育社，次年任中华职业学校首任校长。1921年赴英国伦敦大学研修，后赴德、法、意等国考察职业教育。1927年后，历任南京特别市教育局局长、国民政府教育部普通教育司司长、国民教育司司长，兼任国立中央大学教授。1946年任中华工商专科学校校长。1949年后，历任江苏师范学院教授、江苏教育科学研究所研究员。著有《中国历代教育制度》等，编有《中国古代教育家语录类编》等。

蒙铁梭利，通译蒙台梭利，参见前文《蒙台梭利新教育法之设施》题解。

《中华教育界》，教育月刊，1912年3月25日创刊于上海，由中华书局主办并发行，首任主编陆费逵。该刊旨在"使教育普及于全国，文化深入于民间"，为民国时期最重要的教育刊物之一。主要栏目，有专论、译述、调查、讨论等；主要撰稿人，有王克仁、邰爽秋、余家菊、金海观等。1937年8月后因日军侵入上海而停刊，1947年1月复刊，1950年12月终刊，共出29卷300余期。

第一章　绪论

近数年间，为实验教育界中辟一新纪元、引起全世界之注目者，其惟意大利玛丽亚·蒙铁梭利（Maria Montessori）女史之新教育法乎！是法也，匪独创行于意大利而成效卓著，即欧美各国，亦无不崇拜而仿效之也。

夫蒙铁梭利女史，一医士耳。初治精神病学，后有鉴于世界旧教育之墨守成法、戕贼儿童天性，非改弦而更张之必不能挽狂澜于既倒。于是数年之间，处心积虑，坚其意志，鼓其毅力，上采配司泰洛齐①（Pestalozzi）、弗勒培耳②（Froebel）教育家之学说，近取伊达③（Itart）、石庚④（Seguin）医学家之经验，融合医学、哲学、心理学、生物学，而创宏大之说，为教育界独辟蹊径，别树新帜。

其主义之精当，训练之绵密，教授之合法，设备之周到，固为旧教育所望尘莫及者矣。施诸意国未达学龄之儿童，不数年而效大著。非女士之热心教育，曷克臻此？近复著《科学的教育法》，尽阐阙旨，读者交相称誉。迩来，若英、若美，专派学者亲至其地，学习其法，复设研究会，以互相讨论。于是，各学校之采用其法者日众，而蒙氏教育法之书籍 The Montessori Method⑤、A Montessori Mather⑥ 亦相继出版。日本近亦研究之不遗余力（如最近出版之《蒙氏教育法及实际》，又《蒙氏教育法与其应用》，皆言之甚详）。独于我国，注意于此者甚少。虽有一二杂志中略述其梗概，顾皆择焉不精、语焉不详。兹不揣谫陋，抉择大要述之，以供吾国参考之资料。风雨如晦，鸡鸣不已，热心教育家盍起而研究之！

---

① 配司泰洛齐：通译裴斯泰洛齐。
② 弗勒培耳：通译福禄培尔。
③ 伊达：通译伊塔尔，即让·马克·加斯帕尔·伊塔尔（Jean Marc Gaspard Itard，1774—1838），法国治疗耳病的医生和教育聋童的专家，为特殊教育的最初倡导者，以对从阿韦龙森林中捉到的野孩维克多的长期教育实验而知名。著有《阿韦龙野孩维克多》。
④ 石庚：通译塞金，即爱德华·塞金（Edward Seguin，1774—1858），法国研究和治疗心理缺陷的先驱者。他的研究促进了对人的基本心理过程的科学研究，同时也奠定了特殊教育的理论基础。著有《白痴及其生理诊断法》。
⑤ 此英文为书名，通译为《蒙台梭利教学法》。
⑥ 此英文为书名，通译为《蒙台梭利母亲》。其中"Mather"误，当为"Mother"。

第二章　蒙铁梭利女史之历史

玛利亚·蒙铁梭利，意大利女子也。少时家甚贫窭，及长习医学于罗马大学（Universita'di Roma）之医科。女史天性聪颖，勤奋过人，专心致志，精研有年，遂受试获隽，得医学士（M.D.）。女子得学位于罗马大学，实自蒙氏始。继乃服职大学，任罗马病院副医士（assistant doctor at the Psychiatric Clinic of the University of Roma），遂研究精神病焉。

先是法国革命之际，有耳医命〔名〕伊达（Itard）者，深究聋哑教育，谋有以发达其听觉，因受命为国立聋哑院之医师。千七百八十九年，有野生少年，自幼失亡，处深山中与木石居，与鹿豕游，人间之事冥然罔觉，几与白痴无所区别。时年十二，为猎人所得，携之归。伊达教之，施以各种方法。虽未大成，颇能见效。由是推想，常人中凡才能低劣者，亦可以教野生少年者教之。

高足石庚（Seguin）继承师志，研究低能儿教育，著述颇多，中有《白痴与其待遇法》（Idiocy and Its Treatment by the Physiological Mathod，1896）。女史为医时，读其书，究其法，以为待遇白痴者必可施之于常儿，且可期其速效焉。

千八百九十八年，女史开教育会于笃里努①（Torino），演讲德育论，主以身治心。医家、教育家咸韪之。时白起利②（Guido Baccelli）为教育部大臣，聘为低能儿教育法之演讲者。厥后，官立低能儿学校（State Orthophrenic School = Institute for the Feebleminded）成立，遂命为长。此校专收集各方精神缺陷之儿童，以指导而教育之者也。女史任职二年，鞠躬尽瘁，成效大著。神经衰弱之儿，一经女史训练后，应他校之入学试验，几与常儿无异。

女史既获此成绩，复以为教育之改革不当囿于低能儿也，凡精神健全之儿童，为旧教育所误，阻遏其知力之发展者，所在皆是。乃于千九百年辞职，复入罗马大学之哲学科，习教育治疗学、普通教育学、实验心理学、儿童心理学。同时，又研究教育家之理

---

① 笃里努：通译都灵，为意大利皮埃蒙特大区首府、意大利第三大城市。
② 白起利：通译吉多·巴克西里，生卒年未详。曾任罗马大学临床医学教授、罗马政府顾问、意大利教育部部长。他不仅主持创办了特殊教育学校，而且支持蒙台梭利向罗马的教师讲授关于低能儿童教育的课程。

论，与己身之经验互相印证；参观各小学校之设备，考察旧教育之结果。七年间，苦心经营，谋所以改良而补救之。

会罗马改良社会之慈善团体社长达拉莫（Edoardo Talamo），悯罗马贫民集居之非计，矮屋鳞次栉比，光线暗淡，污秽闭塞，不适卫生，莫此为甚；且一室之中，数家相聚，风俗益坏，道德日颓。于是乃筑屋四百所，分甲、乙二区：甲区建筑粗陋，租与贫民；乙区稍完美，租与境遇稍优者。比户相望，自成一市，采光、通气适于卫生。家有区域，家族感情油然而生，风俗、道德，自然醇厚。惟居民夫妇昼出工作，幼儿留家，破垣损柱，延及邻里，居者咸苦儿之无所寄托，贷者亦恶顽儿之毁室也，乃急谋所以防之之法。社长达拉莫，乃欲集是等幼儿施以教育。于千九百零七年建筑校舍，而以教育之事谋之于女史。女史乃以向之所经营规画者，至此乃得发展其抱负，遂毅然任之。女史之得实行其新教育法者，实于此发轫焉。

第三章　蒙铁梭利儿童院之组织及设备

蒙铁梭利施教之所，不以学校名也，而称曰"儿童院"（Casa dei Bambini = Children's House）；不以教师自居也，而称曰"儿童之指导"；且又无所谓教室，无所谓课程。盖其为教，实以学校代家庭，绝异于今日之学校也。此院创自千九百零七年，初仅一所，设于甲区；后乃扩充至数所，专收集三岁至七岁之幼儿。区内居民，晨则托儿童于此，出任劳作，夕则挈之以归。

儿童之家中设备周到，无教室之形式，无整列之椅桌。仅于广室中，备长方形之案，可容二三人，质轻而小，四岁之儿，二人可举；又有小几，为一人之用，散置各处，任其移动，靡有定所。其所以取轻而易举者，因欲解其束缚，起坐自由，矫正其脊柱挠屈、姿势不正之弊，不以定制之椅桌而阻害其发育也。且女史以为，质轻则易于损伤；损伤之后，不可叱责，惟有默置不问，令其自维用心之不周，自知歉疚，使自知儆戒，自行抑制，则举动自趋安详也。

其余各室，皆备长椅，或木或藤。广室之中，复设低柜，各藏教具，令其自行启闭。壁上悬有黑板，以备自由绘画。盥洗所陈列盥具，使之自洗。别有浴室，亦使轮值自浴。

其管理中之规条如下：

第一条　罗马房屋改良会社，设儿童之家于共同之屋内，专收租屋者未达儿童家学龄之儿童。①

第二条　儿童之家，专为昼出工作者看护其儿，故不收学费。

第三条　儿童之家适应幼儿心身之发达，而施以各种之教育，并留意身体及道德之进步（In the Children's House attention is given to the educatio, the health, the physical and moral development of the children. This work is carried on in a way suited to the ago② of the children）。

第四条　儿童之家中，置女教师、校医、保姆各一人。

第五条　在儿童之家之细则及时间分配，由女教师定之。

第六条　凡租屋居者之儿童，自三岁至七岁，皆得入学。

第七条　幼儿入儿童之家，不征收学费。但父母须注意下列各条：

（1）儿童到学，必依一定时刻。儿之身体、被服，必须清洁，且宜著胸衣③。

（2）对于教师及与儿童之家有关系者，咸必尊敬之。对于儿童教育之事，务必尽力如教师。每周中，儿童母必至校一次，报告幼儿在家庭生活之状况，且必受教师之忠告。

第八条　如有犯下列各条者除名：

（1）怠于沐浴，身体、衣服不清洁者。

（2）教训无效者。

（3）儿之父母不敬教师及一切职员者，或儿之行为有妨害施教之功者。

儿童之家，平时每日午前九时始业，午后四时终业。惟夏日，自八时至六时。兹述其每日所为之事如下。

---

① 此句中"儿童家"疑为衍字或错植。正确表述似应为"专收租屋者家庭未达学龄之儿童"。
② 此处英文"ago"误，当为"age"。
③ 胸衣：指贴身衣物。

九时至十时：行礼，检查衣服及身体之清洁，室内整理，洒扫，礼拜，讲述前日所为之事。

十时至十一时：练习感觉，实物教授。

十一时〔至〕十一时半：习简易之体操及步行、进行等之运动。

十一时半至十二时：午膳，祷告。

十二时至一时：自由游戏。

一时至二时：至户外，为有规律的游戏（惟此时年长者之儿童在室内洒扫、整理器物，为实际生活上之练习）。

二时至三时：手工泥工，图案画。

三时至四时：集合体操，唱歌，饲养动物。

女史以为，儿童在学之时间，务须长久。惟于长时间中，幼儿宜在午时睡眠一次（此事因不便利，尚未实行）。盖儿童家中所为之事，多关于实际生活，故所费时间较长。例如教师检查儿童身体、衣服之清洁，手爪、颈、耳、颜、发之有无秽污，衣服之有无破裂，扣钮之有无脱落；且不仅检查之而已，尤当使儿童各自注意此点而修正之。次之，如室内之整顿及清洁，教师检察时，当教以洒扫器具之用法。此外，如坐立之姿势，步行、起居时肃静、优美之法，皆当学习。月曜日[①]须会话一次，令儿童各自述前日在家庭中所为之事及游戏、饮食等，无论巨细，须一一实导之。是法不特儿童所乐为，且于实际生活上甚有兴味，又可因此指导儿童发达语言能力，于教育上颇有价值者也。

第四章　蒙铁梭利女史新教育法之自由主义

女史新教育法之根本原理，一言以蔽之，曰"自由主义"而已。其所设施，如训练也，教授也，养护也，无不使儿童自动，而不为被动，即无不以自由为其旨归也。

盖儿童天性活泼好动，如草木之初萌也。培养之，则畅茂条达；摧折之，则萎缩枯

---

① 月曜日：指星期一。

落。教育者，亦当重视儿童生活，务使自由活泼，各自发展其固有之天性。是以训练之基础在自由，而训练之价值在活动。能自由，即能活动。若限制其动作，强令之肃静，行为悉依他人之命令，无异使之麻木不仁也，非所以训练也。此为对于教师之管理则便，而非所以适于活泼之儿童也。

近之教师，往往混视不动为善、动为恶，是为最大谬误之点。故女史以为，训练之法，则在使儿童依一定目的而活动，务使不妨害他人之行为，以涵养其良好之习惯及独立、自治之精神。凡儿童自由发现之活动，不可禁止；不乐为之事，不可强之使行。凡衣食起居，须令自动。若待人供奉，或加以干涉，即妨害其自由；且此为奴婢之业，而非教育家之事也。

其对于赏罚，亦绝对禁止。以为赏则动其虚荣，罚则长其趋避，皆宜除去。教者观察儿童心理，善为启迪而已。教授语言力求简单，勿涉他事；如过复杂，反不能得其要领。

此为女史新教育法之大略也。兹更将自由主义之精义，揭橥之如下。

第一节　自由之意义

自由之解释，在普通以为，反对束缚、干涉，可任意行动之谓也；然女史之所谓自由，教育上之自由也。由生物学、心理学的见解，而出其目的，在使儿童能自由、活泼运动，以发展其固有之天性，不压迫之如聋哑，不拘束之使麻痹，亦不强制其肃静无为。惟其自由，亦有一定目的，不可以一己之自由而妨害他人。凡放任、不规则之举动，亦当绝对禁止。故对于自由之限制，有规定二条如下。

> 自由之限制：（1）须顾及团体之利害而行动；（2）须有高尚、优美之形式而行动。儿童有妨害他人之行为，及陷于暴乱、卑鄙之举动，与前二条有相抵触者，教师当精密观察而阻遏之。（见《蒙氏教育法》第八七页）

于此可知，女史之所谓自由，在使活泼、能动，非绝对的自由也。

兹再将其意义，分析述之如下。

1. 自由与活动

女史唱导自由主义之第一要旨，在使被教育者之生命开展发达，以强盛其生活力，即所谓自我实现主义、向上展发主义、活动主义、势力主义是也。故曰：

生命为宏大之神，常向上展发，征服周围之障碍，以暮进于胜利之道。此生命，吾人所当爱慕不置者也（Life is a superb goddess, always advancing and always overcoming obstacles which environment may place in the way of her triumph life for which our spirits pant. —— A Guide to the Montessori Method[①], p. 24）。

盖活动所以展发人之生活力，而其根本在自由。使其自由，即所以使其活动也。故我人对于儿童自然之活动，如压抑之，即不啻阻遏其生命。（见《蒙氏教育法》第八七页）

夫人生世间，原为活动的，而其势力由于祖先遗传而得。故人之活动，宛如身之筋肉，虽在休息时，尚能为有秩序的动作，如肺于纯良之空气中不绝呼吸。故阻遏儿童之活动，即所以禁止其自然活动的冲动，犹之使肺不能自动，以陷于死亡也。（见《蒙氏教育法》第三五七页）

要之，幼儿之活动，原由于天然的。使其活动，即所以助其展发；阻止之，则所以妨害其生命。故能自由即能活动，能活动即能展发其生活力。是为自由之第一义。

2. 自由与遵法

自由不可无规则、无秩序，必遵一定之法则，而活动方得自由之真义。且活动之中，亦有善者，亦有恶者，故活动之方法，必从训练而出，使被教育者之动作尝〔常〕依一定之规则，始可得真正之自由。譬如画家之初学也，数年之间，不可不忍耐、服从绘画之法则；及其造诣既深，方可任其所愿，各自发表其所思，以达于自由之域。

人生活动，虽以祖先之遗传而有活动之势力，然其势力，初皆呈混沌之状。欲使之有秩序，不可不从训练以养成守规则之习惯，而后得以遂其自由动作。遵法者，即所以使之有秩序也。是为自由之第二义。

---

① 此英文为书名，可译为《蒙台梭利方法指南》。

3. 自由与自主、独立

真正之自由，存于自主、独立。若依赖他人，不可谓自由。故曰："无论何人，不能独立，即不能自由。"（见《蒙氏教育法》第九十五页）又曰：

> 婴儿自离乳时，渐次近于独立。何也？盖小儿初生时，以母之乳汁为惟一之滋养料；至此，则能取种种食物以为滋养料矣。然仍有不能不依赖他人者，如不能步行，不能语言，必需他人为之扶助。俟三岁之后，始渐能独立云。（见《蒙氏教育法》〔第〕九六页）

故女史以为，三岁以下之幼儿，作事苟能自动者，悉听自为，使之自由发表其能力，以养成自主、独立之人格。教师宜立于儿童之背后，以辅助、矫正为目的，凡儿童所能为之事，决不可为之代理，以灭却儿童自发的活动，妨害其能力之发达。能自主、独立，即能自由。是为自由之第三义。

女史以上之三者，为自由之精义。而其教育法之根本原理，即以此自由主义为人类最高等、最完全之理想。凡身体、精神、道德、知识之展发，皆基于此，而各种所施之方法，亦应用此主义也。

第二节　自由主义之目的

女史之教育法，必以自由主义为其基础，何也？曰有二目的：其主目的，在使儿童自然展发，增进其生活力；其副目的，在观察儿童，研究儿童心理，以发明新教育法。前者最为重要，为女史教育法之生命，上已略述之矣。后者为教员之要务，兹先就观察儿童与自由之关系言之。

观察儿童，必从自由活动，方得窥其真相。而教育之法即因之而出。故曰："观察为教育之方法。其基础，不可不使自由活动。"（见《蒙氏教育法》第五章第八十六页）如束缚其自由而欲察其天然之性质，乌可得乎？譬如有一研究昆虫学者，为大学教授、研究膜翅类学者，就此职后，见标本室中仅有蝶之标本，以为此乃儿童游戏时捕集之而制成，仅可视为玩具，安可为实验科学证明其性状之材料乎？今之教师，在学校中施教育，往往抑压儿童固有之人格，不使自发活动，而所造就之学生，恰如匣中蝶之标本，而所得无用之知识，恰如死蝶扩张之两翅。将来必须改造学校，使儿童得自然表现，以便教师观察、研究，而定教育之方法云。（见《蒙氏教育法》第一章）

要之，教师因材施教，不可不考察儿童之个性；欲察儿童之个性，非从观察儿童之自由活动必不能得其底蕴。此女史必以此自由主义为副目的也。

第三节　自由活动之实况

女史以自由主义为教育法，而儿童无一不服从命令。如三岁至七岁之幼儿，各从其所好，勤劳作业：或练习感觉器，或造句，或习算术，或练习扣钮，或拂拭尘埃，或凭于几，或坐于毡；室中行动，携取教具，俱能注意履声不闻于外。

时有幼儿呼曰："先生，先生……请来看，我已做好。"一儿呼时，余儿皆注意作业，教师即巡视其侧。继而，复通行于他桌之侧，直至作业完毕。竟有一时或数时间，不闻有一语。某参观者，称此幼儿为"小成人"云。

此幼儿，各能专心从事作业。教师如欲布告一事于全体，仅须低声说明，或作手势以示之，各儿已感有兴味，各弃其所为之事，而注视教师。此为多数参观者所目睹，且不独教师为然，即无论何人令其作事，亦无不从命。有某参观者，见某儿绘画，命其唱歌，直抛其业而唱之。唱毕，复从事于前之作业。（见《蒙氏教育法》〔第〕二十一章）

世之论者，往往以蒙氏教育法之根本主义为自由，恐于从顺之美德必不能养成之。不知女史所谓自由主义，全自从顺上训练，以养成一定之秩序。观于此而可知矣。

人又鳃鳃过虑，以为幼儿之能如此顺从，非平昔加以干涉，或为极严格之压制的训练，不足以致此。然参观者见幼儿之中无一人有懦怯、害羞之状（压制儿童则成羞怯），和悦之色溢于颜面，且各自由行动，精神活泼异常。此可为决不加以压制之明证也。（见《蒙氏教育法》第二十一章）

美人弗希耶① 女史（Fisher）亲至罗马儿童之家，观其教育法，记载于 *A Montesso-*

---

① 弗希耶：通译费希尔，即多萝西·坎菲尔德·费希尔（Dorothy Canfield Fisher，1879—1958），美国教育改革家、社会活动家。早年致力于妇女解放运动。1911年专程赴意大利罗马考察儿童之家，并将蒙台梭利教育法介绍到美国，使之成为解放妇女的辅助手段。后力争种族平等，倡行终身教育，成为最有影响力的美国妇女之一。著有《蒙台梭利母亲》（即本文多次提到的 *A Montessori Mother*，1912年于美国出版）等书。

ri Mother 中，述及其幼儿玲珑活泼之状。参观者入教室中，幼儿肃静如常，毫不回顾。纵有奇异之事，亦不能夺其注意力。于此可见自由主义之真价值也（*A Montessori Mother* 第八、第九页）。

（后略）

另图 8　蒙台梭利教室授课图

9 《蒙台梭利教育法》序言

高凤谦

1914年10月15日

另图9 高凤谦像

> **题解** 本篇原载《教育杂志》第6卷第8号"杂纂"栏。撰成时间为1914年10月15日，发表时间为1914年11月15日。
>
> 撰著者高凤谦（1870—1936），字梦旦（一说号），号崇有，福建长乐（今属福州）人。早年中秀才，补博士弟子员。1895年入林启幕府，1897年发表《翻译泰西有用书籍议》，引起学界注意。1901年任浙江大学堂总教习，次年以留学监督身份率留学生赴日本考察学习。1903年任商务印书馆编译所国文部部长。其后，除有一年担任复旦公学监督外，终身供职于商务印书馆。除新编各种教科书外，还编有《新字典》《辞源》等。时因公务赴欧，顺访意大利，得以亲晤蒙台梭利。
>
> 《蒙台梭利教育法》，原名《运用于"儿童之家"的幼儿教育的科学教育方法》，由蒙台梭利撰成于1909年，并于同年以意大利文出版。该书共二十二章，详细记叙了在儿童之家中的教育经验。1914年，但焘据日本今西嘉藏译本而转译成中文，交商务印书馆出版（十四章），并请高凤谦作序。该书的出版，可视为蒙台梭利教育法传入中国的重要标志。
>
> 有关《教育杂志》，参见前文《对于新教育之意见》题解。

余今春欧游，至罗马访蒙台梭利。蒙氏状貌和霭〔蔼〕，被服朴素，一望而知为慈祥、恺悌人也。

蒙氏导余观其所属之幼稚舍。舍为长方形，前半列小几，为生徒修学之所；后半稍空廓，则体操、唱歌用也。女教师一人、实习女生二人，英、法、德、美妇人之参观者十余人。男女生徒三十余人杂居一室，诵读者、习字者、布算者、游戏者、休息者，自由动作，于活泼中带严肃之概。教师循环指导，实习生从而助之。大类家庭之游戏场，几忘其为学校也。

蒙氏语余曰："今之教授法，以整齐划一为主。不察人类之生理，不审儿童之个性，强使习同一之业，削趾适履，为害孰甚。余之教授法，各就儿童之性质，任择所业，非其素好不之强也。"因指一生曰："此生初入学，以习字为苦。余即任其先习他业。未及两月，此生见同学皆能书，乃发愤习字。今其书法，不在他生下也。"

方问答间，有一生持石版示蒙氏。其辞曰："蒙台梭利先生，余之良先生也。"蒙氏含笑，即书其旁曰："某某，余之良学生也。"此生欢跃而去。又有一生以石版书曰："余喜中华人。"余颔而谢之，此生致敬乃退。

蒙氏又语余曰："余之教授法，行之三岁以上、六岁以下之儿童，既已收其效矣。其六岁以上、十三岁以下之教授法，研究有年，近已成书，不日付刊。余自信，可以施于实用。"

余问蒙氏曰："君之教授法，诚善矣。然为教师者，无乃劳甚？"蒙氏以余语语教师。教师曰："余教授幼稚生多年，新、旧法皆习用之。旧法似简易，而出于勉强；新法似纷杂，而出以自然。以余之实验言之，宁谓新法逸也。"

蒙氏之教授法发明以来，不及十年，风靡全世界，各国争相仿效。其所著作，传译几遍，独吾国缺然无闻。余居罗马日浅，又不习其方言，未能有所记述以饷吾国，引为深憾。适但君①译成是书，深幸其能介绍蒙氏之学说。因书所见闻，以为之序。

中华民国三年十月十五日

---

① 但君：指《蒙台梭利教育法》的译者但焘（1881—1970），字植之，湖北蒲圻（今赤壁）人。早年肄业于武昌经心书院，1903年赴日留学，先习师范，后入中央大学，获法学士学位。在日期间，加入中国同盟会，任湖北支部主盟。1912年中华民国成立后，任总统府秘书兼公报局局长、国务院秘书。1913年"二次革命"期间辞职，隐居上海，译出《蒙台梭利教育法》。后历任护法军政府秘书长、参议院秘书长兼宪法会议秘书长、中山模范县教育局长、国民政府秘书等职。1949年赴台湾，专事著述。著有《海外丛谈》《入蜀集》《台员集》等。

10 幼稚园实验教育谈

殷鲜颢

1915年2月5日

题　解　　本篇连载于《妇女杂志（上海）》第1卷第2、3号"纪载"栏。发表时间为1915年2月5日、3月5日。

该文此前曾在《妇女时报》第13号（1914年4月1日）发表了前半篇，但未见后续。该刊由有正书局发行。本文校对时，参照了此稿。

撰著者殷鲜颢，生卒年未详，江苏常熟人。曾任常熟"海虞市教育会"副会长，为当地教育名人无疑。主持创办了常熟幼稚园，并提出相关主张进行实验。曾为明初刻本《圆庵集》撰跋。

《妇女杂志（上海）》，月刊，创刊于1915年1月5日，由商务印书馆总发行。历任主编有王蕴章、章锡琛、杜就田、叶圣陶、杨润馀等。该刊早期提倡遵循中华民族传统女教规范，依着科学新知来主持家政，并以家庭改良为要务，后转向妇女问题研究讨论，成为革命与激进的妇女杂志。主要栏目，有图画、论说、学艺、家政、小说、译海、文苑、杂俎等；主要撰稿人，有恽代英、胡愈之、沈雁冰、叶圣陶、胡寄尘、张季鸾、沈芳、沈泽民、蒋维乔等。1931年12月终刊，共出17卷204期。

第一章　绪论

欲为教育策进行、市乡小学校谋发达，非多设幼稚园不为功。盖幼稚园，学校教育之先导也。

注重游戏，则儿童之身体健康；熟练手技，则儿童之意匠敏捷；时勤训话，则儿童之礼貌整肃。至欲精神之愉快，则有唱歌；欲愚蒙之启发，则有识字。种种保育法，家庭教育不能完备，学校教育所必需者，于其中间辅助之、濡入之，补现在之不足，作将来之预备，其效用良非浅鲜！

考世界教育之近况，美国幼稚园数达四千三百六十三〔所〕，幼稚生十八万九千六百零四人；日本学制，大率人口满六百者设幼稚小学一所。推究二国教育普及之原因，非关系于幼稚教育之发达乎？

虽然，创办幼稚园必以经验为前提。若为保姆者毫无经验，虽学问智识、道德品行复绝庸流，而儿童心理未曾研究，措施乏术，临事乖张，种因如此，造果难言。

美国倍德①女士，非历史上所著名之保姆耶？夷考其人，学识未必胜人，德性岂由天纵？惟以感情劳苦为中坚，教养忍耐为后盾，与儿童内界真理如电气相触接，使入园之幼儿不见其苦，但见其乐，不见保姆之尊严，但见保姆之亲爱，如是则能事毕矣。

今吾按诸社会，准诸物情，幼稚园之于今，实为救时良剂。况今毕业于各处保姆院及保姆传习所②者，实不乏人。倘及时筹办，于一市、一乡之中酌定数处，招未及学龄之儿童，授以正当之理论，实行保育之方法，诸儿群同，仿佛有社会之情状，家庭联络即可得社会之趋向。异日毕业，升送各小学校，学校招生自不患少；且程度既齐，训练自易。市乡立小学校，得此良好之机，未有不联络一致，共策进行。推至私塾可以渐消，学校可以推广，则幼稚教育固不啻引儿童入学校之导线，为初小学校之基础也，价值之高，责任之重，骎骎乎驾小学而上之。

然此等规划，是又市乡公所③之责也。无如浏览当今能知此等规画者，十无二三。

---

① 倍德：通译玛格雷特，即玛格雷特·迈耶·舒尔茨（Margarethe Meyer Schurz, 1833—1876），女，美国之德国移民。她移居美国前，曾和姐姐贝莎一起聆听过福禄培尔有关幼儿园教育思想的演讲，并在贝莎于英国开办的幼儿园里工作。她移居美国后，于1856年在威斯康星州的沃特敦（Watertown）开办了美国历史上的第一所幼儿园。1860年，她又协助伊丽莎白·皮博迪在波士顿开办了第一所由美国人自办的幼儿园。
② 保姆传习所：亦称保姆讲习所，系清末民初培养幼儿教育师资的机构，多为短期在职培训性质，即职后补习教育机构。其与女子师范学校中附设的保姆讲习科不同，后者为职前教育性质，修业年限为二或三年。
③ 公所：旧时区、乡、村行政机构办公的地方。

推广教育所以遥遥无期，亦可慨也！

东西各国，幼稚园之情状不同。日本幼儿，必达四岁以上方得入园。西国世家大族之妇女，往往各有职业，无暇育其子女，托付幼稚园者，每多暂离襁褓之幼儿。所以保育方法，东西歧异。

我国情形，更有不同。小儿就傅之年①，大抵已达五六岁。西人谓，人生五六岁时，去学年相近，非专"重育"时也。若默守成见，不为变通，非待〔特〕无益于时，且有裹足不前者，于设园之本意不亦背乎？

兹择其保育之要旨与经验之实在，历举于下，愿海内教育家共商榷之。

第二章　保育要旨

保育幼儿有三大要旨：（1）身体教育；（2）感情教育；（3）智识教育。

身体教育分二部分：曰运动游戏，如舞蹈、战争，主身体之快乐是；曰静至〔止〕游戏，如恩物、唱歌，主精神之快乐是。

感情教育，研究幼儿心理。忿怒、欢乐，须察其如何之原因，经如何之次第，发如何之影响，一一细辨之，时时注意之，使其一般之感情自由安易。

智识教育分二部分：曰谈话；曰识字。谈话一科，东西教育家均认为主要科，修身、博物等科均包含在内。然任是科者，须预备浅近之材料，否则，临时不能娓娓动听也。日本幼稚生年龄甚幼，重育不重教，识字一科仅为虚设。中国入园幼儿，年龄较大，社会心理尤以识字为最要，若专重育，实际上颇有窒碍。况此等幼儿已达五六岁，脑力稍强，日授四字，令其回环诵读、解释字义，于脑筋亦无所损；毕业以后，入初小学校，接诵初等国文，自无阶级隔绝之弊。

---

① 就傅之年：入学读书的年龄。《礼记·内则》载："十年，出就外傅，居宿于外，学书记。"原指 10 岁；汉唐之际，学龄已提前至 8 岁；宋元私塾普设后，已多有 6 岁入塾破蒙者。

第三章　变通办法

幼稚园重育不重学，一切办法不求合儿童心理，非特无益，而有害之。准今社会之观念、教育之状况，而参以经验，约可变通者，有四端列于下。

（一）保姆

调查日本幼稚园，每一保姆看护五人，故一园中往往有多数保姆。我国入园幼儿之年龄较长于日本，则施养自易，保姆可减少。今暂定如下表（表1）。

表1　每保姆看护幼儿人数

年龄	担任	幼儿人数
四足年	每保姆担任	十人
五足年	每保姆担任	十五人
五足〔年〕以上	每保姆担任	二十五人

（二）桌凳

日本幼稚园之几坐，竟有矮至三四寸。风俗席地而坐，故如是。今不必仿照，惟求合度，定式如下。

台：面积，横约营造尺一尺，纵约营造尺九寸；高约营造尺一尺九寸，纵营造尺七寸。

凳：面积，纵约营造尺五寸；高约营造尺九寸。

以上规定之桌、座，适合五足岁幼儿身量。凡普通制，常以所坐之幼儿，使两足平踏于地面，两肘与桌作平行线，方为合度。倘不合幼儿身量，高低不一，其害不可胜言。座高，则足不踏地，恐感其重量，脊椎或成弯曲；座低，则膀与躯适成锐角，姿势不正确。

至式样之如何，各处幼稚园或用矮椅，或用长方形杌，或用双连小椅，惟用连台椅者绝少，因幼稚生不耐拘束。考日本幼稚生，有游戏场围坐，保姆或教以习算、学字母，或谈古话，娓娓不倦，和霭〔蔼〕动人，仿佛得家庭间真乐；且场地空旷，可得空气变换之益。讲毕时，令各生搬运至室内，既启勤劳之功能，又得整齐之习惯。若用连台椅，搬运甚难。

（三）园所

幼稚园宜四围空旷，与女校相近。若与女校远隔，保育时有未便之虞。

（四）游戏场

幼稚生游戏之地，宜避河及市廛，然亦不可过于偏僻。周围宜植树木，场上须多设靠坐，以便随时休息。考日本游戏场，隅辟畦圃，令幼生莳花草，以唤起树艺之观念。

树艺及游戏时应用之物品：铜丝、小铁插、球拍、皮球、小竹篮、风琴、五色小旗、木盘、小刀、小剪、毡球、布幅、石版、石笔。

第四章　保姆之教授①

讲谈话时，须将道德要旨及眼前事物，编成浅近之白话教案，然后以活现之形状随声而出，使幼儿直认谈话之声为谈话中之人声，以其人为谈话中之人物。

温习。幼儿对有兴味之谈话不知厌倦，且脑力不足，记忆力不强，宜复讲，以使其不忘，或讲同一之谈话，以助其兴味。（话不宜多，多则恐乱思想。）

绘画。谈话之际，宜用绘画以发挥其意旨。随指随讲，易于领悟。惟合幼稚〔生〕谈话之绘画甚少（上海各书局所印之初等修身挂图可采用），急宜选择。

操场。日本幼稚生，每于风和日暖之期，保姆率至游戏场围坐讲话，摘花即讲花，见鸟即讲鸟。引起博物观念，亦谈话中不可少之事也。

识字一科。日本此科，包于谈话之内。我国教育不甚发达，社会之观念又重识字，宜变通之。教授识字，保姆宜用眼前名词、单字（如"天、地、日、月、刀、笔、钱、衣"等）编成一册，取其容易指示。教识字，必先绘图于黑板，然后端楷书之，使认明笔画授字，又须令摹写，既能认明笔画，又可为将来习字之基础。（摹写宜用石笔；毛笔太软，不宜用。）

---

① 《妇女杂志（上海）》发表件中原无此标题，此处参照《妇女时报》中的发表件予以补加。

唱歌。幼稚生宜教以游戏、唱歌。以种种有益之游戏，合以风琴，按以节奏，使儿童口唱、手演，熟练其发音器，增长其身体运动之能力。不能教以拍子，恐生闷倦。

游戏。此为幼稚园之主要科。种种有益之运动，以游戏行之，最合儿童心理，并可健全其体魄。日本现行游戏，约有数十种，大约分二部分：（1）运动游戏（见于精神上的）；（2）静至〔止〕游戏（见于心理上的）。

手技。以手所作各种技艺，为将来工艺上之预备。惟教授时，宜以各种实物为标准。

按：恩物中有豆细工、泥细工不适用于幼儿，宜除去；色板先示以三角、方圆之名称，次以各种紫、绿、黄之颜色板（颜色有毒，勿入口），造成各种物形，或示以眼前简单之实物形体，使幼儿仿造，造成后须指示作用。

积木。幼稚生所用之积木，大都极简单。

第一积木：立方形（四）、长方形（四）。

第二积木：立方形（四）、长方形（四）、正方形（四）、大三角形（四）。

第三积木：立方形（四）、长方形（四）、正方形（四）、大三角形（四）、小三角形（八）、方形（四）。

以上三种积木，均恩物中原有之配置。

按：旧时之七巧板及益智图① 亦可代用，且式样甚多，易于变化，足以启发儿童智识。

教授积木时，以眼前所有之物体（如桥梁、亭屋等），使其堆筑。不可以未见之物体命题。

箸。用木丝或竹丝为之，约长二寸余或寸余，方柱形。教授时，宜令幼儿排成平面之亭、屋等形。大小分数种。

按：恩物中之各种物品，用时宜每儿各置一份；色板、积木、箸、环等物，尤宜多置。

环。金属制之，教授时先以环造成各种简单之物体，说明其理由。然后令幼生仿造。环之种类（大者直径一寸，中者直径五分，小者直径四分），作半环形"⊃"及"⌞"角形。

排贝。现在各处幼稚园，往往以细小五色料珠代之，穿以绳，排列各种最简单之物

---

① 益智图：中国传统智力游戏器具，由十五片不同形状的图板构成。合则成为一方，散则可以拼排各种文字、动物、植物、场景、人物等图形。它由晚清文人童叶庚所创。相关书籍，有《燕矶图》《益智图千字文》等。

形（如国旗、葫芦等），足启发幼儿智识。

纸工。分折纸、编纸两种。惟幼稚园教授折纸为宜。编纸有切纸之手续，最为危险。

结绳。以五色棉纱绳，组织各种带织物及各种物形等，以启后日裁缝之观念。

画方。以纸画方罫，使儿童以铅笔在方罫中画成物形。始四方罫，继六方罫，随意增之。

心算一科亦宜加入，作将来习算之预备，但命数不得过二十。

第五章① 保育时间

保育时间。日本幼稚生，上午上课三小时，下半〔午〕回家。我国风气未开，社会观念往往以认真为必要。倘仿照日本办法，必惹社会之滋疑。宜定上午二课，下午二课。各课三十分钟。时间不久，幼儿之心性尚能与教授者相合；久事拘困，将来智识必受影响。今暂定时间表如下（表2、表3）。

表2　每日分科时间表

时间 学科	第一时	第二时	第三时	第四时
谈话	眼前事物及道德要旨			
手工		各种手工	各种手工	
识字	简单词字			
游戏		游戏、唱歌	游戏、唱歌	游戏、运动
心算		心算	心算	

---

① 此章号，在《妇女杂志（上海）》发表件中为"第四章"。本书校订时随前文顺改，后续各章号亦顺次改之。

表3　每星期教授学科

时间 学科	第一节	第二节	第三节	第四节
一	识字	手工	唱歌	游戏
二	谈话	心算	手工	游戏
三	识字	手工	唱歌	游戏
四	谈话	唱歌	手工	游戏
五	识字	手工	心算	游戏
六	谈话	唱歌	手工	游戏

第六章　保姆之注意

幼儿保育，教育中之一部分，理论、方法，凡研究教育学者均能领悟。人生自幼至长，教育之观念连续不绝。前时所受者，即为后日之预备。保姆于始基时扶助之、长养之，以遂其生长之能力。若不注意，必生种种弊病。

心理作用。关于教育上之注意者，滋养之食物、清洁之空气、适当之运动。儿童脑髓未足，使其过劳，必现出三〔四〕种现象：（1）记忆力改弱；（2）意不快乐；（3）群动失宜；（4）身体不强。

保育学理。幼稚保育记载甚少。急宜研究普通教育学，以得其志趣。

富于爱情。须有最深爱之情，能达圆满心情之教育。执拗己见，自己既不方便，何能改幼儿之性癖乎？

意志之巩固及威严。亦须备确固、威严的意志，斯爱情不陷于姑息。故一方面如慈母，一方面宜如严父。

室内外注意，其要有四：（1）避倾跌；（2）洁衣食；（3）除秽污；（4）整衣帽、寝具。

规则及表簿。经营幼稚园，必需品如下：（1）幼稚园规则；（2）幼儿名簿；（3）入园、退园表；（4）出席表；（5）身体检查表（一月一检查）；（6）保育要案。

母会。每星期，宜招集幼生之母来园谈话，访问幼稚生在家庭之状况，且能使幼稚生之母知幼稚生在园之状况，共谋扶植。

参观。幼儿之母时时到园参观，对于教育者必起同情。因之，可得保育之利便。

附添人。即家庭之婢仆也。生徒初到园中，每令其时时来园，以作附添人。

第七章　结论

以上所述幼稚园组织方法及设备情形，或采用东瀛、欧美良法，或从历年经验而得，间又审察现时之大势、社会之心理，酌量变通，以定施行教育之方针。但非敢自以为是，不过于身体力行之余编著成帙，以作设园者之报告云尔。

虽然，此特外部之组织也。若内部设备之情形，非以一己之学识、能力研究儿童心理不可。

夫心理学，有主观、客观二问题。吾所经验者，为主观；被吾所经验者，谓客观。挟此二问题，研究儿童之性质如何、心思如何，因其脑质之强弱，施以适当之教育。此即幼稚教育之心理也。

此外，又有一注意点，曰忍耐、勤劳、公平、俭朴，皆修养道德上之要素。缺其一，不可以施完全之教育而取信于社会。今者幼稚教育稍稍沟通矣，谈教育者殊重视之，于各女校中多附设之。诚以欲造新世界，必需造新人物；欲造新人物，必需谋教育之普及。推广幼稚教育，不徒恋于既往，当注目于将来。

此书之有当与否，在所不计；苟蒙阅者诸君，因可教而辱教之[①]，则幸甚。

---

① 语出苏辙《上枢密韩太尉书》。完整原文为："太尉苟以为可教而辱教之，又幸矣！"意为：假如太尉认为我还可以教诲，而肯屈尊教导我的话，那我就更感到幸运了。

紀載

幼稚園實驗教育談

殷鮮顥

第一章　緒論

欲爲教育策進行市鄉小學校謀發達非多設幼稚園不爲功蓋幼稚園學校教育之先導也注重游戲則兒童之身體健康熟練手技則兒童之意匠敏捷時勤訓話則兒童之禮貌整肅至欲精神之愉快則有唱歌欲愚蒙之啓發則有識字種種保育法家庭教育不能完備學校教育所必需者於其中間輔助之濡入之補現在之不足作將來之預備其效用良非淺鮮考世界教育之近況美國幼稚園數達四千三百六十三幼稚生十八萬九千六百零四人日本學制大率人口滿六百者設幼稚小學一所推究二國教育普及之原因非關

係於幼稚教育之發達乎雖然創辦幼稚園必以經驗爲前提若爲保姆者毫無經驗雖學問智識道德品行夐絕庸流而兒童心理未曾研究措施乏術臨事乖張種因如此造果難言美國倍德女士非歷史上所著名之保姆耶夷考其人學識未必勝人德性豈由天縱惟以感情勞苦爲中堅致養忍耐爲後盾與兒童內界眞理如電氣相觸接使入園之幼兒不見其苦但見其樂不見保姆之尊嚴但見保姆之親愛如是則能事畢矣今吾按諸社會準諸物情幼稚園之於今實爲救時良劑況今畢業於各處保姆院及保姆傳習所者實不乏人倫及時籌辦於一市一鄉之中酌定數處招未及學

婦女雜誌　第一卷　第二號　紀載　幼稚園實驗教育談

一

11　论推广幼稚园之必要

周闵

1915年4月5日

题　解　　本篇原载《妇女杂志（上海）》第1卷第4号"论说"栏。发表时间为1915年4月5日。

撰著者周闵，女，生卒年未详，字薇织，江苏南通人。时任江苏省南通县平潮女学校校长。除本篇外，她还曾于《妇女杂志（上海）》上发表《原理》《汉高祖唐太宗明太祖合论》《读吕不韦传》等文。

有关《妇女杂志（上海）》，参见前文《幼稚园实验教育谈》题解。

甲寅[①]秋，余承退庵[②]、啬庵[③]两师，属长南通第一幼稚园。适是时，独任平潮市女

---

① 甲寅：农历甲寅年，此处指1914年。
② 退庵：张詧（1851—1939），字叔俨，号退庵、退翁，江苏南通人。为张謇之三兄，人称"张三先生"。早年捐纳为官，历任江西贵溪知县、东乡知县、江西学正。1904年归里，协助张謇兴办实业和教育。历任大生纱厂协理，南通劝学所总董，筹备自治公所董事会副会长，通州翰墨林印书局股份有限公司总理，通崇海泰总商会会长，南通港务会会长，南通河工学校、南通纺织专门学校、南通商业学校及私立南通医学专门学校校长兼总董，又为南通女子师范学校名誉校长。
③ 啬庵：张謇（1853—1926），字季直，号啬庵，江苏南通人。早年中秀才，后任淮军吴长庆军幕文书，与袁世凯共事。1885年中举，历主赣榆选青书院、崇明瀛州书院、江宁文正书院、安庆经古书院。1894年中状元，授翰林院修撰。后归里兴办实业，在南通创办大生纱厂、通海垦牧公司，又创办了广生油厂、复新面粉厂、资生冶厂等实业。又投资兴办教育，创设通州师范、农业学校、女子师范学堂等，担任江苏教育总会会长，为新教育的拓路人之一。著作有《张季子九录》《张謇日记》等。

子小学之创设，辞未就职。事后，不禁有所感焉。

曰：今之言教育者，首重小学教育，不知有先于小学教育者。先之者何？即幼稚园教育是也。盖小学教育，仅足为学龄儿童计。而此未及学龄之儿童，岂可不谋所以教之者乎？谋所以教之者，惟幼稚园是赖。

或曰：家庭可也。然今日之家庭，果尽良善乎？幼稚园者，所以补家庭教育之所不逮，而为小学教育之基础也。

余执教鞭有年，见夫各级生徒，年龄既不齐，且多恶癖，不易矫正。其为教育上之障碍，实甚。

若有幼稚园，即无家庭教育而育之，于园一切动作由保姆之循循善诱，如植物之祛侵害，顺自然而滋长发育。及入学校，因势利导，所谓障碍者，当可消灭于无形。则广设斯园之宜急也，不待烦言而明矣。

抑有进者，有幼稚园而后，为之母者，可安心而执所业；其生计稍裕者，可不付于无知婢仆而坏厥初基。由前之说，实利教育之所关也；由后之说，道德教育之所系也。实利教育、道德教育之不可忽也，知之者众矣。

余故因论幼稚园之必要，扩而及之。

12　家庭教育与幼稚园

李然

1915年5月10日

另图11　李然像

题　解　本篇原载《女子世界（上海）》第5期"家庭"栏。发表时间为1915年5月10日。

撰著者李然，女，生卒年未详，字曙支，江苏吴县（今属苏州）人。除本篇外，她在《女子世界（上海）》上还刊有多篇文章。

《女子世界（上海）》，属意为月刊，实际不定期出版。1914年12月创刊于上海，由中华图书馆发行、印刷，主编为陈蝶仙（以"天虚我生"之号署名）。该刊宗旨为倡兴女学、维护女权并介绍家政常识。主要栏目，有图画、文选、译著、谭丛、笔记、诗话、诗词曲选、说部、音乐、工艺、家庭、美术、杂俎等；主要撰稿人，有陈蝶仙、吴藻、蕙云、李肇增等。停刊时间不详，目前能查到的最后一期为1915年7月出版的第6期。

　　昔希腊柏拉图著《共和国》①一书，极论社会教育之必不可少。言小儿自呱呱坠地以来，即当委之乳母，入公共之生活场；而其亲母，则必须时时抚循其子。

　　阿里士多德②抽绎此意，遂大倡家庭教育。言家庭亲爱之情，可为教育之根抵〔柢〕。

---

① 《共和国》：通译《理想国》，古希腊思想家、哲学家、教育家柏拉图（Plato，前427—前347）的代表作。该书共十卷，以对话录的方式，构建了人类社会的乌托邦。
② 阿里士多德：通译亚里士多德。

若此亲爱之情未发达，而第送之公共养育场，则无异以涓滴之蜜投于多量之水，鲜有不失其甘味者。

罗马苦因气利扬①亦倡为是说。其著《辩论术之组织》②第一卷曰："人生子女，而希望其为圣贤、为豪杰、为大人者，不可不择最有才德之乳母，时时教育之。"其述感化之可畏曰："凡物一入酒精，则永不脱其臭气；一染羊毛，则难复现白色。"

中世基督教徒及近世陆克③又竭力鼓吹，而反言以明之。谓施教育于社会者，令儿童之品性腐败，而陷于魔道耳。

盖就实际言之，家庭为自然之教育场，有绝大之感化力，足以移人而确立其始基者，而母教为尤甚。以己之怀为其子之卧床，以己之乳为其子之食物，朝夕薰陶，无时或间。而其子毕生之强健、良善与否，即视其母数年之养育得宜与否为断。故幼儿在家庭时，凡体育、德育、智育，已默受一般于浑沌未开、不知不识之中。学校，终不过继承其意而光大之耳。

夫家庭教育之关系，既如是其大，而执其枢纽、为之斡旋者，责任实属于母。则为母者，对于儿童之天性，及其所以教养儿童之道，有不可不加之意者。试缀列于后。

小儿脑部，如一张洁白之纸，施丹则丹，施黄则黄。斯时，最以先入为贵。若为母者常语以神鬼惝恍与一切卑鄙、秽琐之事，彼皆深印脑际。后虽有良教师苦口提撕，但能消去其迹，终不能拔净根株。

小儿说话，或一音不易达，必重叠其音以出之，如饭曰"饭饭"，糕曰"糕糕"，此类甚多，最有味。小儿堕地后，先有啼声，逾月而笑，期年而能语，识字必在三岁后。其知觉，皆由声闻来。故训蒙之义，必先从声闻入手，而文字尚后。

小儿有好集心，任有许多现物，必搬运一处；又有剖解心，无论何物，彼必反复认

---

① 苦因气利扬：通译昆体良。
② 《辩论术之组织》：通译《雄辩术原理》，或译《论演说家的培养》等。该书共十二卷，内容涉及学前教育及初、中、高三级教育问题，反映了昆体良的教育理念、教育经验以及古希腊和古罗马的教育实践经验。
③ 陆克：通译洛克，即约翰·洛克（John Locke，1632—1704），英国哲学家、教育思想家。其教育理论的核心是绅士教育，属于家庭教育理论。该理论建立在唯物主义"白板说"的基础上。他主张，绅士应受体育、德育和智育等方面的教育。所著《教育漫话》全面论述了相关思想，对后来各国教育实践和教育理论的发展产生了重要影响。

验，至于破裂。盖物，必比较而始确，剖解而始明。此皆小儿智识发展之动机也。

富家儿女既生，多雇乳佣，日夕相亲，最易沾濡气习。谚云"吃乳像三分"。愿为母者深明此义，苟非乳水短竭，切勿贪逸另雇。

小儿初行时，无善步，手舞足蹈，自朝至夕，跳荡不已，母多戒之。岂知于卫生之理甚合，是谓天然体操。日出而作，日入而息，小儿之与禽鸟，其动作最合天则。

吴俗以摇篮卧小儿，用手摇之，儿自熟睡，此亦有意。西俗儿女稍长，即以长方布一块，绳悬四角，置儿其中而推荡之，可免异日入海风涛之苦。

小儿最喜弄笔。于时，宜先教画圆、方、三角等形，令之由粗入细，再教以写字。盖写字与识字相辅而行，无先后之可分也。

小儿涕唾狼籍，最易污秽。然易一新衣，便欣然自顾，其爱好之情同也。母常以洁净、卫生之义告之，则未入塾而衣冠自楚楚矣。

小儿每作一事，须使之有始有终，不可半途中辍。终身之行，视此而定。

小儿胆小，闻爆竹声、雷声、闻鸦夜啼，必色然以惊。其母宜徐徐讲明其理，勿以雷能击人、鬼能祟人各等谰语，缩小其胆，且致养成迷信。

母伴小儿，勿以做官之语进之。须知此等小儿，将令之为英雄，为豪杰，官吏不足羡也。

小儿有一种模仿性质，在不知不觉之中，常模仿家人之行为。其母宜亲身作则，为之标准。

儿年稍长，一经明师讲解，渐觉胸次豁然；回思家庭间所闻老生常谈，口不敢言，而心窃非之。故为母者，其学识当足以牢笼幼儿，方能心悦诚服。否则，将轻慢之矣。

小儿宜令作慈祥、恺悌之事。若伤生戕物，其端必不可开。如花木不可轻折，虫鸟不可妄捕。此正天地好生之正理，非因果之谓也。

以上所举，不过述其大略。外此正多，不胜枚举。是在为母者随时随地，会而通之，神而明之，则所获之效果，实有不可思议者。

虽然，家庭教育既当知已，尚有一事，其位置在家庭与学校之间，半染家庭之性质，半吸学校之趣旨，以保育幼童为主者，则幼稚园是也。幼稚园之教师，纯用女子。是其宗旨与教法，亦为吾人所不可不研究者。今更略述之。

幼稚园自西历千八百四十年，德人佛罗卜尔①氏创立。氏之言曰："教育幼儿之学校，而寓其道于游戏，兴起其活动性之天趣，而使生整理之观念，开发各种能力，为入普通学校之准备也。"其论教育之要领，则为教育者在助自然之发达，使造其极。幼稚教育者，所以助儿童最初之发达也。

身体之发育与精神之发达，二者常相而辅，甚密合。

幼稚之教育，最先计身体之发育，次练五官之作用。由是，可及于精神上之发达。

练习五官之善法，在察儿童之天性。因此，可得教育自然之基础。舍此，无可他求者也。

儿童之天性，非仅能表示身体上之缺点，亦能表出精神上之缺黠〔点〕。故教育者，当就其缺点以补救之。

身体之发育，由于运动。故教育者，当使加意体操。

于幼稚时，可兴起儿童之精神者，则惟身体上之感觉。故教育者，当用心整理此事，决不可忽视之。

推氏之意，以游戏为教育之一大要领，以宽大、和乐、慈爱，养成幼童之能力，主张发达其天赋之性。其说至为确当。故近世文明诸国，莫不设立。诚以其开智识之端绪，为入德之始基，事易举而功颇大。而任其责者，我女子也。诸姑姊妹，其念之哉！

---

① 佛罗卜尔：通译福禄培尔。

13　幼稚园师范谈话会

姚曼英

1915年5月19日

题　解　本篇连载于《兴华报》第12年第19、20册。发表时间为1915年5月19日、5月26日。

撰著者姚曼英，女，生卒年未详。除撰文发表外，她还参与编写了《算术第2册教学参考资料》《初级小学课本语文第四册教学参考资料》等。

《兴华报》，周刊，属于基督教刊物。1904年创刊于上海，由华美书局发行，主撰为基督教传教士潘慎文。后曾反复改名为《兴华》《兴华周刊》等。该刊除发表基督教相关的文章与译述、介绍教会学校情况、报道教会消息外，也刊有国内外大事记、新书介绍、文学作品等。主要栏目，有论说、教乘、经筵、小说、传记、杂俎、谭丛、文苑、时局等；主要撰稿人，有贾志道、康毓英、吴桂春、庞雨门等。1937年终刊，共出34卷1000余期。

一、教授法

今日教育界之最重要者，莫如幼稚院；而幼稚院中之最重要者，尤莫如我人所施之教授法。此识者所公认也。以教授法之优劣，于儿童之前途有重大之关系焉，于个人之道德有特殊之影响焉。

顾我国兴学有年，对于幼稚院所有之成绩若何，人所共见。莘莘学子，道德高尚、学问渊博者，固非必无其人；而一般趾高气扬、失之虚桥〔矫〕者，既居大半。每思及此，不禁怒焉心忧，而不得不觉我幼稚院之紧要也，又不得〔不〕引起我讲求幼稚院教授法之思想也。

故今乘课余之时光，与我同辈教员一讨论之。

（1）教授儿童，无论故事譬喻或他种书籍，当用浅近言语，觉感儿童之良知，发表儿童之性情，引起其对于故事譬喻上之自动力。

（2）教授儿童，当将此事实绘一合宜图画，或借手工术发明之。

（3）教授儿童，教员当将发表之事实，用设问法使儿童自答，利用其脑部。然宜防难问题，以免减去儿童兴味之诟病。

（4）教授儿童，教员宜振作精神，善用机会，将成人之举止、行动一扫而空，自处于儿童之地位。然亦不可失之庄严，免之惹起儿童不敬重之弊病。

（5）教授儿童，首宜得儿童意志，作教授上之好材料。

（6）教授儿童，非惟言语谨慎，而课堂衣服等亦宜清洁，亦为教授上所不可少也。

（7）教授儿童，宜重实验、实习，感动儿童之兴趣。

（8）教授儿童，谨防重复，言语当简明、动听，使其注意。

（9）教授儿童之要旨，使儿童尽能通晓、融化。

（10）未教授儿童之前，教员先将所欲教之功课再三预备、修饰，且将功课中关乎训练之辞意一一录于小簿，以便随口而出，免之临场结舌。

（11）教员当存慈母之观念，而使儿童之脑中亦觉我为彼之慈母，彼为我之爱子，作礼仪之媒介。

（12）教授儿童时，态度、面容宜温和、恭谦，作儿童之好模范。

此为教授上之要素。

二、手工与儿童

幼稚园教育之方有三，曰养护，曰教授，曰训练是也。三者互有不可离之关系。凡任幼稚园教职者，不可不注重之。

要知手工一科包罗全部之性质。其故何在？试述其理由。

（1）养护，主于锻炼儿童身体。手工最能启发儿童善用其手指之熟练、筋肉之运动。

（2）教授，主于传导知能。手工能代言语教育之不达，使儿童借之得增其知能，利用其思想，且手工最合儿童之心理。

（3）训练，在于陶冶德性。手工能促进儿童之公德性，涵养勤勉之美风，培成有益社会之人物。

由此以观，手工教育之紧要，昭昭然矣。

更进而言之，手工教育实为儿童他日职业观念之基础。彼"万国博览会"制造家之出品、实业家之出品，为人人所颂赞。然究其因、推其故，未始非因儿童时代注重手工，以促进其精神上之动力所致也。故手工之裨益，于儿童之德、智、体三育，岂浅鲜哉！虽然，亦宜谨防偏重之流弊，免之演弄巧成拙之惨剧。

大概幼稚园手工，分为五种。

（1）木工。分木板、木片、木块、木段等。（任教员者，宜备大小、方圆、长短等范木，以便儿童筑桥、造屋之需。）

（2）纸工。分剪工、织工、摘〔折〕工、黏工、原纸工等。（任教育〔员〕者，宜备五色纸、中西纸、厚纸等，便儿童或剪、或织、或摘〔折〕、或黏之需。）

（3）豆工。分黄豆、赤豆等。（任教员者，宜备各种豆种，以水发涨，便儿童造成各物之模型。）

（4）竹工。分细竹工、粗竹工等。（任教员者，宜备各种竹小棒片，便儿童随意制造或篮或小屋之需。）

（5）泥工。分五色细泥。（任教员者，宜备每人一匣或二人一匣之细泥，使儿童捏作人物、禽兽等之需。）

14　论中国幼稚园不发达之原因

汪乃熙

1915年5月

> **题　解**　本篇原载《友声（杭州）》第2期"教育"栏。发表时间为1915年5月。
>
> 撰著者汪乃熙，生卒年及生平事迹未详。
>
> 《友声（杭州）》，原定为半年刊，但未能按时出版。1913年7月创刊于杭州，由浙江省立第一中学校友会编辑并出版。旨在发表在校师生的文论，"以明响学之殷，收折衷之益"。主要栏目，有教育、历史、地理、数学、格致、经济、稗海、谈荟、纪事、英文等；主要撰稿人，有杨在东、胡永声、田源涛、蒋本湘、孔庆禧、孙延智等。停刊时间不详，目前能查到的有1913年7月刊行的第1期和1915年5月刊行的第2期。

幼稚园之立，始于德国弗兰培尔[①]。辟园亭，栽果木，专取未及学龄之幼童教之，以游戏、行动，使思想有秩序，才能日发达，以为异日入小学校之预备。意至良，法至美也。

日本当振兴教育时，亦规仿是制。其园内之种种布置，除在室中唱歌、谈话、游戏、观画、识字外，若土墩，若花木，若鱼池，若小秋千架，无一不备，无美不臻，盛乎尚矣！

试问，我中国之幼稚园能如是发达否？曰，未由也。推其原因有三。

[①] 弗兰培尔：通译福禄培尔。

我国所有之幼稚舍，大都赁屋两三间，市楼一二幢，湫隘尘嚣，苟且将事，无游观之乐，多奔走之劳。此其一也。

东西洋各国，无论男女皆出外谋生，而教育之任，不得不委幼稚园。吾国习尚不同，父虽远行，母必家居，且平时溺爱性成，不忍使之远离膝下。此其二也。

幼稚园之本意，既为入小学校之预备，有普及之必要，则无论贵族、平民，当无先后、缓急之分。若一旦同时创办，所费不赀。且小学校之设，尚可就原有之寺庙、住宅因陋就简；至幼稚园，则万无迁就之理，自当另辟新址，以求合法。惟值此财政困难之际，焉有余力及此？卒必视为不急之图。此其三也。

有此三因，欲求吾国幼稚园之发达，不亦难乎？虽然，九仞之山，基于一篑，千金之产，积自锱铢。人人能节省糜费，化无用为有用，未必无告成之日。惟规制必期完善，断非可以非马非驴，搀杂其间。不然者，滥竽充数，鱼目混珠，猎取美名，毫无实际。匪惟于幼稚教育有亏，且使幼儿踩蹊于门，局蹐于屋，将欢喜、灵敏、活泼、跳跃之意云何哉？

故幼稚园不立则已，立则必合法而后可。

15 推广幼稚园为当务之亟论

程铭西

1915年7月10日

题 解 本篇原载《教育研究（上海）》第 23 期"论说"栏。发表时间为 1915 年 7 月 10 日。

撰著者程铭西，生卒年未详，字铜士，江苏吴县（今属苏州）人，时任江苏省立第一师范附属小学教员。除本篇外，他还在《教育研究（上海）》发表有《论训练室之必要》《参观吴县县立第五高等小学校游艺会记》等文，在《小学校》上发表《郊外运动简易器械》《英语教授之常谈》《自治主义之训育》等文。

《教育研究（上海）》，1913 年 5 月创刊于上海，由江苏省教育会编辑并发行。初为教育月刊，从第 27 期起改为季刊。该刊以研究教育实际问题、推进地方教育发展为主旨。主要栏目，有时论、研究、学说、译著、史传、调查、杂纂、会报等；主要撰稿人，有黄炎培、野鹤、吴宗瑗、丁福保、王朝阳、顾鼎铭等。1916 年 8 月终刊，共出 28 期。

吾国兴学二十载，成效寡鲜。揆厥原因，由于办学之不力者半，而办理不得其法，实亦居其半。

近年以来，群知趋重于小学方面，渐能议及教授、训练之方法而提倡改革，以求收效于将来，不可谓非进步矣。虽然注重小学，犹只就学龄儿童着想，未曾为幼稚生设法。现今初小入学之儿童，大之，固有年逾学龄者，然小之，未届学龄者亦正不少。对于此辈幼稚生，即施以小学教育，实际岂能认为适当？

昔弗列培儿① 有言："欲造成完全之人格，必须按照时期，逐步渐进，方能收良好之效果。"今初小学校滥收幼稚生入学，使之躐等进行，尚得谓之按照时期逐渐进步乎？然徒以地方无幼稚园之故，幼稚教育不完全之故，使迁就而早入小学，诚非得已！

然幼稚教育何以不见发达？曰：唯向者视为无足重轻之故。不知幼稚之教育不良，则成童之教育亦难望其完善；童时之教育不善，则自成人迄于终身，必不能涤其旧染之污。故始基一坏，结果必然不良。由个人而影响于家庭、社会、国家者，殆匪细故。是则，幼稚教育可不重欤？故余意，推广幼稚园实为当务之亟。

唯幼稚教育事非容易，儿童心理、保育方法在在应加研究。孟浪施之，亦属非计。唯及时注意研究，作种种预备，斯为万不可缓云尔。

兹举现今急应举办者数事，述之如下。

（1）赴外洋考察也。幼稚园创自弗列培儿氏。其教育旨趣，在以游戏发达幼儿活泼之精神，使其有自动能力，而导入于德、智、体三育之中。盖卢梭②氏尝言："幼儿天性，宜顺从其行，不得过加束缚。"氏即本此理想，而使见之事实，以幼稚园教育为入学处世之始基，颇蒙当世之赞许。其后，设施、方法流入美利坚诸邦而大盛。今则西洋各国，殆无地蔑有矣！唯德、美二国，尤为发达。吾国急宜派员赴彼考察，以为扩张幼稚教育之预备。其有裨于教育前途，断匪浅鲜。

（2）编译关于幼稚教育书籍也。幼稚教育，吾国素乏研究，故此项书籍出版寥寥。坊间间有译述，总非善本，是编译书籍亦为切要之图。或将考察所得编著成书，或将善本译述供人参考。就欧美最新书籍中选择之，有名 *Dymanic Factors in Education*③ 者，允为善本。是书以幼儿之自动力为初步施教之正鹄，实为改良教育之原动力，吾人大可人手一编。虽云欧美学术日新月异，将来非无更善者出？但就目前而论，此书大可一读。此外，西洋书籍关于幼稚教育者甚多，要在办理幼稚园者自行取择耳。

---

① 弗列培儿：通译福禄培尔。
② 卢梭：让-雅克·卢梭（Jean-Jacques Rousseau，1712—1778），法国启蒙思想家、哲学家、教育家。他明确提出自然主义教育观，批判了传统教育的陈腐。著有《爱弥儿》等。
③ 此英文为书名，可译为《教育中的动态因素》。作者为迈克尔·奥谢（Michael O'Shea，1866—1932），美国教育心理学家，为研究儿童学的先驱之一。1892年毕业于康奈尔大学，后任威斯康星大学教授。该书于1906年由美国麦克米伦出版公司出版。书名中英文"Dymanic"误，当为"Dynamic"。

（3）多设保姆传习所。现今幼稚园之不能推广，未始不因乎保姆之缺乏。而"保姆"二字，因望文生义，竟有误解为不高尚之事业。故除少数外人所立之学校，间有贫苦入教者习之，余凡家境稍裕者举不愿学。是吾国幼稚教育，实犹在幼稚时代也。欲图其发达，是在当事者热心提倡，竭力进行。诚能每县设保姆传习所四五处，以速成法教授之，庶几数年以后，幼稚教育不虞师资之缺乏矣。

以上数端，苟能切实进行，锲而不舍，幼稚教育之发达操券可待。

或者谓：当此财政困穷，小学尚难推广，安有余力及此？应之曰：否。譬诸建屋，筑基既固，乃无倾覆之虞。教育亦然。人第知小学为教育之本，不知幼稚教育又为小学之本。专重小学而忽视幼稚教育，是犹建屋而不固其基，宜其东扶而西倒也。

16 今日之教育方针

陈独秀

1915年10月15日

另图12　陈独秀像

题　解　　本篇原载《青年杂志》第1卷第2号。发表时间为1915年10月15日。

撰著者陈独秀（1879—1942），原名乾生、庆同，字仲甫，号实庵，安徽怀宁（今属安庆）人。1896年考中秀才，1898年考入杭州求是书院，广泛涉猎西学。1901年后，两次赴日留学。1903年归国，筹建安徽爱国会，被察觉后出走上海，在上海协助章士钊主编《国民日日报》。1904年回安徽创办《安徽俗话报》，是最早使用白话文进行通俗宣传的报刊之一。后执教于安徽公学。1907年第三次赴日留学，入早稻田大学学习西欧文化。1909年归国，任教于浙江陆军学堂。辛亥革命后，任安徽都督府秘书长，后参加反袁运动。反袁失败后，流亡日本，协助章士钊办理《甲寅》杂志。1915年夏归国，在上海创办《青年杂志》（次年更名为《新青年》）。1917年受聘为北京大学文科学长，遂将《新青年》迁至北京办理。1918年底和李大钊创办《每周评论》，倡导新文化。1919年4月离开北大，一度担任广东省教育委员会委员长。参与中国共产党建党活动，当选为中共中央局书记。后因右倾机会主义错误，先被停职，后被开除党籍。著作有《独秀文存》等。

《青年杂志》，月刊，1915年9月15日创刊于上海，由上海益群书社发行。1916年2月5日出至第1卷第6号后，因战争休刊，同年9月1日复刊，开始出版第2卷第1号，并改名为《新青年》。1917年迁至北京续办，后又迁回上海办理。先由上海益群书社主办并发行，后改由北京大学主办；初由陈独秀独任主编，第六卷起由陈独秀、钱玄同、李大钊、高一涵、胡适、沈尹默等轮流主编。该刊发起新文化运动，宣传并倡导科学、民主和新文学。主要栏目,有论说、译述、随感、小说、戏剧、通信、国内大事记、国外大事记等;主要撰稿人,有鲁迅、钱玄同、周作人、陶履恭、高一涵、王星拱、陈大齐、陈望道等。1926年7月终刊,共出9卷54期。

    居今日之中国而谈教育,无贤、不肖将共非之。上方百计仆此以为弭乱之计,下亦以非生事所需。一言教育,贤者叹为空谈,不肖者詈为多事,吾则以为皆非也。多事之说,良以教育非能致富、求官也,然则教育之所以急需,正为此辈而设;空谈之说,亦志行薄弱、随俗进退者之用心,吾无取也。

    何以言之?盖教育有广、狭二义:自狭义言之,乃学校师弟之所授受;自广义言之,凡伟人、大哲之所遗传,书籍、报章之所论列,家庭之所教导,交游、娱乐之所观感,皆教育也。以执政之摧残学校,遂谓无教育之可言;执政倘焚书坑儒,将更谓识字之迂阔乎?以如斯志行薄弱之人主持教育,虽学校遍乎域中,岁费增至亿万,兴国作民之事必无望也!反乎此者,虽执政尽废全国学校,而广义教育非其力所能悉除,强毅之士不为所挠,填海移山,行见教育精神终有救国、新民之一日。

    发空谈之长叹,煽消极之恶风,其罪殆与摧残教育之执政相等。即以狭义之教育言之,二三年来,学校破坏,诚可痛心。然就此孑遗,非绝无振作精神之余地,乃必欲委心任运。因循敷衍,致此残败之余,亦归残败。青年学子,用以自放,绝无进取向上之心。呜呼!是谁之罪欤?吾以为,已破坏之学校,罪在执政;未破坏之学校,其腐败、堕落等于破坏者,则罪在教育家!

    教育家之整理教育,其术至广,而大别为三:一曰教育之对象;一曰教育之方针;一曰教育之方法。教育之对象者,即受教育者之生理的及心理的性质也;教育之方针者,应采何主义以为归宿也;教育之方法者,应若何教授、陶冶,以实施此方针也。三者之中,以教育之方针为最要:如矢之的,如舟之柁。不此是图,其他设施悉无意识。

    第所谓教育方针者,中外古今举无一致。

    欧洲中世,教育之权操之僧侣,其所持教育方针,乃以养成近似神子(即耶稣)之人物;近世政教分离,国民普通教育恒属于国家之经营,施教方针于焉大异。

斯巴达①（Sparta，古代希腊 Laconia②州之首府）人之教育，期以好勇善斗，此所谓军国民教育主义也。此主义，已为近世教育家所不取（德意志及日本虽以军国主义闻于天下，然其国之隆盛，盖不独在兵强；其国民教育方针，德、智、力三者未尝偏废），以其戕贼人间个性之自由，失设教之正鹄也。

法兰西哲学者卢梭，以"人生本乎自治"为立教之则。此哲家之偏见，未可施诸国民普通教育者也。

德意志之哲学者赫尔巴特（Herbart），近世教育家之泰斗也，其说以品行之陶冶为教育之极则。十九世纪言教育者，多以赫氏为宗。所谓赫尔巴特泒〔派〕教育学与康德泒〔派〕哲学，殆如并世之双峰。然晚近学者多非之，至称为雕刻师而非教育家，盖以其徒事表象之庄严，陷于漠视体育与心灵二大缺点也。

现今欧美各国之教育，罔不智、德、力三者并重而不偏倚，此其共通之原理也。而各国特有之教育精神：英吉利所重者，个人自由之私权也；德意志所重者，军国主义、举国一致之精神也；法兰西者，理想高尚、艺术优美之国也；亚美利加③者，兴产殖业、金钱万能主义之国也。稽此列强教育之成功，均有以矜式宇内者。

吾国今日之教育方针，将何所取法乎？

窃以理无绝对之是非，事以适时为兴废。吾人所需于教育者，亦去其不适，以求其适而已。盖教育之道无他，乃以发展人间身心之所长而去其短。长与短，即适与不适也。以吾昏惰、积弱之民，谋教育之方针，计惟去短择长，弃不适以求其适。易词言之，即补偏救弊，以求适世界之生存而已。

外览列强之大势，内鉴国势之要求，今日教学相期者：第一，当了解人生之真相；第二，当了解国家之意义；第三，当了解个人与社会、经济之关系；第四，当了解未来责任之艰巨。准此以定今日教育之方针，教于斯，学于斯，吾国庶有起死回生之望乎！依此方针，说其义于下方。

---

① 斯巴达：古希腊城邦之一，位于希腊半岛南部的拉科尼亚平原。该城邦奉行军国主义，实行寡头政治，对奴隶实施严酷的军事训练。
② 此英文为地名，通译拉科尼亚。
③ 亚美利加：泛指美洲，在此特指处于北美洲的美国。

一、现实主义

人生之真相,果如何乎?此哲学上之大问题也。欲解决此问题,似尚非今世人智之所能。征诸百家已成之说:神秘宗教,诉之理性,决其立言之不诚;定命之说,不得初因,难言后果。印度诸师,悉以现象世界为妄觉,以梵天[①]、真如[②]为本体(惟一切有部之说微异斯旨)。惟征之近世科学,官能妄觉,现象无常,其说不误。然觉官有妄,而物体自真;现象无常,而实质常住。森罗万象,瞬刻变迁,此无常之象也;原子种性,相续不灭,此常之象也。原子种性不灭,则世界无尽;世界无尽,则众生无尽;众生无尽,则历史无尽。尔我一身,不过人间生命一部分之过程,勿见此身无常,遂谓世间一切无常;尔之种性及历史,乃与此现在实有之世界相永续也。以现象之变迁,疑真常之存在,于物质世界之外,假定梵天、真如以为本体,薄现实而趣空观,厌倦偷安,人治退化,印度民族之衰微,古教宗风不能无罪也。耶稣之教,以为人造于神,复归于神,善者予以死后之生命,恶者夺之,以人生为神之事业。其说虽诞,然谓天国永生,而不指斥人世生存为妄幻,故信奉其教之民,受祸尚不若印度之烈。加之近世科学大兴,人治与教宗并立,群知古说迷信,不足解决人生问题矣。

总之,人生真相如何,求之古说,恒觉其难通;征之科学,差谓其近是。近世科学家之解释人生也:个人之于世界,犹细胞之于人身,新陈代谢,死生相续,理无可逃;惟物质遗之子孙(原子不灭),精神传之历史(种性不灭);个体之生命无连续,全体之生命无断灭;以了解生死故,既不厌生,复不畏死,知吾身现实之生存,为人类永久生命可贵之一隙,非常非暂,益非幻非空;现实世界之内有事功,现实世界之外无希望。唯其尊现实也,则人治兴焉,迷信斩焉。此近世欧洲之时代精神也。

此精神磅薄〔礴〕,无所不至:见之伦理道德者,为乐利主义;见之政治者,为最大多数幸福主义;见之哲学者,曰经验论,曰唯物论;见之宗教者,曰无神论;见之文学、美术者,曰写实主义,曰自然主义。一切思想、行为,莫不植基于现实生活之上。古之所谓理想的道德的黄金时代,已无价值之可言。

---

① 梵天:印度神话中的至高神。
② 真如:佛教术语,指不变的最高真理或本体。

德意志诗人海雷①（Heine，生于一七九七年，卒于一八五六年）有言曰："海之帝国属于英吉利，陆之帝国属于法兰西，空之帝国属于德意志。"斯言也，意在讽劝其国人，一变其理想主义而为现实主义也。现实主义，诚今世贫弱国民教育之第一方针矣。

二、惟民主义

封建时代，君主专制时代，人民惟统治者之命是从，无互相连络之机缘，团体思想因以薄弱。此种散沙之国民，投诸国际生存竞争之漩涡，国家之衰亡，不待蓍卜。是以世界优越之民族，由家族团体，进而为地方团体，更进而为国家团体。近世欧洲文明进于中古者，国家主义②亦一特异之征也。

第国家主义既盛，渐趋过当，遂不免侵害人民之权利。是以英、法革命以还，惟民主义已为政治之原则。美、法等共和国家无论矣，即君主国，若英吉利，若比利时，亦称主权在民，实行共和政治。欧洲各国，俄罗斯、土耳其之外，未有敢蹂躏宪章、反抗民意者也。十八世纪以来之欧洲绝异于前者，惟民主义之赐也。

吾人非崇拜国家主义而作绝对之主张，良以国家之罪恶已发见于欧洲，且料此物之终毁。第衡之吾国国情，国民犹在散沙时代，因时制宜，国家主义实为吾人目前自救之良方。

惟国人欲采用此主义，必先了解此主义之内容。内容维何？欧、美政治学者诠释近世国家之通义曰："国家者，乃人民集合之团体，辑内御外，以拥护全体人民之福利，非执政之私产也。"易词言之，近世国家主义，乃民主的国家，非民奴的国家。民主国家，真国家也，国民之公产也；以人民为主人，以执政为公仆者也。民奴国家，伪国家

---

① 海雷：通译海涅，即海因里希·海涅（Heinrich Heine，1797—1856），德国抒情诗人，被称为"德国古典文学的最后一位代表"。平生广泛接触社会，除创作以民歌色彩浓郁的诗歌外，还写作了反映民间疾苦的旅行札记。著有《诗歌集》《哈尔茨游记》《罗曼采罗》等。

② 国家主义：近代兴起的一种社会思潮，是一种将国家主权置于优先位置的政治学说，倡导所有国民在"国家至上"的信念导引下，抑制和放弃私我，共同为国家的独立、主权、繁荣和强盛而努力。由其所衍生的"国家主义教育"，也曾在中国勃兴于一时。

也，执政之私产也；以执政为主人，以国民为奴隶者也。真国家者，牺牲个人一部分之权利，以保全体国民之权利也；伪国家者，牺牲全体国民之权利，以奉一人也。民主而非国家，吾不欲青年耽此过高之理想；国家而非民主，则将与"民为邦本"之说背道而驰。若惟民主义之国家，固吾人财产、身家之所托。人民应有自觉、自重之精神，毋徒事责难于政府。若期期唯共和国体是争，非根本之计也。

三、职业主义

现实之世界，即经济之世界也。举凡国家、社会之组织，无不为经济所转移、所支配。古今社会状态之变迁，与经济状态之变迁同一步度。此社会学者、经济学者所同认也。

今日之社会，植产兴业之社会也，分工合力之社会也，尊重个人生产力，以谋公共安宁、幸福之社会也。一人失其生产力，则社会失其一部分之安宁、幸福。生产之力弱于消费，于社会，于个人，皆属衰亡之兆。

征之吾国经济现象，果如何乎？功利货殖，自古为羞，养子孝亲，为毕生之义务——此道德之害于经济者也。债权无效，游惰无惩——此法律之害于经济者。官吏苛求，上下无信，姬妾仆从，漫无限制——此政治之害于经济者也。并此数因，全国之人习为游惰：君子以闲散鸣高，遗累于戚友；小人以骗盗糊口，为害于闾阎。生寡食众，用急为舒。于此经济竞争剧烈之秋，欲以三等流氓（政治家为高等流氓，士人为中等流氓，流氓为下等流氓，以其均无生产力也）立国，不其难乎？

今之教育，倘不以尊重职业为方针，不独为俗见所非，亦经世家所不取。盖个人以此失其独立自营之美德，社会经济以此陷于不克自存之悲境也。

四、兽性主义

日本福泽谕吉[①]有言曰:"教育儿童,十岁以前当以兽性主义,十岁以后方以人性主义。"进化论者之言曰:"吾人之心,乃动物的感觉之继续。人间道德之活动,乃无道德的冲动之继续。"良以人类为他种动物之进化,其本能与他动物初无异致;所不同者,吾人独有自动的发展力耳。强大之族,人性、兽性同时发展。其他,或仅保兽性,或独尊人性而兽性全失,是皆堕落、衰弱之民也。

兽性之特长谓何?曰意志顽狠、善斗不屈也;曰体魄强健、力抗自然也;曰信赖本能、不依他为活也;曰顺性率真、不饰伪自文也。皙种之人[②],殖民事业遍于大地,唯此兽性故;日本称霸亚洲,唯此兽性故。彼之文明教育,粲然大备,而烛远之士,恒期期以丧失此性为忧,良有以也。

余每见吾国曾受教育之青年,手无搏〔缚〕鸡之力,心无一夫之雄;白面纤腰,妩媚若处子;畏寒怯热,柔弱若病夫。以如此心身薄弱之国民,将何以任重而致远乎?他日而为政治家,焉能百折不回,冀其主张之贯彻也?他日而为军人,焉能戮力疆场,百战不屈也?他日而为宗教家,焉能投迹穷荒,守死善道也?他日而为实业家,焉能思穷百艺,排万难,冒万险,乘风破浪,制胜万里外也?纨绔子弟遍于国中,朴茂青年等诸麟凤,欲以此角胜世界文明之猛兽,岂有济乎?

茫茫禹域,来日大难。吾人倘不以劣败自甘,司教育者与夫受教育者,其速自觉觉人,慎毋河汉吾言,以常见虚文自蔽也!

---

① 福泽谕吉(1835—1901):日本明治时期启蒙思想家、教育家。自幼性格不羁,少年时肄习汉书(中文书籍),青年时热衷兰学(通过荷兰传入的西方科学文化知识)。25岁时,应聘赴江户(今东京)教授兰学。后三赴欧美游历、考察,撰写了《西洋事情初编》,深刻地影响维新政府的政策。后致力于庆应义塾的办理,且埋头著译,大力倡导西学,以此作为终身事业。著有《劝学篇》《脱亚论》等,著作有《福泽谕吉全集》。
② 皙种之人:指白种人。

17　　游戏之科学研究

傅锐

1915年10月15日

> **题 解**　　本篇原载《京师教育报》第 21 期"撰述"栏。发表时间为 1915 年 10 月 15 日。
> 　　撰著者傅锐，生卒年未详，时供职于京师学务局。曾被任命为京师内外城巡回讲演员。除本篇外，他还发表有《算学教授之沿革》《"道尔顿制"与"设计教学"之比较》《劝业讲演团纪事》等文。
> 　　《京师教育报》，地方教育月刊，1914 年 2 月创刊于北京，由京师学务局主办、编辑并发行。该刊除推进北京的教育改革外，还致力介绍国内外各种教育新理，并鼓励从事教育研究。主要栏目，有图画、法令、论著、文牍、要件、译述、劝学记事、参观报告、社会调查、通俗讲演录、学生成绩、丛谈、图表、附录等；主要撰稿人，有松林、谭宗荫、崇岱、穆六田、佟永元、王泽澄等。1919 年 1 月终刊，共出 6 卷 44 期。

游戏一端，吾人以科学眼光观察之，可得下之证明。

一、游戏与生理学之关系

人类游戏与他生物同，盖基于习惯性之遗传，暨"适者生存"之原理而发达者也。故就普通言之，游戏而伴以音乐者，较诸单纯之游戏尤为适用。即如舞蹈游戏等，虽身体之疲劳达于极点，尚能勉强继续。若单纯体操，则兴味淡薄，几与烦劳作业无异，即身体之疲劳未至极限，已有不得不止之势矣。所以，音乐可为劳力之节约剂。因其有无而影响于游戏精神上者实大，是实不可思议之一现象也。

一切生物，其初意欲令消化、呼吸、排泄等官能营充分之作用，于是有游戏。若更伴以音乐的谐调，则能由最少之劳力收最大之效果，藉以完成生物之生存上所必要而适于发达之事。此乃考诸原理而合、征诸实例而益信者也。观夫兵队之行军、小学之体操，或以喇叭，或以风琴，悠扬一曲，则已感疲劳者可以重鼓其新精神，使欣喜忘倦，而继续以起其运动也。

又自其他方面观察之，青年、儿童若尽其声量，发为呼号，则此种影响于生理的效果，虽与音乐的效果有别，然亦能促进内部器官之扩张与充实，使血液循环迅速，输送多量之养料，于新组织获益良多。是以凡属引吭高歌之游戏，无论为徒手竞争或打球、踢球等，俱要为一种青春之征象，为少年当然之游戏。苟有不喜此者，虽视为已向老衰之境，可也。

二、游戏与心理学之关系

游戏之关系于心理学者，以游戏一事在性欲冲动上可因之而得其满足也。夫人类亦动物之一，时时有其性欲之冲动，如争斗、爱慕等，苟不获适当之满足，或发野暴行为。彼堕落之不良少年，即其性欲冲动有以酿成之也。能于以冲动之际，代以适当之游戏，使性欲仍得满足，则发现于外之事，实可易恶劣为善良。故游戏之于心理学，有甚大之效果。细考之，可分为数种：（1）易其冲动，以得身心之娱乐；（2）在人类生存上，为必要及有益之活动模仿练习；（3）合游戏之本来目的，收艺术或道德上之明效。

更就游戏之关于道德者考之。如少女以傀儡①为游戏，而假为傀儡之母。则吾侪默察此女，当游戏之际，对于怀抱之傀儡，俨然一慈母。其和蔼、仁爱之情，形于颜面，

---

① 傀儡：此处泛指布娃娃、陶娃娃、橡皮娃娃等人形玩具。

发于言语，显于举动。则此一番之游戏，顿令此女于道德修养上，无形之间不知上升若干级。由是观之，可见种种方面之游戏，不问少年、成人，务宜发动其活泼之精神，引起其谨慎之意趣。而良游戏之影响所及，实有莫大之利益也。

虽然，凡游戏者因游戏种类之异，非必皆能收心理学之效果也。盖当游戏之际，所感快、美之情，固能令人浑忘一切，惟必所感者，须为清净、高尚。若伴于满足，致发生之观念有不正当之流弊，如奢侈、骄淫之类，斯于其人格上，大有高下之判，甚至于灵性上与身体上，受不可医药之病毒，其害固非浅鲜也。

然则防避之道维何？则亦于游戏之种类，择其有益而能收效果者而已。

18 育婴堂急宜改设幼稚园议

褚铁华

1916年3月5日

题　解　本篇原载《妇女杂志（上海）》第 2 卷第 3 号"记述门"栏。发表时间为 1916 年 3 月 5 日。

撰著者褚铁华（1861—？），女，浙江嘉兴人。褚辅成之妹。曾任杭州女子师范学校职员，参加过辛亥革命。中华民国成立后，发起成立浙江女子策进社，争取女子参政权；参与创办女子新剧社，宣传新文化。除本篇外，她还发表有《广说发》《名誉为第二生命论》等文。

育婴堂，中国自古即有的慈幼机构。追溯育婴堂创设的思想渊源，先秦管子最早明确提出了"九惠之教"（《管子·入国》），孔子竭力推尊"老有所终，壮有所用，幼有所长"（《礼记·礼运》）的"大同"社会，墨子主张"兼爱""无差"（《墨子·兼爱下》），孟子要求"幼吾幼以及人之幼"（《孟子·梁惠王上》）。南宋淳祐九年（1249 年），朝廷首设慈幼局于临安（今属杭州），此后，地方政府也设有举子仓等机构。元、明两代有所赓续。至清代，官办育婴堂大体已普设于各府、州、县。在历代慈幼机构的办理中，当然存在着诸多弊端，但它不仅全活了数量众多的孤儿，也确实在一定程度上体现了人道主义精神的光大。

另图 13　褚铁华女士就诊图

有关《妇女杂志（上海）》，参见前文《幼稚园实验教育谈》题解。

铁华窃见，今之育婴堂有害于人道而无益于社会，以为不如移取此项经费改设幼稚园，寓慈善事业于教育中，乃为有益无害之事。敢纾所见，与当世有知识者商榷之。

一、育婴堂之害

（1）设置育婴堂之本旨，为世俗溺女故，为贫寒之家不能鞠养儿女故。立意固甚善，然实为消纳私生子之场所，令人道德堕落，男女咸放荡而不知所归。又代为养育私生子以灭其迹，使陌上桑间，愈得纵欲而无忌。愚窃不敢谓然。

然私生子之父母虽有罪，私生子本身固无罪。代为养育，亦一视同仁之意，未可厚非。独是生活程度日高，一般缺乏生活能力之人，乃务以室家自累。食指日繁，分利愈甚。中国贫弱，实由于此。

夫人之不能有执业以养其身，是已为社会之蠹；乃又多生子女，不养不教，俾异日又为社会之蠹，是岂不可以已乎？而从而代为养育，使一般社会之蠹有所依赖，以增多无数之寄生虫，皆将求衣食于社会。求过于供，宜乎饥寒者触目皆是，而国民图温饱之不暇，宜莫能出其聪明才力，以与列国竞矣！

况近世学者有言，慈善事业不独为消极事业，而且养成一般人之依赖性质。此有至理，愿诸君澄心一推究之也。

（2）育婴堂既以慈善为职志，其愿婴之生而不愿婴之死，可断言也。乃以愚所闻，则一乳媪所领之小儿，有至四人、八人者。一媪之乳，而欲以饱四婴至八婴，虽狂瞽之鄙夫，亦知其不足矣。由是，婴以饥而死者有之，婴病以调护无方而死者又有之。是堂中出金钱，雇乳媪，专以杀婴为事也。

不宁惟是，其婴之育于堂外者，堂之人定期使携来验看。为乳媪者，于是日务饱婴，以期验者刹那间之首肯，而充寒冒暑、冷燠饥饱之不时，婴之病而且死者，又累累矣。求其生而转以杀之，夫亦慈善家之所不及料矣。然则司事者，不得辞其责也。

然而，司事者且嚣嚣然曰："经费不足，吾末如之何也？"经费之果足与否，姑不具论；但求其生而反速之死，亦何取乎此有名无实之慈善事业为也？

（3）育婴者，将望其成人也。饥之，渴之，疾病、痧痘之，以使之死。彼婴也，婴婢无知。在司事者，犹不为甚恶；其最悖谬惨毒者，育之使成人，而绝不教以自立成人之道也。

夫人生所不能一日离者，衣、食、住三者而已。而人所以能致此衣、食、住者，盖有艺术、材力、勤职业、博金钱，而后能得之也。今既不教以艺术以启发其材力，使得自立以谋衣、食、住，是育一无知之婴儿，直是为社会增一无用之蠢物也。

虽堂中于男婴长成，亦略教以"三百千千"（《三字经》《百家姓》《千字文》《千家诗》），其于吃饭、穿衣之道甚远。又或推与各商店为学徒，则虐待之事，较悍姑之待养媳为尤甚。数年出师以后，或遭斥逐，仍流离道路以死。否者，亦作奸犯科，为盗为贼，以冀少缓须臾之死而已。

至女婴长成，尤有不忍言者。据堂中定章，由堂择配，或取保交人，领去为媳。而以愚所见闻，则有一般蚁媒、地棍，勾合司事者，托名领去，载之出境，以售诸衙院中，为野鸡妓女、为花烟间妓女者，殆十人而九。彼中视为生财之大道，力又足以通神。数十年来，无人敢揭其底里。惨无人道，莫此为甚。是育婴者其名，而实则养成一般男盗女娼而后止也。

愚生五十四年矣。自有知识以来，即闻慈善家以育婴为当务之急，乃三十余年。近审乡里，远游苏、粤，耳目之所接触，迄未有堂中长成之男女而以成家立业著称者。试问：每堂每年所收养之婴孩，果何往乎？虽不尽为男盗女娼，而知养而不知教，抑亦无所逃罪矣。呜呼！发起育婴堂之慈善家，试清夜扪心，宁使婴儿以清净身死于沟壑乎？抑必育之，使长成为盗、为娼而后死也。

以上三则，略举大凡，育婴堂已极无存在之理由，而实有废去之必要。而或者曰，章程之不善者改之，司事之不良者逐之，终不可因噎而废食。是则苟且补苴，不久必复其故矣。欲去其害，非根本解决不可。故与其办育婴堂，猎取慈善之名，不如兴幼稚园，厉行教育之实。

二、幼稚园之益

幼稚园纯为教育性质，受成于教育司，受监督于教育会。办理得人，得益自不待言；办理不得人，其弊害亦为人所共见。决不使匪人窟穴其中，肆为恶毒。

幼稚园可以增进小儿最初之知识，养成优美之德性及人格，可使小儿为有秩序之合群，不至凋伤性灵、濡染恶习，可为家庭教育最良好之模范。

幼稚园于改作之初，当分为三部：（1）保姆养成所；（2）高、初两等小学；（3）育婴部。

保姆养成所，择育婴堂中长成之女子，教以保姆必要之知识，使之参与育婴。两等小学，专教堂内已届学龄之儿童。育婴部，仍收养婴儿。但育婴法当重新改订。

幼稚园既设育婴部，当以革去乳媪为前提，可养牛取乳以代之。不独免乳媪蹂躏小儿之弊，且费用亦较省。如一时不能全革乳媪，亦当逐渐减少，以至于无。盖育婴堂恶习已深，乳媪尤为操刀杀婴之"圣手"也。

幼稚园详细章程，当取法先进各国，参酌本国习惯订定之，又精核预算。今均从略。

19　儿童之玩具教育
——译美国《母范杂志》

宗良

1916年3月5日

题　解　本篇原载《妇女杂志（上海）》第2卷第3号"家政门"栏。发表时间为1916年3月5日。原发表时未标明撰著者。

译者宗良（当为笔名），生卒年未详。除本篇外，他还在《妇女杂志（上海）》上发表有《论补救小学教育之缺点》《生育与乐观》《美国之职业教育》《对于不良家庭之感想》《教子卮言》《小学生偷窃之研究》《多食与卫生》《儿童与居室之关系》《儿童储金》《主妇之治家法》《改良儿童习惯之原则》《家庭卫生丛谈》《世界的母职》《干制食料》《育儿者宜注意之点》《未来之科学发达观》《半身王》《病婴之营养》等文。

有关《妇女杂志（上海）》，参见前文《幼稚园实验教育谈》题解。

游玩足以养成人之活动力与想像力，有自逸之乐趣。而人幼时玩弄有益之物品，足开前程上进之先河。故宗教、工艺、科学等之大文明，无非始创者经活动力与想像力以玉成之。可知儿童习于有益之玩具，与其将来品性及能力之发达有大关系，乌可忽乎？

幼稚院也，学校也，运动场也，胥所以养成儿童活动与想像之能力，更使其发达为社会一份子，得卓然自立之教训与机会焉。儿童之好尚与活动，其重要，同于成人处世之道。故家庭之中，游戏及玩具种类，范围当大，趋向当正，俾儿童就其所喜者选择之、习练之。惟玩具不必为奢华品。须知儿童所喜者，为可以自行作造、自行破坏而重修造之物。此为父母者所当明悉也。试举一事，以证实之。

  邻儿有名洛勃德者，与另两孩游嬉于邻家门前草地上。彼等以长而且大之车轮数件、空罐一、旧灯盘二、槌一、钉若干个，玩弄最有兴味。玩毕，则清扫草地，可见其富于自治力也。洛勃德天资聪颖，每为他孩策画戏玩弄物之法。一日，彼等已预备油漆一自动车。洛勃德之母以油漆将污及彼等衣服禁阻之，群孩热忱乃受一大打击，洛勃德之失望尤甚。其父见其爱子之沮丧也，发生一误念，以富于财，不惜以五十元购一新自动车，供洛勃德一人之用，其旧有者则为他孩三人之玩物。旧者时漆时修，皆由他孩自为之，无不满意，互相玩弄，极饶兴味。新者固完好，洛勃德独享其利，乘之往来街道，快乐无比。用之久，须修缮。洛勃德之父以之交商家为之，不由其子自理。遂使此快乐儿童意兴索然，为此间街道中毫无交际者矣。

儿童及其亲长与教育家、制造玩物者相聚会，以研究适用之玩物，当有奇巧之发明。盖制造玩具者不仅制造能销售之物品，尤必求儿童及其亲长与教育家之同意。为母者必知其子所喜玩之物，而教育家则指明何物为最有益之玩具，使儿童采用焉。

余曾过访一妇人。此妇生子女五，俱极活泼，皆由保姆管理之。其戏弄玩具，亦自受保姆之监视。此实一重要问题而当研究者也。是日天适雨，诸孩遂因雨而发生动作。即有五岁之双生子二人，要求其母同至厨房制糖霜为食。

母曰："否。余今忙甚，待明日制之。汝等速归育婴房（nursery），与汝之傀儡（俗称洋囝囡）戏可耳。"

一孩决然答曰："吾等已与彼类相戏，今彼等已睡熟矣。"

其母曰："然则可取玩小屋或观小说。汝房中满陈玩具，足供汝等一句钟之娱乐也。"

于是，两孩受母命疾走而去。其母笑曰："今当有一刻定静矣。"

乃不及十分钟，又微闻叩门声，则见一恶戏面容之四岁小孩名纳耳者，窥视而问曰："阿母，可许我出外至砂堆间乎？"

母诘之曰："汝岂不见天雨耶？"

孩应之曰："我能张伞以出。"

母曰："汝可回至育婴房，勿再恶戏。汝母殊不耐烦扰也。"

于是，纳耳失望抱怨而去。

余当时私意以为，可取湿砂置器皿中，给彼四岁小孩玩，当满足其娱乐之念。惜不便说出也。

瞬息间，又有小孩名探特者趋室哭诉曰："纳耳打破我小屋。"今又向阿妈吵闹不休。

于是，其母唤纳耳端坐室内，使不滋扰他孩。

余当时主办一小学，附设幼稚舍，纳耳即为幼稚生中之最快乐者。其思想与活动极为灵敏，余常赞赏之。

是时，彼端坐一小时后，不耐缄默，大起喧闹。即告探特曰："我年长，当时时罚汝之恶吵。"

其母闻而问之曰："汝秉性如此，将奈何？"

余代答曰："彼秉性甚佳，但现在彼之活动尚不得正轨耳。"

由此观之，虽彼有育婴房，罗布玩具，有保姆以看护诸孩，而为母者仍时被缠扰。今历两小时之久，仅能使一孩稍即于安。可知儿童不甘宁静而喜恶戏，实其天性使然。为母者不因势利导，必时时感受烦恼也。

余既访此妇，将告别，妇谓余曰："望君筹画妙法，务使孩童在家庭时游玩快乐，一如在幼稚舍之酣嬉，历久不厌。得乎？"余深韪之。

年来颇思，就此问题尽力研究。适某繁盛地方于暑假期中，有各小学联合组织一补习科之事发生，聘余为主任。儿童之入学者数百人，年龄大小不齐，程度高下不一。余遂策画如何使彼等游乐不厌，各极其胜。当时，以助教者经验尚浅，故余所设方法亦主简单。办理经时，成绩大有可观。

其办法，先分儿童为两级：年大者为一级，分为制造吊床（hammock-making）、摘珠（bead-weaoing）、织毡、造型、油画、缝纫、造篮、制造家具等科；年幼者为一级，则以剪刀、黏土、沙石、垩笔、骰子、纸笔等物为其玩具。儿童皆乐于来校，相聚为欢。放学时，有将物件带至家中玩习者，可见其兴味不浅矣。其时，邻近学生家属且购种种物品捐助焉。

就经验所得，足证一般儿童绝无顽劣者。在吾人所以感受烦扰，而觉无法处置者，由于其无所事事耳。诚以儿童天然多思想、好活动，必有事可为而后安也。余应儿童之需要，作成种种游戏法。其宗旨，务切实用，含有教育意味，使儿童感化于不觉之中，造成求学之基础。其法，即不仅使儿童玩弄物品，必使其改变物品之形状，或以各种原料自造为玩具也。兹述数则如下。

纸摺物。欲以纸摺成物状，须先知其图样及摺法。可摺之物，如风车、纸鸢、帆船、靴帽等，皆儿童所乐为而不得不竭其才力者也。盖如随意将事，则风车不能旋转，靴帽不能竖立，纸鸢不能飞扬，帆船不能浮动水面矣。此法之佳处，在儿童自愿为之，师长可不必督促，但须引起其竞争心而奖励之耳。

农作物。儿童天性喜裁切物具。凡为母者，皆知画本杂志及种种珍贵印刷品，一经儿童小指之接触，即有破坏之虞。儿童中，好为此种破坏者甚多，虽一再责罚之而无效。此可利用之，化恶为善也。农场各物，若家畜之禽兽，若兽槛，若农夫、牧童等形状，儿童可以照样裁剪。作为标本，或绘图于纸上，以交换别项玩物焉。

小屋舍。小屋舍，专为较大之儿童设法，因彼等不但能摺叠物形，且能结构而布置焉。小女子每喜仿效其母之举动，戏理家政，故构造小屋舍以为玩具，适满其欲望。其法，以纸牌配成居室，附设火炉、门窗及悬壁之图画等，皆须完备。室中，又有主母及其小家属之傀儡，并地毡、家具、猫犬等塑像。凡此种种，皆当参互错综，以结构法成之，不可用浆黏糊；若熟习生巧，则能编造各种物品，而建筑之智识略具矣。

绷绣品。此项绣品绣法，与通行者无异。惟仅作为玩具用，故绣纹尚简单。其组合，亦别具体裁。法以绣料绷于木架上（按：即华人所称之绷床），绣出一种兽状。其著色，须与绷床一致。床之两旁，各分为若干等距离，嵌以横木。要不可遮掩物状，使人无从识别。于是将绣幅截成阔狭不一之条片若干，兹可将数种绣幅之条片混杂一处，令儿童拣得数条，适可配成一兽形后，再觅得相当之绷床，将拣得之条片嵌入之，以不改绣幅之原样为合格。如此类推，数数为之，亦启迪儿童机巧之一法也。

织花格。儿童习于编织，实为进身于工业世界之初步。其初，可为其玩儿（或称洋囡囡）制成绒毡，继可织造切于实用之花格绒毡。夫织单纯一色之绒毡，尚非难事；惟欲镶嵌花格，则经纬之间必施用手术。此可诱掖儿童为之，俾增进其技艺也。

造家具。余曾访得一八岁之男孩。此孩能出其慧质巧思，制造家具。其物有两组：一组为膳堂所用，如椅子、大菜台、时辰钟等件；一组为卧室所用，如床椅、面盆架等件。其制造也，按图样，操规矩，斧之，刨之，凿之，钉之，槌之，固之，居然一完具矣。彼又能施以油漆，缀以花纹，附以装饰，无不心灵手妙，各擅其胜。一八龄之童子，其能力竟能制造数种家具，是足为一般儿童习弄玩具之师法已。

译者按：

儿童性质，浑乎善恶两途，界乎邪正之间。要在管理者诱之倾向于善，导入正途耳。观于吾国，为人父母而能知此义者，戛戛乎不可多觏。

大抵贫苦社会，家长无甚知识，听任儿童恶戏，作无意识之举动；甚至养成其咒骂、斗狠之恶习，浸变为下流社会，终其身不得超拔。

中等社会之家长，则或禁儿童之恶戏，或任儿童之浪游，干涉、放任两失其道，因是而造成一般庸碌无能之国民。

至富贵之家，则父母溺爱子女如掌上珠，锦衣而肉食之，提携而怀抱之。其结果，则桎梏儿童天赋之机能，滋长儿童浮华之习惯。及其长也，不过一高等游民耳。

上述三端，厥弊惟均，国弱民病，职是之由。此则家庭教育锢塞、儿童玩具缺乏之故也。斯篇于儿童玩物之重要阐发尽致，而归本实用、注重工艺是其宗旨。所望吾教育家与女学界，推广其意，利而用之，发挥而光大之，一扫旧社会之痼疾，救国强种，庶几得其道焉。

20 家庭教育中之家训

李元蘅

1916年5月25日

另图 14　李元蘅像

> **题　解**　　本篇原载《中华教育界》第 5 卷第 5 期。发表时间为 1916 年 5 月 25 日。本篇此前曾发表于《南通师范校友会杂志》第 6 期（1916 年 4 月）。
>
> 　　撰著者李元蘅（1868—1942），字逸航，江苏南通人。1904 年就读于通州师范期间，由张謇资送日本留学，入东京宏文学院。归国后，受命筹办通州师范附属小学并任主事（校长），兼任师范本科教习。著有《单级教授法》《教生实习评案》，著作有《拥借庐杂录》等。
>
> 　　家训，或称庭训、家诫，为教子或规训家人的章则。它是强化"祖先崇拜"的手段，也是形成良好家风的要件。值得注意的是，随着时代的演进，传统家训中的常见内容虽有可取之处，但并非字字珠玑。如愚忠、愚孝、畏天命等内容，显然混杂有诸多思想糟粕；而诚、信、勤、谨等内容，则是历久弥新的文化品格。
>
> 　　有关《中华教育界》，参见前文《蒙铁梭利女史新教育法（节录）》题解。

　　家庭者，学校外之教育场也。大要为二部：第一部，学校时代以前之家庭教育，此为学校教育之基础；第二部，学校时代之家庭教育，此为学校教育之补助。

　　人生自幼至长，学校教育外，须赖有他项教育。此之教育，得总名曰家庭教育。然则，就家庭教育之广义言，凡社会教育、幼稚园教育，固皆包蕴于其中也。

　　家庭教育范围既广，则主持者宜如何思考、如何研求，俾得执简驭烦〔繁〕，使受此教育之家族触于目而感于心乎？无已，其惟家训乎。

一、家训之原起

家训之义，始见于《夏书·五子之歌》①，曰"皇祖有训"。继见于《周书·酒诰》②，曰"聪听祖考之彝训"。

至"家训"二字，昉于后汉《边让③传》"髫〔髻〕龀夙孤，不尽家训"一语。其著为专书，北齐颜之推④家训二十篇，实其确矣。厥后，高忠宪公⑤家训，著于明万历时，曾文正公⑥家训，传于清咸同间。后之人观其训辞，谓深切著明，语语可师，非深于道、谙于事者不能言，而易知、易从；又属夫人共喻，为子孙者，但能恪恭遵守，则上可以入圣贤，而下亦不失为佳子弟也。

二、家训之必要

家训者，一家教育之方针也。必方针确定，而后家庭教育乃可得而施。且以语言易

---

① 《夏书·五子之歌》：出自《尚书》，表达了对中国最早的帝王亡国的叹息。相传，大禹的儿子启将王位传给自己的儿子太康，太康无德，致百姓反感，国都被占，太康的五个弟弟和母亲被赶到洛河边，追述大禹的告诫而作《五子之歌》。
② 《周书·酒诰》：出自《尚书》，为周王朝最早发布的禁酒令。
③ 边让（？—193）：字文礼，兖州陈留郡（今属河南开封）人，东汉末年名士。年少时博学善辩，后以能文名世，官至扬州九江郡太守。代表作为《章华赋》。
④ 颜之推（531—约595）：字介，琅邪临沂（今属山东）人。早年博览群书，历仕南梁、北齐、北周、隋诸朝，以重视家庭教育著称。所著《颜氏家训》被后世称为"家教典范"。
⑤ 高忠宪公：高攀龙（1562—1626），字存之，又字云从，谥忠宪，南直隶无锡（今江苏无锡）人。万历进士。历官行人司行人、光禄寺丞、都察院左都御史等职。曾辞官归里，长期讲学于东林书院。高氏家训含于其著作《高子遗书》中，以"做得一个人"为人生第一义。
⑥ 曾文正公：曾国藩（1811—1872），初名子城，字伯涵，号涤生，谥文正，湖南湘乡人。道光进士，历任内阁学士、礼部侍郎、吏部侍郎。后以组建湘军、镇压太平天国有功，官至两江总督、直隶总督。《曾国藩家训》是他训诫子女、家人的文字汇录，旨在维系勤奋、俭朴、求学、务实的家风。

为文字，并悬挂于适宜处所，则举目即是。如钟鼎之铭，如几杖之箴。一家家族，朝斯夕斯，其犹不能潜移默化于无形者，无有也。

明万历时，李仲达①《诫子书》有曰："书数言以告汝，汝长成之日，佩为韦弦，即吾不死之年。"嘉靖时，杨椒山②遗训，其结语曰："仓卒之间，灯下写此，看后做一布袋装盛。每月朔，合家大小把这手卷从头至尾念一遍，此志此意耳。"

三、家训之材料

古时训言，有说明者，有概括者。《书》之《咸有一德》③《高宗肜〔肜〕日》④等篇，亦训体也，而措辞则为说明的。其概括者，多出自《论语》，曰孝，曰弟，曰谨，曰信，曰恭敬，曰忠恕，所在皆是。虽然，《论语》为先圣训弟子之书，似非家训可比。家训之概括者，舍曾文正公家训中"早、扫、考、宝、鱼、蔬、猪、书"八字外，不多见。

据此可知，家训材料，不嫌琐屑，但于处人己、家国之理，言之质直而透切，而又智愚易晓、男妇皆知，虽卷帙稍繁，可也。此则前人制家训之微旨也。

---

① 李仲达：李应升（1593—1626），字仲达，号次见，南直隶江阴（今江苏江阴）人。万历进士，历任江西南康府推官、福建道监察御史。后被魏忠贤陷入"诏狱"致死。其诫子之言，充盈着浩然正气。
② 杨椒山：杨继盛（1516—1555），字仲芳，号椒山，谥忠愍，直隶容城（今属河北保定）人。嘉靖进士，历任吏部主事、兵部员外郎、刑部员外郎等职。后因上疏力劾严嵩"五奸十大罪"，终被迫害致死。其遗训《愚夫谕贤妻张贞》和《父椒山谕应尾、应箕两儿》，后世合称《谕妻谕儿卷》，为其面临死亡之际所写，然平静、真切如常。
③ 《咸有一德》：《尚书·商书》中的一篇。是伊尹劝勉太甲保持纯一之德的训诫文。
④ 《高宗肜日》：《尚书·商书》中的一篇。据载，殷王祖庚肜祭他的父亲高宗武丁时，发生雉鸟鸣叫的事，引起了祖庚的恐惧，惟恐上天有什么事要来责罚他。另一王室大贵族祖己，就对祖庚讲了一段诫勉的话。史臣记录下来后，就成了本篇。

四、家训之选择

人之身材有高低,而衣服之长短因之;屋之间架有大小,而材木之多少因之。否则不适于用。家训材料既如上述,顾以现时教育之哲理言,若纯粹为说明的,恐不能适合于家族之全体。试分别言之如次。

(一)以人别者

普通家族,有长有幼,有男有女。幼小者,例不识字。至妇女,则识字者,十之二三或百之十九。强以说明的家训,是犹执聋者而使之为师旷①,执盲者而使之为离②明也。然则奈何?

曰,有概括的。概括之家训,或一二字,或三四字,附以简短之释语,随时随事,本此三数字为南针,并勖以实际之施行。如此,虽不识字者,亦可略明大义也。

至说明的,则精理名言,无不具备。录成书卷,制为册本,凡以供程度稍高者之参考、玩索而已。

(二)以境别者

吾人处境,贫贱、富贵、乡村、都市,各各歧异。大别言之,富贵之家及居住都市者,多豪阔;贫贱之家及居住乡村者,多质朴。

质朴者,思想简单,必言简意赅,乃易明了,故家训宜概括的。山阳潘四农③先生,示儿长语其"治家六法",仅曰孝、弟、恭、恕、勤、俭;"作人二要",又只曰敬、信。简篇具在,可取而玩也。

---

① 师旷:生卒年未详,字子野,又称晋野。他是盲人,后成为晋国宫廷乐师,为中国古代著名音乐家。
② 离:此处应指离朱,相传为上古时期的名人,以视觉敏锐著称。
③ 潘四农:潘德舆(1785—1839),字彦辅,号四农,江苏山阳(今属淮安)人。道光举人。博学,工文章。其学以克己、有耻心为归,尤善言治术。著有《养一斋集》。

豪阔者，习染复杂，非各就其病药之，必不奏效，故家训宜说明的。张文端公[①]《聪训斋话》，盖已防之于渐矣。

上二类，不过示选择之标准。至其详细研究，尚在选择者。

五、家训之书写

官府告谕，必缮以楷书，使观者易于省览；商店广告，有用篆体者，有用隶体者，有用阳文者，有用阴文者，亦有中西文并用而杂以双钩者，一切色色形形，易豁人眉目，以惹起兴味。

家训之制，视官府告谕之性质若何？视商店广告之价值又若何？其应由家长敬谨缮写，乃当然之理。若自度不谙于文字，宜恳请一素有资望之乡先生为之代写，以昭郑重。如此，则即一书写之微，在被其训诲者，已不能不见而起敬，而文辞之领会可概见矣。

六、家训之装置

李西沤[②]先生《药言剩稿》云："今人家中堂之上，必贴'天地君亲师'五字，不知起于何时。人看得五字重大，亦不至大无忌惮。"据此以推，则知贴五字于堂中者，盖欲令家之人时时注意，而无或忘也。

惟家训材料，既非一种装饰之法，即须各别。如为概括的，则表成卷轴，或装入相框，可也；若为说明的，则簿本之装订，封面刷印，须精美异常，而后家训之声价乃

---

① 张文端公：张英（1638—1708），字敦复，号学圃、圃翁，谥文端，安徽桐城人。康熙进士。历任翰林院编修、翰林院学士兼礼部侍郎、工部尚书等职，官至文华殿大学士兼礼部尚书。著作有《笃素堂诗集》《聪训斋语》等。文中《聪训斋话》实为《聪训斋语》。

② 李西沤：李惺（1785—1864），字伯子，号西沤，四川垫江（今属重庆）人。出生于书香世家，幼承家学。嘉庆进士。历任翰林院检讨、国史馆纂修、文渊阁校理、国子监司业等职。辞官返川后，在地方书院讲学达20余年。著有《药言》《冰言》《老学究语》等。

益增。

其安置法，舍堂屋之中无他地可觅也。盖非如此，恐其内容虽包举无遗，而家之人或仅视为寻常之书画也。

七、家训之实行

家训之实行，当自家主始。家主者，一家之模范也。《贺阳亨杂著》述陈容驷[①]之言曰："子弟之习尚，视乎父兄。故身教为先，所谓留好样于儿孙也。"寻绎其意，其责家主者至矣。

若家主之对于家族则叮咛嘱咐曰："阅家训一句，当反之于身，谓：我能如是否？行一件事，当合之文字，谓：家训是如何？"渐渍浸润，必使家族之一举一动皆以家训为归宿而后已。语曰："说千丈，不如行一尺。"此言诚可味也。

或曰，就今日之一般家庭观之，实无教育可言；径及家训，似亦虑之太早。不知家训之设，一方增进家庭之善良习惯，他方既为改良家庭之妙剂。既无家庭教育，似不得不恃有家训。

或又曰，今日学校林立，其制有校训者，能得十之若干，此亦无容隐讳。

然吾谓：家有家训，则家庭教育乃有准的；家庭教育有准的，即无校训，亦得以家训为补助品也。

不才亦家长也，稔知教育之研究，其根本舍家庭莫属，故草为意见，以质之教育家。

---

① 陈容驷：陈庆门，生卒年未详，字容驷，陕西盩厔（今陕西周至）人。雍正进士。历任庐江知县、亳州知府、达州知州等职。知达州时，建宣汉书院，聘名流教授，使文风渐振。著有《仕学一贯录》。

21 在江苏幼稚教育研究会大会上的演讲

薛锦琴等

1916年8月26日

另图15　薛锦琴像

另图16　曾纪芬像

题　解　　本篇原载《江苏省教育会月报》五年九月份。系演讲记录，记录者为林文钧。演讲地点在位于上海的江苏省教育会总会办公楼三楼会议室，演讲时间为1916年8月26日，发表时间为1916年9月。原发表时题为《幼稚教育研究会大会纪录》，今题系编者改拟。

第一位演讲者薛锦琴（1883—1960），女，又名君平，祖籍广东香山（今珠海市南溪村），自幼随父居于上海，早年毕业于上海育才书塾。1902年自费赴美留学，先入加州大学伯克利分校附属中学，继入屋仑高等学校，再入伊利诺伊州立大学学习教育，又入芝加哥大学。1914年归国后，投身于教育界，历任广西大学、岭南大学教职。

第二位演讲者曾纪芬（1852—1942），女，号崇德老人。祖籍湖南衡阳，出生于湖南湘乡，为曾国藩季女。幼承家学，善书法、诗文。后嫁与聂缉椝，秉承父亲的勤俭美德，相夫教子，侍奉翁姑，和睦亲邻，获享盛誉。晚年定居沪上，对已经成年的子女仍随时耳提面命，管束查察，从不疏忽。同时热心社会公益，关心教育发展。

另图17　胡彬夏像

第三位演讲者胡彬夏（1888—1931），女，又称朱胡彬夏（朱系夫姓），江苏无锡人。为胡敦复之妹。1902年赴日留学，入日本实践女子大学。1907年公费赴美留学，1913年获威尔斯利女子学院学士学位，后赴康奈尔大学等地调查女学数月。1914年归国，执教于上海多所学校，一度受聘担任《妇女杂志》主编；参加江苏省教育会，主持创设江苏省教育会幼稚教育研究会，被公推为该会会长（主任）。著作收录于《胡彬夏文集》。

第四位演讲者黄琼仙（1867—1933），女，江苏上海（今上海市）人。早年毕业于上海圣玛丽亚学校，入虹口同仁医院习医。后赴加拿大留学，学医有成。归国后，在上海创办医院，治病救人。为中华医学会发起人之一。

另图 18　黄琼仙像

江苏幼稚教育研究会，系江苏省教育会下设的专业研究会之一，全称"江苏省教育会幼稚教育研究会"。正式成立于 1916 年 8 月 26 日，胡彬夏为会长（主任），周石南为书记，黄绍兰、张志学为干事。该会为中国学前教育发展史上由国人创设的第一个幼稚教育研究社团。

《江苏省教育会月报》，社团月刊，创刊时间不详，创刊地为上海，由江苏省教育会主办、编辑并发行。旨在报道会务、交流经验，并及时传达政令，以推进地方教育发展。主要栏目，有文牍、会务录要、开会记录、讲稿补录等；主要撰稿人，有沈恩孚、袁希涛、黄炎培、余日章、林文钧等。停刊时间不详，目前能查到的最后一期为 1927 年 2 月出版。

一、林夫人薛锦琴演说

今日莅此盛会，非常快愉，亦非常惭愧。盖我国从事教育为时不久，已得优良之效果，此其可喜者。然鄙人游学在外已久，回国后于教育界中又毫无供献，此其可愧者。今承朱先生①之招，不得不略呈梗概焉。

现所述者为家庭教育。我国家庭，方之欧美，殆甚黑暗。即如布置器具一端，无适当之处置，一切责任悉付之无知之僮仆。故鄙人对于改良家庭，极注意。

我人家事之整理，固不可不有赖乎僮仆；然专恃僮仆，终无满意之处。培养人才亦然，若专恃学校，造就颇不易易；必以家庭教育为辅助，庶收事半功倍之效。

---

① 朱先生：指朱胡彬夏。

家庭教育既如是之重，然返观我国家庭，处理一切，紊如乱丝，故培养儿童亦无整齐划一之方。譬如种树者，有研究土性以顺木之天，有随意栽植而不加注意，虽同能发生，然结果则迥异。于此可见，改良家庭为今日愈不容缓之事矣。

夫所谓改良者，非他人不能作事，教之作事，他人不知读书，教之读书，便谓尽改良之道。其最要之点，为一公民教育，必使人人能受教育而后可。此幼稚园之所以设也。

幼稚教育之最大目的，为发达儿童之智识及其体魄。进一层言，非家庭与之连络，仍不能收完全之效果。但中国积习已深，旧习惯不易改。吾人不欲改良则已，如欲改良，必须从根本上做起。

吾国国体既已改革而进于共和，吾人治家亦宜如此。故改良家庭，为入手之始。盖国与家，一而二、二而一者也。吾故曰：救国宜先救家。

鄙人今进言改良家庭之道。一宜分工。因改良家政，为吾女同胞之责任，亦女子性质所近也。然女子既负此重任，则此中之有学问子女，全赖女同胞之指导，尤赖幼稚教育之发达。故振兴教育，先从幼稚教育起点；发达幼稚教育，先从家庭入手。由此上推，则小学、中学、大学，无不本固基坚，可收人才之效。故幼稚教育宜注意。

德人反立瓜①，幼稚教育之著名人也。欧洲各国，无不崇拜其幼稚教育。伊不先重教导儿童，而先注重母教。因母有学问，然后可作母以教其子女；如母无学问，则断不能教导儿童。吾国家庭所以种种黑暗者，皆由于母之自身无教。

谚有之曰："摇篮记性，一生不忘。"于此可见幼稚教育之重要。教育儿童，譬如一极美之物须时时爱护，不可任其染些少之污点。恐一经染污，虽能洗去，然已留下污点之痕迹。诸君须知，不令儿童受些少之污点，厥惟母教。故第一步，先自母教始。予想世人，无一人不欲作善人，亦无一人不爱其子女。其所以呈相反之结果者，能力不及耳。此母教之宜注意也。

因此，反立瓜作一书，名《人教育》②（Education meo），专重母教立言。此外，复绘

---

① 反立瓜：参照寒蕾所撰《江苏省教育会幼稚教育研究会参观记》（见《卷二 蒙养园论集 上册》）可知，此译名所记不确。所讲当为"夫勒白耳"，即通译之福禄培尔。
② 《人教育》：参照寒蕾所撰《江苏省教育会幼稚教育研究会参观记》（见《卷二 蒙养园论集 上册》）可知，此译名所记不确。所讲当为《人的教育》，英文书名当为 *The Education of Man*。

有关于社会上图画，俾母与子女游玩，务使母与子女有密切之关系。各国教育家，咸承认其学说。

又，德人却克，亦幼稚教育大家也。设一学校，专主家政，成效大著。各处闻风继起，甚至乡村之卖牛乳者亦组织一会，专研究儿童因食牛乳而死之原因。

英国因鉴于德之幼稚教育发达，亦创此类之学校。复于诺伦地方，别设形似母教之学校，教一般妇女专研究母教之道。于是，某处（外国文字，听不清楚）亦设有一家庭教育之学校，但与经济上有关系。因女多生计艰难，得此亦足以调剂之。是既得高尚之学术，且可作高尚之事业；非特家庭得益，即社会亦与有益焉。

此外尚有一种学校，专为家庭而设，借以改良家政，不含以上性质，敦请却克为之主任。此乃高尚一派也，入学者以中学毕业生为限。

此外尚有一校，专为贫苦者而设，其资格以小学毕业为限。

美国希客瓜[①]有一著名学校，亦专讲家政。在纽约亦有之，在高司瓜[②]亦有之，咸为家政特别者设。以上计共七校，殆足以概括一切也。

此外宜注意者，为聚集家属，时时讨论幼稚园之进行，俾达其改良之目的，亦一法也。

今再言法国。法政府亦继起设立此等之学校，而成效颇优。

比利时亦仿此制，但与他国微有不同。因比国妇女亦染早嫁之风，如小学毕业后即无进步，求一中学毕业者即甚困难。因此故，专收十六七岁以下之女童，俾早知为母之道，以救其弊。

由此，征家庭与学校之关系重要如此。故此等学校，设备宜似家庭，俾妇女入学如入家庭，忘其身在学校中者。

其教法有数端：（1）应如何教其子女（十岁以内）；（2）儿童疾病救疗法；（3）儿童心理学（我国妇女旧习惯教育不可用，因不知儿童心理学，以致两方均受苦恼）；（4）发达儿童身体，引导其工作思想。

---

① 希客瓜：参照寒蕾所撰《江苏省教育会幼稚教育研究会参观记》（见《卷二　蒙养园论集　上册》）可知，此译名所记不确。所讲当为芝加哥市。
② 高司瓜：参照寒蕾所撰《江苏省教育会幼稚教育研究会参观记》（见《卷二　蒙养园论集　上册》）可知，此译名所记不确。所讲当为波士顿市。

小儿须顺其天性固是，然宜导以规则，则成完人。如匠锯木，必依规矩，则自成有用之器具。小儿亦然。洒扫应对之外，又须时常引起其工作之观念，俾成人如成器也。此所谓寓物件于精神之中，盖幼稚教育最重要关键也。

（众拍掌）

二、聂太夫人曾纪芬演说

先君文正公，事业勋名、道德文章，已有编著。谅亦人人共知，兹不赘述，今姑以治家之法为诸君告。

先君常说，凡人，第一要守一"谦"字，须与"傲"字远之。近来学生，礼貌不甚讲求；民国以来更盛，心目中已无尊长之观念。长此以往，殊堪殷忧。故必须守一"谦"字，咸成君子之风。

第二，要守一"勤"字。先世业农，遵守尊祖八字遗训：曰"考"，曰"宝"，曰"早"，曰"扫"，曰"书"，曰"蔬"，曰"鱼"，曰"猪"。何谓"考"？追远也。何谓"宝"？惜阴也。何谓"早"？早起也。何谓"扫"？洒扫也。何谓"书"？读书也。何谓"蔬"？素食也。何谓"鱼"？煮鱼也。何谓"猪"？烹猪也。凡此八者，事事躬亲，不可假手他人也。

最忌者，为"奢"字、"逸"字、"惰"字。先兄惠敏①，常注意纺绩。故我之姑嫂、妯娌之间，咸须做女工，并定一课程，每人每天须烧菜二色，或纺绩，或缝纫，或制鞋，则悉听人之便也。

近来世风日趋奢华，大有外强中干之势，且于道德上有关系，亟宜注意及之。

第三，要守一"俭"字。年轻人，不可丰衣美食。吾家家法，衣不得过两箱，十六岁以下不得穿绸衣。先君在两江总督任内，禁止州县办差②，宴会不开鱼翅席，养廉俸

---

① 惠敏：曾纪泽（1839—1890），字劼刚，号梦瞻，谥惠敏，祖籍湖南衡阳，生于湖南湘乡，为曾国藩次子。学贯中西。初袭父一等毅勇侯爵，后历任清政府驻英、法、俄国大使，官至吏部左侍郎，为"经世致用"之名臣。工诗文，擅书画。著有《佩文韵来古编》《群经说》等，著作有《曾惠敏公全集》。
② 办差：指替官府办理征集夫役、征收财物等事。

银①移作公益用。此不过举一端而言。

总之，吾人欲改良家庭，非从"谦"字、"勤"字、"俭"字用力不可。

三、朱夫人胡彬夏演说

（本定黄医士演说。因尚未至，故朱夫人补充之。）

今日与诸君讲夫勒白耳②与蒙氏③二派学说。

夫氏何人？乃一发明幼稚园之人，为德之男子也。氏生于一千八百四十二年④，在世七十岁。其父为牧师，公务忙碌，不暇教子。氏一岁丧母，只有一兄。读书不敏，父厌之，送入女校，校长为其母舅。凡五年，大进步。夫氏乃悟补救家庭教育之法。

（讲至此，黄医士来。遂止。）

四、黄医生琼仙演说

我国之所以腐败者，皆由幼稚教育之不发达。然遗传性对于幼稚教育极有关系，今姑述之如下。

遗传性，俗语所谓……。盖有许多疾病，都由先天传来。如性质、志气，虽由遗传有不良之处，可以避去。避去之法，惟教育是赖。至遗传之毒气及出血两症，无法可避，甚至有传至三代以下者。即染烟酒遗毒者，亦可补救。补救之方，赖抚养与教育是也。

贤者之子或不肖，劣者之子或贤，此则不系乎遗传性，而关于保育与抚养。

今言保养之法。一岁以内，吃乳极宜留心，盖乳不在多，而在精良。在一年以内，

---

① 养廉俸银：简称养廉银，为清朝特有的官员薪给制度，旨在提高官员薪水，以避免官员贪污。一般说来，养廉银通常为薪水的10倍到100倍不等。
② 夫勒白耳：通译福禄培尔。
③ 蒙氏：指蒙台梭利。
④ 此处所载出生年有误，当为1782年。

人乳为要品，中含糖质，富于滋养。吾国有一便宜之处，即易于雇乳娘也。至牛乳，功用与人乳相仿；惟牛乳浓厚，须以开水冲服，俾得稀薄，易于消化，恐太浓厚，则消化力弱，而有口碎唇干之患。

保育儿童之法，有数端：

（1）饮食。饮食亦关系脑力。食时须有秩序：三月以内小儿，哺乳时间，约以二点钟为一顿；三月以外，以二点半钟为一顿；五月以外，以三点钟为一顿。至小儿啼哭，并不一定因饥饿所致，大约有痛，有性质不良者。其哭时，手足拳曲者，为有病之证据；其哭时，头左右顾者，为饥饿之证据；其哭时，手足直挺者，为性质不良之证据。为母者，可于此注意之。在三朝以内①，不可饮食。依西例，只饮淡水；中国，吃黄连汤亦宜。至罐头、牛乳及乳粉，小儿万不可吃，因吃后犯骨损病。小儿至二岁后，可以含粥、蛋、肉汤等物，但不可多吃，多吃则害其脑力也。

（2）气空〔空气〕。开窗则易透空气，人人知之矣。然保养小儿，应用易室换气法。譬如甲乙两室，今日安置小儿于甲室，明日即宜移置于乙室，逐日轮流，于小儿大受利益。此外，推送摇篮，亦为输送空气之一法。富家之子，以紧闭窗户为保养子女，不知子女身体遂弱，不及贫家远甚。故室内窗户，虽不两头开通，至少须开一面。

（3）清洁。吾人之毛细孔，犹室之有窗。皮肤有秽，则不易发育，故小儿宜勤浴。天寒时，宜于暖室行之。因小儿体格弱于成人，感触易而不能言语耳。

（4）快愉。小儿宜常使快乐。小儿虽不能言，然善观气色。倘父母不乐，则小儿亦感不快，于是生成隔气等病。故，小儿第一要使之快乐，尤在父母自身先乐。

（5）游散。游散不宜作无益之举，宜运动四肢为要。俾得有益于身体上之发育。又，小儿应作轻爽之事，否则力不胜任，必罹面黄饥瘦之病。

至三四岁之后，即宜入幼稚园。而余所讲之范围，至此尽矣。

---

① 三朝以内：此处指婴儿出生三天之内。

22　国人宜注意幼稚教育

王立才

1916年9月15日

另图19　王立才像

题　解　　本篇原载《环球》第 1 卷第 3 期 "言论" 栏。发表时间为 1916 年 9 月 15 日。

撰著者王立才，生卒年未详，江苏上海（今上海市）人。早年曾留学日本，与同在日本留学的鲁迅有所交集。归国后，曾任上海环球中国学生会日校教员，后在上海从事撰述、出版工作。曾参与组织上海通俗宣讲所。除本篇外，他还发表了《儿童心理与中国前途》《东西名士发奋之动机》《军国民之女子教育》等文章，译有《成功锦囊》等。

《环球》，先为季刊，后为不定期刊，于 1916 年 5 月创刊于上海，由环球中国学生会编辑发行。该刊除介绍西欧各国的政治、军事、经济、教育、实业、农业、医药卫生、科学发明等外，也刊登教育部选派留学生摄影等内容。主要栏目，有图画、言论、讲演、学术、译著、选录、杂俎、学界要闻等；主要撰稿人，有王立才、和士、丁锡华、沈信卿、李启藩、黄元等。1920 年 9 月终刊，共出 12 期。

生男生女，功乎？罪乎？世俗以夫妻胖合之事为可羞，余思之，觉其理甚奇。凡可羞之事，必其不应为者也，如窃人之物是也。若夫生男育女之事，则何不应为之有？若以此为不应为，则人类一代灭种，更无继续繁衍之希望；若以灭种为不祥，则生男育女者方有大功，又何可羞之有？

或曰："若果为保种起见，含辛茹苦以为之，诚可谓有功。夫妻胖合，实际非含辛茹苦。金圣叹①所谓'为我为我非为我，销金帐里寻欢乐'，故可羞也。"余曰："何故？人人以此事为欢乐，亦大可研究者。"余谓："可羞之点，实不在此。所大可羞者，生儿不教，任其游荡妄为，耗费世上之衣食，则多一人，多一累，诚有罪而无功矣。"

或曰："我有子女，及其稍长，送之入学读书，不亦其责已尽乎？"余曰："此所谓入学，大都指初等小学而言，正我今日之欲有所言者也。"

"夫我爱我子，何不生而即送之入大学？"曰："不可，年岁未达也。""然则凡二十余岁之人，皆可送之入大学乎？"曰："未可。未受中等或高等教育②者，难以即入大学也。然则年岁是一种关系，程度亦是一种关系；不可谓年岁已达，即程度已到。然则未受中学教育者，不可入大学；未受幼稚教育者，独可入小学乎？"

或曰："子言诚是。然今幼稚教育未发达，若必皆受幼稚教育而后可入小学，则可入小学者殆将无一人；即不至无一人，亦当自千万人减少而为一二人。岂教育普及之旨乎？"余曰："正惟如是，故当正告世之父母，注意幼稚教育也！"

语曰："少成若天性，习惯如自然。"③"生于齐者，不能不齐言；生于楚者，不能不楚言。"④皆足证，幼稚教育更重于小学教育。

更浅譬以明之，最小之树，刻一字于皮上；虽长至拱把，而字痕仍在，惟随树之年龄而扩大而已。人在幼时所受影像，及其长也，虽未必一一保存，苟为强烈或永久之刺戟，则往往有保存至终身者。

一儿幼时为老妪所保护。老妪善讲神鬼故事，每遇儿扰乱，则为之讲神鬼。儿初听之而喜，继听之而畏，终乃沈沈睡去，习为常。此儿成人后，善谈讲，叙述一事，往往一座倾倒。独惜其多虚言，故友人每以其难与共事为苦。实则其善讲与虚言，皆幼稚时受教于老妪者也。

---

① 金圣叹（1608—1661）：名采，字若采，又字圣叹，江苏吴县（今属苏州）人。早年考中秀才，后绝意科场仕进，设馆授徒。为人孤高，率性而为，颇有才气，评点小说《水浒传》《西厢记》，并注释杜甫诗集，多有独立见解。后因"哭庙案"被处斩。著作有《唱经堂才子书汇稿》。
② 高等教育：此处指大学预科或与之平级的各专门学校所提供的教育。
③ 语出贾谊《新书·保傅》。原文为："少成若天性，习贯如自然。"
④ 语出《韩诗外传》卷四。原文为："楚之狂者楚言，齐之狂者齐言，习使然也。"《庄子》中也有相类的论述。

一儿为某妪所抱，常至祖母房中窃食物。及十三四岁，乃窃兄姊之物。终至因窃而被家中所逐，流落异乡而死。实则此儿之窃物，皆幼稚时受教于某妪者也。

某儿幼时与兄同睡。每晨，兄为之讲史——汉、三国故事。其后，嗜武备之学，以先知先觉导其乡人，竟为革命伟人。实则某儿之才识，皆幼稚时受教于其兄者也。

类此之事，不一而足。试询之七八十岁老翁，问其生平闻见，类此之事颇多否，则必信吾言之非虚。习于善则善，习于恶则恶。就习恶之成绩如是以思之，可恐孰甚？就习善之成绩如是以思之，则可喜孰甚？幼稚教育之价值，岂不大乎？

至于小学教育之前宜有幼稚教育一阶级者，则又有说。夫读书、识字者，记号之学，而非实物之学也。例如讲牛，则指点一活牛；讲羊，则指点一活羊。此为"实物教授"。令儿识一"牛"字，识一"羊"字，此为"记号教授"。盖"牛羊"二字，古时象形书之，犹不免为记号。因"牛"字为牛之记号，非即活牛；"羊"字为羊之记号，非即活羊。利用记号以矿思想，为人智进步之一证。

言语，亦记号学之一。呼牛为牛，呼羊为羊，以声音为记号也。文字，亦为记号学之一。就进化顺序而论，则人类先有言语之发达，后有文字之发达。教育儿童，即当顺进化阶级以履行，则当先教语言、后教文字；更实地试验，则当儿童未达初学年龄时，教文字必难于言语数倍。然且言语、文字，皆为记号而非实物。

教授幼稚儿，宜用实物，而不宜用记号。其理由，又可得而言：

人之意识在大脑，外界之事物与意识感通，必先经耳、目等感官之门户。例如，眼见一牛，更耳闻牛鸣，然后意识明了，而认识此物为牛。然此明了之意识，不过对于个别之牛留一印像而已。

至言语上呼之为牛，可引以与亲戚、朋友谈讲，则已包含抽象作用、概念作用于内。从马与牛抽象其角，而指此为牛；从牛、羊同有角而抽象其大于羊数倍，指此为牛。则辨别力颇细，更括千万之同于此牛者，呼之为牛。知牛之一名，苟遇形状相似时，均可适用，则精神已极高尚矣。

更加一等，易言语为文字，则精神又高数倍。故使儿童曾未知牛为何物，更无牛之实像在前，而教以一"牛"字，则其难解与"之乎者也"各虚字相等。何则？欲其悬空想像，而彼并想像之材料而俱穷也。然且有以"之乎者也"早教学生而自鸣得意者。然以牛、羊等实物教授，比诸用"之乎者也"虚字教授，一经实验，难易自判。盖实物教授顺乎天然，故易；虚字教授逆乎天然，故难。故幼稚教育，有主张绝不用文字者；有虽间用文字，而究以注重实物为紧要者。所以，幼稚教育之处，不曰"学校"，而曰"园"，即注重天然之意也。

乃有摹仿东西各国之幼稚园，而一考其内容，则与初等小学无异者。此吾所以不能已于言也。亦有初等小学注重实物教授，于是有手工等课，而学生之父兄则大不谓然，曰："吾人送子弟入学读书者，非学手艺者。"

吾国人以"读书"二字包括一切学问，以为此外无学问，因之窒塞性灵，毫无发明之能力。今日所宜痛改者，即在此点。而或者曰："有种设施，不合于吾国人心理，姑当从缓。"然则不如复八股兴科举之愈矣。凡脑识浅者，遇一新事物，必有骇怪之情。苟日渐浸润，彼亦将觉此中趣味无穷矣。吾人苟有所见，宜极力提倡，而不必惧人之反对。因反对在目前，欢迎在日后也。

幼稚教育之重要如此。而重视之者，千百人之中不得一二人，何哉？有费千万金购一名妓者，无费千万金聘一幼稚教师者，何哉？

刘备之子名阿斗，赵云"从百万军中救之出"①。其后，不能守刘备之基业，致归降司马氏。以英雄全德之父，而生此懦弱不肖之子，事之至，可痛叹者也！虽然，吾谓阿斗之不肖，或即由刘备欠讲究所致。当赵云抱儿授备时，备即向地一掷。安知阿斗之神智不为此一掷所伤乎？脑震荡为一重症。初受震荡时，或昏不知人，或神识如常；数日之后，有失却灵智者。大人且如此，况在极幼稚之小儿乎！世人岂不谓刘备重视大将、轻视己儿，甚为贤明乎？然而后日传统，不能不及其子，则何如早日注意教育之为善乎！

至于今日，当重视国家主义。则吾生一男或一女，皆为国增一国民也。寻常之一国民，犹且为国家之要素；若可为一国建功立业之伟人，则尤未可轻视。然而，沈迷于麻雀牌②者比比皆是，沈迷于幼稚教育者曾无一人，何哉？彼快乐、有味，此不快乐、无味而已。

于是，须将快乐之原因一加研究焉。快乐之情，人类大略相同；而其精细处，则

---

① 作者原注："引小说语，取其易于感动，勿误谓等于无稽。"
② 麻雀牌：俗称"麻将"。其起源可上溯到三四千年以前的宫廷游戏，然由宫廷流传到民间，实为清朝中叶之事，故后文言"百余年前"。

千万人各不相同。有嗜辣味者，有畏辣味者；有喜甜味者，有喜咸味者。类此者不一而足，实则一种习惯而已。索不嗜辣味者，勉强尝辣至多次，遂成嗜辣，此可见习惯之势力矣。乡愚不识字者，令之读书，则苦甚；而读书工〔功〕夫深者，手一卷书，则趣味无穷，虽南面王之乐不是过也①，习惯而已。沈迷于麻雀牌者，亦必于麻雀工夫颇深，然后方解其趣味，否则，恐亦不以为乐也。沈迷于幼稚教育者无一人，亦因此等思想从未投入于国民脑中而已。犹之百余年前，尚不识麻雀牌之为何物也。

或曰："销金帐里之欢乐，何故似不虑而知、不学而能乎？"曰："此则传代之习惯也。所谓习惯者，一种动作屡屡为之，而如出天然也。生物因传种之故，而有一种动作。此由亿代年载以来矣，其为习惯不亦深乎？觉其有非常快乐不亦宜乎？"

鸟兽之此种动作，比之鱼类、软体动物为活泼，亦由程度有高低也。然则无论何事，苟为永久之习惯，必觉愉快，殆可为断语矣。

此幼稚教育，所以不可不提倡也。

---

① 语出《庄子·至乐》。原文为："虽南面王乐，不能过也。"意为：连南面称王的乐趣，也比不上我所拥有的快乐。

23 家庭教育论（未完稿）

恽代英

1916年11月

另图20　恽代英像

题　解　本篇连载于《妇女时报》第20、21号。发表时间为1916年11月、1917年4月。

本文发表时，文末标有"未完"字样，但因《妇女时报》第21号即为终刊，故未见后续文字发表。再查同期其他报刊，也未见本文的完整稿发表；又查人民出版社1984年版《恽代英文集》，未见收入该文。

撰著者恽代英（1895—1931），原籍江苏武进（今属常州），生于湖北武昌（今属武汉）。1913年考入私立武昌中华大学预科，1915年升入该校文科，攻读中国哲学。在校期间，接受新思潮，发起筹建了互助社；又在报刊上发表文论，鼓吹新文化。1918年毕业后，留校担任该校附中教务主任。后投身于"五四"运动，加入少年中国学会，创办利群书社，经销进步书刊。1920年后，历任安徽省立第四师范学校教务主任、成都高等师范学校教师、上海大学教师；其间，加入中国共产党，当选为中国社会主义青年团中央委员，负责宣传工作，参与创办《中国青年》，发表了诸多文论。1926年5月，赴广州任黄埔军校政治主任、教官。1927年当选为中国共产党第五届中央委员会委员，参与组织"八一"南昌起义。后又参与发动广州起义，并担任广州苏维埃政府秘书长。起义失败后，赴沪开展工人运动，担任沪东区行动委员会书记。后遭逮捕，坚守革命者的志节，不幸遇难。著作有《恽代英文集》等。

有关《妇女时报》，参见前文《玩具与幼稚教育之关系》题解。

一、家庭教育于教育上之地位

吾人对于教育常有一种误解。循此等误解以推演之，则家庭教育之名词应不得成立，家庭教育应不能于教育上占一地位。故吾人欲研究家庭教育，不可不先是正此等误解。

依吾人对于教育之见解，可约别为数类：一以教育为读书之代名词，即谓教育为智识之灌注，除智识之灌注外无他事；一以教育为职业之传授，亦谓除职业之传授以外无他事；一以教育实兼读书、明理、学圣贤而言，然亦谓除此以外无他事。

夫以教育为智识之灌注，则灌注智识，必非尽人能为之事，即非尽人之为父母者所能为之事。故佣师之制度起，而家庭以其教育之负担付之他人。

如以教育为职业之传授，则人之为父母者，亦未必即为精于职业之人，足以胜此传授之任而无愧憾。

如以教育兼读书、明理、学圣贤而言，则人之为父母者，书亦未必习，理亦未必明，圣贤之道德亦未必能践。以此而任教育之责，岂足以胜任而愉快乎？

故佣师之制度，乃起于不得已。而观于佣师制度之起，可知家庭之不足以言教育，可知家庭教育之不足以成立一名词矣。

然家庭教育，实有其成立之必要。彼以为其不能成立者，初未能真知何谓教育，故亦未能知何谓家庭教育也。

教育者，以各种方法，使儿童身（体育）、心（智育）、性（德育）各方面均完全发达，即使儿童之自我得以完全实现之谓。故智识之灌注，教育所应有事也；职业之传授，教育所应有事也；教读书、教明理、教学圣贤，亦皆教育所应有事也。

然此数者，皆不过教育之一端；不可以任何之一端概教育全体，抑且不可以此数端概教育之全体。教育之为事范围至广，至佣师所不能尽举。故为补助佣师之教育计，家庭教育有成立之必要。

且今日教育制度未尽美善，佣师对于教育之责任，颇有不足胜任之处。故谬误之教育，不能不赖家庭纠正之；缺乏之智识，不能不赖家庭传授之；其他为普通佣师所不及教育者，如儿童出学校、入社会，其防止恶习染、增进良善之公德，尤不能不赖家庭督责而防范之。然则家庭教育固为最重要之教育，岂有不能成立之理乎？

且更有进者，人生之须教育，自堕地以后，乃至受胎以后即已然。而佣师者，限于一定之时间，而始能供教育之役者也。

今人言"学龄"二字，视为已成之名词。然此二字，如不加以精确之界说，直可名为妄人之语。夫学，何待于年龄乎？未生之前而有胎教，胎教即教育矣。初生之时而有孩提之教，孩提之教即教育矣。自束发胜衣而就外傅，则有读书等课。普通所谓"教育"，断自此时起。然此实为教育中之一种，非可以概教育全体，抑且不可以之为较重要之教育。此等教育所占之地位，与胎教、孩提之教同等。盖同为人生所必不可少之教育也。

知此，则知佣师所司之教育，乃在世所谓儿童学龄之后。在学龄以前，仍自有重要之教育。此等教育，既非佣师之所得而代庖，故必待家庭之自为之。

近世文明国家有幼稚教育，似可以代家庭掌孩提之教育。然所代者，仍不过孩提教育之一部分。不可以为自其所代者以外即无。其他之一部，仍须家庭之自理。且孩提之教育，即为佣师之所得取而代矣，胎教又将属之何人？胎教既舍家庭，无可托。孩提之教，智识、职业及其他等等之教，又未可全托于幼稚园或学校之佣师。则家庭教育固绝无不成立之理，又可知矣。

且彼以家庭不能尽胜教育之任，遂谓应无家庭教育。其立说之根据，又非是也。不能者，可学而使能；不胜任者，可勉强以求其胜任。苟有家庭教育之必要，苟家庭有负担教育责任之必要，自当诚心以学教育之方法，求所以胜其任。如以家庭不能胜教育之任，遂谓应无家庭教育，则学校佣师之不能胜任者多矣，岂亦可谓应无学校教育耶？

惟学校教育为不可无，而佣师又多不胜任，故必研究学校教育以促进之；惟家庭教育为不可无，而为人父母者又多不胜任，故必研究家庭教育以启沃之。以其不胜任，而遂不研究以求其胜任，此亦可谓因噎废食之智矣。

且司通勒①夫人（Mrs. Stoner）有言，寻常之为母者，虽无完全之智识，不难教育其子，使其成效什伯〔佰〕倍于无关系之教师，何则？以教师多不知爱其子也。故惟爱者其为教，始周详恳切，知无不言，言无不尽。此惟母氏能之耳。

然则，家庭纵未必能胜教育之任，而比之寻常佣师，未见有相形见绌之点。彼不察

---

① 司通勒：通译斯托纳。生卒年及生平事迹未详。

实际，但知观表面智识之多寡，以定其胜教育之任与否，是不亦昧者之论乎？

古者易子而教之①。陈亢问于伯鱼，而知君子之远其子②。于此可知，家庭教育非吾古圣贤之所主张矣。虽然，易子而教殆不可以为上乘之说法。夫所以易子而教，盖为人父母者，身未出于正，虑儿童之反唇相稽耳。果身出于正，则亦何虑而必托子于他人也？且父子之教，初不必耳提面命，夏楚横施，全在以潜移默化为蒙养唯一之手段，亦不虑有"责善则离"之事也。

故如孔子之教伯鱼，其平居言行，所以陶铸之于无形者甚多；过庭之问，初不过教育之微末。岂孔子之教子，但限于二三语，其疏之乃如是之甚乎？

"潜移默化"四字，在教育中为最上之法门。而家庭教育，尤以此为主要之手段。果知此等手段，则易子而教实无意识。如以未出于正虑，儿童之反唇相稽也，虽易子而教，而其家庭之薰染亦足为儿童莫大之障碍。故家庭果不良，则虽有他项教育，亦不足以完养正之功。世之为父母者，亦未容以孔子之言行为借口，而不急起以研究家庭教育矣。

且早期之家庭教育为儿童所需要，又有重要之其他原因。其他之原因者，即家庭教育比之学校教育，较少社会恶习染之妨害，故其教育易于成功。温母③谓"闭门课子，不见匪人，是最为得力"④是也。

今之言学校教育者，对于生徒之外界习染，每视为严重之问题。然此等问题，在家庭教育中，实无讨论之必要。以家庭教育之受教者，几与外界断绝关系，故无习染可言也。如幼年受良善之家庭教育，长大与社会接触，亦易有强固之把握不为恶习染所薰溺。

---

① 语出《孟子·离娄上》。完整原文为："公孙丑曰：'君子之不教子，何也？'孟子曰：'势不行也。教者必以正，以正不行，继之以怒；继之以怒，则反夷矣。夫子教我以正，夫子未出于正也。则是父子相夷也。父子相夷则恶矣。古者易子而教之。'"易子而教，意为彼此交换孩子来教育。

② 语出《论语·季氏》。完整原文为："陈亢问于伯鱼曰：'子亦有异闻乎？'对曰：'未也。尝独立，鲤趋而过庭。曰："学《诗》乎？"对曰："未也。""不学《诗》，无以言，"鲤退而学《诗》。他日，又独立，鲤趋而过庭。曰："学《礼》乎？"对曰："未也。""不学《礼》，无以立！"鲤退而学《礼》。闻斯二者。'陈亢退而喜曰：'问一得三：闻《诗》，闻《礼》，又闻君子之远其子也。'"君子之远其子，意为：君子教育孩子，应采取理性、疏远的态度。

③ 温母：指明末名士温璜的母亲陆氏。温璜（1585—1645），原名以介，字于石，号宝忠，乌程（今属浙江湖州）人。温璜三岁丧父，其母陆氏以织谋生，并亲课其子，使其学有所成，高中进士。有遗集十二卷，其中一部分记述了母亲陆氏的家训，后人通称为《温氏母训》。

④ 语出《温氏母训》。原文为："闭门课子，非独前程远大。不见匪人，是最得力。"

则家庭教育，既为收效最易之教育，而又为学校教育之助。

古人云"教儿婴孩"，又言"蒙养圣功"，家庭教育岂不重哉？

由上观之，可知家庭教育于教育上所占之地位，因时而异。在受胎、襁褓，以及成童，家庭教育实为惟一、主要之教育。至儿童满学龄，受学校教育以后，家庭教育为学校教育之补助教育。故家庭教育，实占人生教育之大部分。其于学校教育，既为之树根柢，又为之匡缪〔谬〕补缺。今日之叹息于学校教育设施之难者，皆先以生徒未有良善之家庭教育故也。

今之为父母者，每不倚赖学校。夫以吾国学校之草创，教育人才之缺乏，课业设置之不周，其不可倚赖本为当然之事。然为父母者，亦不深思而已。君等不倚赖学校，岂自学校而外固不乏可倚赖者耶？将以为私塾之可倚赖？君等幼时，亦身受私塾之教育矣。将以为聘师之可倚赖？君等固知人师难求，自古已有此叹。果如良师之不乏其人也，则学校中亦何不可幸遇其一二？果如良师之不数数觏也，则君等之所以为聘师，果即足以当良师而无愧耶？

克尔顿曰："最如我意、最适我用之役人，即我也。"域逊曰："能与汝以满足者，惟有汝而已。"君等之为子弟谋，既知学校之不可倚赖而不倚赖之，乃不知私塾或聘师为同一不可倚赖而竟倚赖之，此所谓"知二五而不知一十"者也。

不欲子弟受良教育则已，欲使之受良教育，则不可不慎择教师。教师既不可必得，惟有勉强以身自任耳。且父母之有教育之责，乃等于天定，自上古原人已经如此。

寻常佣师，可译其名为"教书匠"。彼之所职，但教儿童读书、识字、作文而已。自此以外之教育尚甚多，皆非彼之所职。而父母，亦他无可托者也。今教育颇臻进步，良善之教师，固非"教书匠"三字所得尽其职分，然亦终不过能于儿童一定年限（学龄）后，代其父母职掌其若干分之一部分教育而已，其他待父母自理者仍甚多也。然则父母可忽视以贻其子女他日有未受完全教育之憾乎？

吾国旧谓："父主严，母主慈。故父当任教，母当任育。"然此说实未尽然。教育乃一贯事，应皆为慈祥、恺悌之人所职掌。严，虽有时可为教育之手段，然此手叚〔段〕非不得已即无足取之价值。故父之严，直不适于教；又何论育母之慈，不但适于育，亦具适于教？此所以家庭教育，母之责任较父为重。然父之严，既可以为母教之补助，且父亦非必徒严而已，不过男性刚，易流于严耳。苟发育得宜，亦可使严慈恰合其中，以为莫良之教育家。此所以父母同为家庭之教育人也。

父母既同为家庭之教育人,即不可不知教育之方针与其合宜之手叚〔段〕;且为实行教育之便利计,父母自身不可不有适宜之修养。此吾述家庭教育论,所愿介绍我之对于上述数事之意见,于世之有志之父母者也。惟当世研究教育之君子,及家庭教育之实行家,幸匡其谬而质其疑,以相商榷焉。

二、家庭教育

(一)德育

凡德育之教育,以自身作则为最要,而亦最易有效。布尔真孤曰:"模范比教育,其入人尤深且速,盖模范即教育也。"盖儿童模仿本能初次发展,而思考本能尚未成熟之时,其行为几一切皆依模仿性而发生。

苟有善良之父母,即自然效其善良之行为,初未尝计善之何以当为;有不善良之父母,亦即自然效其不善良之行为,初亦不计其所以为此不善良行为之故。故儿童之德育,以有善良可资模仿之模范为最要。而为儿童之模范者,恒为其日夕不离之父母。故父母为教育儿童计,不可不利用此时期,为之养成无数好德性。

然父母苟欲利用此时期,即不可不自修其身,务使足为儿童之良善模范;又不可不自检其身,务使其不至于为儿童进德之妨碍。盖苟使吾身有偏僻恶德,每足为儿童德性不良之影响。即吾之过失本不过偶发即止,然既有此过失,使非示以改过之明显态度,则儿童之信仰心每因而消失,或致儿童平居之善良模仿,为吾一时之过失所败丧,顿归无有。故吾人欲儿童成德,不可不反求诸己。此本教育家之通义,而于实行家庭教育之父母为尤要者也。

父母修养其身,以求适于家庭教育之责任,其所应注意之事非一端。兹略举其要者,则有四焉。

一须自备有秩序之习惯。

小儿脑筋简单,不解复杂之教育,故复杂教育即为实行家庭教育者之所忌。若夫举止无恒、好恶无常,小儿既不便于仿效,即仿效之,亦徒为德性之妨害,尤为贤父母之所不宜有。程子①曰："善养子者，……示以好恶有常。如养犬者，不欲其升堂，则时其升堂而扑之。若既扑其升堂，又复食之于堂，则使孰从？虽日挞而求其不升，不可得也。养异类且尔，况人乎？"故父母如无秩序之德，则小儿不知从舍之标准，善或不为，恶或为之。推其极至，易使小儿观父母之喜怒以为趋避，此则一切诈伪矫饰所从出，尤为大害；且父母既举止无恒、喜怒无常，而欲责其子女之有恒有常，为事难矣。故秩序之习惯，不可不注意也。

二须自备有勤俭之习惯。

勤则无耗时，俭则无耗财，为人生必要之美德，即为小儿不可不具之德性。然苟非父母以身先之，使之观摩而化，则小儿易于流入奢惰之习。父母苟无勤俭之德，则亦无望儿童之能有，此所谓"其身不正，虽令不从"②。故勤俭之习惯，亦不可不注意也。

三须自备有好善之习惯。

欲使儿童日进于善，不可不启发其好善之心。然欲启发其好善之心，不可不以身作则。盖儿童初本不知善之可好，非父母加以适宜之暗示，则此好善之心终不十分发达，而进善之机即不十分成熟。

使父母见善如不及，誉善不容口，鸡鸣而起，孳孳以求，则小儿必自然感其恳切之心而效法之，惟恐或后。使父母无好善之心，徒以圣贤口说束缚儿童，欲使儿童之乐从之，难矣。夫从而不乐，则冥冥必不免败行之羞，而百年未必能无改操之惧。此其为德，岂足具论？欲使儿童永为善人，必先使知好善；欲使知好善，必父母先能好善。此所以好善之习惯，亦不可不注意也。

四须自备有清洁之习惯。

清洁，为体育中重要之事项。而其间接影响于德性者，如整齐、秩序等，亦有甚大之关系，故小儿不可不具此德。

然小儿既惟知仿效父母，使为之父母者不知清洁，小儿必无清洁之望。且小儿与其父母既同处于一家庭，则此家庭之内，苟非父母能自身清洁，堂室必不清洁；堂室既不

---

① 程子：程颐（1033—1107），字正叔，世称伊川先生，河南洛阳人。历官西京国子监教授、秘书省校书郎、崇政殿说书。程颐与其胞兄程颢共创洛学，后成为程朱理学的代表。
② 语出《论语·子路》。完整原文为："其身正，不令而行；其身不正，虽令不从。"

清洁，小儿虽有清洁意思〔识〕，亦无清洁之之能力，终不得已，而仍苟安于不清洁矣。故欲望儿童清洁，则自身清洁之习惯又不可不注意也。

吾之述此四种修养，皆加"习惯"二字，意谓此等修养，非一朝夕之所能成功也。彼以一朝夕之修养为教育者，如飘风暴雨，不旋踵而露其本态。故短期之修养，无持久之力，不可以当教育之任。

更有毫无修养，但假诈伪、矫饰以为教育。其所诈伪、矫饰，未必为儿童之所信；从而其诈伪、矫饰之行为，先已为儿童所仿效，故其为害最大。《礼》曰："幼子常视无诳。"[①]一切教育，皆宜本于"诚"之一字。苟初无诚心，则虽诈伪、矫饰，皆不过具文，所谓"不诚无物"是也。惟习惯久，则几于自然；态度真，则易为感动。初无一毫不诚之心、不诚之事，则儿童之信仰久而益坚。爱迪司曰："最要之事，为不失小儿信心。"失其信心者，兼失其敬意；失敬意，则彼以父母为不足仿效美〔矣〕，可不戒哉？

为人父母者，对于己身之恶习染或恶德性，不可不检察而克治之或预防之。如父母有何等恶嗜好，为儿童计，欲使之不效尤，则必自已〔己〕戒净之。每见为父母者，对于已染之恶习，戒儿童勿染，而不能说其理由，自己又弗肯戒。此徒以招儿童之疑惑，而失其敬意而已。

更有造作辞说，如烟草不宜于幼年者。烟草本不宜于幼年，其实亦何尝宜于长者？今以此为说，图欺一时。在儿童，或不能知而信之。然他日年长，亦易起其藐慢之心，且养成其不诚之恶德，此岂可以为得计哉？

又如父母喜怒过度，每易流露无秩序之感情及行为。如赏不当功，罚不当罪，举止不得其中，此亦所以使儿童生疑惑心之故。爱迪司曰："不当之惩罚，亦失信心之道；暴怒所生之罚，为贤父母所不宜有。"盖此等惩罚小儿，必不自反，以此为自己过失之所招，反谓一切之惩罚皆父母暴怒之表示，与己身善恶无涉。苟小儿真作如是想，则此后惩罚，一切俱无用矣。赏不当功，其弊正同，皆为为人父母者之所宜戒。此外游惰、奢侈、傲慢、诈伪、贪鄙、猥秽一切恶德，无论为常具或偶发，皆不可不克治或预防之。

小儿之教育，为暗示之教育；小儿之学习，为模仿之学习。故吾人不可不施以善良

---

① 语出《礼记·曲礼上》。汉代郑玄注："视，今之示字。"又注："小未有所知，常示以正物，以正教之，无诳欺。"

之暗示，以供彼之以为善良模仿也。

抑小儿之学习，初不限于模仿父母之言行而已。凡其周围，莫不可供其模仿，即莫不可供其学习。孔子少为俎豆之戏①，孟子少为葬埋负贩之戏②，此皆非其家庭之所有，而模仿之于家庭以外者也。

小儿既尝模仿事物于家庭以外，则家庭以外之事物，其孰为可模仿者，孰为不可模仿者，父母均不可不加以干涉。即如家庭以外之人，孰为可师可友，孰为不可往来者，父母均宜熟察之而监督之。

总之，儿童所受暗示，常使良善者多，不良善者少。无论在家庭中，出家庭外，此理无有不同。使父母不注意家庭以外儿童所受之暗示，则儿童常以此而沾染恶习，斁丧善德，以尽败家庭教育之功。故家庭之责任，不但在家庭内之陶冶，即家庭外之防范亦为重要之事。此等防范，在儿童年长后，所应注意者尤多。

吾国盛行大家庭之制，妯娌、从堂③居于一处。说者以为，对于德育之教育颇有妨害。盖一家分若干房，房有受教育者，有未受教育者。未受教育者，每易发生无道德之行为，以为曾经受教育者之子女之害。盖情亲而相习，其子女从其伯叔兄弟之恶德，较易于从其父母之善教也。此其故，一以"从善如登，从恶如崩"，从恶本易于从善；一以"一齐人傅，众楚人咻"④，受恶暗示固较受良暗示为多也。故欲实行家庭教育，不可不先破坏吾家庭旧制，使如西人之小家庭始可。

窃谓此说非必无理，然亦不可不分别言之。今之大家庭，其可以相安或极不相安者，均有之。其他本不相安而徒以情面之假态度苟且相安者，亦有之。其虽不相安，然苟能扫除其不相安之种子，可进而相安者，亦有之。故我之大家庭，有不可不破坏者，如一家有若干房，而若干房中有鄙陋、凶恶而冥顽不化者，为实施家庭教育、减少不良暗示

---

① 俎豆之戏：一种学礼的象征性游戏。俎和豆，为古代祭祀、宴飨时盛祭品或食物用的礼器。孔子幼年"常陈俎豆，设礼容"，乐此不疲，这与他后来倡言"复礼"密切相关。
② 葬埋负贩之戏：传说是孟子幼年一度热衷的游戏。他早先居住于坟场附近，整日所见为丧葬事，故以"葬埋"为戏；后迁居于一市场之中，整日所见为叫卖事，故以"负贩"为戏。
③ 从堂：共祖不共父的平辈兄弟，互称为从堂兄弟。
④ 语出《孟子·滕文公下》。完整原文为："一齐人傅之，众楚人咻之，虽日挞而求其齐也，不可得矣。"意为：学说齐语，虽请了一个齐人来教，但周围有众多楚人用楚语吵闹，那么，即使体罚严逼，也难以很快掌握齐语。

计，必须破坏之，或脱离、独立者是。有可且不破坏者，如上述若干房中，虽有未受教育者，然苟加以适宜之启导，或将旧家庭制度稍加改良，而仍可以不至害家庭教育之进行，则初亦不必破坏之以为快者是。有决不可破坏者，如上述若干房中，均能黾勉同心，无足为家庭教育进行之妨害者是。

吾对于旧家庭之意见，以为非决不可存留者，皆以不破坏为得计。盖旧家庭之构造，不啻为社会之缩小模型。苟善用之，可使儿童不出户庭，而略知料理社会之事，其合群、博爱之道德，尤可以在家庭实行之。故大家庭亦非有害无利者比〔此〕；且其中，颇不乏有利无害，或可以至于有利无害之地位者。吾人不可憎而不知其善也。

且大家庭由小家庭而成者也。苟在小家庭之时，其家庭之分子均能受善良之家庭教育，由是而婚嫁，而生产，妇则严初来之教，子则严初生之教，凡新加之分子，均与以适宜之教育，何难使至于大家庭而仍互相辑睦、互相辅助，以完成家庭教育之功，而必以家庭之恶习染为患乎？

家庭中又有一种暗示，不可不慎择其合宜者，以为儿童计。此等暗示，即关于房屋之构造、器物之安置等事，每影响于儿童之德性者是也。凡居处湫隘者，其人十九褊急；器物颠倒者，其人十九紊乱。儿童苟不得适宜之居室，及其居室苟不得适宜之布置，每足影响其品性于不之觉。此说虽似荒唐，然读者苟设身处地以思，当有以信其不谬也。

德育之教育，有尤不可不注意者，即儿童之个性是也。知其个性，即知其气质之偏，知其特短及其特长。故就其特长而助之发展，则易于成德；就其特短而为之补救，则不致败行。且就防范其沾染恶习方面言之，亦可了然于：若种恶习，彼必不沾染；若种恶习，则为可虑。其必不沾染者，则不待防范之，于是无虚耗之力。其可虑者，则并力防范之，于是无不胜防范之虑。故为儿童谋德育之完全发达、求事半而功倍者，则注意儿童之个性，实为惟一之要事也。

（二）智育

常人谓智育为"读书"，此实误解。读书，不过一部分之智育而已。如径以教育为仅读书而已，实于家庭教育之根本大有妨碍。

试观常人家庭，每于儿童幼时，以为可以放任使之发育，早年读书殊为斫丧。此固然矣。然以舍读书外遂无教育，因谓儿童幼时无受教育之必要，夫岂然乎？即云期其发育，发育亦自宜有相当之教育以为之先。今毫不与以教育，即所谓发育者，亦仍虚语。不观寻常小儿智、德、体育无足取乎？

常人对于其子弟，既经长大，即以送入学校为其职之所应为。苟为学校，苟为教师，皆可以为其子弟之托荫。顾子弟得此托荫，即为其自身天职已〔己〕了，此后之事不复闻问，故选择学校、监视教师，寻常父兄已梦想不知为已〔己〕事。更欲之于儿童成龄以后，辅助学校以行各种教育，难矣。

彼以智育为惟一之教育，读书为惟一之智育，学校为惟一之教育机关，教师为惟一之教育者。若夫家庭者，家庭也，非学校也；父兄者，父兄也，非教师也。家庭父兄安有教育之职，亦且安胜教育之职乎？夫如此，则尚何家庭教育之足云！

吾人今日之智育，可不由读书而得者甚多，几至智育全部，皆可不用书籍传授。何也？书籍死物，不足以尽天下之活理。欲知天下之活理，惟有取自然之活书而一一读之。吾人今日已渐觉悟读活书之法矣，言书籍之弊可缕述焉。一谬误之观念。前人遗于后人，不经实验而但信书籍，则谬误之观念不得纠正也。一遗漏之记述。前人遗于后人，不经实验而但信书籍，则遗漏之记述不得补充也。且书籍之中，文字、句读、讲解易歧，好事者巧为之说，穿凿旁通，化无为有，指鹿为马，不经实地观察，亦何从驳正而折衷之？

古书散逸，后人屡补，每有本为实录而化伪书，亦非实地考求，不别泾渭。孟子曰："尽信《书》，则不如无《书》。"① 书之不可信，虽古哲人亦作如是观，而谓但读书即为教育，岂不惑哉？抑无论未成年人之小儿，强之读书，谓之斫丧，即令初成年者，受此愚拙、不完全之教育，亦属非宜，且于其想像力发达未臻完全者，尤不宜也。

吾尝读《仪礼·释宫》，想像其实在规模，欲与同人创制模型。彼有说可稽，有图可按，吾等之事，固预想其不十分难成也。乃穷其脑力，伏思三日，始仿佛如见其情状。后又研思历十余日，折衷诸说，揣度情理，乃与同人开始制造模型。此模型，本为运送北京高等教育成绩展览会之用，今尤存此会中。惜当日制造匆促，中多误点，虽于图说中注明，终为此事业之缺憾。于此亦可知读书想像之不易矣。

《仪礼》宫室，为讲《仪礼》者所视为难明之事。即以余精思所作，其中不能考而

---

① 语出《孟子·尽心下》。意为：读书不可拘泥或迷信书本。

牵强制造者，约不下十余处。非敢安于想当然之境，以才力既穷、书缺无征，不能不勉强而出此想。使天下犹存一此等宫室可供参考，则人人皆能明了，何至皓首于此者犹引为难事？吾于此工告竣，深叹实地观察之教育法不可以不提倡，而以读书为格物、为费脑经〔筋〕之想像力于不须要之地位也。如《仪礼》宫室已无法得其一种遗型者无论，若夫花草、鸟兽、田野、山林，乃至檐前庭下所得目睹而手试者，何必不即以此为完全正确之书，而必强之读经，解之《九谷考》①《释虫小记》②，以戕贼小儿之脑于无用之地，而使有不胜之感，同时又引导之于不正确知识之途乎！

美国《科学杂志》曰，教育之施于儿童也，当于幼时植其基础。然则儿童早年之教育，当如何而后适当乎？曰教育幼稚之童，倘用观察及实验二法，进步必非常神速；且宜于抚育之中，寓训练之道。盖儿童幼时最喜学习，并能自悟，且当六岁时，由观察、实验而来之理论力，发达极速也。

今本此旨，断儿童早年所合宜之教育，宜以自然科学为最切适。然儿童所宜学之自然科学，非谓以残缺、谬误之教科书中所得之知识。此等之知识，非世界最上之知识，即非儿童早年所需要之知识也。

吾人当知，科学与常识本为一物。常识，不可由死书中得来；科学，即亦不必须由死书中得来。赫胥黎③曰："科学者非他，不过一种有系统之常识耳。"吾人对于此语，实无间然。

但言儿童早年之科学，则愿更进而为一解。谓此等科学之系统，当由儿童自己建造之，不可由死书或教师代为建造之。此言儿童之为学，当用归纳的法则，先集种种事证，再从此种种事证中，发现一真理或概念；不当用演绎的法则，先为一假设的真理或概念，以之说明种种之事证也。凡用归纳的法则为学者，其所得每确切、明了，自己对之能发生异常的兴味；用演绎的法则为学者，其观念每浮泛、晦暗，知其然而不知其所以然，

---

① 《九谷考》：清代学者程瑶田的著作，书中专门就九种粮食作物的名实进行了深入的研究、考证。
② 《释虫小记》：清代学者程瑶田的著作，书中专门就中国古代所记的各种昆虫的名实进行了深入的研究、考证。
③ 赫胥黎：托马斯·亨利·赫胥黎（Thomas Henry Huxley，1825—1895），英国博物学家、教育家、达尔文进化论者。其所著《进化论与伦理学》的一部分，被严复翻译出版为《天演论》，对中国近代思想的演进产生了重大影响。

自己对之毫无兴味之可言。

故欲鼓励儿童为学之心，激起其为学之兴趣，则不可漫然授以何等概念、定理，使之将信将疑。且如以此等之教授法，彼虽信之，亦非真知灼见之比。如告以凡人皆有死，此虽易信之言，殊不若使彼自就某人而死、某人而死之中，自然推出此概念为得计也。

儿童对于自然科学，有特别之趋向，若天生而有研究之之嗜好与性能者。自然科学，又为其最易运用归纳法学习之学科，故主张为其早年应受之教育。至其他记述的学科，如历史、地理，亦可利用诗歌、谣谚为无形之灌注。论理的学科，如算学，亦可利用日常实事为初期之培植。

总之，吾人对于教授儿童之意见，本非以养成早慧儿为目的。然苟善利用之，实可以养成早慧儿无疑义。盖由事实上推论之，吾人今日中学校之课业，至少有一部分，可于幼时于无形中习之。苟能教授、保育得法，吾人天才必能异常发展。即中学稍简单之功课，亦能于未成童以前习得之。

由此可知，早慧本为吾人应有之事。世人之所以不早慧者，皆以社会不良之障碍为之害也。吾意，读者见吾人人可以早慧之语，必有色然为子弟喜者，然必亦有一部分，泥于早熟不永、大器晚成之说，以此为家庭教育所收不良之结果。不知早慧非必不详，但观保育之何如耳。

李贺①不得永年，如有节制，何至如此？邺候②卒为良臣，苟非自克，亦岂臻此？即此二人同为早慧，而结果之殊如此，岂早慧必不为大器耶？不过，早慧少年，哀乐每易驰于极端，性情亦每流于奇僻，以此戕身败德，非即早夭，或为大愿。此则在父母之善为教导防御之也。

小儿犹有最需要之教育，即感官教育也。此教育，自堕地已为必要。盖感官者，人之所恃以生；善用感官者，人之所以恃以善其生也。每有同是五官，而锐钝各异。此各

---

① 李贺（790—816）：字长吉，福昌（今属河南洛阳）人。据称，其七岁能诗，十五岁时诗名已经誉满京华，然仕途失意，抑郁成疾，英年早逝。为唐代诗坛"三李"（另"二李"为李白和李商隐）之一，又享有"诗鬼"之称。

② 邺候：李泌（722—789），字长源，京兆（今陕西西安）人。七岁便有"神童"美誉。善文，尤工诗，喜老庄。历仕玄宗、肃宗、代宗、德宗四朝，晚年为南岳衡山隐士。著作有《李泌集》二十卷。

异者，基于幼时缺乏感官教育者为多。盖幼儿不自知用其五官，父兄又不扶持、指示之，故五官运用，每有甚而减少者。其他近视、口吃、驼背、不良于行等结果，更无论矣。曾见蒙铁梭利①之儿童者，均能道其在课室中能闻微声之异。彼亦一人也，而耳目之聪明如此。吾之为父母者，独无志于为子女谋乎？

关于日用切近之知识，儿童亦多能无形中习得。儿童好仿效大人为各种事务，并好用实物以供其游戏，此在稍研究儿童心理者，类能道之。吾人即可利用此心理，使之为各种实用技能之实习。如声、色之区别，度量衡、币之计算，布帛之种类，凡可以实物与之游戏者，皆不妨与以实物。如衡量诸器，或以重大，不利于小儿之游戏，可全仿其形，作以缩小之型。此型宜极肖实物，如秤上各星均宜刻出。凡此，皆使小儿直以此为实物之用者也。

以上所述之教育，均绝对不用书籍为教授，且亦不宜以教授之式行之。盖小儿为自然之骄子，不可以一毫不自然之教育强之也。吾人对于儿童之教育，又不当有计日程功之态度，不可有所谓程度优劣、及格与否之说。盖小儿不比学校之生徒，尽可与以暇日，俾其顺自然之轨道而发展。如应发展而不发展者，非小儿之病状，即自身教育之不得法，吾人亦不可强责之小儿也。小儿之教育如此，故吾人不至忧其脑筋之被斫丧、力量之不胜任。彼之力既非受勉强，脑亦无过度费用之患也。

读书之教育，亦可于儿童幼时植其基本，即识字等是也。唐翼修②曰：

> 生子至三四岁，口角清楚，知识稍开，即用小木板方寸许、四方者千块，漆好朱书《千字文》。每块一字，盛以木匣，令每日识十字或三五字，复令其凑集成句，读之。或聚或散，听其顽耍，则认识自真。如资质聪颖，百日可以识完。

按：儿童识字，虽不至三四岁亦已能行，惟儿童早期所需要之教育甚多，不识字

---

① 蒙铁梭利：通译蒙台梭利。
② 唐翼修：唐彪（1640—1713），字翼修，浙江兰溪人。自幼博览群书，曾受教于黄宗羲、毛奇龄，被誉为"金华名宿"。著有《身易二篇》《人生必读书》《读书作文谱》《父师善诱法》等。其后引文，即出自《父师善诱法》。

亦无妨；惟必迟至学龄时始识字，则亦不必耳。唐氏此法甚善，但木板书字，似不必用《千字文》，宜多用俗语中字。盖其言文一致，易引起小儿兴趣也。稍长，则可书字于木板两面，一方为文言，一方为俗语。儿童可由俗字想像文字，由文字想像俗字。此法，较坊间一方绘图、一方写字之字块尤佳。因此等绘图字块，儿童或因有图可恃，而不记字形、字义、字音也。然即绘图字块，用为小儿玩具亦为有用，惟用以识字恐较为不利耳。

常人或谓，小儿未至学龄，不必有智育。盖早慧即令为尽人所能之事，殊不可即谓尽人必须早慧也。此说不然。教育者，应需要而生者也。苟不必生人类，即应无是需要；今人类既有是需要，而欲其不生可乎？智育之浅者，为日用常需要之知识。此等知识，孩提需要之无异于成人。故吾人不能不与之以满足其需要也。吾人所谓不与儿童以智育者，何尝真不与以智育？不过任无知婢媪以为教师，而授儿童以不正当之知识而已。故凡未及学龄之儿童，何尝真未受丝毫智育之传授？岂尝见一儿童在学龄以前，一事不知，一物不晓？但其所知、所晓，每不完全、不正确耳。吾人于此可知，儿童对于智识方面，终不能强不与以传授。而吾人与其使婢媪操教育之责，以败吾儿童之天性，宁愿自己身为教授，加以精细之研究，以求得养子最良之法也。

吾人各种教育，虽似不劳幼年培植根基，仅在学年以后加以造就，即可有成功之望。然此亦未熟察之言也。今学校之授课，虽似在教科分配上，实无难于制定数年间学完，然察之实际，颇有不可以若是之易言者。盖学科之终未免太繁，教材之终未免太夥，此在今日入中学修业之中学学生，类能言之，而实今教育之一缺点也。欲救此弊，当使儿童不虚耗其幼童时代，以随时习得各种科学之基本知识。此所以幼时智育为要也。

善夫，司通勒夫人之言曰：

> 三育鼎立，不可畸轻畸重，犹吾人不欲缚小儿之手，以专使其足之发达也。然而今之为母者，则系其脑筋，以发达其身体，何哉？夫体非可以独强，犹脑非可以独健。今不使小儿用脑而以是专长其体力，误矣！

读司氏之言，吾人应有所感。夫三育鼎立，心身相关。此岂非吾人耳所熟闻、心所熟思哉！然吾人所云鼎立，但言智育、德育，不可遗体育。岂尝思体育、德育，亦不可遗智育？吾人所云相关，但言强健之心，不可无强健之身。岂尝思强健之身，亦不可无强健之心？夫三育鼎立，心身相关，均极端健全之原理，无论何时皆可以为黄金律条者也。然则儿童之教育，亦安可有德育、有体育，而独无智育乎？

所谓家庭教育之智育者，不但为对于儿童所有之责任；对于成年之学童，仍有须从事者，则学校教育之补助教育是也。补助教育，分关于课业知识、关于实用知识。此项知识，有为学校所不教授者，有本为学校所应教授，而寻常教师忽略不知教授者。前者如关于私家庭之事务；后者如社会风习、课业附属知识（如检查字典或书尾检查表，现今学生多不知其法，而教师卒无注意者）等。课外阅读之小说、书籍及杂志、报章，其选用之责亦为父母所负。其他如学校教授之法不尽完善，补救匡正，亦家庭不能旁贷之天职也。

家庭对于智育之教授，有不可不十分注意者，即观其个性之所趋向，而察其将来合宜之职业，为之预为画策，以全力养成其将来对于此职业之技艺，使之胜任而无失败之患。又，凡对于此职业无关系之智识，非必为儿童所需要者，即不必强之学习。盖强之学习，中途仍不能不辍止，徒以分心力、耗时日、损造就也。格兰斯顿曰："发见已〔己〕职之人，即为最得天惠之人。"意以其易于成功故也。儿童不能发见已〔己〕职，而欲其易于成功，则惟终日依绕之父母代为发见之而已。此又为人父母者最大之天职也。

（三）体育

吾中国于小儿初年之教育，似以体育占其全部分，然而体育又不足道也。人之所贵，非在不死，在身体强壮，可以举生者之任。彼尸居余气、奄奄待尽者，亦"活死人"而已。

吾国之所谓体育，但知在生死上注意；苟能偷生，身体强弱在所不计。此可谓大惑矣。就世界言，彼无生气之生人，毫不能有涓涘之助以为社会、天下之幸福。就自身言，彼羸弱、疾病之身体，亦毫不能享受社会、天下之幸福，徒使之以有身为苦耳。故今日言体育，当以身体强健为惟一之目的。欲使身体强健，则家庭之体育教育亦不可不讲究也。

今之于小儿者，面欲其丰腴，衣欲其整丽，饰物欲其辉煌，此为美观计，余亦不欲深论。虽然，吾人之于小儿，宁于美观上着想，使之外观有耀，而中情不能无痛苦，殊不若于卫生上着想，使之身心完全发达，而为其将来培植无穷之厚福也。且人身自有天然之美观，无俟矫饰，身心完全发达，人身天然之美观，自然表现如面貌丰腴，不求自致是也。若无益之华丽、辉煌，固非徒发达身体所能求备，然此等美观，乃世人虚荣心恶德之结果，不宜为小儿所有。小儿有之，于身心毫无裨益，而反有害于品性；且有时习用不良之化装〔妆〕品或药品，以求一时之美观，反并身体而亦败之。故此等之美观，吾人绝对宜扫除之者也。

小儿之体育教育，第一，须使其平时习为秩序的生活。盖秩序的生活，为益于人甚大。童而习之，少成若天性，故于小儿之时教之为宜也。小儿之起居、饮食，均宜以卫生的原理，订一适宜之时间。时间确定，则器官之动作皆有节制，不至感调节之困难，而阻止其天然之发育。彼起居不时，饮食不节，任小儿之性而不加以规定者，实败小儿之身体健康者也。惟此等规定，当小儿自然乐从，不可勉强之使以为苦，此儿童教育纯任自然之微旨也。

其次，当使小儿有清洁的习惯。清洁者，所以避除害菌、防止疾病者也。小儿使居卑湿之地，御不浣之衣，发不栉，体不浴，以此求其身体之健康，难矣。欲使小儿健康，不可不慎择居处，勤为持护。方其少时，父母之代为之理，宜无微不至；俟其本能将至发达，即以渐传其持护之责于小儿自身。非吾先为之理，则彼自幼不能得卫生之观念、法则；非吾于其本能发达即渐传其责于其自身，则必或以我持护太过，而自身卫生之能力不得发达。人苟不为子孙谋则已，苟为子孙谋，于此言不可不念也。

其次，当使小儿常为户外之生活。户外生活者，如旅行、露居或户外睡眠等。其特长，即易于纳受日光，呼吸新鲜空气，而使肺病及其他户内之病无发生之余力是也。西人近创户外生活之说甚力。而于吾国湫隘之家庭，需要此说尤甚。今之为父母者，但知溺爱其子女，夜睡则闭户，昼处则鲜出门庭。究其结果，不过令儿童与新空气为仇，而使酿疾病原因之霉菌色然以喜耳。吾人纵不爱子弟，亦何苦轻委其身，使之为霉菌之牺牲，而与疾病结终身不解之缘乎！

其次，当使小儿自幼习于运动。小儿好动，本为常性。吾国之为父母者，不知利用之，使发达其身体；每好以身如槁木、心如死灰之原理，责之小儿，使小儿生气因是剥削殆尽。此实至可痛之事也。今学校青年，每有闻运动之说，心喜而欲实行之者，卒以幼年所受家庭不良之压制，使其运动本能几于消失，卒至于不能实行而止。吾人于此，不能不叹儿童早年运动之教育不可不讨论也。然所谓运动教育者，非谓徒顺小儿之自由，使之自为各种运动。小儿自为之运动，或陷于激烈，或陷于偏至，每无益于身心，或反有害，非可以绝对放任者也。

为之父母者，宜慎择合于卫生原理之运动。一须不为激烈、非小儿所能胜之运动，一须不为偏至、非能使小儿各部肢体完全发达之运动。彼不顾小儿之身心，强之为军人或成人之运动，或不顾小儿身心之全部，强之为不完全之运动者，皆贼夫人之子者也。而以是之故，使小儿不能得运动之益，因曰运动为无益或有害也，岂其然乎？

避暑旅行，于小儿稍长时可使为之。彼于此，可熟练世务，谙悉风土，锻练〔炼〕身体，增加智识。世之溺爱者，每好困小儿于庭室之间，不使出郊门一步，以为爱其精力，不知既拂小儿好奇之心，又使小儿坐失自然之智育、体育之锻练〔炼〕，且长大如木鸡，对于世务懵然不晓，偶不得已而不能不远游他方，则路途之间生命、财产不能自保。如此而以为爱其子弟，岂不异哉？

生理卫生之知识，能感发人自求完美体育之想。故于小儿，不可不及早灌注之，使知一切体育之用意，而乐之不疲。彼不知其所以当然，而勉强为之者，或以兴会所至不至中辍，然又不若更示以利害之关系，使之鼓舞前进而不能自已也。

人体模型，为家庭不可少之陈列品，且为儿童不可少之玩物。盖彼苟得此模型，必大激发其好奇心；而彼对于此切身之知识、感情，又必十百倍于关系较轻之外界知识，而于此时灌注生理卫生之知识，自不劳而成功矣。

家庭之体育教育，其设施自较德育、智育为易。盖此种教育，本最为小儿所愿领受之教育也。然即此等教育，亦不容家庭轻心以掉之。盖以言其易，则固易矣；以言其难，则凡饮食起居时间之规定、户外生活之设施、运动种类之选择、生理卫生知识之灌注，其法无一非待研究之问题也，其事无一不得敏活之手段也。

吾中国人之为母者，皆以育儿为其自身之义务。然其所育之儿，疲癃者有之，残废者有之，终日辗转床席以待死亡者有之。夫岂养此等之儿，吾人之为母者自身之义务即已尽耶？经训曰："父母惟其疾之忧。"① 诚不乏慈母者，于子女之疾衣带不解、寝食俱废。

---

① 语出《论语·为政》。完整原文为："孟武伯问孝。子曰：'父母惟其疾之忧。'"意为：父母疼爱子女，唯恐其有疾病；子女若能体会这种心情，能像自己生病时父母关切自己那样对待父母，此即为孝道。

虽然，其疾者非一日之事也。家庭设置之不良，空气流通之不便，此致其疾者也；运动张弛之不宜，卫生知识之不富，此致其疾者也。父母忧其疾而不为去其致疾之因，此岂真爱子者哉？圣人不治已病，治未病。吾亦愿为父母者，忧其子于未病之前，勿徒忧其子于既病之后。至于衣带不解、寝食俱废，无益于子，而有损于其自身也。

抑所谓病者，岂徒限于内感、外感之病哉？目之近视，病也；口之吃，病也；四肢之弱，亦病也。是等之病，寻常为父母之所不顾，更无论其肯于未病之前而预防之矣。

以严格的家庭体育教育论，预防各种之病态，实为父母最大之天职。此所谓病态者，非徒指一部分之病而言。凡身体各部，比之健康者为衰弱均是。而此等处，即均为父母之所应注意也。

（四）游戏

小儿对于游戏，尤为天然之嗜好。然游戏者，亦即小儿一种需要教育之处，吾人利用之以行教育之处者也。旧家庭对于小儿游戏之事，几完全禁止，以为苟不禁止，则叫嚣日甚，争斗不已，而破坏什物、扰乱家庭。此其言，亦确有证据，不可辩驳也。

盖苟有一二家庭或新人物之家庭中，对于小儿不加干涉。其结果，每一一与此言吻合。若有先见者，以此断定小儿之不可无干涉，几于确论矣。虽然，自吾人以心理学方面观之，可决言，小儿之叫嚣争斗、破坏扰乱，非其本身之罪恶。即其本身之已有罪恶，苟以适当之方法，转移其心理，仍可以立变其品性。不可以此遂断言小儿之不宜有游戏也。

且无论何种家庭，未有能使小儿绝对不游戏者。或于父母前貌为庄重，一出堂前，则嬉戏百出；或则父母于其幼时，任婢妪指导其游戏，无论其游戏为正否，均不顾及，而于其稍长，则强之抛弃一切儿戏，与之衣冠，而谓之成人而已。

小儿之游戏，乃小儿天然之生机，不可遏除者。彼遏除者，徒使小儿在背后，或以婢妪为师，作各种不正当之游戏而已。夫遏除游戏，结果不过如此。则何若任之游戏，而自为之指导或监督之，尚能使其游戏进于有益之为得计乎？

且吾人言家庭教育，实以以游戏为教育唯一之法者也。如无游戏，即无教育。前所云智育、体育，所以言不欲勉强而纯任自然者，即使小儿于游戏中得此教育，使彼以此等教育为游戏之谓也。

自海尔巴特[①]创趣味论，以趣味为教育唯一之凭藉以来，世之言教育者，虽多非议，然创自动主义、游戏主义，仍皆以海氏教育学说为根本。可见，海氏之说为不拔者矣。游戏主义，司通勒夫人创之。彼之格言曰："使工作为游戏，而使游戏为有目的。"彼之言"有目的"者，即又化游戏为工作之法也。

今欲使小儿于游戏中得教育，当以使小儿为有目的之游戏为上；欲使小儿乐于听从父母之教育，当使小儿能视工作为游戏为上。今人工作自工作、游戏自游戏，故小儿于教育则不生兴趣，于游戏则不发生效力也。

除上述教育之游戏外，小儿好模仿工作或自制玩具，此等处均宜放任之，无加干涉以损其兴趣。除非彼于所作有疑而不能明之处，来问于我，则可以告。此《易》所谓"匪我求童蒙，童蒙求我"者也。彼不问而告者，小儿虽作事成功甚易，然对于其事之兴趣颇为减少。至其问，则求知之心甚切，一告而不忘，又为实益，远胜于不问而教者也。

模仿工作，生于模仿本能；自制玩物，生于制造本能。此二者能得相当利用，则其本能得完全发达，其学习、工作、制造亦有特别之效果。家庭切不可以爱惜精力之谬说，为不良之辅助，如代为制作，或购成物与之，使小儿本能受极大之损伤也。

竞争，亦为儿童之本能。然此本能，实为儿童叫嚣争斗、破坏扰乱之根本。故就表面观之，似凡属于竞争本能之游戏，当绝对禁止，使不发生。然此亦非确论也。今世既不能无竞争，则竞争之能力，亦不可不于儿童早期养成之。

特吾所谓养成之者，殊非谓欲使小儿有竞争之野心及劫略之手段。此等野心、手段，为世界平和〔和平〕惟一之障碍，绝对非将来之人类所宜有。吾人但能养成小儿以正当手段为正当竞争之能力。故苟能以正当竞争为游戏者，在所不禁，且可以提倡之。其包含有养成诈伪、倾轧、威吓、计骗诸恶德之竞争，当绝对禁止，以保全道德之尊严，而为世界之永远和平立基础。故此等竞争，宜以儿童竞技会、儿童博览会等为最合宜，其优劣赏罚，均宜使儿童自公议之。此所以防儿童之发生虚荣心也。

小儿之游戏，有关于鄙俚者，如赌博及近于赌博之事，均宜切禁。其他口出恶言、

---

① 海尔巴特：通译赫尔巴特。

身为恶行，尤当督责，使之悔改。陆桴亭①曰："每见人家养子，当其智识初开，即戏教以打人、骂人及玩以声色玩好之具。此等气习，沁入心腑，人才安得成就？"按：此盖古今家庭通病，而言家庭教育者所不可不改者也。

今之小儿，呀呀学语，父母所教，每为不正当之言。如见儿童骂人，则色然以喜，谓小儿聪明；不知此等聪明，特为不正当之聪明而已。又见世家，每有戒子弟不得蹴鞠、放风筝者，以为此鄙俚之事。此则殊为谬见。蹴鞠、放风筝既为小儿之所喜，又与卫生亦有关系，宜为小儿适宜之游戏。彼之以此为鄙俚之事者，特以一种不正当之阶级思想使然，盖贫儿之为此等游戏者甚多也。

爱迪斯曰："父母与子女共同游戏，足使子女日进于善，其力且非宜教所及。"母为子女之伴，尤宜于伴女；父宜伴子，亦可伴女。父母能降其威严以亲子女，与之同甘苦，共行止，其为感动力甚大。盖子女习与之处，而忘其威严，情亲相习，共处易化，虽日加以暗示之，教子女自然模仿之、遵从之，而初不觉其为教也。且父母与子女共同游戏，父母更能确知子女所处之地位、所需之教育，而一一应付之，不失其当。故爱氏以为"非宜教所及"也。

爱氏又曰："常宜监视小儿，然不可有一毫监视之态度或疑虑之状。"按：此亦惟有与之共同游戏为唯一之良法矣。不然，监视且不能周详，又何况不能无监视态度或疑虑之状哉！

小儿之歌谣，亦当注意其内容及其影响力。达克洛治（Jacgnes Dalcvoze）谓："小儿习业，莫精于音乐。"音乐者，发达其体力、其风趣及其美感者也。近人多谓，一切须记忆之学科，均宜利用音乐以为教授，此实可味之言也。

吾人当不难信音乐之易干〔于〕感人。然于小儿音乐上之学习，则不注意其内容之影响身心如何，此亦惑矣。吾人绝不可不调查小儿歌谣之内容，而分比良恶，以定去取。此等歌谣，即令为随口所唱，不加以音律者，童之所习，其能深映于儿童脑筋，永永不拔，仍为必然之事。故吾人仍不容不注意之也。

（未完）

---

① 陆桴亭：陆世仪（1611—1672），字道威，号刚斋，晚号桴亭，江苏太仓人。少时擅长诗词，喜好结社。毕生为学，博学多识。著有《思辨录》《论学酬答》等。

家庭教育論

（恽代英）

吾人對於教育常有一種誤解循此等誤解以推演之則家庭教育之名詞應不得成立故吾人欲研究家庭教育不可不先是正此等誤解

一 家庭教育於教育上之地位

應吾人對於教育之見解可約別為數類一以教育為智識之灌注除智識之灌注外無他事一以教育為讀書之代名詞即謂教育為讀書以外無他事一以教育為職業之傳授除職業之傳授外無他事一以教育為聖賢而言然亦謂除此以外無他事。

夫以教育為智識之灌注則灌注智識必非盡人之能為之事即非盡人之父母者所能負擔付之亦讀書明理學聖賢而言然亦謂除此以外無他事。

能為之事即非盡人之父母者所能負擔付之傭師之制度起而家庭教育為職業之傳授則人之為父母者亦未必即為精於職業之人足以勝此傳授之任而人如以教育為職業之傳授則人之為父母者亦

無愧憾如以教育兼讀書明理學聖賢而言則人之為父母者亦未必習理亦未必明聖賢之道德亦未能踐以此而任教育之責豈足以勝於而愉快乎故傭師之制度乃起於不得已而教育可知傭師制度之不足以言教育可知家庭教育之不足以成立一名詞矣然家庭教育實有其成立之必要以其不能成立者初未能真知何謂教育故使兒童身（體育）心（智育）性（德育）各方面均完全發達即謂教育故使兒童之自我得以完全實現之謂教育教讀書教明理教學聖賢亦傳授職業所應有事也然此數者皆不過教育之一端不可以此數端概教育全體抑且不可以此數端概教育之

（家庭教育論

十五）

24　近代西洋教育
——在天津南开学校演讲

陈独秀

1917年7月1日

> **题　解**　　本篇原载《新青年》第3卷第5号，系演讲词，演讲时间未详，发表时间为1917年7月1日。
> 　　有关演讲者陈独秀，参见前文《今日之教育方针》题解。
> 　　天津南开学校，是严修和张伯苓于1904年创设的知名学校。初为私立中学堂，1907年迁入天津南开洼新址，更名为"私立南开中学堂"。1912年更名为"私立南开学校"，后增设大学部、女中部、小学部，办学影响日大。
> 　　有关《新青年》，参见前文《今日之教育方针》题解。

　　今日之中国，各种事业败坏已极。承贵校诸君招来演说，鄙人心中想说的话极多，但是从何处说起呢？诸君毕业后，或当教习，或别入他校求学，大约不离教育界。现在就着教育事业略说一二。

　　吾人提起"教育"二字，往往心中发生二种疑问：第一是，吾人何以必须教育？第二是，教育何以必须取法西洋？

　　第一种疑问，就是西洋也有一派学者，主张人之善恶、智愚乃天性生成，教育无效的。但是此种偏见，多数学者均不承认，以为人之善恶、智愚，生来本性的力量诚然不小，后来教育的力量又何尝全然无效？譬如，木材的好丑和用处大小虽然是生来不同，但必经工匠的斧斤凋〔雕〕凿，良材方成栋梁和美术的器具；就是粗恶材料，也有相当的用处。教育的作用亦复如此。未受教育的人，好像生材；已受教育的人，好像做成的器具。人类美点，可由教育完全发展；人类的恶点，也可由教育略为减少。请看世界万国，那教育发达的和那教育不发达的人民，智愚贤否迥然不同，这就是吾人必须教育的铁证了。

第二种疑问，乃是中国人普通见解。以为西洋各国不过此时国富兵强，至于文物制度、学问思想，未免〔必〕事事都比中国优胜。简单说起来，就是不信服西洋文明驾乎中国之上，所以不信服中国教育必须取法欧美。

方才贵校校长张先生①说："此时西洋各国学术思想潮流居世界之大部分，吾国不过居一小部分。只合一小部分随从大部分，不能够强教大部分随从一小部分。所以我们中国必须舍旧维新。"鄙人觉得，张校长这话，犹是对那没有知识比较中西文明优劣的人说法。其实，吾国文明若果在西洋之上，西洋各国部分虽大，吾人亦不肯盲从，舍长取短。正因西洋文明远在中国之上，就是中国居世界之大部分，西洋各国居世界之最小一部分，这大部分的人也应当取法这一小部分。所以鄙人之意，我们中国教育必须取法西洋的缘故，不是势力的大小问题，正是道理的是非问题。

秋桐②先生方才说道："西洋种种的文明制度，都非中国所及。单就经济能力而言，我们中国人此时万万赶不上。倘不急起直追，真是无法可以救亡。"鄙人以为，秋桐先生此言，可谓探本之论。

吾人的教育既然必须取法西洋，吾人就应该晓得近代西洋教育的真相、真精神是什么，然后所办的教育才真是教育，不是科举，才真是西洋教育，不是中国教育。不然，像我们中国模仿西法创办学校已经数十年，而成效毫无。学校处数固属过少，不能普及；就是已成的学校，所教的无非是中国腐旧的经史、文学。就是死读几本外国文和理科教科书，也是去近代西洋教育真相、真精神尚远。

---

① 张先生：指张伯苓（1876—1951），原名寿春，字伯苓，天津人。时任南开学校校长。早年毕业于天津北洋水师学堂，曾服务于海军。甲午战败后，矢志于教育救国，协助严修创设南开学校，并长期主持校政。还创办了南开大学、南开女中、重庆南开中学。著作有《张伯苓全集》。
② 秋桐：章士钊（1881—1973），字行严，笔名黄中黄、青桐、秋桐等，湖南善化（今属长沙）人。早年任《苏报》主笔，参与创办《国民日报》，加入华兴会，从事反清活动。1905年流亡日本，1907年赴英留学，次年入阿伯丁大学。1911年归国，次年任上海《民立报》主笔。时任北京大学教授兼图书馆馆长，与陈独秀联袂来南开中学演讲。著作有《章士钊全集》。

此等教育，有不如无。因为教的人和受教的人都不懂得教育是什么，不过把学校毕业当做出身地步，这和从前科举有何分别呢？所以我希望，我们中国大兴教育；同时我又希望，我们中国教育家要明白，读几本历史、洋文，学一点理化、博物，算不得是真正的近代西洋教育。我们教育若想取法西洋，要晓得，真正的近代西洋教育有几种大方针：

第一，是自动的而非被动的，是启发的而非灌输的。

我国教育和西洋古代教育，多半是用被动主义、灌输主义，一心只要学生读书万卷，做大学者。古人的著书，先生的教训，都是神圣不可非议。照此依样胡卢〔葫芦〕，便是成功的妙诀。所谓儿童心理，所谓人类性灵，一概抹杀，无人理会。至于西洋近代教育则大不相同了：自幼稚园以至大学，无一不取启发的教授法，处处体贴学生心理作用，用种种方法启发他的性灵，养成他的自动能力，好叫人类固有的智能得以自由发展。不像那被动主义、灌输主义的教育，不顾学生的心理状态，只管拼命教去。教出来的人物，好像人做的模型、能言的鹦鹉一般，依人作解，自家决没有真实见地、自动能力。

此时，意大利国蒙得梭利①（Moria Montessori）女士的教授法轰动了全世界。他的教授法是怎样呢？就是主张极端的自动启发主义：用种种游戏法，启发儿童的性灵，养成儿童的自动能力；教师立于旁观地位，除恶劣害人的事以外，无不一任儿童完全的自动、自由。此种教授法，现在已经通行欧美各国，而我们中国的教育，还是守着从前被动的、灌输的老法子，教师盲教，学生盲从。启发儿童的游戏、图画等功课，毫不注意；拼命的读那和学生毫无关系的历史（小学生决不懂得自己与历史有什么关系）、毫无用处的外国文，以为这就是取法西洋的新教育了。哈哈！实在是坑死人也！

第二，是世俗的而非神圣的，是直观的而非幻想的。

孔特②分人类进化为三时代：第一，曰宗教迷信时代；第二，曰玄学幻想时代；第三，曰科学实证时代。欧洲的文化，自十八世纪起，渐渐的从第二时代进步到第三时代。一

---

① 蒙得梭利：通译蒙台梭利。
② 孔特：通译孔德，即奥古斯特·孔德（Auguste Comte，1798—1857），法国实证主义哲学家，被尊称为"社会学之父"。他的思想对民国初年的中国学术界有较大的影响。著有《论实证精神》《实证哲学教程》等。

切政治、道德、教育、文学，无一不含着科学实证的精神。近来，一元哲学、自然文学日渐发达，一切宗教的迷信、虚幻的理想，更是抛在九霄云外。所以欧美各国教育，都注重职业，所教功课，无非是日常生活的知识和技能。

此时，学校教育以外，又盛兴童子军①（Boy Scout）的教育，一切煮饭、烧菜、洗衣、缝衣、救火、救溺、驾车、驶船等事，无一不实地练习。不像东方人，连吃饭、穿衣、走路的知识本领也没有，专门天天想做大学者、大书箱、大圣贤、大仙、大佛。西洋教育所重的是世俗日用的知识，东方教育所重的是神圣无用的幻想；西洋学者重在直观自然界的现象，东方学者重在记忆先贤先圣的遗文。我们中国教育若真要取法西洋，应该弃"神"而重"人"，弃神圣的经典与幻想，而重自然科学的知识和日常生活的技能。

第三，是全身的，而非单独脑部的。

谭嗣同有言曰："观中国人之体貌，亦有劫象焉。试以拟之西人，则见其委靡，见其猥鄙，见其粗俗，见其野悍；或瘠而黄，或肥而弛，或萎而伛偻。其光明秀伟、有威仪者，千万不得一二！"② 这是什么缘故呢？

就是中国教育大部分重在后脑的记忆，小部分重在前脑的思索；训练全身的教育，从来不大讲究。所以未受教育的人，身体还壮实一点；惟有那班书酸子，一天只知道咿咿唔唔、摇头摆脑的读书，走到人前，痴痴呆呆的歪着头，弓着背，勾着腰，斜着肩膀，面孔又黄又瘦，耳目手脚无一件灵动中用。这种人，虽有手脚耳目，却和那跛聋盲哑、残废无用的人，好得多少呢？

西洋教育，全身皆有训练，不单独注重脑部。既有体操发展全身的力量，又有图画和各种游戏练习耳目手脚的活动能力。所以他们无论男女老幼，做起事来，走起路来，莫不精神夺人，仪表堂堂。教他们眼里如何能看得起我们可厌的中国人呢？

中国教育，不合西洋近代教育的地方甚多。以上三样，乃是最重要的。诸君毕业后，或教育他人，或是自己教育自己，请在这三样上十分注意。

---

① 童子军：一种国际性的、训练青少年的社会性组织。其创始人为英国的贝登堡（Baden-Powell, 1857—1941），创立时间为1908年。它旨在通过野营、侦察、救助等训练，增强儿童的体质，磨炼儿童的意志，提高他们的生存技能。1912年传入中国后，得到政府扶助，先后成立中华全国童子军协会、中国童子军司令部、中国童子军总会等组织。
② 语出谭嗣同《仁学》第四十二节。其中"拟之"当为误引，应为"拟诸"。

25 幼稚教育宜注重觉悟力

黄炎培

1917年8月23日

另图22 黄炎培像

题 解 本篇原载《江苏省教育会幼稚教育研究会临时刊布》第1期。系演讲记录，记录者为林文钧。演讲时间为1917年8月23日下午，发表时间为1917年9月。原发表时题为《黄任之先生演讲幼稚教育宜注重觉悟力》，今题系编者改拟。

1917年8月《江苏省教育会月报》"会务录要"栏载有如后文字："本月二十二日上午、二十三日下午，为幼稚教育研究会。第一日为职员会，第二日为大会。其预定秩序，先由主任胡彬夏女士报告研究状况，次由黄任之先生演讲《幼稚教育宜注重觉悟力》，余日章先生演讲《予之近今幼稚教育观》（二君演讲记录，已另印《幼稚教育研究会临时刊布》）。演讲毕，佐以音乐以娱来宾。散会，已钟鸣六下矣。"

演讲者黄炎培（1878—1965），号楚南，字任之、韧之，笔名抱一，江苏川沙（今属上海市）人。幼从外祖父发蒙，1899年中秀才，1901年入南洋公学特班。次年中举，后返乡兴办新式学堂。1905年加入同盟会。先后创办和主持广明小学、广明师范学校、浦东中学，又在爱国学社、城东女学等新教育团体和学堂中任教，并参与发起江苏学务总会。中华民国成立后，出任江苏省教育司司长，兼任江苏省教育会副会长，全力推进新教育。1917年在上海发起成立中华职业教育社，次年创建中华职业学校。后主要从事职业教育的推广工作，并赞助平民教育运动、乡村教育运动、生产教育运动。1941年，参与组建中国民主政团同盟，一度出任主席，投身于民主运动。中华人民共和国成立后，历任政务院副总理兼轻工业部部长、全国人大常委会副委员长、全国政协副主席等职。著有《黄炎培考察教育日记》《中国教育史要》等。

《江苏省教育会幼稚教育研究会临时刊布》，临时刊物，或可视为《江苏省教育会月报》的增刊或号外。它由江苏省教育会主办，仅出此一期。本期除载有黄炎培的这篇演讲记录外，还载有《余日章先生演讲予之近今幼稚教育观》，另附载有《江苏省教育会新书出版广告》。

今日午前，鄙人方归自南洋群岛，适逢幼稚教育开研究会。去国百日，又与诸君聚首，无任欢欣。惟行装甫卸，思想尚待整理，匆促未克详告。姑先从考察所得者，略举大概供献诸君。若夫正式报告，请俟诸异日。

南洋群岛分英、荷两属。英属为马来、新加坡、槟榔屿等处，荷属为苏门答腊、爪哇等处。两属约计大小二十余国。余之此次往游，觉见闻所及，实有无涯之感触。

彼处教育，尚无正式幼稚园之设置，仅于小学校中附设幼稚班。类此者约四五处。中有一处在马来之南端，曰柔佛①（一小王国），有校名宽柔学校②，乃两等小学制，附设幼童保育所，用蒙台梭利法教授。校中且有动物、植物及种种玩具，生徒共二十三人，成绩殊佳。其余三四处，则视宽柔学校有间矣。

概括言之，彼处虽有幼稚教育之机关，然未甚发达，尚未有特点足为内国取法。惟有一层真可爱者：我中国人无论在何处作何事，必可表示非常之能力，即从儿童观察之，已可知矣；小学生年龄虽小，精神颇活泼，思想颇聪明，不输于我国内地之儿童。余始以为居留南洋之儿童或差于内地，孰知竟出乎意料之外。

鄙人之为此言也，盖有左证。英属、荷属有种土人，乃马来种。以百分比较之，华人仅占土人百分之一；然以智识比较之，则华人能力远胜土人。虽土人亦有聪明特出之人，对于教育亦多热心从事之人，惟终不及华人耳！故同在一校中，而华人之才力、聪明终胜土人。于此可判我国人之优点矣。

鄙人曾在槟榔屿见一校，校名 Free School③，肄业者有各国人。曾向其老校长（英

---

① 柔佛：地名，现为马来西亚十三个州之一，位于马来西亚西部的最南端。
② 宽柔学校：学校名，为马来西亚的华侨社团"华社"所办，创办于1913年，用中文施教，在当地被称为"华人文化堡垒"。现已发展为完全中学，采用华、国、英三种语言施教。
③ 此英文，可译为"免费学校"或"义学"。

人）叩问："中国人与各种土人比较，脑力何处为强？"老校长答："以多年试验而知，十四岁以内，中国人与马来种无甚差别；惟十四岁以上，则马来人之进步停止，而中国人则蒸蒸日上，有非马来人所能望其项背矣。"鄙人以为，老校长之言，确从经验上得来，决非理〔空〕想的也。

然余更进而问："中国人与西洋人比较，则何如？"噫！彼之答语，则殊圆妙矣。彼仅曰："中国人记忆力，当较西洋人为强。"一语而已。玩此语味，实含无穷之意义，彼不过不便明言耳。于此可知，吾中国人之理解、研究，种种不及西人。一言以蔽之曰，中国人强于记忆力，而弱于觉悟心也。

综观以上答语，极可予吾人之研究。盖人生之初，俱有天赋良能，中国儿童亦岂逊夫西人？然仅记忆力发达，厥故何在？曰有原因焉。

譬如，吾人之五官四肢，若口，若目，若耳，若鼻，若手，若足，不论何一部分，苟常用之，则此一部分必异常进步；设一旦停止作用，则此一部分必渐废弃。今即以吾两手言之，何以右手能写字，能举箸，而左手不能？何以种种操作，必右手优于左手？天固何尝厚于右而薄于左哉？亦曰一常用、一不常用之别耳。

体力如此，吾人之脑力亦然。我中国人之记忆力所以强者，可以记及我人幼时入塾读书，最重要之功课为背诵，无所谓讲解，而书中之意义懂与不懂，不问也。于是，学生咸趋向于记忆一方面，而觉悟力遂薄弱矣。英老校长之经验，其原因在此。吾人可以深长思焉。

吾人苟长此无觉悟心，恐一事不能成。须知现世界为何如世界，非恃脑力能研究，决不能得新智识、新学业、新发明、新事物，以占、胜于两大间。如徒恃记忆力，曷克与碧眼黄髯相竞争哉？吾黄种人之聪明、才力，何尝稍逊皙种人？善自为之可也。

今值研究幼稚教育时代，得此经验，可知教授儿童须用种种方法，改其注重记忆力而为注重觉悟心，使能运用脑力，由推想而变化，而发明。庶几日进有功，前途可望矣。

26　予之近今幼稚教育观

余日章

1917年8月23日

另图23　余日章像

题　解　　本篇原载《江苏省教育会幼稚教育研究会临时刊布》第 1 期。系演讲记录，记录者为林文钧。演讲时间为 1917 年 8 月 23 日下午，发表时间为 1917 年 9 月。原发表时题为《余日章先生演讲予之近今幼稚教育观》，今题系编者改拟。

有关演讲等情形，参见前文《幼稚教育宜注重觉悟力》题解。

演讲者余日章（1882—1936），湖北蒲圻（今赤壁）人。出生于基督教家庭，早年入武昌圣公会附设小学，后入武昌文华书院，毕业于上海圣约翰大学。1908 年接受教会资助赴美留学，1910 年获哈佛大学教育学硕士学位后归国，任文华大学附中校长。辛亥革命时，创办红十字会，自任总干事，率员赴前线救护；又任黎元洪的英文秘书，参与外事活动。后历任北京《英文日报》助理主编、中华基督教青年会全国协会演讲部主任干事（后任总干事）、中华实业团秘书、中华全国基督教协进会会长，大力宣扬"人格救国"主张。他在拓展教会教育的同时，也全力推行新教育，与江苏省教育会合作无间。他还被誉为是"平民教育之父"晏阳初的引路人。著有《中华基督教青年会史略》，著作有《余日章先生教育演说》等。

有关《江苏省教育会幼稚教育研究会临时刊布》，参见前文《幼稚教育宜注重觉悟力》题解。

今天开幼稚教育研究会，诸君方在暑假休息期间，乃牺牲了休息时间来听兄弟的演说，实在欢迎得狠。今天天气又热，诸君更不怕热，连袂而来，更加佩服得狠。

兄弟对于近来教育讲演，狠少机会。现在，又在那儿制造一种新仪器，待成功了再来讲演。今天先讲这个幼稚教育。

吾们因为鉴于中国的势力，现在要着手的，就是幼稚教育。这幼稚教育，是施教的第一步。规〔现〕在中国办幼稚教育的人，对于幼童是用何种心思，兄弟却有个比喻。

譬如一个成衣匠，请他来剪裁一匹顶好、顶上等的绸缎。这等绸缎，并且是不容易买到的。剪的时候，再三吩咐他，须要小心从事，倘然剪坏了，一定要赔偿的。吾料这个成衣匠下剪的时候，自必战战兢兢的用心裁度，反复审慎，再三筹划，非常郑重的动这把剪子，不敢毛毛草草的随意乱剪。可知这一剪，是关系狠大的。

讲到这幼稚教育，就如这成衣匠一样的。试问：这一把教育剪刀，要来剪人，倘使任意下剪，万一剪坏了，不是就误了一个人？不但是误了一个人，并且误了社会里头的一分子，那个害处却大了。

现在我们研究幼稚教育，是否如同成衣匠下剪时的要审慎、周详呢？儿童初入幼稚园的时候，却〔是〕非常紧要的关头，稍为有些不谨慎，便遗误了终身。所以，我的比喻狠确当。在实施幼稚教育的人，简直是个成衣匠，能剪裁得合法，于个人固是得益，于社会上也间接的受其效果。

但是兄弟想，这幼稚教育究竟从何事入手？所以今天讲演定了一个题目，叫做《予之近今幼稚教育观》。但是这个题目，也不能概括一切的。

现在既然说到幼稚教育，最难的一层，便是关于儿童的心性、设施、办法、原则等事，但是办法更为紧要。兄弟对于幼稚教育的办法却有几层。

第一，是要注重公例。"公例"二字狠难解释，叫儿童怎样可以懂得？然而要想方法使他明白，却也容易。譬如一个火，他的公例是，能够燃烧的。就对儿童说明，这个火如果遇到了纸张，便要烧起来的。试验给儿童看，于是这儿童便明白，火是会燃烧各样东西的。火的公例，儿童便注意了。再譬方一把刀，他的公例，可以割东西，倘使皮肤之类碰着了刀，便要割破。不但是告诉他，柔软的皮肤是可以割破的；即如那坚硬的木料，刀子也可以割破的。这样解说刀的公例，儿童也就明白了。推而至于物理、人伦，都有公例的。再有一层要牢记着，是：公例，不可以通融的。通融公例，便是自己吃亏。做儿童的时候，能尊重公例，将来成人的时候，益发能够尊重了。

"注重公例"四字，从大学校或中学校、高等小学校做起，原无不可，但是太迟，不如从男女幼童的时候入手。一则是容易，二则是基础巩固了。

第二，是要分别真伪。中国现在竟分不出事理的真伪出来。那自私自利的，偏说是牺牲一切的。卖国与爱国，也是分不出来。卖国的偏说爱国，爱国的或者卖国，真是弄得是非颠倒了。我们要从大学、中学、小学做起来，也太晚了，必定是从幼稚教育入手，养成这辈儿童能有分别真伪的能力才好。能力不发达，真是聋聩一样的。

第三，是要激发爱国心。吾们中国不爱国的人狠多，不爱国的事天天都有，真是说不尽呢。兄弟曾在扬子江一带遇见几个外国人，他们说："你们中国人，不爱国的人实在不少；那些名誉愈是大、位置愈是高的，愈是都不爱国。"兄弟听了这句话，真是无言可答，只得勉强说"是"。现在普通社会上的人，那爱国心却比从前高一些了。

美国的幼稚园，富有爱国思想。他对于自己的国旗及各国的国旗，都悬挂起来，并且表示历史上著名的英雄，以及关于爱国的游戏品，使这班儿童耳濡目染，不知不觉的种了爱国心于无形之中。

兄弟有一笑话，且为诸君一谈。兄弟有个小儿，今年才三岁，初能说话。有时问他："你是什么地方人？"他回答道："阿拉①是湖北人。"倘遇着他欢喜的时候，人家同他说话，他便道："你是中国人。"倘使遇着不欢喜的时候，他便道："你是日本人。"在他，总以为中国是好的。这便是爱国心。办幼稚教育的人，便可养成儿童真正爱国心，并且告诉他，国家生命重于个人生命。现在中国人，大多数以自己的生命为胜于国家的生命，往往置国家于不顾。不知道国家生命不保，试问：自己的生命怎样保全呢？

第四，是要团结力。我国国内设〔没〕有团结力固是不好，但是还可原谅。至于侨居国外的中国人，还不知道团结，那是狠可痛心呢！西人曾经说过一个笑话，说是中国人，要人人身上附着胶漆，方才可以粘着。

试看，学校里面的唱歌，不是一班同唱的么？游戏，不是一班同时游戏的么？为什么要一同唱、一同游戏？无非是为了整齐划一起见，但就是要人家团结在一块儿的之意思。所以，一同唱歌，觉得歌也唱得好听；一同游戏，觉得游戏也精神倍发、兴味倍浓了。

---

① 记录者原注："即'我'字，宁波土音，风行于上海。"

总之，天下事，合则成，分则败。这种观念，须从幼稚做起。不可见了利益，就自〔相残〕杀；遇了危险，便躲避。总而言之，危险的时候固然要团结，那利益的时候，也要连合才好。

以上的四种，在幼稚的时代应该注重，在现在的幼稚时代，更应该注重了。救我们的中国，要算在这个幼稚教育，没有疑惑的。

鄙人说了这四种之外，还有两件事体，也应该注意的。

第一层，是受教育的人，总要做成他一个真快乐。我国旧习惯，子弟入学，狠有一种怕惧心。因为做教师的，如同承审官一般，仪容严肃，刑具罗列，一言一动都含有吩咐的样子。稍不谨慎，便遭他痛罚、乱打。呼号的声音，真有些耳不忍闻。诸君试想，子弟读书到了这步，还有什么生人的乐趣呢？所以外国学校，儿童入校就学，欢喜得如登天堂。中国的学堂，那悲惨得吾也不敢说了，像什么东西。

现在讲到儿童要欢喜到学校的法子。第一要讲究音乐。音乐这样东西，可以感动人的性情。儿童具有一副天真烂缦的景象。在这幼稚时候做起，没有不兴的。第二是要美观，养成一般儿童美的观念。譬如地板、墙壁，都要干净、好看，使得儿童胸襟畅快，自然见了入校读书不害怕了。

第二层，办教育的人，须认为一种最快乐的事情。现在我国办教育的人，看这教育为一种最苦恼的事情。在经济一方面说，确是清苦。就是各国办教育的，也都是苦得狠。何况从名誉事业上说来，亦是苦的。记得兄弟有个朋友，是中西书院毕业，中西文字都好，做了个教员，一月不过赚了三十多块银元。钱既是少，功课又狠苦。后来，他竟到"一品香"去当茶房。看他狠觉有味，因为有六十多块银元了。此人未免只图金钱的利益，不知精神上之快乐。

自兄弟看起来，办教育的精神上的快乐，简直没有什么东西可以比较得过。譬如一个无智无识、皮〔脾〕气狠坏的人，经我一番训练、指示、陶镕，他竟变成了一个有用人才，为社会上出力。这是何等的快乐！可见得，国家的前途，世界的关系，都操纵在办教育人的手里。这个责任，何等重大！那种快乐，自然比较别的，更不可以言语形容了。

兄弟还要更进一层说法，就是：办幼稚教育的人，更比办其他教育的人为快活得多呢！譬如成衣匠，执了一把剪刀，下第一剪。个人的命运、国家的命运，都靠在这第一着。这第一着不差，自然全功告成。你们说，快乐不快乐么！

27 婴儿当由国家保护论
——译《英国十九世纪及其后》

愈之

1917年12月15日

另图24 胡愈之像

题 解 本篇原载《东方杂志》第 14 卷第 12 号。发表时间为 1917 年 12 月 15 日。原著者未详。《英国十九世纪及其后》，亦不知是书名还是篇名。

译者愈之，即胡愈之（1896—1986），原名学愚，字子如，笔名胡芋之等，浙江上虞（今属绍兴）人。早年就读于绍兴府中学堂、杭州英语专科学校。1914 年进入上海商务印书馆编译所，开始发表著译文章。后任《东方杂志》编辑，与沈雁冰等成立文学研究会，参加中国民权保障同盟，加入中国共产党，并长期从事新闻报刊工作。中华人民共和国成立后，历任国家出版总署署长、《光明日报》总编辑、文化部副部长等职。著作有《胡愈之文集》。

本文发表后，曾引起蔡元培注意。他在 1918 年 1 月 26 日的日记中摘录有该文片段："政府将如何尽其保护婴儿之责任乎？则有多端：一曰宜广设娠妇调养病院，并培养孕娠看护妇；二曰宜以育儿之母以经济的援助；三曰及笄之女子宜施以良好之教育；四曰宜造成有学识材干之稳婆多人；五曰宜增设卫生检查员；六曰设立种种有益于育儿之机关。"（王世儒编，《蔡元培日记（上）》，北京大学出版社 2010 年版）

《东方杂志》，社科类综合性月刊、半月刊，1904 年 3 月 11 日创刊于上海，由夏瑞芳提议，商务印书馆印行。该刊初重新知介绍，后转重学术研讨，被称为"中国近现代史的资料库""杂志的杂志"。主要栏目，有谕旨、时论、社说、内务、军事、外文、教育、财政、实业、交通、商务、宗教、小说、文艺、时事日志、译件、丛谈、记载、现代史料等；主要撰稿人，有梁启超、蔡元培、鲁迅、陈独秀、严钟湛、钱健夫、李善丰、周子亚、王仲武等。因日军侵华几度休刊、复刊，1948年12月终刊，共出44卷800余期。

    大战三年，全国壮男捐躯沙场，以及因乱离、伤病而死者，不可胜数。环顾境内流离之象，触目皆是。人口之增减，关系国家之命脉。故有识之士，皆以造就人父、人夫，增殖人口，实当前之要务。

    近七十年，人口生殖率递减三分之一。当七十年前，生殖率为千分之三十六；至大战发生时，已减至千分之二十三。一九一五年，民间婚嫁之数骤增，而其翌年生殖之率，反减至千分之二十一又十分之六。

    人口生殖之数既减，而婴孩夭殇之数又较前为增。一九〇〇年，英国三岛中新生婴儿，每千人殇亡一百五十三人，以后渐减。至一九一二年，每千人中仅殇九十五人。不意至一九一四年，又增至一百零五人；一九一五年，则达一百十人。

    然其殇亡之率，各地亦参差不齐。例如伦敦乡村中之殇亡率，在汉斯台特仅千分之七十四，在旭莱迭许则达千分之一百四十八。此外，英国采矿地以及工厂林立、人口繁密之区，婴儿殇亡率有至千分之二百者。

    据官家报告，英格兰、威尔士二区，每年平均约生婴儿八十万人，其中，未周岁而殇亡者凡十万人。最近，皇家花柳病研究会报告谓，英格兰、威尔士二地胎儿，因不能安全产出，因而殇亡者（如流产、堕胎等），每年亦达十万人。二者合计之，则每年英、威二岛损失之国民凡二十万人，即平均每五分钟损失一人。去年欧战中，英国兵士每小时阵亡九人。若殇亡之婴孩，则每小时达十二人。

    然儿童殇亡之数，实犹不止此。上述之数，仅指一岁以下之婴孩。惟一九一一年至一九一四年间，英、威二岛死亡人数中，未满五岁之幼童占四分之一，即五十七万五千零七十八人。若与前数合计之，不亦巨乎！

    夭殇之数既若是其众，而未夭殇之儿童亦以养育未善致缺乏健全之体格。此其损失，亦与夭殇相若。据私家调查，英国小学校学生中，因养育未善致体格不健全者，至少占百分之十；其形体不善者，占百分之三十；有齿疾者，占五分之四。此种养育不善之幼童，抵抗传染病之力至为薄弱。故一九一五年中，伦敦幼童之死于肺痨者，达一千七百六十六人。

此种弊病，虽经教育家、医学家悉力研究，设法防止，而其效甚鲜。其结果，则此等体格不健全之国民，均不能为国家尽责。故此次战争中，英国应募兵士，因体格不合被摈者达百万人。此项损失，较诸阵亡、夭殇固无异也。

然则生殖率之减少，婴孩夭殇之增多，其原因何在乎？此殆今日亟须研究之问题也。向时学者，以生殖率之减少为社会富饶、教育发达之所致。乃自一九一三年以来，政府设调查机关，详细研究其原因，始知其不然。生殖率之增减，在经济上、教育上皆不成问题；其主要原因，全由于国中一部分成婚男女之自私心。此等男女，尝以生育蕃多则家累滋重，己身将不能尽享社会上之快乐，且食口既多，则不得不勤劳工作以图赡给。于是，一般图肉体快乐者以及游惰之民，遂皆以减少生殖为求安乐之唯一捷径。英人之家庭，多无子女或仅一二子女，推其原因，多由于此。其他尚有操高等职业而入款有限者，或服务陆、海军者，其志趣似稍高尚，然亦以有子女则须抚养、须教育，其荷担滋重，故多不愿生殖。至下流社会中，生殖率之所以减少，则居宅问题实为其一大原因。据英政府所定法律，人民住宅，一室中仅限居住二成人及一未及三岁之儿童。逾此限制，即须扩大其住宅。夫城居之小户，一有子女，则食指增多，已困于赡给；政府更欲令其增房租之担负，则所入有限，其将何以为活？故其厌恶生殖，实事势之所必至者也。

至婴儿死亡率之增加与流产（指未生婴儿之死亡而言）之众多，考其原因，实可归之于遗传病。上述未满一岁殇亡之婴孩，十万人中，于诞生一星期内殇者，二万人；未及弥月而殇者，三万人。此等甫经诞生之婴儿，其得病必在未经诞生以前。

据医家实验，流产之胞胎、诞生前夭殇之胎儿，以及诞生后旋即殇亡之婴孩，其体中多传染一种花柳病微生物①，名曰 spirochaeta pallida②。此种微生物之传染，实起于母体。

舍此以外，则哺乳缺乏亦足为婴孩殇亡之一大原因。阿许倍博士所著之儿科书中，曾谓不能哺乳（如以各种方法供给食品是）之婴儿，其死亡率，尝较由母体哺乳之婴儿多至一倍有奇云。据博士之所引证，谓一九〇九年，萨尔福地方之婴儿死亡率，哺乳者，达千分之一百十四；食他种食物者，占千分之三百十五。博士又谓，犹太人之母多以乳哺儿，英人之母则多以哺乳瓶代之，故犹太人与英人杂居之地，犹太婴儿之殇亡率，尝

---

① 微生物：此处实指病毒或细菌。
② 此英文，可译为梅毒螺旋体。

较英人为寡云云。

大抵六个月以内之婴孩，其得脑膜炎及惊风症，多由肺痨之遗传。而花柳病毒，亦为脑膜炎之主因。此外，则麻症〔疹〕与百日咳，为害尤巨；而白喉、下痢、气管郁热、肺炎等，亦足制〔致〕婴孩之死命者也。

试读统计之表，婴孩死亡之数，恒以贫户为最多。贫固非病，何以婴孩殇亡为独多乎？曰此无他，贫窭之家，居室仅可容膝，破漏不蔽风雨，孩童长日不能吸新鲜之空气，且时为风雨所侵，故疾病自易乘间而入。贫家通常无炉火，衣服尤难完备，儿童最易感受寒冷；且乡村茅舍、工役住室，多丛垢积污、秽恶不堪。虽有勤苦耐劳之慈母，欲为其子保持清洁，亦不可得。城居小家，每以数家合装一自来水管，用水量少，沐浴洗濯甚为费事，初不如富家巨室之可予取予求。则欲其讲求婴儿卫生，岂不难哉？

又如贫家厨内面积褊狭，故鱼肉、蔬菜以及婴儿之牛乳，杂置一处。日久鱼肉朽败，微生虫传染各处，即足为婴孩之病源。痢疾之起，多由于此。在夏日，其传染为尤易。近世文明人民，自谓能驱逐害菌，扫除病毒，此实仅就富室而言；若贫人之世界，固犹是丛垢纳污之境耳！

更有进者，贫家妇女，往往不能安居家中抚育儿女。男子所赚，不足赡给全家，则妇女不得不自谋生计，借以支持门户，故抛弃初生之儿女，任其啼哭，不能抚育者往往有之。其或儿女已多，则家务繁重，贫家无力雇佣，不得不以主妇一人之力操作一切。家事既集，则不能悉力致意于哺育。

由上种种，贫家育儿之困难可想而知。婴儿卫生之事，固不能责诸编户小民矣。

经吾人详细之考查，知今日英国政府对于全国妇孺，实不能尽其保护之责任。夫母道之训练、育儿之法则，为女子教育中最要之点。前此吾英当局，皆不能注意及此。

自欧战发生以后，英国一切政务均达熔点。国中保守之徒，已渐知前次种种之失计。继今以往，必将改弦更张，以谋补救于万一。而今日所最为紧要、亟待改革之政务，厥为婴儿养育之问题。人口生殖之减少，婴儿殇亡之增多，久为有识者之所隐忧。自大战开始，其祸尤烈。今则国中政治家、教育家、医学家，靡不怵然于亡国灭种之惧，且大声疾呼，以力筹补救之方法。

一九一五年，政府乃颁布生产注册法，以防止婴儿之殇亡。虽值战争之际，度支困难，政府仍不惜支出巨帑，以营救济婴儿之事业。其各地方乡村，亦颇善体政府之意，于各种保护婴儿之设施，竭力进行。虽在战时，百事停滞，独于谋婴儿安全之事，则非特绝未中止，且因受战事之影响，更加注意。此诚英国上下之一大觉悟也！

希腊哲人有言曰："患难者，所以玉汝于成者也。"今英人之患难深矣，故其觉悟亦弥速；政府、人民，今方竭力谋婴儿之安全，经营筹措，不遗余力。而其最有成效者，厥为全国联合之育儿会议。会期自七月一日起，至七月七日止，计开会一来复①，以英国首相为会长、地方自治局局长为主席。与会者，则有政治界之名流、教育界之闻人、宗教界之领袖，其他则各地方、各团体、各机关之代表均得与焉。

此项会议之成绩，厥有二端：

劝导与会之宗教界代表以及僧侣、教士，令其普告人民以养育之责任，使知厌恶生产、放弃养育于国家为不忠，于个人为不慈，且间接直接，足以减少其人之乐趣。造物生人，其希望在能尽其传种之责任。如避孕、堕胎，放弃责任，获罪于天，将无所祷。宗教之力，足以左右人心，其获效必非浅鲜。此其一也。

教育家对于成年之男女学生，应告以生育之义务、婴儿卫生之方法，俾其知所遵循。而对于女学生，尤当详授以看护及生产之种种方法，详细指导，俾心领而意会。积日既久，学生熏沐教化，自能勉尽其对国家之生育义务。此其二也。

依现在所颁之生产注册法，凡女子妊娠七个月后，即须赴官注册。此法虽于怀孕七月后之流产、堕胎，可加以监察，然犹未为尽善。私意以为，注册之限期，似尚可改早。盖怀孕七月以内，堕胎或流产者其数甚多，皆无从调查统计。若能改早注册限期，于妊娠二三月后即令注册，官家更派视察员随时检查孕妇，如其体格不健全时，则强迫其入医院治疗，以免流产之危险。

贫家妇女孕娠以后，往往劳力操作以致流产。流产之后，又不能保卫身体，二三日后即操作如常。积日既久，其生殖机管〔能〕受损，遂致不能生育。今苟使稳婆②、视察员、医生能互相联络，监察孕妇之卫生，则堕胎、流产自可减少。

所尤要者，各地城镇、乡村，宜广设病院，专供孕妇之居留。妇女受孕后，即令入

---

① 一来复：一星期。《易经》中有"七日来复"之说。
② 稳婆：亦称产婆、接生婆、收生婆等，即旧时民间以替产妇接生为业的人。此处指英国的妇产科医生。

院调治，则既可减少娠孕中之危险，且易考究流产之病原。其为益，实非浅鲜。寻常孕妇疗养院伙食、房金，每人每星期约五先令。中人之家，固不难供给；若在贫家，则不胜负担。此亦一困难问题也。

其次，则有学识材干之稳婆数太少也。英国自一九〇二年颁布稳婆法后，以至一九一四年，合格之稳婆仍不敷民间之应用。据地方自治局报告，英国共有合格之稳婆二万六千五百七十二人，惟其中有百分之六十，或执役于产科病院，或收徒教授产科，或已嫁，及因他种原因，不操此业，故皆不能供人民生产之需，以是乡间稳婆甚少，不能敷用。此不可不设法增多者也。

又，卫生检察员之用，在调查育儿之状况并指导为母者以种种，其重要不减于稳婆。现在英格兰、威尔士二区，仅有卫生检察员六百人。每一检察员，不过能视察婴儿四百人，而全境每年所产婴儿，共有八十万人。则检察员之应增加三倍，亦事理之当然者也。

要知婴儿者，国家所有之婴儿；今日怀中之呱呱，即他日国家之砥柱。故国家对于婴儿之保护，责无旁贷。民间有一胎之流产、一儿之夭殇，皆可视为政府之溺职。

然则政府将如何尽其保护婴儿之责任乎？则有多端：一曰宜广设娠妇调养病院，并培养孕娠看护妇；二曰宜与育儿之母以经济的援助；三曰及笄①之女子宜施以良好之教育；四曰宜造成有学识材干之稳婆多人；五曰宜增设卫生检察员；六曰设立种种有益于育儿之机关。凡此，皆今日政府之亟务也。

---

① 及笄：指女子年满 15 岁。笄，发簪。旧时女子满 15 岁绾发并用笄贯之，表示已到了出嫁的年龄。

28　新教育与旧教育之歧点
——在"直隶全省小学会议欢迎会"上的演说词

蔡元培

1918年4月30日

题　解　　本篇原载《新青年》第5卷第1号。系演讲词。演讲时间为1918年4月30日，发表时间为1918年7月15日。原发表时副题为"在天津中华书局'直隶全省小学会议欢迎会'演说，此处副题系由编者改拟。

　　本文在《新青年》发表前，曾于《中华教育界》第7卷第4期（刊载日期为1918年4月25日，实际出刊延至5月）发表，题为《北京大学校校长蔡子民先生在中华书局"直隶小学会议欢迎会"演说》；又曾于《北京大学日刊》第150、151号（1918年5月30、31日）连载发表，题为《蔡校长在中华书局"直隶小学会议欢迎会"之演说词》。

　　查《天津教育大事记（1840—1948）》可知："1918年5月1日，直隶教育厅在天津召开全省小学会议，至11日闭会，议决推广女学办法案及推广实业教育等案。"（天津市教育局《教育志》编修办公室编，天津市地方史志编修委员会总编辑室1987年出版）由于中华书局与各地小学的关系至为密切，所以由天津中华书局出面，在开会前主持召开了这次欢迎会。

　　有关演讲者蔡元培，参见前文《对于新教育之意见》题解。

　　有关《新青年》，参见前文《今日之教育方针》题解。

今日承京津中华书局①代表之招，得与诸先生晤言一堂，不胜荣幸。

中华书局，为供给教育资料之机关；诸君子，皆有实施教育之职务。今日所相与讨论者，自然为教育问题。鄙人于小学教育既未有经验，又于直隶省教育情形未有所考察，不能为切实之贡献。谨以平日对于教育界之普通感想，质之于诸先生。

夫新教育所以异于旧教育者，有一要点焉。即教育者，非以吾人教育儿童，而吾人受教于儿童之谓也。

吾国之旧教育，以养成科名仕宦之材为目的。科名仕宦，必经考试；考试，必有诗文；欲作诗文，必不可不识古字、读古书、记古代琐事。于是，先之以《千字文》②《神童诗》③《龙文鞭影》④《幼学须知》⑤等书；进之以"四书"⑥"五经"⑦；又次，则学为八股文、五言八韵诗⑧。其他若自然现象、社会状况，虽为儿童所亟欲了解者，均不得阑入教科，以其于应试无关也。是教者预定一目的，而强受教者以就之。故不问其性质之动静、资禀之锐钝，而教之止有一法，能者奖之，不能者罚之。如吾人之处置无机物然，石之凸者平之，铁之脆者煅之；如花匠编松柏为鹤、鹿焉；如技者教狗、马以舞蹈焉；如凶汉之割折幼童⑨，而使为奇形怪状焉。追想及之，令人不寒而栗。

新教育则否，在深知儿童身心发达之程序，而择种种适当之方法以助之。如农学家

---

① 中华书局：全称"中华书局股份有限公司"。于1912年1月1日由陆费逵筹资创办于上海。该局初以出版中小学教科书为主，并以《中华教科书》一炮打响，与基础教育的联系密切。其总部初设上海，后迁址北京，在全国各大城市均设有分部。"京津中华书局"，实指中华书局北京、天津分部。
② 《千字文》：南北朝周兴嗣所撰的蒙学课本。全文1000个字，仅有1字重复。人所熟知者为其开篇："天地玄黄，宇宙洪荒。日月盈昃，辰宿列张。"
③ 《神童诗》：据传为北宋汪洙所撰的启蒙读物。人所熟知者为其开篇："天子重英豪，文章教尔曹。万般皆下品，唯有读书高。"
④ 《龙文鞭影》：原名《蒙养故事》，初为明人萧良有编撰的启蒙读物，后由杨臣诤进行了增补修订。"龙文"是古代一种千里马的名称，这种马见到鞭影就会疾驰。全文内容主要为来自二十四史中的人物典故，可称为一本典故大全。
⑤ 《幼学须知》：又称《成语考》《故事寻源》。为明人程登吉编著，清人邹圣脉等进行了增补，后改名为《幼学琼林》。全书用骈文写成，易于诵记。
⑥ "四书"：指《大学》《中庸》《论语》《孟子》这四本儒家经典。
⑦ "五经"：指《诗经》《尚书》《周易》《礼记》《春秋》这五本儒家经典。
⑧ 五言八韵诗：科举考试所采用的诗体。因题前常冠以"赋得"二字，也叫"赋得体"。题目范围与用韵均有严格要求，且不许重字。
⑨ 割折幼童：指人为致幼童残废，以利于乞讨的现象。

之于植物焉，干则灌溉之，弱则支持之，畏寒则置之温室，需食则资以肥料，好光则覆以有色之玻璃。其间种类之别、多寡之量，皆几经实验之结果而后选定之；且随时试验，随时改良，决不敢挟成见以从事焉。

故治新教育者，必以实验教育学为根柢。实验教育学者，欧美最新之科学，自实验心理学出，而尤与实验儿童心理学相关。其所试验者，曰感觉之阈，曰感觉之分别界，曰空间与时间之表象，曰反射，曰判断，曰注意力，曰同化作用，曰联想，曰意志之阅历，曰统觉；凡一切心理上之现象，皆具焉。其试验之也，或以仪器，或以图画，或以言语，或以文字。其所为比较者，或以年龄，或以男女之别，或以外界一切之关系，或以祖先之遗传性。因而得种种普通之例，亦即因而得种种差别之点。虽今日尚未达完全之域，然研究所得，视昔之纯凭臆测者，已较有把握矣。

因而知教育者，与其守成法，毋宁尚自然；与其求画一，毋宁展个性。请举新教育之合于此主义者数端。

一曰陶斯道①（Tolstoi）之自由学校。其建设也，尚在实验教育学未起以前，乃本卢梭、裴斯泰洛齐、弗罗贝尔②等之自然主义而推演之者。其学生无一定之位置，或坐于凳，或登于桌，或伏于窗槛，或踞于地板，惟其所欲；其课程亦无定时，惟学生之愿，常以种种对象间厕而行之；其教授之形式，惟有问答。闻近年比利时亦有此种学校，鄙人欲索其章程，适欧战起，比为德所据，不可得矣。

二曰都威③（Dewey）之实用主义。都威尝著《学校与普通生活》一书，力言学校教科与社会隔绝之害。附设一学校于芝加角大学④，即以人类所需之衣、食、住三者为工

---

① 陶斯道：通译托尔斯泰，即列夫·托尔斯泰（1828—1910），俄国作家、思想家。1849年，他在故乡亚斯纳亚·波利亚纳创设平民学校，试图为农民的子弟提供教育服务，后因其赴图拉省总督府办公室就职而停办。1859年至1863年，他又在故乡恢复办理平民学校，开展教育实验，并出版《亚斯纳亚·波利亚纳》杂志，后因该杂志宣传一些反政府的思想，以及学校缺乏真正适应农民和农民子弟的读本而被迫关闭。1872年，他不仅再次恢复办学，而且新建了校舍，自编《识字课本》和《阅读课本》。这三次办学，集中体现了托尔斯泰的自由教育思想，即主张"国民教育组织的自由""教育原则的自由"和"教育过程的自由"。因此，人们称其所办平民学校为"自由学校"。人名所跟"Tolstoi"误，当为"Tolstoy"。
② 弗罗贝尔：通译福禄培尔。
③ 都威：通译杜威。
④ 芝加角大学：通译芝加哥大学。

事标准，略分三部：一曰手工，如木工、金工之类；二曰烹饪；三曰缝织，而描画、模型等皆属之。即由此而授以学理。如因烹饪而授以化学，因裁缝而授以数学，因手工而授以物理学、博物学，因原料所自出而授以地学，因各时代、各民族工艺若服食之不同，而授以历史学、人类学等是也。

三曰蒙台梭利之儿童室。即特设各种器具，以启发儿童之心理作用者是也。吾国已有译本，想诸君已见之。

四曰某氏之以工作为操练说。此说不忆为何人所创，大约以能力说为基础。能力者，西文所谓 energy 也。近世自然哲学，以世界一切现象，不外乎能力之转移。如燃煤生热，热能蒸水成汽，汽能运机，机能制器；即一种能力之由煤而热，而汽，而机，而器，递相转移也。惟能力之转移，有经济与不经济之别。如水力可以运机发电，而我国海潮、瀑布之属，皆置而不用，是即不经济之一端也。近世教育，如手工、图画等科，一方面为目力、手力之操练，而一方面即有成绩品，此能力转移之经济者也。其他各种运动，大率止有操练，并无出品，则为不经济之转移。若合个人生理及社会需要两方面而研究之，设为种种手力、足力之工作，以代拍球、蹴球之戏；设为种种运输之工作，以利用竞走、竞漕①之役，则悉于体育之中，养成勤务之习惯，而一切过激之动作、凌人之虚荣心，亦可以免矣。

其他类是之新说，为鄙人所未知者，尚不知凡几。亦足以见现代教育界之进步矣。

吾国教育界，乃尚牢守几本教科书，以强迫全班之学生。其实，与往日之《三字经》②、"四书""五经"等，不过五十步与百步之相差。

欲救其弊，第一，须设实验教育之研究所；第二，教员须有充分之知识，足以应儿童之请益与模范而不匮；第三，则供给教育品者，亦当有种种参考之图画与仪器，以供教员之取资。如此，则始足语于新教育矣。

---

① 竞漕：划艇竞赛。
② 《三字经》：相传为南宋王应麟编纂的启蒙读物。该书在元、明、清时为启蒙教材的首选。

29　儿童游戏与人类学之意义

天民

1918年8月20日

题　解　本篇连载于《教育杂志》第10卷第8、9号"学术"栏。发表时间为1918年8月20日、9月20日。

撰著者天民，为教育杂志社内的一个公用笔名。其使用时段，为该刊第4卷第5号（1912年8月10日）至第13卷第7号（1921年7月20日）；该刊以"天民"署名的文论，共114篇、出现过159次（因有连载）。据载，这些署名为"天民"的稿件，多数是由该刊时任主编朱元善选编并交樊炳清等编译所同人编译而成。

有关《教育杂志》，参见前文《对于新教育之意见》题解。

自昔皆以儿童之游戏与成人之娱乐同，而与人类及个人之发达为了不相涉也。今则深知旧见之非，确信儿童游戏与儿童发育有必然之关系矣。然其关系之性质及程度如何，则尚无定说。世之学者，虽明此中消息，而种种之学说以兴。吾人拟取各学说而遍加评判，以期得正确之说明，庶一以阐明儿童游戏之人类学的意义，一以得教育的应用之依据云。

以此目的，故本论分为三节：最初评判关于游戏之各学说；次则研究儿童发达中游戏之变化；最后则陈述吾人之意见，以示教育的应用当依据之点焉。

一、游戏之学说

周览关于游戏之学说,自其立脚点而类分之,则有生理学的立场、生物学的立场、心理学的立场、美学的立场、社会学的立场、教育学的立场之六方面焉。虽然,欲论游戏之本质,阐明其人类学的意义,则如教育学的立场及社会学的立场,皆为论其结果及影响之学说,兹无说明之必要。其次如心理学的立场,则论游戏中儿童之心理,而非说明游戏之由来者,故略之。若美学的立场,乃论游戏魂与美之关系,以美学解释游戏,而非论人类与游戏之因果关系也,故亦略焉。其最于此问题有直接关系者,唯生理学与生物学之二方面耳。

根据生理学及生物学之各学说,自常识观之,则有三种:(1)人类以壮健而且闲暇,故从事游戏;(2)疲劳之时,欲休养恢复,故游戏;(3)游戏于个体之发达极为重大,故游戏为其必要。"(1)"为势力过剩说(the surplus energy theory),"(2)"为休养说(the recreation theory),皆属于生理学立场者;"(3)"为能力练习说(the faculty-exercises[①])及反复说(the recapitulation theory),则属于生物学立场者也。

势力过剩说,为德国希列尔[②]所首创,英国斯宾塞[③]和之,故一称为"希列尔-斯宾塞说"(the Schiller-Spencer theory)。

希列尔所著《美义教育之书翰》[④]中,第二十七首有云:"若狮子饱食而无挑怒之,猛兽则其强力郁而不舒,故不得不借咆哮以发泄之乎。"意盖谓游戏者,即发泄此过剩势力之方法耳。又尝言:"由游戏而生之快乐,非自得其方法而来,唯由其势力之使用与自由耳。"

斯宾塞所著《心理学原理》之《美的情绪》篇,又祖述希列尔之说,而为科学的

---

① 此处英文当为"the faculty-exercises theory"。
② 希列尔:通译席勒,即弗里德里希·席勒(Friedrich Schiller,1759—1805),德国诗人、剧作家、美学家,为德国文学史上著名的"狂飙突进运动"的代表人物,被誉为"德国古典文学中仅次于歌德的第二座丰碑"。著有诗歌《欢乐颂》、剧作《阴谋与爱情》和美学论著《审美教育书简》等。
③ 斯宾塞:赫伯特·斯宾塞(Herbert Spencer,1820—1903),英国哲学家、社会学家。出生于教师家庭。曾任铁路土木工程师,后专心从事写作,宣扬社会达尔文主义观念。著有《社会静态论》《心理学原理》《教育论》等。
④ 《美义教育之书翰》:通译《审美教育书简》,也作《美育书简》。

之说明。其根本观念有二：（1）人类及高等动物为高等之发达，而其生活上有余力故；（2）休息既久，则其势力之一部可移于他之事物，如是而游戏以起。要之，以游戏之本质归于势力之过剩者也。氏更谓，神经节细胞之过剩成生，由于一种遗传的敏活作用而发散时，即为游戏云。

势力过剩说之所不能说明者，即高等动物随其种属而各有特异之游戏是也。势力过剩说则既不能解释此问题，于是斯宾塞提出模仿说以斡旋之。彼以为，人类及高等动物之模仿者，乃于过剩势力发现为游戏时，而与以形式耳。然此模仿说，于各动物特异游戏之所以及起源，究无由说明之。要之，势力过剩说仅能说明游戏本质之一部分耳。

休养说，亦称疲劳说，乃格资姆志①所首唱，而柏林大学哲学教授马里资·拉阿尔斯祖述之者也。此说之中心，则有二种假定：（1）儿童心的势力过剩时，自然从事于游戏；（2）物的势力过剩，借娱乐而发散时，则心的势力即恢复其疲劳。要之，休息说者，乃以游戏为恢复疲劳而起者也。

此说之弱点有二。如，以物的势力之发散，可恢复心的势力之疲劳，即其一也。依最近之学说，凡身心之疲劳，皆以有一种疲劳毒素生于细胞中之故。由是言之，则疲劳非可以身心交迭为用而恢复也明矣。唯以接触于目者之互异，而可免倦厌耳。第二之弱点，彼以儿童之游戏与成人之娱乐等视而齐观，故其说明非为游戏之本质，不过其一动机耳。

拉伊希列氏折衷势力过剩与休养二说，而言"欲恢复疲劳之游戏，亦以消费其充满之势力而发起冲动，盖势力之充满与不足，皆为缺陷也"云云。

以上各说，皆属于生理学的立场，诚亦言之有故、持之成理者。虽然，儿童既无可消费之势力，又不在恢复之范围，而游戏的冲动依然炽烈，亦显著之事实也。于此，又何以说明之乎？

能力练习说，首唱于格洛士②。彼盖以游戏之起源，属之本能者也。其说之大要，

---

① 格资姆志：通译拉察鲁斯（Lazarus），生卒年未详，德国哲学家、心理学家。其与帕特里克提出的游戏"休养说"或"疲劳说"，现今通称"松弛说"。

② 格洛士：通译格鲁斯，即卡尔·格鲁斯（Karl Groos，1861—1946），德国哲学家、心理学家、美学家。曾任吉森大学、巴塞尔大学、图宾根大学教授。著有《美学导论》《动物的游戏》《人类的游戏》《审美欣赏》等。

谓游戏由本能而起，本能因游戏而发达，以为将来生活之预备练习。即游戏者，乃为能力之预备练习而发生者也。

此说之所长，在于以游戏之起源属诸本能，为他说之所未及。然亦仅说明其发达之一部，而游戏之本质依然未解决也。又，其所短，第一，于本能之早熟的发现，全忽视之。玛克特哥氏曾驳之曰："格洛士见小犬之喧争，而以其为游戏本能之发现。然小犬实有早熟的本能，以限制其好斗的本能，故其斗争不致负伤，而有若游戏然。格洛士但注意其好斗的本能，而于限制其好斗本能之早熟的本能，则全遗之云。"其第二之弱点，即但论游戏关于将来之生活，而忘其过去。易而言之，即专论游戏之主体耳。

美国克辣圭大学①总长斯丹列·霍尔②，鉴于格洛士之缺点，而更唱"反复说"以说明之。霍尔氏理论方面之根本思想，乃以进化论及发生学之见解，应用之于人类身体及精神上者也。彼以人类之知的作用惟占精神作用之表部，而深蟠踞其根柢者，厥唯感情本能，故特于本能与遗传之中，确立说明游戏之基础。彼尝言："游戏为遗传之纯粹的发表。"又言："游戏非为将来生活计，乃反复其种族之历史耳。"此言，固全然否认格洛士之说矣。要之，其学说之主要点，惟为反复的观念。即谓其种族自古迄今之进化史中种种行动，自其一生物之发生以迄成熟，悉反复而行之。更申言之，即人类史绵延之开化时期，儿童一一于游戏中复演之也。其曷以而然？则以游戏者，包含个体发育中种种本能而表现之故耳。

此学说乃以遗传状态而立论者。然亦有种种之反对说。今拟顺次评判之，而最后加以折衷焉。

势力过剩说、休养说及能力练习说，不过论游戏为个体发达过程中之一现象耳。换言之，即惟注目于游戏之横的方面也。然反复说，则将个体发生与系统发生视为有密切之关系，而注目于游戏之纵的方面，阐明遗传之作用，则确为其特色也。

对于此说之反对论，亦颇有见解。反对论第一之点，以为即如霍尔言，人类自原始

---

① 克辣圭大学：通译克拉克大学。
② 斯丹列·霍尔：通译斯坦利·霍尔（Stanley Hall，1844—1924），美国心理学家、教育家。是美国第一位心理学博士，美国心理学会的创立者，发展心理学的创始人。他于1888年受聘任克拉克大学第一任校长兼心理学教授，1920年从克拉克大学退休。著有《青春期——青少年的教育、养成和健康》《一个心理学家的生平和自白》等。

时代以达于今日之文明，其间果经历显著之各阶级；而开化之各时期，岂即确为人类身心进化阶级之表现乎？换言之，人类开化各时期种种之特色，果深印于人类之身心而铭刻其特色乎？更申言之，即人类之身心，果顺应于开化各时期之特色，而成为遗传以递传于后世，于精神上、肉体上皆深受其印象乎？其反对第二之点，则谓霍尔于人类开化之时期，非分为农业时代及牧畜时代乎？然正确经过各时期，而达于今日之文明，实非有显然之证佐。例如，居印度之某民族，固未经游牧时代而直达农业时代者。观此可知，不正确经历各时期者之确有其例，然则霍尔之说，岂可谓为确论乎？

此反对说，固非无理由者，然亦自有其缺点。而吾人对于霍尔之反复说，则于某程度内，实不得不赞成之也。

反对者之第一驳论，其缺点有二：

（1）彼之所言，似以人类开化之各时期为十年、二十年短时日中之变动者。夫人类之进化，决非自某时期而飞跃于他时期，盖于长年月之间徐徐进行。久之，遂于时代之前后，呈各异之特色。就此特色，而或称游牧时代，或称农业时代焉。其名称相近，而经过之时日特长。此非常之长时期间，岂对于人类一无影响乎？人类造其时期，其时期更生次之人类，而时代遂次第变化。纵谓其影响顺应，非自一迄十而确乎不易者。而要之，人类造时期，时期影响于人类，则决无疑义也。在于此点，其驳论亦非全反对之；所反对者，乃其影响之量耳。

（2）驳论者之意，似谓苟非时期之特色确然自一迄十而影响于人类，人类亦自一迄十而顺应之，则必不能为进化遗传之原因。此第二之缺点也。其意以为，刺戟人类之环境为十，而人类之反应亦为十，其刺戟确为反应之根本时，始得为遗传之原因。虽然，刺戟十而反应虽止有五，然此五者确为其时期特色之主要部分，则印象自必特强，故亦为遗传之原因也。虽非如映于照片之像，细大不遗而影响之，然其骨髓既为印象矣，则岂得谓非其时期特色之影响乎？

对于第二之驳论，吾人亦自有说。霍尔之说，乃略举自原始时代迄于今日经过中之主要特色，而说明其覆演于游戏中之状态耳，非谓其时期悉反复于游戏中也。故时期之分类，无论其为三、为五，而但证明有若干之特色发现于游戏中，则此说即以成立。今驳论者，乃以变例而否定其说。夫印度某种族不经过游牧时代之例，止可供人类开化时期分类上之辩驳，而于反复说之根本全不相涉也，何则？无论时期之分类为三、为五，而但其反复之实证显然，斯亦足矣。

要之，凡一种族，自原始迄今，所有进化之各阶级，于其一生物之发育中，必约略覆演之。又，开化阶级实际之数，非尽行反复者。故反对者之驳论，必无由而成立。此余所确信者也。

二、游戏之时期

关于游戏之学说，既如上述。今更详述儿童期各各特有之游戏于下，一以示霍尔反复说之非诬妄，一以示教育的应用之原理焉。

儿童自其在怀妊中，以迄历儿童期而为成人。其各年龄间，皆表现特异之心理状态及身体之发育，各学者遂依之而分为数期。反而观诸儿童之游戏，亦经其各异特色之数阶级而发达者，故各学者亦分为数期。今以反复说为中心，而示游戏时期之分类与人类发达阶级之略相一致，更进而求适当之分类焉。

慈拉蒙特分儿童期为三游戏期：

第一期，自堕地至七岁，为儿童体力上受环境支配之时期。其举动之空浮而无著落，为此期之特色。

第二期，七岁至十二岁，为以全知力用于游戏之时期，有竞技的特色。

第三期，十二岁以后，为社会心发达之时期，故游戏恒带团体的特色。

砡格氏本于儿童发达之心理而分三游戏期：

第一期，自堕地至七岁，为喜直接活动之时期。

第二期，七岁至九岁，为身体发达最迟缓之时期，又为竞争的游戏之时期。

第三期，十岁至十二岁，为最极活泼，而社会的本能旺盛之时期。

砡格氏以八岁时为心像与运动的调整不相调和之时期，十二岁为感知自身与社会状态不相调和之时期，故为如斯之分类也。

格利志克其区分法，与慈拉蒙特相类似：

第一期，三岁至七岁，为模仿期。

第二期，七岁至十二岁，为个人的竞争的游戏期。

第三期，十二岁至十七岁，为团体的竞争期。

第四期，十七岁至二十三岁，为社会的游戏期。

约翰孙分为五游戏期：

第一期，自堕地至三岁，为感觉发达之时期、受环境支配之时期。

第二期，四岁至六岁，为被动的活动之时期、模仿时期。

第三期，七岁至九岁，为被动的活动稍减之时期、练习繁复的竞技之时期。

第四期，十岁至十二岁，为竞技熟练之时期，宠爱小鸟、家畜等之时期。

第五期，十三岁至十五岁，为社会的竞技之时期、崇拜英雄之时期。

哈伦士所著《儿童期及青年期之心理》中，分游戏期为四期：

第一期，自堕地至六岁，喜模仿的游戏，竞技易感疲劳；又喜小团体及单独的游戏。

第二期，六岁至十岁，喜玩具及简单竞技与自由之游戏。

第三期，十岁至十四岁，喜团体的竞技，但不束缚于规则；又绝不以团体而限制自己发表之范围。

第四期，十四岁以后，喜稍难之游戏，稍稍服从规则及团体。

如上所述，分游戏期为三期者有之，五期者亦有之，要皆各有其理由存焉。要之，区分游戏期，必不可遗忘各儿童期身体的及精神的之特色。盖游戏期之特色，即以各儿童期之特色为背景而映出者也。吾人考察儿童一般之心理及生理，宜参照各学者之说而别为分类，更进而与反复说之所论相比较焉。

三、吾侪之分类

时期之区分，约翰孙以堕地至三岁为一期，似最为适当。此时期，心身之发达颇为急剧，身体各部易不平均，故死亡率最多〔高〕。于心理的方面，则为感觉作用发达、旺盛之时期焉。

哈伦士以六岁至十岁为一期，亦似有当。此时期，心身之发达视前期稍缓，故身体非如前期之柔弱；于心理作用，则想像力旺盛。

至第三期，则吾人赞成约翰孙氏以十五岁为一区划之说。此期，身体之成长完成，身体各部殆在平均状态；发达虽迟缓，然极健康，抵抗力甚强，依赖父母之心渐薄，喜在家庭外为独立活动，乃最适于器械的记忆之时期也。但女子之入此期，似当以十三岁为一界限。

第四期，为十五岁以后。身心均起急激之变化，发育亦速，生殖作用发达，身心均为不安定之状态，故死亡率亦高。于精神方面，则爱他之作用渐渐萌芽，道德心及宗教心始行表现，入于所谓青春期之时期。霍尔氏所言"第二之诞生"，此其时也。

要之，吾人依科学的观察，而分游戏时期为四期：第一期，自堕地以迄三岁；第二期，自三岁迄十岁；第三期，自十岁迄十五岁；第四期，为十五岁以后。但此宜注意者，所谓三岁、十岁、十五岁，非确然不易之界划，不过示其大概而已。前后一二年之错综，可勿论也。

今将上述各期之特有状态，分举如下。

第一期，自堕地迄三岁，此时为感觉时期。依布拉邑尔之说，生后第十七周，味觉发现；二岁之初，嗜聆物音。又为受环境支配之时期，而甚喜模仿。故此时期之游戏，以感觉练习为主；把握与保持，为其所最喜。如步行、匍匐之游戏，其特色也。

第二期，三岁迄十岁，此时为想像作用最活泼之时期，又利己的之时代也。竞争、抵抗、自是、残忍，为此时期之特色。又崇拜英雄。故此时期之游戏，于初期则爱玩具，渐长则喜战争游戏、夺旗、圆阵游戏、演剧之类，又为鬼事游戏（即一儿作鬼而捕捉他儿，被捕者代为鬼。此种类似之游戏，各地甚多）、捉迷藏、打棒运动等。前期游戏之特征为觉感的，此期则为竞争的也。

第三期，十岁迄十五岁。此期之初期，喜饲育动物、栽培花草。又，权势之欲颇强。近于末期，则社会心渐次萌发。前期最极自是，至是则忽转而为柔顺。服从团体而忠实，殆可谓此期之特色。此时所嗜之游戏，即动植物之玩爱，掘沙、黏土、细工及驰驱，与团体的竞技也。团体的竞技，于第四期之初为最盛。

第四期，十五岁以后。此期之初期，自己之观念渐强，意志颇盛，名誉心亦因之而重，社会心及团体的精神逐渐发达。其后期，为所谓青春期。于知的方面，则价值及利害之观念发达，思虑周到，而作事具有条理；于情的方面，则纯粹之爱他心发达，道德心、宗教心油然而生，身体及精神均不安定。故游戏亦与前期异。此期之初，以社会的情绪为主，如击剑、柔术等之武技，如足球、网球之组织的游戏，皆盛行之。至后期，则喜围棋、短艇、弓术、射击等组织的游戏。组织的游戏，实此期之特色也。

儿童期之游戏，其所经阶级略如上述。抑此特色与反复说所云之人类发达阶级其关系若何，请述于下。

前述之霍尔氏反复说，他学者更益以种种之研究，而编排次表（表4），以示游戏之特色与人类发达之阶级焉。

表4　霍尔氏游戏进化分期表[①]

人类进化之时代次序	相当于进化时代之游戏
1. 动物时代（animal stage）	1. 模仿的游戏（imitation plays） 2. 攀登的运动（climbing） 3. 振摇运动（swinging） 4. 垂下运动（hanging） 5. 鸟蹼运动（padding）
2. 野蛮时代（savage stage）	1. 狩猎的游戏（hunting plays） 2. 鬼事游戏（touch last） 3. 捉迷藏（hide and seek） 4. 关于标的之游戏（throwing at smark） 5. 打棒运动（striking with a stick/cricket）
3. 游牧时代（nomad stage）	1. 动植物之爱玩（pets） 2. 驰驱（running away）
4. 农业时代（agricultural stage） 　 族长时代（patriarchal stage） 　 初期部落时代（early settlement stage）	1. 土木偶之玩弄（dolls） 2. 造庭（gardening） 3. 掘砂（digging in the sand） 4. 黏土细工（modelling clay）
5. 种族生活（the tribal life）	团体竞技（team games）

人类自原始时代而迄于今日，其间经历之生活略如上述。此各学者所公认而无异词者也。第一期，动物时代，为人类之个体发达时代，相当于游戏之第一期，即感觉时期。第二期，野蛮时代，为以狩猎而得之时代。游戏期之第二期，带竞争的色彩，而以鬼事

---

① 此表中的表线系编者所加。

游戏为中心者，即此期之反复也。第三期迄第四期，为从事牧畜、耕作，而渐入于安定生活之时期，相当于游戏期之第三期，即爱玩动植物、为征战竞技之时。最后入于第四期，则为建设国家之种族生活，从事工商业而应用科学。此相当于游戏第四期，为组织的游戏而应用智略之时，至是而儿童已入于壮年期矣。

以上之事项，将向壁虚造乎？抑亦于本质有关系者乎？人如疑之，试观察研究儿童之实际与人类学、生物学等相对照，则自了然矣。

四、结论

霍尔氏之反复说，大致与儿童发达之阶级游戏之发达相并行者。今教育界，大率未研索游戏之本质，徒以己之嗜好而规定教育之旨趣，或唯依毫无定见之书籍而教育之。凡实际，必本于理论。故欲应用于教育者，尚其研究此中消息，而施有根据之教育乎！

30 儿童公育
——彻底的妇人问题解决法，处分新世界一切问题之锁钥

沈兼士

1919年1月30日

另图25 沈兼士像

题　解　本篇原载《新青年》第6卷第6号。撰成时间为1919年1月30日，发表时间为1919年11月1日。文中"一、二、三"和"（一）（二）（三）"两级序号，系由编者统一加拟。

该文在《新青年》刊载时，也于《北京大学日刊》第474、475、476、477期连载发表（1919年10月31日，11月1、3、4日）。

撰著者沈兼士（1887—1947），又名坚士，浙江吴兴（今属湖州）人。早年留学日本，虽入东京物理学校，然私下拜章太炎为师，专攻文字学，并加入同盟会。归国后在杭州、嘉兴任教，与其二位兄长沈士远、沈尹默共同执教于北京大学，有"北大三沈"之称。在新文化运动中，竭力宣传新思想，倡导新学风。1922年在北京大学创办研究所国学门，任主任，且为清室档案整理的开拓者。后历任厦门大学、辅仁大学教授。其间，一度担任故宫博物院文献馆馆长。毕生虽致力于文字学和古籍的教学和研究，然而思想新进，不落俗套，颇有创见。著有《广韵声系》《段砚斋杂文》等。

有关《新青年》，参见前文《今日之教育方针》题解。

　　解决妇人问题，其最大之障碍物，即为家族制度。家族制度者，人类私有财产制度的历史上之恶性传统物；自来社会种种进化，莫不受其累而形迟滞焉，不过亚洲与欧美

其受毒程度有深浅之别耳。今世界大战告终①，社会行将改造。建设此新世界之惟一原则，人莫不知其为 democracy② 矣。假使不趁此时机打破家族制度，则妇人终竟不能脱离向日之羁绊，而社会之重心仍属于男子方面，是 democracy 云者，但为片面的，而非普遍的。

今世与妇人问题并为人所重视之劳动问题，其最重要之条件，曰"工资增加"。假使家族制度不先打破，则生活程度逐日增高，赡妻养子，终莫能释内顾之忧。此种不均等的经济支配法，殊难维持长久之治安。是工资增加云者，但为治标的，而非治本的。

妇人解放，其难点不在未生育之前，而在既生育之后。此为研究妇人问题者最当注意之处。欧美妇人智识程度，未必遽逊于男子，而卒未能与男子并驾齐驱、共同活动于社会中心者，亦家族制度为之累故耳。家族制度重要之元素，实为儿女。今欲解决妇人问题，若不先从处置儿童方法着手，是妇人解放云者，但为一时的，而非到底的。

年来，国人对于妇人问题发表之文章颇多，或据事迹以评现状，或本理想以定目的。至于处此现状之下，当用如何手段，而后可以排除障碍，完全达到理想中所定之目的，此种方法却少精密之讨论。间有言之者，亦不过一枝一节，绝鲜道及根本的具体进行方法者。今本一巳〔己〕之见解，粗分进行方法为四级，陈说于次。

一、四级方法

（一）四级方法③

（1）女子须与男子受同等之教育，备有同等之智识；由小学以至大学，男女均须同校。破除向来以"良母贤妻"为惟一标准之女子教育。

（2）智识既备，生计自广，然后可以脱离男子之羁绊，为社会服一切职务。

（3）男女既能各谋生计，夫妇当以分居为常法，合居为例外，破除固有之家庭形式。

---

① 此处指第一次世界大战结束。
② 此英文，意为民主或民主精神。
③ 此标题系由编者加拟。

（4）妇人问题最难解决之点，在于既生育之后。今研究妇人问题者，对于儿童，若无相当之良法以处置之，则妇人问题终无澈底解决之一日。

良法惟何？吾以为，即"儿童公育"是也。

（二）儿童公育之组织

社会先当立一调查机关，酌定每若干人口之间，于适当地方设一公共教养儿童之区。其中如胎儿所、收生所、哺乳所、幼稚园、小学校、儿童工场、儿童图书馆、儿童病院等，及其他卫生设置，均须完备。

担任教养之人材，以体格壮健、常识完备、秉性亲切，为合格之三大要件。

此外，更当设一儿童学研究会，聘任儿童学专家（如儿童心理学者、儿童生理学者、儿童教育学者之类），随时调查、讨论。

每年联合若干区，开一儿童比赛会，请专门儿童学者评定成绩之优劣，以期竞争、改良儿童公育之组织至于尽善尽美。

（三）儿童公育之经费

凡为父母者，每一儿童须年助金若干。极贫者，得酌减助金或免助金；资产家，除年助金之外，尚须纳开办临时助金及特别常年助金。大率，以资产之多寡比例出金。

凡助金额数及减免纳金，均须由本区人民公决之。

至于遗产，统须归入儿童公育机关，不得授与私人。

如遇特别情形，可由本区人民公决办法。

二、四级方法关于社会各方面之利益

每条下附识之"（1）（2）（3）（4）"，即上方所列之四级方法。兹欲表明其与各方面有因果关系，故分识于各条之下。

（一）关于女子方面之利益

1. 女子之智力、体力，原与男子无大差别。其后，因女子为男子所私有，遂终身埋头于生育、中馈之职务。数千年来，乃养成男优女劣之习惯。今将桎梏女子之制度一切解放，女子之智力、体力，不久必可恢复本来面目——（1）（3）（4）。

2. 不至因养育而废学问、失职业，终身可以不依夫赖子——（3）（4）。

3. 永无操婢妾、娼妓诸贱业者——（1）（2）。

4. 不必人人备有贤妻良母之惟一智识——（3）（4）。

5. 长于教养儿童者，可以作为专业，在儿童公育机关，为一般儿童造福——（3）（4）。

6. 独身、结婚、离婚、夫死再嫁或不嫁，可以绝对自由，无家庭之拘束与儿女之牵掣——（3）（4）。

（二）关于男子方面之利益

1. 可以终生免负家累——（2）（3）（4）。

2. 可以改良纳妾、宿娼之恶习——（1）（2）（3）（4）。

注：男子纳妾、宿娼，实为蔑视女子之人格。由心理方面观察之，其最大原因，则惟厌故喜新。此层，（1）（3）法足以防止之。此外，尚有特别情形，如为求嗣续纳妾者，（4）法足以防止之。如畏负家累，宁宿娼而不娶者，（2）（3）（4）法足以防止之。

（三）关于儿童方面之利益

1. 使自觉其个人在于社会上之位置，以发达其对于人类互助之观念——（3）（4）。

2. 不受父母之溺爱或压制，可以扫除崇拜祖先、依赖家长之恶习，使其有发挥本能之机会，了解独立之精神——（3）（4）。

3. 先天遗传之恶根性或病质（如腺病质之类），得赖合于学理的教养以救正之，不致将来遗害于社会——（3）（4）。

4. 妇人解放后，为社会上种种之活动，不能家居抚顾儿女，往往于儿童健全上发生影响。儿童公育之后，可毋虑矣——（4）。

5. 依分功原则教养儿童，其德育、智育、体育，可以平行发达。成效，必在旧式专赖父母为生活者之上——（3）（4）。

（四）关于教育方面之利益

1. 联合家庭教育、学校教育、社会教育为一气，可免向来学校与家庭格阂、矛盾之弊，且可化学校之死教育为适应社会需要之活教育——（4）。

2. 各种儿童教养机关合而为一，自人力、财力两方面言之，亦为最经济的组织——（4）。

3. 无凭藉世产或因贫乏而失教育之儿童——（4）。

（五）关于社会方面之利益

1. 纯粹以个人为单位，男女平行发展，共同尽力于各种事业。社会生产之能率自必倍增——（2）（3）。

2. 家族制度、权贵阶级、资产阶级，均可藉此打破，永无复活之机缘。然后，劳动问题、经济均等问题，得有根本之解决——（2）（3）（4）。

3. 家庭破除、儿童公育之后，无产阶级间接可以得有产阶级之挹注（参考上文"儿童公育之经费"节）。又，公共宿所及食所，自必应势而兴，当然腾出许多土地，节省许多粮食，以调节过与不足。此亦均贫富之一方法也——（3）（4）。

注：或以儿童公育之后，人人对于养育子女不负责任，恐将来发生人满之患。此固为理想上必有之问题，故上文规定，凡为父母者，均须以子女之多少为比例，助金于儿童公育机关，即所以令其负责任也。此外，如禁止早婚，可于法律上规定之；节制性欲，可于道德上提倡之。皆消极的防止人口增多之法也。倘因此而竟谓儿童公育之必不可实行，则亦因噎废食之论已。

三、结语[①]

综观上说，欲解决社会一切问题，非先解决妇人问题不可；欲解决妇人问题，非先

---

① 此标题系由编者加拟。

解决家族问题不可；欲解决家族问题，非先解决儿童问题不可。解决儿童问题之惟一良法，曰"儿童公育"。美总统威尔逊①尝谓："国际同盟为解决和会一切问题之锁钥。"我于儿童公育之对于新世界一切问题，亦深信其有此锁钥之价值，颇欲趁战后社会组织须变动之时机，将此主义宣传，以供同志之研究。

或有以儿童公育难于实行为虑者，不知理想为事实之先导。易卜生②、托尔斯泰当时所主张之正义、人道，世多疑其太迂。迟至今日，已得发展之机势，人莫不以其所主张为事理之当然矣。儿童归国家教养之说，昔日柏拉图辈早已引其端绪。今时机已经成熟，人类私有财产制度的历史行将告终。儿童本为社会之分子，今归之于社会公共教养，实合于自然之原理。吾深信，欲立 democracy 稳健完密之基础，破除旧世界之种种恶业，舍此别无根本的良法。

附言一

此种组织，与旧式之育婴堂、贫儿院，其性质根本不同。此为根本的、互助的、平等的；彼为补救的、慈善的、阶级的。不能混为一谈、认此为含有彼之扩张性也。

附言二

此稿成于病余，无力参考成说，仅抒已〔己〕见而已。尚望研究社会问题专家，有以教之，幸甚。

八.一.三〇

---

① 威尔逊：托马斯·伍德罗·威尔逊（Thomas Woodrow Wilson，1856—1924），美国第 28 任总统。1910 年当选新泽西州州长，1912 年当选美国总统，1916 年获连任。次年，放弃中立原则，带领美国参加第一次世界大战并取得胜利。后倡议组建国际联盟，并因此获得了 1919 年诺贝尔和平奖。

② 易卜生：亨利克·易卜生（Henrik Ibsen，1828—1906），挪威戏剧家，被誉为"欧洲现代戏剧之父"。其社会悲剧《玩偶之家》在当时的中国引发极大反响。另著有《彼尔·金特》《群鬼》《人民公敌》等。

兒童公育

沈兼士

▲徹底的婦人問題解決法
▲處分新世界一切問題之鎖鑰

解決婦人問題其最大之障礙物即為家族制度者，人類私有財產制度的歷史上之惡性傳統物；自來社會種種進化莫不受其累而形遏澁焉，不過亞洲與歐美其受毒程度有深淺之別耳。今世界大戰告終，社會行將改造建設此新世界之惟一原則，人莫不知其為Democracy矣；假使此時機不打破家族制度則婦人終竟不能脫離問日之羈絆而社會之重心仍屬於男子方面。Democracy云者但為片面的而非普遍的。

今世與婦人問題並為人所重視之勞動問題其最重要之條件曰『工資增加』。假使家族制度不先打破則生活程度逐日增高。膽妻養子終莫能釋內顧之憂。此種不均等的經濟支配法殊難維持長久之治安。是工資增加云者但為治標的而非治本的。

婦人解放其癥點不在未生育之前而在既生育之後，此為研究婦人問題者最當注意之處。歐美婦人智識程度未必遜遜於男子而卒未能與男子並駕齊驅共同活動於社會中心者亦家族制度為之累故耳。家族制度重要之元素實為兒女。今欲解決婦人問題若不先從處置兒童方法著手是婦人解放云者但為一時的而非到底的。

年來國人對於婦人問題發表之文章頗多，或披事述以評現狀，或本理想以定目的，至於處此現狀之下當用如何手段，而後可以排除障礙，完全達到理想中所定之目的，此種方法卻少精密之討論，有言之者亦不過一枝一節絕鮮道及根本的具體進行方法者。今本一已之見解粗分進行方法為四級陳說於次。

四級方法：——

（1）女子須與男子受同等之教育，備有同等之智識由

31 教育上之玩具观

贾丰臻

1919年2月20日

另图27 贾丰臻像

题 解 本篇连载于《教育杂志》第11卷第2、5、6号"杂纂"栏。发表时间为1919年2月20日、5月20日、6月20日。

撰著者贾丰臻（1880—1946），字福骈，号季英，江苏上海（今上海市）人。1902年赴日本留学，入弘文学院师范速成科。归国后，与同学杨月如共同创立二十二铺小学于刘公祠，半年后开办速成师范讲习所，因教学颇有成效，被聘为龙门师范学堂教员。1905年，又赴日，入东泽大学。毕业后归国，供职于龙门附属小学（由二十二铺小学改设）、龙门师范学堂。1911年任中央教育会会员。后奉令改龙门师范学堂为江苏省立第二师范学校并任校长。又任上海教育会副会长、会长，提倡推广人格教育，劝戒帝制，经常为《教育杂志》撰稿，参与发起成立中华职业教育社。1927年辞校长职，为商务印书馆编"万有文库"，并历兼沪江大学、南洋中学、中华职业学校、务本女学、中西女学等校教职。为著名宋学专家。著有《宋学》《阳明学》《中国理学史》等。

有关《教育杂志》，参见前文《对于新教育之意见》题解。

一、幼儿玩具之必要

幼儿之本能即两手常欲持物，此玩具之所以为要也。儿童皆喜玩具，而在幼小之时尤甚。

若于此时而父母不与以玩具，则凡家庭所有之日用品，皆须随意持取；如父母禁止之，彼将持草本土石、一切自然之物而游戏。

此幼儿之本能使然，未可勉强遏止也。

二、日用品与自然物

幼儿以家庭之日用品或自然物持取游戏，乃不可能之事。

日用品，不适于幼儿之持取。若随意妄动，非毁坏即污秽。其后，必至成为家庭之物无一不持取之恶习惯。

又，自然物适于幼儿之玩弄者，亦不甚多。其适于玩弄者，大都已造成品物。幼儿或持取之、变化之，自由使用以满足其本能，玩具即其一也。

三、需要玩具之时

玩具需要之时，无论三岁以前、七岁以后，皆为必要，而以幼稚园之时代为最盛。幼稚园之保育，全自玩具（恩物）与游戏而成，故幼稚园时代之玩具，不可不注意。

四、玩具之选择

据以上所述之理由，不论何物，不可谓非玩具；惟须察儿童之要求与儿童所喜之物，从其自然之性情，选择克助心身发达之物为必要。

如小儿于自然物之中，最爱动物；动物之中，可依其年龄而概定所爱之物。小儿往往爱养犬、马、猫、兔、鸠、雀，及喜捉蝴蝶、蜻蜓、蟋蟀（促织）等，故玩具宜择此等之物。

又，儿童在幼儿期喜观戏剧，乐闻物语、小说及历史上名人传说等，故此等玩具均宜持取。

此外，凡能运动者、善变化者，不论何种玩具，均为一般儿童所爱。故作玩具者与求玩具者，均须于此注意。

尚有选择上所应注意者，容详细另述。

五、与儿童玩具时之注意

凡供给儿童所要之物品者，及直接购求物品而与儿童者，对于物品之选择，所应注意者，其项如下。

第一，实用。简单、便利。

第二，教育。助精神之发达，助品性之修养。

第三，卫生。无害身体，无媒介病毒之虞。

第四，运动。不妨碍运动，适于身体各部之运动。

第五，经济。价廉，坚牢耐久。

第六，美术。色彩、形状、模样等之注意，基于儿童之趣味。

第七，技术。巧妙，不失真。

实用。第一，以物品与儿童，必其物适于实际之目的。故无论如何精巧之玩具，若太复杂，则必不适于儿童之持取，且于实用上亦觉不便。此非仅玩具而已，衣服、冠履莫不皆然。凡与儿童之物，要以简单为宜，主乎取持之便利。

教育。第二，不论何物，教育上之利害，不可不思之。如与儿童以玩物，儿童不识不知，常常玩弄；然于此不知不识之间，能养其精神之活动，能助其品性之修养。选择时，不可不注意也。

卫生。第三，卫生上当注意者，即与儿童玩物，不可害及其身体也。如玻璃所作之物、洋铁所作之物，皆容易害及其身体。又，不论何物，对于"入口"时代之儿童，苟与以小玩具，往往有危险之虑。如吞小物而伤咽喉，欲用特别手术者有之；玩具未消毒，致媒介病毒者有之。此等情形，皆当注意者也。德国某处玩具店主人感染霉毒，以曾经吹过之喇叭卖于幼儿，幼儿吹之，致清净无垢者亦感染霉毒。此等情形，为父母者不可不注意也。

运动。第四，玩具以不妨碍儿童之运动为宜。如玩具仅供坐视，为幽静之文饰，不可以手接触，则亦不甚适宜，以其结果间接妨碍儿童之运动也。玩具以儿童能手持自动为宜，并能因之而运动其身体，次第上达，无论手、足、躯干，皆能适宜。约言之，即以运动为本位而能自由玩弄，斯为善也。

经济。第五，即所谓经济是也，即所与儿童之玩具，其价当廉是也。苟其物价过高，则持取者必加以种种之制限，或完全不能持取，只足以供装饰之用，岂非愚之甚耶？向来法兰西之玩具精巧而价高，其于儿童教育的适当之物甚少，而邻国德意志则不然，致年年输入之玩具甚多。其结果，影响及于国家之经济。近来，法兰西设玩具研究会，奖励种种有益玩具之制作，竭力防遏邻国之输入品。夫以法国富厚之国，亲之于子，尚不愿购高价之玩具，而愿购外国廉价、坚固之物，则其他可想矣。盖与其购价高物美之玩具，纵或适于儿童智力之程度，然尚不如购价廉物固之玩具数个，其结果为尤善也。余之意，非不愿为父母者购高价之玩具，而深望供给玩具者多制造廉价之玩具也。

审美。第六，为审美上之注意。凡养成儿童之美情，乃特别美术上之语，非于理法有如何关系也。不过平日在家庭间，耳所闻、目所见，惯于快乐之感而已。凡人生长之后，从美学上，以科学的判断其美丑之如何，趣味亦因之而向上。而趣味之基础，即基于审美之经验。为父母者，与儿童以品物时，不可不于此点格外注意。即与玩具时，其色彩、形状、模样等之选择，皆须用心也。玩具中形状、色彩，往往有丑恶者，有奇怪者，致儿童起恐怖之感者不少，此皆因好奇心挑发之故。殊不知，一方面欲适于好奇之目的，而他方面则害及美情。凡此等类，皆不可不力避者也。玩具亦有不害美情而又能满足其好奇心者，以此与儿童亦甚善也。惟趣味为美的判断，由于人人之标准而异，且成人与儿童亦难一致。如色彩等，儿童不喜淡白之间色，以其刺激弱而不感其美，并等于未开化之人，适于浓厚之色彩。故注意于趣味者，要以儿童为本位，而又不害及美之标准。美之标准，原非一定不变者。调和之、变化之、配合之、均齐之，当从大体上定之，不可不注意也。吾人美丑之感，亦有纯任自然而能了觉者。惟由幼时习惯而得趣味者，其父母不可不于选择时特别注意。彼无美学上知识之父母，固不足以研究儿童玩具之色彩；苟稍具美感者，自当与衣服、装饰品等，随自己之趣味而同一注意也。

技术。最后，关于技术之注意。小儿之玩物，其细工究应如何？虽关系至密切之父母，亦不能言。惟无论如何细工，必求其与实物无异。若专诉诸成人之趣味，造成所谓空想的美术品，则无论如何技巧、如何思想、如何充分满足其美情，究不适于儿童之希望。儿童之希望，要以写实的为归也。如种种动物之态度，最易写实，而贵乎简单。德国所制之玩具，往往巧模种种器械，而不离其简单，故能适用于实际。此外，大都仅模其外形，而与实际全异。此当注意改良者也。

六、玩具与年龄

与儿童以玩具，有男女之别、四季之别，以玩具关系于儿童气质之变化也。此外，尚有年龄之别，以玩具为儿童各时期之代表，选择者尤不可不注意焉。今述之如下。

（一）婴儿前期

此生后一年间之谓。其间，当有三种区别。

1. 仰卧时期

此时，运动尚不自由，常常仰卧，虽与以玩具，未能自行持取，仅他人动之、鸣之而已。其所见所闻，不过为受动的。玩具以风车、风船、旗、鼓、笛等为宜。

风车为纸所作，其物以简单为宜。可插于小儿之头侧，示以所在，而无危险之虞。

风船以红、白等纸相间为之。其中呼以气，以线钓〔吊〕于小儿头之上方，足以示其所在。

旗之目的，亦与前同。无论国旗、军旗，以纸模成，黏于细长之竹，再以线钓〔吊〕之，使之易见。

鼓为听觉之练习。惟近时玩具，往往施以复杂之装饰，殊属有害无益，鼓亦如是。当以一片之皮，张成极简单之物。其音不宜过大，不宜过锐，当设法避去之。

洋笛亦为听觉之练习。要以简单为宜。其音不宜过高、过锐，择大人闻之而愉快者方为适用。

2. 安坐匍匐时期

小儿至百日以上，其身体之上部得保其真〔正〕直，由是而渐能安坐。至六七月以后，更能由安坐而至匍匐。此时与以玩具，不仅为受动的见闻而已，即能自己以手持取而游。惟欲为种种之作用，尚须俟至后期。

此时之小儿，不论何物皆欲入口。以七个月以后生乳齿，因刺激作用而常欲咀嚼，满足其本能的动作。此时与以玩物，其材料必须消毒，且须防口齿之触痛。以象牙或橡皮所制者为最宜。

橡皮洋囡囡不易毁损，小儿握戏最宜。且此时之小儿，脑筋简单，不知所握者为何物，故橡皮所制之形亦以简单为宜，不过练习小儿皮肤之感觉与筋肉之感觉而已。至于形状如何、着色如何，则此时之小儿亦未能辨别。不妨从其年龄，而玩具渐次进步也。

橡皮球之目的，亦与前同。从前所用之线球，自美术上观之，诚为玩具之一，然于七岁以上之小儿，尚能触其一定之注意，至此时之小儿，则以橡皮所制者为宜，以橡皮污秽可用水洗清，线球污秽不能洁净也。

手摇响具，亦与前所述之鼓及洋笛相同。惟近来所制作者，渐趋于复杂，已失去响具所用之目的，且过于复杂，反属有害而无益。务须制具简单，其音不宜过高，并须择容易洗净者，以备时常清洁，便利消毒，免小儿入口之虞。

犬、猫、鸠等，皆为小儿所好之动物，可模其形以为玩具。惟其材料，须便于消毒，可防危险。要以橡皮及硬质之磁器为宜。

3. 起立步行期

婴儿满一年，始起立，且渐步行。此时运动已能自由，玩具等亦能自由持取而现种种之作用。因此而玩具种类虽或与前所举者相同，但其游戏之法自异，以前者为受动的，此后则为发动的。

旗虽与前同，但此时之小儿能自由持取。布制较纸制者为宜，以其能持久也。

鼓亦与前同，但小儿已能自己击戏，要以坚固不易破损者为宜。音之方面，亦应注意不可过高。

笛亦须简单，以竹或木制者为宜。有以洋铁皮制者，用之有害无益。

喇叭，以木与角制者为宜，洋铁皮制者有害无益。其音亦应注意，不可过高。

不倒翁为最良之玩具。惟土与纸制者，容易损毁，殊属缺点。近来有以木制者，比较上似适宜。此项玩具，不仅以其运动之方法易惹起儿童之感兴而已，即示儿童以种种之训戒，以为人无论如何造次、颠沛，终须自动而奋起者也，此为勉励上所不可少者，乌得以玩具而轻忽之？

马、猿、兔、雀等，亦为小儿爱养之动物。小儿年龄渐增，即所爱之动物亦因之而变化。玩具模形〔型〕，终以持久者为宜。

（二）婴儿后期

凡自一岁至三岁之间，谓之婴儿后期。此时儿童之运动更能自由，戏弄玩具尤为高兴，惟时常欲破坏之。故选择时，当注意于材料之坚牢者。

前期终之玩具，亦适于此期。此外尚有种种：

跳洋囡。以软脚之小洋囡，下部贯铁簪，插入小方台上。台中空，有跳板，铁簪立其上。台旁有橡皮小管，其端为橡皮小球。以指捏之，则跳板为之呼动，而台上之洋囡，自能手舞足蹈而回转不已矣。此乃最有趣味之玩具也。

毛脚洋囡。洋囡之脚部装硬毛，安置桌上。轻扣其桌，则因毛之弹力，而洋囡自然跃出。亦此时小儿所喜之玩具也。

洋囡为女儿玩具之主，或以怀抱，或以襁负，一似女儿之本能的。女儿对于洋囡，犹如真正赤子，可谓最适于儿童之趣味者也。

金鱼、鲤、蛙等，皆为夏季之玩具，次于前期之爱养动物而为儿童所喜。此项材料，以磁器、橡皮为宜。

鸟叫子。以叫子之尖，附以鸣鸟，吹之恰如鸟鸣。惟近来装饰复杂，殊属无益。当以简单为之，且其音须与鸟鸣相近，尤觉可玩。

器械龟。以小玻璃匣中置器械龟，头、足与尾皆能活动。为此时儿童最适当之玩具。

器械体操。以铁杠上附以人形，一面以杠之捏手捻转之，则上下回转，一似铁杠体操，诚有趣味之玩具也。此项玩具亦有甚复杂者，惟此时之儿童要以简单为是。另有一种两人角力之玩具，原〔理〕与此同样，亦此时儿童所喜悦者也。

击鼓车。此项玩具亦与前程度相同，即手牵车行，而坐车者能两手击鼓也。惟不宜十分复杂，要以简单为是。另有一种执于手而摇者，亦能击鼓自如。

自动鼠。鼠腹下有圆转器，上绕线，透鼠背而出，以手放之，则鼠能行动，亦此时儿童所欣喜者也。

戏剧神形、佛形等。此时儿童，最喜以之为玩具。可养成一种崇拜圣贤、英雄、豪杰之心。惟大都以黏土为之，不坚牢而易于破碎，宜设法改良。

(三）与玩具于婴儿之注意

以上所举，为生后一年间玩具之代表物。受与之时，尚有种种之注意：

（1）此时婴儿，大都以物入口，故当注意于玩具之消毒。

（2）婴儿尝以舌舐物，凡玩具表面易剥落者，不宜选择。是以制造上须特别注意，要以不剥落之玩具为宜。

（四）幼时期之玩具

此包含自三岁至十岁之间，并可再别为前期及后期。兹举适于此时期之玩具如下。

1. 幼儿前期

此谓自三岁至七岁，大略指幼稚时代之儿童，为需要玩具最盛之时期。幼稚园之保育，即以此玩具为游戏之资料。故父母对于此时期儿童之玩具，尤应格外注意。而此时期儿童之运动已能自由，想像颇盛，为玩弄玩具恰好之时。是以与玩具者，当选择能助儿童本能的作用者为要。

绘画本。此时对于绘画之兴味颇盛，故当选儿童日常亲热之动物画与简单之人物画；且其色彩、形状等，以适于儿童简单之脑筋者为准，并能使其理解而得趣味者为尤宜。

动物标准。此与绘画本同，即以动物之模型，牵起儿童之兴味。此外，如前期以橡皮、磁器所制之动物四五种玩具，至本期，又可加入虎、狮、骆驼等。即或实物少经见之机会，然可选特殊、著名者与之。其材料亦不限于橡皮或磁器，或有描摹实际而被以毛羽者，尤善。

活动蝶。此亦与前之动物相同。不仅儿童游玩而已，并能自动，为运动玩具之最良者。

纸球、皮球、纸鸢、陀螺、响钟。此等皆儿童自能运动之玩具，且须用练习工夫，可称为玩具之最良者。

小炊具、面具等。此皆足以刺戟儿童之想像而为有趣味者。与前项玩具不同，前项玩具属动的，此项玩具属静的，乃适于静坐而为想像之玩具。可知玩具亦须适于动、静二道，而交相为用也。

竹木制之舟车及水唧筒。是等乃模仿大人实用物之玩具，以供儿童之游戏，亦所以刺戟其想像也。儿童玩之，可得种种之智识与经验。

软木塞枪、指挥刀、剑。前者为平和器械之模拟，此则为武器之模拟。军人勇敢之气概，最足动男儿之意兴，是以儿童幼时喜玩武器之玩具。

积木。足以构成儿童之想像。儿童年龄增进，则此种玩具于教育上甚善。何则？儿童从自己之活动实现种种自由之想像，因此玩具之刺戟，儿童得不知不觉之趣味。

2. 幼儿后期之玩具

此从七岁至十岁言之。此时儿童之观察力、好奇心、工夫力皆渐渐进步，故玩具之选择，不妨择较复杂者与能练习者。下述之代表的玩具，即适于此时期儿童之性者也。

竹蜻蜓。以竹制成丁字形之物，其上部两侧削成斜薄，以便削切空气。两手夹其柄而回转之，急向上面一放，即能高飞而成有趣味之玩具。近来供实用之飞行机，即基此原理而成。其玩具缺点，在放手之时易伤破人面，当特别注意。

豆枪、空气枪。此二种，为男儿适用之玩具。空气枪之精巧者，适于大人游猎之用，足以打小鸟。而儿童用此玩具颇喜熟练，并能遂其目的之所欲，尤所喜悦。是以自此点上观之，此项玩具于此时期之儿童最为适当。

剑球。以削木之尖棒为剑，剑尖上缀以有眼之球。球上投时，即以剑尖受之。以剑尖入球眼者，为达目的。此为儿童及青年有兴味之玩具。玩时无勇气与决断不能达此目的，是以对于因循之儿童，当奖励此项游戏，以为修养之助。

机械动物及机械器具。欧美之玩具，以此类为多。于幼儿不知不识之间，与以器械之观念、对于器械力之好奇心，及养其兴味之利益。较之但有装饰而不能运动者，自以此种为富于教育的价值。惟不免偏于器械的儿童无自己用力之余地，并乏熟练之兴味，是以玩具不可偏于片面也。

手风琴。此为听觉的玩具。与前所举之鼓、笛、喇叭等，皆当时时练习。

推轮、跳绳。此皆运动用者。不论男女，不论何时，皆可通用，宜奖励其游玩。

键〔毽〕子。此项玩具，大都用于春、冬二季，实则无论男女，无论四季，均可通用。

洋囡囡。女儿最爱洋囡囡，在少女期尤盛。洋囡囡有种种，此时期之女儿最喜大洋囡囡，因与真人相似，且可制成衣服而为之穿着也。

幼儿后期玩具之注意：

（1）洋铁或玻璃所制者易破损，不仅危险而已；一次损伤之后，即不易修缮。故此种材料，务宜避去。

（2）玩具须应时候。凡盛行于当时社会者，尤应适于儿童之兴味。

（3）类于赌博者，即或由于偶然之机会以决胜败，然游戏用之玩具，务当力避此点。

（4）玩具当顾儿童之自动力，由练习而渐次上达，最为快乐。纸鸢、键〔毽〕子等运动、等玩具，即属于此者也。

（5）若玩具能动而儿童静居，或玩具不动而仅顾装饰，则此时期之儿童颇不适宜。虽装饰能助美情之养成，然终以能活动者为贵。

（6）玩具之出入整顿，以儿童能自理为善。

（7）玩具须坚固、简单、变化、运动而不危险者为要。

（8）年龄渐增，则玩具渐少。此时期，以运动具及理化学应用之模型的器械、器具类为善，或以竹、木、纸片等自作玩具为尤善。

七、玩具之心理的价值

以上所述，乃仅就男女儿童年龄上选定各时期相当之玩具而言。如以玩具为教育的研究，则不可不明其心理的价值。

原来耍弄玩具之儿童，本无何等之意思〔识〕，不过驱于兴味而随手携取。惟于彼等之精神，则不无种种之影响。如橡皮所制之人与球，为婴儿期之玩具。婴儿玩弄时，不知不识，于皮肤得种种之经验，而其感觉以之发展。不论何种玩具，皆能促其感觉之练习；而于高度种种之精神作用，亦皆由玩具养成。就中如好奇心，由玩具所刺激者为最多。好奇心，即智力的情操之基础也。此外，如想像、推理等高尚之智力作用，同情、美情、忍耐、勇气等之情意作用，亦皆由玩具而助成其修养之事。

今述心理的效果，而揭明其分类表如下（表5）。

表5　玩具心理分类

感觉	触觉	橡皮及磁器所制之人形类
	视觉	风船、风车、旗之类
	听觉	笛、鼓、喇叭之类
	筋觉	橡皮球及橡皮人之类

续表

智力	好奇心	套卵、套家具、秘密箱之类
	记忆	花纸、七巧板类
	想像	积木及历史人物面具
	推理	理化应用玩具
情意	同情	洋囡囡及其他动物类
	美情	花纸、风琴、笛之类
	注意	踢键〔毽〕子、射的、投圈之类
	忍耐	积木、七巧板、套家具、秘密箱之类
	勇气	佩剑、空气枪之类

八、玩具之心理的分类

上表系为儿童持玩具玩耍之间养成其心之如何关系而作。凡为父母或教师者，与儿童以玩具时，当以此为必要。儿童得此，不知不识，不过快乐而已。殊不知，此不知不识、不过快乐之间，即于儿童心之关系不少。无论家庭或幼稚园，或小学校，能于此不知不识之间开发儿童之智能，则固吾人所认为有益之事也。

惟上表所列之精神作用，仅举其主要者而言，断不可拘泥。如橡皮人形可以养成触觉，然与视觉、筋觉亦有关系，喇叭足以练习听觉，然于视觉、皮肤亦有关系是也。

（一）触觉的玩具

触觉有关于温度之感觉。儿童持种种之玩具相玩耍，即能得其温度之异之经验，是寒、温之感觉可明。

又，触觉往往与筋觉或关节之感觉有关。如儿童持橡皮人玩耍时，一面养其触觉，而他一面即养其筋觉或关节之感觉，并可以协助其他之诸感觉。

（二）视觉的玩具

儿童对于各种玩具均喜细视。惟婴儿时，见风车、风船等，尤足以养其视觉。

视能正确，则全体之精神皆足以表现其正确，以外部视觉之刺激乃内部精神之开发所认为必要者也。

惟起初当婴儿仰卧时，风车、风船等之距离须接近；以后渐渐离远，使其眺望。

（三）听觉的玩具

小儿起初自己不能使发音器发音，必其母或乳姆、保姆为之鼓吹以发音。如鼓、锣、管、笛，最为普通之具。惟音不可过高或过锐，致起不快之感。且起初发音当接近儿童，或在其前使之得见；至后渐渐移远，或在其不见之处，使之判断音之方向，以为练习。

迨其自己能持乐器以发音，则不仅为听觉之练习，并能养成其筋觉、皮肤觉，促进其好奇心、推理心，更足以为音乐趣味之基础。如是，则此项玩具之价值大矣。

（四）筋觉的玩具

此与前述触觉之玩具相同，而与皮肤觉、关节觉等有关系。如球与剑球等筋觉的玩具，儿童坚持于手，或投掷，或力握，皆与儿童之意思〔识〕有关系。盖筋肉为意思〔识〕之机关，能动筋肉之玩具，即能助养其意思〔识〕。

故此等玩具与触觉的玩具稍异，非年龄较进之儿童不能玩弄。如同一人形玩具，婴儿前期不过触之或持而动之而已，至后期则必为种种之玩弄。此其相异之点也。

（五）增进好奇心之玩具

好奇心，为扩张人之知识所最要者。如能由玩具增进，则诚教育上可喜之事也。儿童对于疑点，往往即欲征信，以期心之满足。是以把持玩具时，必有种种之考察，此诚教育玩具之最有价值者。

如套卵一物，乃一大卵形之木细工；剖开之，则中有较小之卵；再剖开之，则中有再较小之卵。剖之不已，而其卵亦逐层而出，此卵形之细工也。又如套家具一物，偶视之，不过一方木块而已；及剖开之，则有数桌、数椅、数凳、数几、花瓶、茶碗等，亦一有趣味之木细工也。

增进好奇心之玩具，不仅限此二种。凡理化学应用之玩具，能养成推究心者，皆能增进其好奇心。而好奇心之以恶戏及发人隐事为能者，亦不可以不禁也。

（六）养记忆力之玩具

儿童玩具之属于记忆力者似少，然亦有赖玩具而养成其记忆力者。初时，往往对于玩具之玩弄法颇为注意，其后渐渐习惯，自然而成。如是，则对于其他之事，均能以此而养成其记忆力。

如儿童玩七巧板。初时，不过试玩而已；迨巧合以后，不惮反复练习，以养成其记忆力；至后，则不劳用心，而自能成功。

学业之记忆亦若是也。初时，恐其忘记而反复练习之；迨后，自能留心于确实。可知记忆为学习上最重要者。幼年后期之儿童，当以此种玩具为修养上之妙用也。

（七）养想像力之玩具

玩具以奖励儿童之自发、自动为目的。如养成想像力，即适于此目的。儿童玩弄时，任意造成种种之形，或有一定之模范。而造作之时，须用自己种种之思想为之实现。

如积木玩具，儿童玩弄时，其形之大小、高低、长短，均由儿童自己用心，无须有一定之拘束，并无须由父母、保姆等在旁指导。

元来幼稚园时代之儿童，其受动想像甚盛。此时利用玩具，颇为有效。此外，带〔戴〕种种面具，可由其模仿历史人物之动作，而得征其想像力之多寡。

（八）养推理力之玩具

幼童当养成其追寻事物道理之习惯。吾国家庭，习尚迷信小儿不知不识，影响甚大。若以理化应用玩具，一面为之说明，一面促其自觉，非惟足以为将来科学之豫备，并可以破除其日常所受之迷信。

盖其引起儿童之探究心与推理力，其效甚大也。如轻〔氢〕气球之表演轻〔氢〕气，不倒翁之表演重心，竹蜻蜓为飞行机之雏形，磁气〔力〕旋转即说明阳极、阴极之性质，以及其小汽车、小汽船之实现蒸气〔汽〕机关，小飞行艇之实演驾驶空气，皆适于儿童之推究心。惟过于精细，则不甚适宜于十岁以下之小儿。要以利用简单者为得。

且为父母或教师者，当计儿童之发达程度，与以适当之玩具，以增进其推理、探究之心，是不可不注意者也。

（九）养同情之玩具

同情者，即见他人之模样而作为自己之经验也，人忧亦忧，人喜亦喜。而玩具中，能养成小儿之同情者亦应注重。

如洋囡囡，为养同情玩具之一。女儿自六七岁至十二三岁时，最爱洋囡囡；被以衣服，裹以襁褓，如弟妹、子女然，同情非常增进。此物如动物玩具，亦最足以养其同情。如对于种种模型能知爱玩，则将来对于实际之动物亦能爱养。

要之，同情为人之道德的感情之基。以玩具养其种种之机会，是不可不早为备也。

（十）养成美情之玩具

儿童对于色彩或音响，而觉一种快感，往往容易发现其本能。乘其发现之时，施以适当之教育，是为家庭教育上所不可忽者。惟须加以种种之注意，即用心于玩具之选择，亦其一也。

玩具中形与色与音，足以刺激儿童之美感者不少。为父母者，当选择绘锦或花纸之美者，及种种响具音调之美者，与诸儿童。儿童自能于不知不识之间，得色之配合、音之变化，及其种类、高低等之快感，以养成其美情。

近来，欧美各国输入之美的玩具，画片亦其一种。惟所绘器械，均有一定之形与美感养成之点，以及养成想像工〔功〕夫之力、之点，其价值不甚多。吾国原有之花纸，其形固有种种之变化，惟颜色与纸料均甚恶劣，且所绘者为戏剧等类，不惟无从稽考，且大都近于迷信。其有关于家庭教育者，可谓绝无仅有。此选择时，不可不深注意也。

（十一）养成注意力之玩具

同情、美情，皆属于感情，即对于善及美之理想而有者也。玩具不仅能养成此等之感情，并能于意思〔识〕方面，养成实现其善之修养力。其最普遍者，即注意力之练习。如踢毽〔毽〕子，其一也。

踢毽〔毽〕子，当空中飞扬之时，非加以十分之注意不可；且落下之方向、位置等，全恃目之明了，与夫身体运动之灵便，故注意力最为重要。

幼儿尚未能踢毽〔毽〕子，且以中枢及筋肉均未发育之故，并其注意力未充分之故。即直接以手拍毽〔毽〕子，亦恐未能。迨稍稍成长，始能以手拍之，或以足踢之。于不知不识之间，促其心身之开发，而注意力之进步亦随之而至。且自体育上视之，亦玩具中之有价值者也。

弓与空气枪等，专射一定之的，亦足以养成儿童之注意力。惟究竟不若踺〔毽〕子之富于活动变化。

（十二）养成忍耐力之玩具

玩具之中，往往有多费心力而始达其游戏之目的者，如积木、七巧板、九连环、〔套〕家具、秘密箱等是也。

七巧板、九连环，为儿童所常用者。至套家具，其外部如长方木块，解剖之，则其中有桌若干只、椅若干只、凳若干只、碗碟若干只，以及花瓶、插花、果品等类。秘密箱种类甚多，有屋形者，有邮筒形者，有保险箱形者。此等玩具，不易开闭，非有忍耐力者不克游玩。故父母对于儿童之乏忍耐力者，应奖励其游玩此等种类之玩具，以养成其忍耐力。

总之，选择玩具当考察儿童之性质，矫正其恶，奖励其善，是不可不注意也。

（十三）养成实行及勇气之玩具

选择玩具，应以儿童为本位，务使儿童自己持取、自己活动，始能养成其实行力。

凡能言而不能行者，无论自教育上观之，自社交上观之，终无良好之结果。故训练儿童，以用力于实行为宜。

儿童弄玩具，往往欲以自己之思想发现于实际，以为种种之应用。故玩具能养成儿童实行之习惯者，皆可选用。

养成儿童勇气之玩具，如佩剑、空气枪等，亦能于儿童不识不知之间，助长其果断、决行、勇气之性质。

以上所述，皆关于玩具之话。为父母者，苟能注意及此以选择玩具，则于儿童之教育上庶可无误。此外所当注意者，如给与玩具，对于男女之别、时季之别、境遇之别，其种类亦不可不有所变化也。

32　教育之对待的发展

蔡元培

1919年2月

题 解　本篇原载《新教育》第1卷第1期"专论"栏。发表时间为1919年2月。

本篇系特约稿，发表时兼具该刊发刊词意味。标题所用"对待"一词含"相对"之义，指对立或可以抗衡的事物。具体而言，是指"个性"与"群性"（即"共性"）的"对待"。由此可知，本篇关涉教育的理论基础，适用于学前教育。

有关撰著者蔡元培，参见前文《对于新教育之意见》题解。

1919年1月28日，蔡元培曾致函黄郛。其中所言，对理解本文主旨或有助焉："抑弟尤所感动者，大著于教育人材之养成一条，提出国民具备两种相反对性质四种是也。吾国承秦始皇、汉武帝以来之习惯，于相对世界持绝对主义，执一而排其他；凡政治之纷争、社会百业之停滞，无不由此。"（高平叔编，《蔡元培全集　第三卷（1917—1920）》，中华书局1984年版）

《新教育》，教育月刊，1919年2月创刊于上海。先为新教育共进社社刊，后为由新教育共进社与新教育杂志社、实际教育调查社合并改组而成的中华教育改进社社刊。蒋梦麟、陶行知等先后担任主编。该刊以"养成健全个人，创造进化的社会"为宗旨，坚信"欲求此新时代之发达，教育其基本也"。主要栏目，有评论、专论、演讲录、世界教育、亚东问题、世界知识、人物志、社务报告、调查统计、要闻、国外教育消息则要等；主要撰稿人，有杨鄂联、郑宗海、邓恩、张宗麟、常乃德、陶行知、赵叔愚、余家菊、汪懋祖、周谷城、张仲祺等。1925年10月终刊，共出11卷53期。

吾人所处之世界，对待的世界也。磁电之流，有阳极则必有阴极；植物之生，上发枝叶，则下茁根荄，非对待的发展乎？初民数学之知识，自一至五而已。及其进步，自五而积之，以至于无穷大；抑亦自一而析之，以至于无穷小。非对待的发展乎？古人所观察之物象，上有日月、星辰，下有动植、水土而已。及其进步，则大之若日局之组织、恒星之光质；小之若微生物之活动，原子、电子之配置，皆能推测而记录之。非对待的发展乎？

教育之发展也，亦然。

在家族主义时代，所教训者，夫妇、亲子、兄弟间之关系，孝弟亲睦而已。

及其进而为家庭的国家主义，则益以君臣、朋友二伦。所扩张者，犹是人与人之关系。而管仲①之制，士之子恒为士，农之子恒为农，工之子恒为工，商之子恒为商；幼而习焉，不见异物而迁。李斯②之制，焚诗、书、百家语③，欲学法令者，以吏为师。是个人职业、教育之自由，犹被限制也。

进而为立宪的国家，一方面认个人有思想、言论、集会之自由，是为个性的发展；一方面有纳税、当兵之义务，对于国家而非对于君主，是为群性的发展。于是，有所谓国民教育者。两方面发展之现象，亦以渐分明。

虽然，群性以国家为界，个性以国民为界，适于甲国者，不必适于乙国。于是，持军国民主义者，以军人为国民教育之标准；持贵族主义者，以绅士为标准；持教会主义者，以教义为标准；持实利主义者，以资本家为标准。个人所有者，为"民"权而非"人"权；教育家所行者，为"民权的"教育，而非"人格的"教育。自人类智、德进步，其群性渐溢乎国家以外，则有所谓世界主义若人道主义；其个性渐超乎国民以上，而有所谓人权若人格。

科学研究也，工农集会也，慈善事业之进行也，既皆为国际之组织，推之于一切事

---

① 管仲（？—前645）：名夷吾，字仲，谥敬，颍上（今属安徽）人。春秋时期齐国政治家、思想家。他辅佐齐桓公创立霸业，被齐桓公尊称为"仲父"。管仲主张民分士、农、工、商，勿使杂处，世代分业，此即为"四民之制"。
② 李斯（？—前208）：楚国上蔡（今属河南）人。秦代政治家。他早年师从荀子学习帝王之术，后成为法家学说的代表人物。受秦王嬴政重用后，力主废除分封制，推行郡县制，主张焚书、禁私学，在秦灭六国中起到了重要作用。
③ 百家语：泛指先秦诸子百家的著作。

业，将无乎不然；而个人思想之自由，则虽临之以君、父，监之以帝、天，囿之以各种社会之习惯，亦将无所畏葸，而一切有以自申。盖群性与个性之发展，相反而适以相成。是谓今日完全之人格，亦即新教育之标准也。

持个人的无政府主义者，不顾群性；持极端的社会主义者，不顾个性，是为偏畸之说。言教育者，其慎之。

吾友黄郛①君著《欧战之教训及中国之将来》②，对于吾国教育之计画有曰：

> 立国于二十世纪，非养成国民具备两种相反对之性质不可。其一，曰个人性与共同性。……今次欧战教训，无论其国民对于国家如何忠实，若仅能待命而动，无独立独行之能力者，终不足以担负国家之大事。年前，法国教育家钮渥曾著一论谓："从前世人尝有一疑问，谓教育之目的，究系为个人乎？抑为社会与国家乎？如为个人也，宜助长个性之发达，是与共同组织有碍也；如为社会与国家也，宜奖励共同性之养成，是阻止个性之发达也。吾今敢确切答复曰：此后国家之生存，必须全体国民同时具备此两面之资格而后可。故此后教育家之任务，在发见一种方法，能使国民内包的个性发达，同时使外延的社会与国家之共同性发达而已矣。"盖惟此二性具备者，方得谓此后国家所需要之完全国民也。

黄君之言，足以证教育对待的发展之义矣。余惜其仅为国民教育言，一间未达。故广其义以著于篇，备今之言新教育者参考焉。

---

① 黄郛（1880—1936）：原名绍麟，字膺白，号昭甫，别字天生，浙江绍兴人。早年留学日本，后参加辛亥革命。中华民国成立后，历任北洋政府外交总长、教育总长、上海市市长等职。
② 该书由中华书局 1918 年 11 月初版，准确书名为《欧战之教训与中国之将来》。

33 贫儿院与贫儿教育的关系
——在北京青年会演说词

蔡元培

1919年3月15日

题 解 本篇连载于《北京大学日刊》第359、361、362号"文艺"栏，系演讲词。演讲时间为1919年3月15日，发表时间为1919年4月23、25、26日。原发表时副题为"蔡校长于三月十五日在青年会演说"，此处副题由编者改拟。

有关演讲者蔡元培，参见前文《对于新教育之意见》题解。

贫儿院，与育婴堂、慈幼院类似，为专收孤儿难童的社会福利机构。民国第一所贫儿院，由黄兴的夫人徐宗汉于1912年初主持创设于南京。

青年会，全称"中华基督教青年会"，为青年活动和社会服务团体。基督教青年会于1844年创立于伦敦，1885年由美国传入中国。其活动内容主要不是宗教性的，参加者也多非教徒，而是面向社会，为青年开展文教、娱乐、体育等活动。北京基督教青年会成立于1909年。该会本基督精神，服务社会，造福人群，因而举办"为贫儿院募捐大会"。蔡元培应邀出席并发表演讲。

《北京大学日刊》，每周出6期，为中国第一家高校校报，1917年11月16日创刊于北京，由北京大学主办并出版，编辑有胡适、沈尹默、孙国璋等。该刊不仅刊载北京大学的校内消息和著述，而且刊载社会上推动新文化和新教育的文论。主要栏目，有命令、法规、校长布告、各科通告、学长批示、公牍、通信、杂俎等；主要撰稿人，有蔡元培、胡适、周作人、钱玄同、傅斯年等。1932年9月17日改为《北京大学周刊》前，共出2885期。

贫儿院的历史同成效，刘景山[①]先生已讲得很详细了。鄙人对于贫儿院，有一种特别感想，并且有一种特别希望。所以看得这一次的募捐，比较别种慈善事业尤为重要。请与诸位男女来宾讲讲。

贫儿是没有受家庭教育的机会，所以到院。这原是他们的不幸。但鄙人对于家庭教育狠有点怀疑。

第一层，教育是专门的事业，不是人人能担任的。譬如诸位有一块美玉，要琢成佩件，必要请教玉工。又如有几两黄金，要炼成首饰，必要请教金工。断不是人人自作的。现在，要把自家子女造成适当的人物，敢道比琢玉、炼金容易，人人可以自任的么？

第二层，有子女的人，不是人人有实行教育的时间。男子呢，莫不有一定职业，就每日有一定作工的时间。作工完毕了，还有奔走公益的、应酬亲友的、随意消遣的。请问，每日中有多少时间可以在家与他的子女相见？妇人呢，或是就职业，或是操家政，也有讲应酬、好消遣的。请问，每日中有多少时间可以专心对付他的子女？所以，有钱的就把子女交给没有受过教育的仆婢，统统引诱坏了；没有钱的就听子女在家里胡闹，或在街上乱跑。父母闲暇了，高兴了，子女就有不好的事，也纵容他；忙不过来了，不高兴了，子女就有好的事，也瞎骂一阵、乱打几拳。这又是大多数父母的通病了。

而且现在的家庭对于儿童可以算好的榜样么？正经的父母，不知道儿童性情与成人大有不同，立了很严规矩，要儿童仿作，已经很不相宜了。还有大多数的父母，夫妇的关系、兄弟妯娌的关系、姑嫂的关系、主仆的关系、亲戚邻居的关系，高兴了就开顽笑，讲别人的丑事，不高兴了，相骂相打。要是男子娶了妾，雇了许多男女仆，那就整日的演妒忌、猜疑的事，甚且什么笑话都可以闹出来。这可以做儿童的榜样么？兼且成年的人爱看的书报与图画、爱听的笑话与鼓词，不免有不宜于儿童的，父母看了、听了，可以不到儿童的耳目么？有许多儿童都是受了家庭不好的教育，进学校后狠不容易改良。所以，我对于家庭教育狠有点怀疑。

---

① 刘景山（1885—1976）：字竹君，河北沧县人，生于天津。1903年入北洋大学堂学习矿冶。1906年赴美，入宾夕法尼亚州立大学，习铁路管理，获经济硕士学位。归国后，一生多半时间为我国铁路事业工作，兼涉公路、银行、工业、教育等领域。晚年曾在台湾任北洋校友会名誉理事长。编有《铁路图案刊头集》等。

我们古代的大教育家，要算是孔子、孟子。孔子有一个学生叫陈亢，疑孔子教训儿子总比教训学生有特别一点的。有一日，问着孔子的儿子伯鱼。照伯鱼对答的：有一次遇见了他的父亲，问他学了《诗》没有，他说没有学，他的父亲就说了不学《诗》〔的〕短处；又有一次遇见了他的父亲，问他学了《礼》没有，他也说没有学，他的父亲就说了不学《礼》的短处。陈亢恍然大悟，知道君子是疏远他的儿子呢。孟子有一个学生，叫公孙丑，有一日问道："君子为什么不亲自教他的儿子？"孟子答道："办不到。教他必用正道，教了不听，必要怒，怒了便伤了父子的感情。万一儿子想着，父亲教我的，他自己也还没有作到，这更是彼此互相责备，更坏了。所以，古人用交换法，把自己的儿子请别人教，反替别人教他的儿子呵。"照此看来，圣如孔子，贤为孟子，尚且不敢用家庭教育，何况平常人呢？

所以我的理想：一个地方，必须于蒙养院与中小学校以外，有几个胎教院、几个乳儿院，都由专门的卫生家管理。胎教院的设备，如饮食、器具、花园、运动场、装饰的雕刻与图画、陈列的书报，都是有益于孕妇的身体与精神的。因为孕妇身体上受了损害，或精神上染了污浊，都要害及胎儿的。乳儿院的设备，必须于乳儿的母亲身体上、精神上都是有益的。要是母亲有了疾病，或发了邪淫、愤怒、悲愁的感情，都是害及乳儿的。有了这种设备，不论那个人家，要是妇人有了孕，便是进胎儿院；生了子女，便迁到乳儿院；一年以后，小儿断乳，就送到蒙养院受教育，不用他的母亲照管。他的母亲就可以回家，操他的家政，或营他的职业了。

现在还没有这种组织，运动别人，别人也不肯信。我想，先从贫儿院下手。要是贫儿院试办这种事情狠有成效，那就可以推广到不贫的儿童了。这是我的第一种希望。

美国大教育家杜威博士，不久要来中国。① 他创了一种很新的教育主义，是即工即学，是要学校生活与社会生活密接，曾在雪卡哥大学② 附设一个学校试验过，很有成效。我于民国元年在南京发表一篇《对于教育方针之意见》③，曾于实利主义一节中介绍过。去年在天津青年会演讲《新教育与旧教育之歧点》，又介绍过一回。他的即工即学主义，

---

① 杜威于 1919 年 4 月 30 日抵达上海，故此处言"不久"。
② 雪卡哥大学：通译芝加哥大学。
③ 此篇文章，即收录于本书的《对于新教育之意见》。

是学生只须作工，一切学理就在作工的时候指点他，用不着什么教科书。

我但用贫儿院已设的烹饪、裁缝、木器与地毯四项工作作个比例，就容易明白了。

这四项的原料都是动植物，便可以讲生物学。

这四项的工具都是矿物作成的，便可以讲矿物学、地质学。

作这四项工的时候，或用热度，或用手力，或用机械，或用电磁，就可以讲物理学。

食物的调和，衣服的漂白与渲染，木器的油漆，都与化学有关，便可以讲化学。

食物的分量，衣服的尺寸，木器各方面的比例，地毯与房屋的配合，各种原料与工具的购入，各种成绩品的出售，都要计算、记录，便可以讲数学与簿记法。

指明原料出产的或成绩品出售的地方，比较各民族饮食、衣服、器具的异同，便可讲地理学与人类学。

比较古今饮食、衣服、器具的异同，便可讲历史学。

作工要勤，要谨慎，要有进步，要与同作的学生互相帮助。这四项工作以外，有休息，有共同的运动，又有洗濯食器与衣服、整理被褥、洒扫堂室、应对宾客等杂务，便可以讲卫生与修身。

就食物的装置、衣服与器具的形式与色彩，可以讲美学与美术。

就贫儿已往的苦痛、现在的安乐、将来的希望，也可以讲点哲学。

把一切经过的情形或教习的言语，叫各人写出来，便可以练习国文或外国文。

诸位看，照此办法，还要用什么教科书么？还要聚了几十个学生在教室里面，各人对了一本书，听教习一句一句的呆讲么？

但这种学校生活与社会生活密接的组织，不但我们中国人没有肯办的，就是办了，也怕没有人肯送他的子弟来。因为中国人现在还叫进学校作"读书"。要是到校以后，止有工作，没有读书，就一定不赞成了。

现在贫儿院既有工作，何不把上午的读书省却，匀派在工作的时间，来试试杜威博士的新主义呢？要是试了有成效，就可以劝别的学校也来试试。这是我第二种的希望。

我国人不许男女间有朋友的关系，似乎承认"男女间止有恋爱的关系"，所以狠严的防范他。既然有此承认，所以防范不到处，就容易闹笑话了。欧美人承认男女的交际，与单纯男子的或单纯女子的，完全一样。普通的交际与友谊的关系隔得颇远，友谊的关系与恋爱的关系，那就隔的更远了。他们男女间看了自己的人格同对面的人格，都非常尊重；而且为矫正从前轻视女子的恶习，交际上男子尤特别尊重女子，断不敢稍有轻率的举动。即如跳舞会，是古代传下来的习惯，也是随时代进化，活泼中仍含着谨严的规则——不是为贫儿院筹款，曾在迎宾馆举行一次，诸君曾经参与的么？近来女权发展，又经了欧洲的大战争，从前男子的职业，一大半都靠女子来担任。此后男女间互助的关系，无论在何等方面，必与单纯男子方面或单纯女子方面一样。我们国里，还能严守从前男女的界限，逆这世界大潮流么？

但是，改良男女的关系，必要有一个养成良习惯的地方。我以为，最好是学校了。外国的小学与大学，没有不是男女同校的。美国的中学也是大多数男女同校。我们现在除国民小学外，还没有这种组织。若要试办，最好从贫儿院入手。院中男女生都有，但男生专作木工、毡工，女生专作烹饪、裁缝，划清界限，还不是男女同校的真精神。最好破除界限，不论何等工作，只要于生理上、心理上相宜的，都可以自由选择，都可以让他们共同操作。要是试验了成绩狠好，那就可以推行到别的学校了。

还有一层，中国的戏剧不许男女合演，用男子来假装女子，这是最不自然的。所以扭扭捏捏，不但演剧时不合女子的态度，反把平日间本人的气概都改变了。我不喜观旧剧，对于学生演新剧亦不大欢迎，就是为此。但现在男女尚不能同校，若要合男女学生试演新剧，学生的父母不是要大不答应的么？我以为，此事也可由贫儿院先来试办。先就译本的西剧中，选几种悲剧来试演。演得纯熟了，要是开筹款会，就可以演给来宾看看，不专靠现在男生的唱歌、女生的跳舞了。要是有几个学生演得狠好，就可以作为改良戏剧的起点，不是狠有关系么？

以上三端，都想借贫儿院试试男女共同操作的习惯，是我第三种的希望。

我有上述的特别感想与这三种希望，所以看得贫儿院非常重要。尤希望男女来宾竭力替他筹款，不但帮他维持，还要帮他发展呵！

34　幼稚园之新动力

[美]布郎女士

1919年4月

题　解　　本篇原载《新教育》第1卷第3期。发表时间为1919年4月。
原发表时题下标有:"此文乃布郎女士在纽约狠德学校幼稚园大会时演说词。"

撰著者布郎女士,即格蕾丝·布朗(Grace Brown),生卒年及生平事迹未详,当为美国的幼教研究者或专家。译者及记录者未详。

有关《新教育》,参见前文《教育之对待的发展》题解。

教育新动力者,由旧法顺天然而生之进步也。凡有生命,必有趋势。趋势为何?曰进步,曰保守。进步者,踊跃奋励,改革而上趋于善;保守者,坚移不动,守过去之良法而勿替。二者并行不悖,造成人类之幸福。议者称为"文化二足",得此而后行也。

凡真进步,必由经验来。然刧普灵①(Kipling)尝曰:"昨日之繁盛,不能到今日之手。"言世事如流,前后不相涉也。则何者为初级教育之幼稚园之新物事乎?

夫幼稚园时代,并非教育中截然特异之科级,不过初级中之第一步耳。儿童之来幼稚园,不必谓"园内教育之物具有大益"而后至也;不过使得机缘,与同年龄之人类亲

---

① 刧普灵:通译吉卜林(R. Kipling,1865—1936),英国小说家、诗人。1907年获诺贝尔文学奖。著有《丛林故事》等。

洽，而发生其能力、兴味，得家庭未有之益，受同戏合作之利，天机流畅，顺帝则①以游心，生理徐舒，体自然而发育而已。

幼稚园，为交际社会之初步。凡人伦构接之性质，于是始。张其自择、自治之能力，动其自立、自由之机会，发天然之爱恶，求一己之趣味，而于人我之间，斟酌轻重之数，自由得矣。此儿童合戏之益，所谓"共同魂"是也。国性发生，民政自立，前途之望，伟大深远。盖今日之儿童，即明日之国民也。而此，即幼稚园之新动力也。

民政国中公民，必须先受教养，或为智慧、公正之魁首，或为聪明、灵敏之附从。儿童将来，任此两种地位之能力，较之博闻强记、广罗智识为尤要。故凡儿童，必须饱受教练，使与人群交际，能知结友为邻之道，熟晓"包容"字义，可具"民胞物与"②之怀。

训练之道，物材有三，而问题有一。教员也，儿童也，教授之物具也；而布置三者，使得恰合之，问题是也。

教员之地位，为引导，为指示，为顾问，为朋友；宜助即助，宜教方教，供之以物事，示之以良法，使孩童以自己之脑，审物察事，求得幼稚之理解。

课堂布置，宜使儿童自由会集，共同解决问题。物具听其自取，问题任其自择。教员不必加以统驭之力，更不必制之使成模范之形，一任油然自生，不加丝毫助长。儿童有误，除与身体、精神有关系之外，不必阻碍。儿童行事，自多错误；惟其错误多，然后得益愈多。智识从错处来也。

堂内所用之物具，即儿童生活中所常戏弄者。物具巧妙之程度，宜以儿童能力可解为限。儿童物具，通常有立方木、球、傀儡等。我辈即可用此常物，更辅以别种物具，激引儿童之兴趣，使自求思索之问题。此等物具，专为幼稚园用。若家庭所用之物，如缝针等，可名之为"天然物具"。凡最合于指授之物具，宜含有吸引儿童之能力，而儿童能自择、能使用，且能借以得进步者为佳。

幼稚园教授法最善者，乃鼓舞儿童追寻智识。盖天然之中已指示此法，特余等未尝

---

① 顺帝则："顺帝之则"的简省，意为依循自然法则。
② 语出宋朝张载《西铭》，原文为"民吾同胞，物吾与也。"意为：天下的人都是我的同胞兄弟，天地间的人和物都是我的同伴、朋友。泛指爱人和一切与之伴生的物类。

留意耳。游动〔戏〕场间，有较学校尤为有益者。严正之指授，虽可得紧切之结果，然自由之法，收效虽不似前法之速，而成绩又似不若是之整，惟进步则极佳。自由者，能与儿童以机缘，使自审良法，求良美之效，培成多才多艺之基。

盖如此法，其人必能自重所自行之事，由经验而生智识，能仿效、能思索也。且教授程序亦得自然相生之益。儿童逐日所为，能与教员以指授之端，而备下课之物具、问题。如此，学程流活，绝无死性，其进步自不可量矣。

布郎女士讲毕，即将师范学校、幼稚园工作及戏玩之具举示大众，并略言其用。

——*Kindergarten Magazine*，February，1919[①]

---

① 此处英文可译为:《幼儿园杂志》1919 年 2 月号。

35 蒙养园与德谟克拉西（节录）

蒋拱辰

1919年11月

题 解　本篇原载《江苏教育公报》第 2 年第 11 期"著译"栏。发表时间为 1919 年 11 月。原发表时题下注有"续第十期"。因该期已佚，故本书只能节录该文的后半部分。

撰著者蒋拱辰（？—1951），字伯阳，江苏宜兴人。15 岁时随父亲蒋励真赴日，考取日本东京高等师范学校官费留学生，专攻化学。1914 年归国，历任南京工业学堂、奉天工业学堂、南京暨南学校教职。时任江苏省教育厅视学、第二科科员，曾受命赴欧美考察西方教育。后任江苏省第三中学校长、农矿部农产物检查所技正等职。主编有《初中化学》《高等化学计算法》等。

德谟克拉西，德语音译词，英语作"democracy"，意为民主，即"五四"时期所谓的"德先生"。本文题为《蒙养园与德谟克拉西》，旨在阐述民主精神下的蒙养园办理相关见解。

《江苏教育公报》，地方教育月刊，1918 年创刊于南京，由江苏教育厅编辑、发行。旨在传达政令、刊布规章、发表教育实况报告，以推进地方教育发展。主要栏目，有命令、法规、公牍、报告、纪载、著译、附录等；主要撰稿人，有蒋拱辰、沈润洲、钱基博等。停刊时间不详，目前能查到的最后一期为 1926 年 12 月出版的增刊。

（前略）

近来论儿童保护之典籍，其数日增。论社会问题、社会政策者，其中必以儿童保护为一主要项目。虽其见解互有出入，比照而参观之，自可以见挽近幼稚教育之趋向矣。

兹就其著名者，列之于下。

一为匈牙利政法博士恩盖尔①（Sigcrmond Engel）所著之《儿童保护之要项》（The Elements of Child Protection）。是书本为德文，后加英译，于一千九百十二年在伦敦出版。匈牙利自前世纪，早注意于儿童之保护，贫儿、孤儿，由国家嘱托民间，使任养育者，比比皆是。是书一出，此种事业，当必益见进步也。

其书中之序文，首明恩盖尔自身之地位。次论彼所谓"儿童保护"，本系由社会主义见地而出。又谓第十九世纪之后半期，世人已认知儿童保护之必要。第十九世纪，可称谓"儿童之世纪"，然若称此世纪为"社会主义之世纪"，以及称为"自然淘汰之世纪"，亦有充分之理由。今兹由社会主义与自然淘汰之联带见地，企图研究儿童保护之全体，实因确认此两种主义相互从属故也。并谓此书系据近世社会主义之运动以及近世社会科学之立脚点，论究儿童保护之一切问题者也云云。

文中"第十九世纪可称为'儿童之世纪'"，于奄林开②女史所称"第二十世纪为'儿童之世纪'"，虽有龃龉之感，然彼此均属真理，二者不妨并存。盖第十九世纪较之以前世纪，其为儿童之世纪，固无容疑；而第二十世纪较之第十九世纪，更为儿童之世纪，则又更确切也。

不宁唯是，即所谓"社会主义之世纪"，以及所谓"自然淘汰之世纪"，亦俱有理由。盖由社会主义观之，儿童保护固当以儿童为本位；而由自然淘汰观之，儿童保护又不可不以种族为本位。此各由一面观察而言者。恩氏之意，以谓离儿童无种族，离种族无儿童，两相扶持，始有真正之儿童保护。其对于本位之问题，虽力求调和，若认为某特别者之利益而行一种人为的干涉，因之得称保护儿童者，决非恩氏之所容许也。

更进而稽恩盖尔原著之目录，即可略知其所主张儿童保护之范围。

最初绪论，分为六章。

先揭一般的人口问题，以明人口盈朒与儿童保护之关系。

---

① 恩盖尔：通译恩格尔，生卒年及生平未详。所跟人名拼写有误，当为"Sigmund Engel"。
② 奄林开：通译爱伦·凯（Ellen Key，1849—1926），瑞典女教育家、作家、妇女活动家、新教育的倡导者之一。毕生从事教育与写作。"五四"时期，她的相关主张被介绍到中国，对中国思想界和教育界产生了较大影响。著有《儿童的世纪》等。

次论人口统计诸问〔题〕。儿童之死亡、人为的撰〔选〕择与教育，及儿童保护之赞否，凡两篇。

次论及儿童保护之行政机关。

又次入结论，由三篇而成。

第一篇题为"民法及私权之部"，分为四章：第一，结婚与亲权；第二，结婚与遗传；第三，私生儿之保护；第四，未成年者权利制限与继承制度。

第六〔二〕篇题为"地方行政活动之部"，分为六章：第一，出产前、出产时及甫经出产后之儿童保护；第二，幼童生命保护；第三，弃儿、婴儿、乳母之注意；第四，妇人劳动与儿童劳动；第五，对于疾病之儿童保护；第六，公立初等学校。

最后之第三篇，称为"刑法之部"，分为三章：第一，青年之犯罪性；第二，刑罚之方法；第三，娼妇。

但书中对于蒙养园，未尝一言及者。因此国之蒙养园未曾发达、不起注意故也。

一即前述之孟禄之大辞典①。其中，有所谓为儿童重要权利，而由一般法律保护者，有八项目云云。

此八项目者：第一，发育良善之权利；第二，受两亲之扶助及保护之权利；第三，享受闲暇、游戏及娱乐之权利；第四，受教育之权利；第五，为劳动生活时，有适于精神及身体能力之权利，并应在有害条件之健康及道德之下②，保护其免受劳动之权利；第六，保护免受虐待之权利；第七，保护康健及道德之权利；第八，虽因事犯法认为有罪时，亦应于身体上及道德上，在正当之环境中，再得立身之权利是也。

以上八项，对于蒙养园亦未有一言，然若细察之，则上述第三之"享受闲暇、游戏及娱乐之权利"，第四之"受教育〔之〕权利"，则关于蒙养园者，彰彰可见。更进而言之，则第六之"保护免受虐待之权利"，以及第七之"保护健康及道德之权利"，亦有关系者也。第蒙养园之所以未经视为保护儿童一重要设备者，实以世人未能深明蒙养园之为何物，与夫从来之蒙养园不足发挥儿童保护之本分故也。

---

① 孟禄之大辞典：美国教育家保罗·孟禄（Paul Monroe，1869—1947）主持编纂的《教育百科全书》。该书共 5 卷，于 1910 年后陆续出版，后被译成多种文字，并于 1968 年再版。
② 此句中"健康及道德之"疑为误植。正确表述似应为："并应在有害条件之下"。

以上所述，由儿童保护之见地上观察之，蒙养园之性质若何，略可明了。予所以为此议论者，非徒好辩，实挟有重大之影响。盖此儿童保护之意味，若一旦明了，不特蒙养园日常之办法，根本的可望一大革新；即由国家行政并地方自治上观之，蒙养园之位置，亦当一改面目，由是而新。蒙养园教育之基础以立，由是而平民教育之根本乃张。将来稳健之国家社会主义，当次第为文明强国所采用。其于吾今日所言，又必有所取焉。

36 儿童读物的研究

丁锡纶

1920年1月5日

另图28 丁锡纶像

> **题 解** 本篇连载于《妇女杂志（上海）》第 6 卷第 1、7 号"常识"栏。发表时间为 1920 年 1 月 5 日、7 月 5 日。原发表时续载篇名为《续〈儿童读物的研究〉》。
>
> 撰著者丁锡纶（1888—1946），字叔言，山东潍县（今潍坊）人。出生于绅商世家。早年捐资兴学，担任丁氏小学校长。1922年经蔡元培介绍加入中华教育改进社，先后参加了该社在济南、北京、南京举办的三届年会，并在第二届年会上主持幼稚教育组会议。1927 年被选为潍县中区教育会会长。除投身于教育事业外，又以诗画名世，参与组织了端阳诗社和同志画社。著有《养静轩诗草》《孟浩然年谱》《崂山游记》《潍县半月围城记》《傅戈庄盐店被焚记实》《张士保先生评传》《考察日记》《五十年之回顾》等。
>
> 有关《妇女杂志（上海）》，参见前文《幼稚园实验教育谈》题解。

儿童到了五六岁，知识渐开，时时要因着事情发展他那固有的能力。这个时候是儿童最要紧的时期，总要用种种合式的法子，引诱着他那能力向正道上去发展。儿童将来的善恶，全在这初步教育的培养。

这初步教育如何设施呢？第一个问题，是"选择儿童的读物"；第二个问题，是"慎重对于儿童的训话"。

雪白的丝，染上黄色便成了黄丝，染上黑色便成了黑丝。极清的水，放入红色便成了红水，放入绿色便成了绿水。儿童的性情，正是合白丝、清水一般。耳闻的是良好的训话，目睹的是良好的读物，他将来便成就一个良好的人。若是耳闻的、目睹的都不完美，将来他是一定染上恶劣的弊病。一旦染上弊病，再要去改，可就非常的难了。所以，施行初步教育的时候，对于"儿童读物"和"训话"，是须要切实的研究。

"训话"是活的，是大人说给儿童听的。他的性质是被动的，只要施行训话的人，能随时随事施以相当的言语，便可无甚弊病。

"读物"是死的，是儿童自己可以研究的。他的性质是自动的，一有不慎，便于儿童的发展能力上有所阻碍，于儿童的性情上有所传染。所以，我们对于儿童的读物，是非切实的研究不可。

商务印书馆、中华书局以及各大书坊所印行的儿童读物，如《五彩方字》《看图识字》《儿童教育画》《家庭教育画》《童话》《动物图》《儿童画报》等书，种类狠少，五六岁儿童用着相宜的，不过一两种。他的内容，皆狠有研究的价值。

我希望热心教育的人组织一个"儿童读物研究会"，就借这《妇女杂志》，作一个机关报，将各书坊所出的儿童读物，破除情面，把他的优点、劣点一一指出，登入《妇女杂志》，大家交换交换意见，着实的研究研究。各书坊也可以借得他山之助，改改良，进进步。大家也可以另发明几种相宜的读物，发表发表，或者就请《妇女杂志》社印行。此事若果实行，必然给儿童造一极大的幸福。

五六岁的儿童的读物，不出字、画两种。东洋每年总有几百种出版，日新月异，愈出愈良；西洋布印的一种，更为美丽、坚固，实在是可以仿效的。

现在我有两种意见：一种是"改良方字"；一种是"布制儿童用书"。

改良方字是怎么样呢？是用极厚的白纸片，裁成宽六生的①、长十生的的长方形。一面印上五彩图画，要简单、显明，万不可复杂、晦暗，以免儿童难于领悟。一面印上字，字要比核桃略大，万不可小，若小了，便减了儿童的兴味。每组十页，分作十组，共壹百页，足够儿童一年之用。

这十组的分配如下：

第一组至六组——单字的名辞：人、手、狗、猫、桌、椅之类。

---

① 生的：厘米，为"生的米突"（法语 centimètre 的音译）之简略说法。

第七组至十组——双字的名辞：哥哥、妹妹、皮球、菊花之类。

儿童第二年所用，仍分十组。除双字、三字名辞外，再将单字名辞加入动辞，如人走、鸟飞、鸡鸣之类。

这种改良方字，比较五彩方字有三大优点：（1）厚纸甚坚固，可耐久；（2）尺寸大，便于儿童携拿；（3）页数少，定价廉，易于购置。

布制儿童用书是怎么样呢？是把图画和字用五彩印在布上，装订成书。他的内容，是和改良方字一样。但是，改良方字是字、画分印两面；这布制书，要字体较小，且是字、画印在一面罢了。书的尺寸，须比方字微大，要和商务印书馆出的《儿童读本》相似。每本十张，计二十面，万不可多，多了就又不合儿童心理了。再者，此书和国民学校里用的《国文》①是大不相同。《国文》是以文为主，以字为主；此布制书，是要以画为主。

此书有四大优点：（1）布制比纸制坚固；（2）体积小，易于携带；（3）页数少，不致价贵；（4）与改良方字有互相联络、补助之益。

以上是我的两种意见。再将改良方字和布制书的样子画在后面，附以说明，请大家研究研究。

改良方字的式样（原图8）：

（1）前面式：宽六生的，长十生的，厚一生的；前面印五彩画，反面印字；黑画之下，是预备手拿的地位；

（2）后面式。

布制书式样（一面的式样照立式）（原图9）：

长十七生的，宽十生的；字、画印在一面。

说明：

（1）一面只印一字（或一名辞），不可多。

（2）须用线订，务取坚固。

（3）可制横、竖两种，斟酌图画局势分印之。如：人、树用竖式；狗、牛用横式。

（4）定名，可以称《〈布制儿童读本〉第几集》。

---

① 《国文》：此处指当时小学使用的国文教材。国文，当时小学的课程名称，今称语文。

原图8 改良方字式样　　　　　　　原图9 布制书式样

本杂志六卷一号内，有《儿童读物的研究》一篇，想大家都已看过。除改良方字、布制书之外，还有几种研究的材料，接续写了出来，贡献大众。

（一）幼稚画片

儿童到了三四岁，渐有辨别物体的能力。此时，亟宜施以辅导的方法，使他观念明确。最好是用实物，施以直观教授。但是，实物因地点的关系（野中有，屋中没有）、气候的关系（夏日有，冬月没有），发生种种不便，因此就不得不借用图画。儿童心理，最爱图画，所以，用图画来启发他的智识，是最为相宜。

本以上的理由，可创制一种幼稚画片，以应三四岁的儿童的需要。

幼稚画片的制法如下：

——尺寸，可分大小两种。

——横竖不能一定，只要和所画物体相宜。

——纸用白色坚固的厚纸。

——所画的物体，不出动植物和静物，如人、马、桃、瓜、桥、屋之类。凡三四岁儿童所习见的物品，均可采取此画。宜用笔简单，彩色鲜明，每图只画一物，不可混杂。

——教授的法子，大画粘贴墙上，小画使儿童随意展阅。儿童的保护人可随时加以指导，不必拘拘于一定的地方和一定的时间。

——售买可以分组，每组十页。

（二）童画

六七岁至十一二〔岁〕的儿童，最喜听简短的小故事。利用他这个意思，可编辑一种童画，将关于修身的事情绘图立说，引诱他前进，增长他的道德。

儿童到了十岁上下，又喜欢对于各种物体加以考察。利用他这个意思，可以编辑关于常识上的童画，借以增进他的智力。

童画的编制，可分两种：

（1）甲种。

一本只画一个故事，分作数图或十数图，自相联接，使儿童看了很有趣味。修身类的，最宜如此编制。举例如下：

童画第一册《岳飞》：岳飞的儿童时代；学射；集薪代烛；开德之战；宗泽[①]与以阵图；朱仙镇之战；襄阳之战；郾城之捷；奉诏班师；三字狱[②]；精忠报国；鄂王墓[③]。共分十二目，绘图十二幅，每幅附以二三十字之说明。

依上例，如司马光、郭子仪[④]、华盛顿、家庭服务、龟兔竞走、狮子报恩等，皆可类推。

（2）乙种。

将同类的物件，一物一图，汇为一本。儿童看了，可得触类旁通之益。常识类的，如此编制甚为相宜。举例如下：

童画第二册《交通》：马；车；人力车；马车；火车；电车；汽车；飞艇；小船；

---

① 宗泽（1060—1128）：字汝霖，婺州义乌（今属浙江）人。北宋末、南宋初抗金名臣，赏识并重用岳飞，临终前不仅对岳飞寄予厚望，还将阵图传于岳飞。
② 三字狱：典出《宋史·岳飞列传》，指奸相秦桧用"莫须有"三字治罪岳飞之事。后以"三字狱"喻无罪被冤入狱。
③ 鄂王墓：岳飞之墓。宋孝宗继位后，下诏为岳飞平反昭雪，追复原官，以礼改葬。宋宁宗追封其为鄂王。
④ 郭子仪（697—781）：字子仪，谥忠武，华州郑县（今属陕西）人。唐代名将，曾率兵平定安史之乱，收复长安、洛阳，使唐代江山得以维系。

轮船；电话；电报；帆船；无线电。每幅一图，画要简明。每幅附印二三十个字的说明。电报等发明家的小像，附印一角，注明姓氏、国籍。

依上例类推，如蒙养园、动物园、北京名胜、世界巨观、我国的大建筑等，皆可采入。

——童画横式相宜。

——尺寸，高十八生的，宽二十六生的。

——页数，十面至十六面。

——用白色坚固的纸。

——全用彩色印，要简单鲜明。

——不识字的儿童，可以讲给他听；识字的儿童，可以自己看。是非常有益的。

（三）绘图儿童周报（或旬报）

凡是在国民学校读书的儿童，大概都有了国家观念和世界观念，但是极为薄弱。愿加厚他这一种观念，叫他时时不忘国家，时时注意世界，非看报不可。

但是，现在报纸没有专为儿童看的，大概不是失于深奥，便失于繁杂。新出的《国语日报》，总算是很浅显的了，一天出好几张，若是儿童拿过来，仍是不知道从那里看起。所以，对于儿童看的报纸，非特别组织不可。将我所拟的办法列下。

《绘图儿童旬报》办法：

（1）每十日出版一次，每次两大张，分印十六页，计三十二面。报名、广告等，均印在反面，以便阅后可以装订成册。

（2）内容分国家大事、世界要闻、短论、学术、常识、小说、悬赏画、练习注音字母悬赏题、名人故事等各门。

（3）无论何门，均须附以图画。如登"杜威来华"[①]，就印上杜威小像；如登"滇粤

[①] 杜威来华：指美国实用主义教育家杜威应邀来华讲学这件事。他于1919年4月至1921年7月间，在上海、北京、天津、辽宁、河北、山西、山东、江苏、江西、湖北、湖南、浙江、福建、广东等14省市举行演讲，传播实用主义哲学、教育学思想，对当时中国教育的弃旧图新产生了重大影响。

风云"①，就印上南五省地理合图。其余各门类推。

（4）每逢国家纪念日，增刊"纪念号"，用好纸彩印，以助兴味。

（5）无论何门，全用国语，时事须附以短评。

（6）无论学术、小说等，均一期结束，不使蝉联不断。

（7）普通日报，每份四大张的，不过三分钱。此报一次出两大张，即用较好点的纸，也不过二分钱。全年不过一元。价值低廉，一定很是畅销。

（8）用宋体字石印，字体不要太小。

以上三种读物，很有研究的价值。我希望大书局的主任，本我这个意思，再加以修正，就编辑发行起来，必能受各界的欢迎。

---

① 滇粤风云：指当时云南督军唐继尧失势后，得广东督军陈炯明的支持，实行"联省自治"，回滇争夺政权的一系列事件。

37　《儿童游戏教育》的要点
——撮译 G. E. Johnson 的著作

应元道

1920年2月

题　解　　本篇原载《青年进步》第 30 册"研究"栏。发表时间为 1920 年 2 月。后被转载于《苏岛教育月刊》第 1 卷第 3 号。

撰著者 G. E. Johnson，人名中的"G"为误录，应为"J"，即 J. E. Johnson，通译 J. E. 约翰逊，生卒年未详。《儿童游戏教育》为其与人合著，现有吴幸玲、郭静晃翻译的全译中文本出版，名为《儿童游戏：游戏发展的理论与实务》。

译者应元道，生卒年及籍贯未详。早年就读于沪江大学，并任该校翻译社书记，毕业后长期供职于上海基督教青年会，并为该会全国董事。精英文，译著甚多。除本篇外，还译有《儿童园艺事业之提倡》《社会性质的体育教育》等，撰有《近五年来中国基督教思想之时代背景及其内容之大概》等。

《青年进步》，基督教月刊，1917 年 3 月创刊于上海，由上海基督教青年会主办、编辑并发行。该刊以"发挥三育精神、介绍欧美新文明、联络全国青年会，促进其进步"为宗旨。主要栏目，有通论、德育之部、智育之部、体育与卫生、社会事业、会务研究、经训、本会消息、记载、杂俎、附录等；主要撰稿人，有菩生、稻孙、皕海、公达、张文昌等。停刊时间不详，目前能查到的最后一期为 1932 年 2 月出版的第 150 期。

游戏在教育上的地位，是极为重要，而且于儿童各方面的发展，更加有密切的关系。我现在节译这一篇文字，无非要使社会里面的人，对游戏发生一种高上的和广义的欣赏，去研究那教育上的价值。希望在儿童快乐的总结上，大有"挹注"和"贡献"的功效。

关于教育和游戏的理论，请读下面学理的见解。

一、本能和教育

现今教育的趋势，在于教导儿童的本能，使他有充分的发展。所以，本能和儿童的关系，教育家极其看重。

人在初生的时候，是纯粹的乞助时期，他的心智和躯体都未曾发达；但是他的本能的趋势，能够发生幼稚的动作，和他祖先的动作相同。这一类的幼稚动作，大部分可说是游戏。

到了儿童年龄渐长的时候，他的动作也一同进步。他的脑经〔筋〕当中，渐渐发了一种"自学"（self-education）的冲动；他的作用，就是要完成生物学上的发展，不是单单要预备那社会里面高上的适用。但这种"自学"的冲动，也可说是儿童识觉教育的基础。自有了"自学"的冲动以后，本能和教育这两样，就协力的谋儿童个人的发展。那个天赋的作用，在于保存儿童固有的才能，使他达到所应到的地位；教育的作用，在于发展天赋的才能，到那个最优美、最完备的境地，使能适合于社会的生活，并且得着最大的快乐。

所以，教育这件东西，是要补济本能所不能达到的地方，使他在发展的程度上可以增加速度。可惜现在有一部分的教育家，过于看重社会的一方面，就忘记了生理的一方面。学校里面编制度的，他的计划常常和教育合不起来。

我的意思就是说，儿童在生物学发展的阶级上，愈能充分经过，将来在人格上的造就上必定愈加丰满。但是要达到这个标的，基本原理就在于游戏。因为游戏促进儿童生物学上的发展，正和教育能够培养本能的作用一样有功效，所以游戏对于人格的造就上，也有一部分效力的。

二、游戏的解释

游戏和本能是很有关系的。大凡研究游戏的人，必定注重本能。这是一定的趋势。我们人从"襁褓"一直到"成童"，所有的性能，发达得很快。在这两个时期的当中，神经系统和肌筋系统所得的经验却是很多的。这一类的经验，能够使人的动作、行为服从他的支配的势力，渐渐的养成一种自然的样式。人类所具自然的冲动，对于特种的刺戟，每每发生指定的反动，是和祖先的遗〔传〕性相"呼应"。所以，称他为"本能的"，却是最得体。

儿童有了这种冲动的表演，就发生游戏所有的现像，就是肉眼所能见到的。所以游戏这件东西，也可说是警觉本能的表演，遇着特种的刺戟，就发生指定的反动了。

儿童对于游戏的一种自然冲动，无非为养成一种游戏的习惯和那个永久的兴趣，使人能随时随地循着外界的刺戟，发生游戏的动作，那便的是我们〔是我们的〕目的了。

三、游戏在教育上的价值

儿童到了某某的年龄，就发生活动和好弄的习惯。这些活动和好弄的习惯，渐渐成了作事的习惯，而且养成种种作事的兴趣。因此，就把游戏和事工两样联在一气。换一句话说，游戏的机缘，就是作事的机缘，这话是很合理论的。

谦伯赉氏说得好："游戏和各种的事情，都是有关系的。不论是情绪、感觉、动作、思想、言语、心象，都受了游戏精敏的感化力，来开始他的行程的。"从此，就知道游戏和儿童明定的发展（如体育的、心智的、社会的、道德的）都有直接和间接的关系。但是发展程度的高下，必要拿游戏教育的方法来做他的标准。

游戏所能达到的终局，做父母和师长的，每能预先知道；就是儿童自己，有时也能知道。这种能力的价值，就是叫儿童循着一定的标准向前进行，希望做到他所要做到的事情。这样我们所做的，无论是游戏或是工作，都有了教育上的价值。

至于游戏和工作这两件事，儿童很难辨别。但因为他们有爱好的诚心，所以就愿意去做。从实际上说，各种的游戏都包涵事工的性质，儿童随他所爱的去做，如同欢喜作工一样。教育的价值，就是在能养成这种欢喜任事的习惯，不必去论他是事工或是游戏。但是见识浅薄的人，说事工是妨碍游戏的一种东西，把他辨别得很清楚；不晓得儿童愈爱游戏，也必定愈爱事工，因为游戏和事工，根本上是"相辅而行"的。

进一层说，心智的态度，对于游戏和事工的愉快，却有相符的关系。凡是可厌弃的事工，因为心智态度的改变，常常化为和乐的游戏。但是，游戏若非心智所欣赏的，就和无兴味的事工一样可厌。又，游戏和事工的当中若没有真切的联络，那么我们就不能称游戏为事工了。游戏和事工，单靠根本上共同的愉快，就能接近起来。

但是，学问浅陋的父兄和师长，容易将游戏和事工分在两条路上，而且于儿童脑髓的上面，留了一个恶劣的印像。这个印像，仿佛是对儿童说："游戏是愉快、可亲的，事工是笨重、讨厌的。但只有事工是有价值，游戏是绝对没有价值。"他们在儿童没有长成以前，就想用这种误解，来"误尽"儿童明晰的头脑。无怪后来儿童做事的时候，常常有了厌恶的心。

我现在把这层意思说出来，无非要表示教育和儿童的和合，以便养成对于游戏和事工有一样共同的快感，一生把守不失落就是了。

四、游戏教育的应用方法

用教育方法来支配游戏，有两层意思可说：（1）把游戏的性质，来灌输在事工里面；（2）用游戏来做发展儿童的工具。这两层意思，都是可以实行的。

上面所说的游戏的性质，并非指着纯正的游戏，是指着根据于游戏要素成立的方法，所以称为游戏性质，不是实际的游戏。这种游戏性质的方法，幼稚园里的教师最为欢迎。因为用这个方法，是很容易得教育上的成绩的。

关于游戏性质的方法，请看下面所说的引证。

譬如有儿童一群，学了兵操，举了一个人做队长。他口出号令，众人都听从他。有时候，他故意玩弄，向众人说"闭目"，众人都闭了眼睛；说"仰天"，众人都抬头看天。诸如此类，就是把训练的意思包涵在玩弄的里面。众人没有一个不服从，没有一个不快乐，这就是这种方法的价值了。

还有一种猜测的游戏。只要几个儿童聚在一堆就可以玩了。儿童里面，须拣出一个人来，任凭在纸上写了一个名字，或是属于人体的，或是属于动植物的，让每个儿童来猜一猜。凡是猜中的，赏他一只苹果。从前，有一个人用这个法子，来给众孩子猜一猜。他在纸上写一个"肠"字，孩子们因为没有看见过肠胃，就搜索脑府里面所遗留的名词，随口的瞎猜起来，有的说是"眼睛"，有的说是"手臂"，猜了许多时候，方才被一个孩子猜着了。这个游戏性质的方法，能够使儿童温习他所有的经验，因此就可以加增新智识了。

还有一个法子，就是一个教师立在儿童的队里，问他们："你要先生画一个什么东西？"假说孩子们要画一只大狮子，就照样的给他们画在黑板上。画的时候，就在狮子的头上添上一个长啄〔喙〕，或是两只弯角，看孩子们能否辨别出来。

再有一个法子，先拿一个骨牌在手里，给孩子们看了一看。问他们："骨牌是什么样做成的？"并且叫他们说出各等工人的名字来，和工人所用器具的名字来，运用他们活泼的脑思。

我们读了上面所说的引证，就可以明白游戏性质的方法的价值了。教育的历史上，很有记载这种方法的文字和各类的引证，但是多半是用在初级学校里面。一班学生所玩弄的，不是真正的游戏，却是一种有系统的法则，把游戏的性质介绍在教授事工里面。这样教授事工，是最易发生效力的。

第二个重要的问题，要我们解决的，就是说：真正的游戏，在教育范围里面，应当有怎么样有系统的应用呢？还有一个和他相连的问题就是：游戏这件东西，能否接连在教育的制度里面仍旧不失游戏的身分？

我们对于这两个问题的可能性，是绝对不怀疑的。请把所有的理论说出来。

我们知道，儿童自然的游戏，都归根在本能的上面。儿童生下来以后的起初几年，全然是靠游戏来做他"自然的先生"。因为有了游戏，就能习练那管理身体上动官和觉官器具的方法，渐渐的养成一种敏捷和干练的应用，来维持个性和种性的实在，那就必不可少了。

等到儿童的身体和能力渐渐的发达起来，他所具的本能的游戏，就和更高尚的人生活动相合起来，使人类渐渐进于文明的境地。其中，有许多天性的活动，如创筑、模仿、求望（指得财物）、好奇、发明、社交、组织、表演、竞争、推理、争嫉和爱音乐、爱色彩等类，都随着各种活动的最适宜的时候而发生。学校里面的教师，利用这些活动在学课里面，却是很多很多的。

在体育教育的范围里面，游戏是一种训练儿童的适当方法。现今体育家都用广义的方法，来把游戏组织在体育训练的课程里面。所以现在社会里面，所有的游戏的书籍和游戏的课程，就逐渐的多起来了。这种教育的价值，就是在于发展儿童身体里面所蓄的原动力。一方面，也可使儿童神经的觉官，因着身体肌部的充分发展，得到了一个连带的发展，这是生物学界所承认的。学校里面的教师，在每天的下午用游戏法来调剂儿童的疲乏的，都说每逢游戏以后，儿童读书的热忱就比前先增加了，而且在上课时候，就比没有游戏之前，更加镇静，更容易起感应的动作。因此，学校里面的成绩，就比没有采用游戏的学校好得多了。

在学校的课程里面，我们还有一个利用游戏的方法。这个方法，就是把游戏加入在野外的天然学（value study）里面。原因是很容易明白的。我们都知道，儿童有本能的好奇心，对于野外的天然物象很容易激发注意的心。所以，学校里面的教师就能利用这种本能的特性，叫儿童到田野里去游行或是打猎，多多与天然的物象相接触，研究他们的性质和状况，给儿童添上许多天然的智识。不但如此，这种野外的游行，也可以给儿童一个享受天然景色的一个机会。一方面，还可以随便的游戏，如捉鱼、采花、捕虫、射猎和采取动植物的样本，都能引起儿童极高度的欣赏的。

儿童建筑的本能，也是很显明的。所以遇着下雪的日子，就要做起一个"雪和尚"来；跑到木作里去拾了几块木头，就要搭起一座房子来；遇着春风和暖的时候，就要糊起一个风筝来。诸如此类，都可以表示儿童建筑的本能。

学校里面的教师，正可利用这种天性来做建筑事业的原动力，因为这种天性的势力很大。虽然有的时候儿童不喜欢做一种无用的事工，但是他做的时候，只有一种爱好建筑的心，不去想到有用没有用的问题，因为这种建筑的性质是根据于游戏的。因了这个缘故，我们就可养成儿童对于职业教育或建筑事业的兴趣，使他们从这个兴趣上面，渐渐的养成创造和发明的才具。这样，就离不了教育的关系了。

游戏在道德上的训练，也是很有价值的。一个人的善德，是照着各项发展的时期而区别的。我们知道，一个三岁大的孩子就有了私心，正是他的弱点，不是他的刚强。自从经过游戏以后，他在"我"的资格上，就有了一番发展了。一个年纪稍长的儿童，就靠着游戏来发达他的个性和对于自己能力的觉悟，同时也发生对于他人的联络，但是不是很多。等到这个儿童长到少壮的时候，他在游戏里面，就把他自己的个性，来服从那团体的下面。当这个时候，他就有了联络的观念。简单说来，就是从个性的起点，逐渐的加上许多群性的行为。这岂不是和道德的训练有关系么？

游戏在教育里面，既有这许多的应用，我们称他为游戏教育，岂不是很相宜的么？

这一篇所说的几条，不过是说明游戏的意义和游戏在教育上的价值和他的应用。简单的说来，就是关于教育和游戏的理论罢了。至于游戏的实写和分类，以及儿童在各时期所应用的游戏课程，就不是本篇的范围所能兼蓄了。

38 非"儿童公育"

杨效春

1920年3月1日

另图29 杨效春像

题 解　本篇原载《时事新报·学灯》1920年3月1日第1版。

同年3月10日,《东方杂志》第17卷第5号转载该文时,在文前加有编者按:"近日言论界颇有一部分人,主张儿童公育者。杨效春君特从家庭制度之当保存着想,著为驳论,其说甚允。兹据《时事新报》转录之。"同年8月1日,该文被收作《解放与改造》第2卷第15号附录《"儿童公育"的辩论》之一。

撰著者杨效春(1895—1938),原名兴春,浙江义乌人。早年毕业于金华府中学堂,任教于小学。1917年考入南京高等师范学校,半工半读,得教育学硕士学位。毕业后,先后在安徽休宁女子师范学校、安徽省立第二中学任教,并追随陶行知投身于乡村教育运动,参与南京晓庄师范学校的创办。后辅佐梁漱溟,参与山东邹平乡村建设研究院的办理。20世纪30年代中期,担任安徽黄麓乡村师范学校校长。抗日战争期间,因国内派系纷争而蒙冤被害。著有《晓庄一岁》《乡农的书》等。

《时事新报·学灯》,为《时事新报》副刊,"五四"时期有重大影响力的报纸副刊,1918年3月4日创刊于上海,初为周刊,后改为日刊。其办刊宗旨为"促进教育,灌输文化",力主"学术自由",宛如教育界的灯塔。主要内容,有学术动向、教育要闻、世界文艺思潮介绍、西方最新教育理论、书报评介、读书随笔等;主要撰稿人,有傅雷、曹聚仁、张资平、胡怀琛、赵景深、刘大杰等。1928年4月4日改名为《学灯教育界消息》,1929年5月16日进一步改名为《教育界》,《学灯》终刊(后曾易名复刊)。

我国工商业还未发达，男女界限还未打破；妇女除治理家事以外，在社会上简直没有事做。如果儿童公育，他们格外要闲杀、苦杀。所以在事实上看来，今日中国是没有儿童公育的必要。不过，理论为事实之母。理论果然是有利益的事，我们就应当竭力鼓吹、竭力提倡，把他扩充出去。所以我们现在要讨论的就是：儿童公育究竟有什么利益？还是有什么害？且把我个人的意见写出来，供大家研究。

现在提倡公育的人，都主张借此打破家庭制度。我以为，我们的家庭制度是应当大大改革，但家庭组织是万万不能废除；我们的急需是怎样改良家庭，不应当乱七八糟破坏家庭。不要〔但〕现在民智幼稚的时候不应当破坏家庭，就是将来民智开通了，也不能破坏家庭。破坏家庭，就是破坏社会。家庭是人类组织社会的起点！是发达社会本能的中心！下等动物没有家庭，所以也没有社会；禽兽没有永久的家庭，所以也没有永久的社会；野蛮人的家庭，没有像文明人的稳固、完美，所以他的社会也很散漫、游离。

宗法式的大家庭，应当破坏；一夫一妇制的小家庭，应当建设。男子或女子独揽家权的家庭，应当破坏；男女平权、共同生活的家庭，应当建设。以父母为本位的、老大的、陈腐的、无生机的家庭，应当破坏；以儿女为本位的、滋长的、进化的、有生机的家庭，应当建设。由这等家庭组织而成的社会，方能稳固！方能和乐！方能生存、进化！

倘若没有家庭，社会便要多：

（1）犯罪的人——一九〇四年，美国人民统计，其中罪人百分之六十四是独身的。别国的情形，也大概如此。可见，家庭生活是可以防止犯罪的行为。

（2）贫穷不能自给的人——没有家庭的人，往往懒惰，不肯勤于做事，所以各国穷民之中，鳏寡孤独每占一大部分。

（3）死亡的人——思密斯[①]（Mayo Smith）调查德国在一八七六年至一八八〇年间四十至五十岁的死亡男女凡千人，其报告如下：未婚的男，二六.五；未婚的女，一五.四；既婚的男，一四.二；既婚的女，一一.四；鳏夫，二九.九；寡妇，一三.四。独身的人——就是没有家庭的人——容易生病。既病，又不能得适当的调养，所以死亡

---

① 思密斯：通译史密斯，即梅奥·史密斯（Mayo Smith，1854—1901），美国社会统计学家。1875年毕业于美国阿姆赫斯特学院，后赴德国洪堡大学留学。归国后，任哥伦比亚大学教授，是最早在美国开设统计学课程者。著有《统计学和经济学》《统计学和社会学》等。

率独高。

总此三因，我们可以说，家庭存亡问题，便是社会治乱问题。要使社会生存、进化，必得有良好的家庭为基础。

儿童公育，就是直接破坏家庭、间接破坏社会的制度。有人说："实行儿童公育，夫妇便可以不必成立一个家庭。"我可以说："儿童公育，夫妇便决不能成立一个家庭。"因为：

（1）完全的家庭，是有夫妇又有子女的。没子女的家庭，是无生机的、不能继续存在的、不完全底家庭。

（2）家庭的功用，就在养育儿童，替社会培养新分子。儿童公育，则家庭的功用失了，夫妇间只有暂聚的房子。这种房子，我们可以称他为寄宿舍、游戏场，不能算做家庭。

还有（3），夫妇结合的要素是爱恋，但是感情是无常的，容易变化的。人的环境、学识、年龄、生理各方面，一有变动，感情每每随之而变。养育儿童，就能把夫妇间的爱恋推广、延长，继续不断。因为儿童是天生来能够引起人爱的，混〔浑〕身可爱的。我们看见他，有不得不爱他的倾向。加之爱儿子是人的本性，夫妇之间有了这个爱物，自然能够互助，加上一倍爱了；没有他的，便容易生气，容易反目，又减少重归于好的机会！所以各国离婚的案件，都是没有儿女的夫妇占大多数（美国统计占四分之三）。像我国旧俗，只有气杀、闷杀、逼杀，牺牲一生生趣事业，不准离婚，固然应该排斥，但是离婚到底是不得已的事。离婚多，实在是社会不幸的现象——美国社会学家爱尔瓦德①（Ellwood）等以为，美国个人主义过度，家庭不安，致造成社会的不安。

下等动物，卵育极繁，不必爱护弱少，也能保存其种族，没有什么家庭。鸟当孵育的时候，雄的鸟帮助雌的筑巢、养儿、防敌，还供他的食物，殷勤努力。鲸、海豹、河马、栗鼠、鼹鼠、驯鹿及羚羊等，当生育的时候，雄的必与雌的同居，替他御敌，替他供食。猿猴之类，家庭生活更为发达。猩猩、黑猩猩、大猩猩等，和人类的差不多。

人类无论文明、野蛮，都是有家庭生活。不过，野蛮人的家庭多是暂时的。如勉可

---

① 爱尔瓦德：通译埃尔伍德，即查尔斯·埃尔伍德（Charles Ellwood, 1873—1946），美国社会学家。曾师从杜威，被认为是科学社会心理学的创立者。著有《心理社会学》等。

必思（译音，西名 Mincapis）族人，夫妇同居到他们的儿女断乳为止。断乳之后，夫就去别娶了。澳洲的黑人、格林兰的爱思克谟[①]（译音，西名 Eskimo）等番族的家庭生活，时间更为持久，但终身的仍是很少数。

这段动物史可以表明两样事情：（1）愈高等的动物，家庭生活愈永久，愈稳固；（2）无论禽兽、人类，夫妇间的互助精神，都是在养育的时候最发达。

儿童公育，就把交通夫妇间情感的大铁道斩断了！用什么来维持家庭！还要什么家庭！还成什么家庭！没有家庭，社会上就要多犯罪、死亡及怠惰、不能自给的人！就要产生种种罪恶、冲突！儿童公育，岂不是破坏家庭和社会的制度么？

今更将儿童公育与人生、妇女、儿童及社会进化各方面的影响，略说一下。

（1）儿童公育与人生。

有小儿的家庭，是快来〔乐〕的，是有生气的；没小儿的家庭，是干枯无味的，是暮气沉沉的。

终日勤劳，回到家中的时候，有爸爸、妈妈细亮而清妙的和声听到，活泼泼地、天真烂漫的姿态看到，何等快乐！自然不再觉得什么疲劳。明日去做工，格外要努力了。自己欢喜努力的，自己努力，自己不觉得的。这种情形，我想有子女的，都已经觉得。

没有小儿的家庭，听到什么？看到什么？夫么？妻么？他自己也疲劳了。疲劳的人，大概是蹙眉绉〔皱〕额，露出不快乐的容貌。那里有小儿般的只知快乐、不知忧愁的十分可爱、时时可爱？

西洋人看家庭如天堂，提起家庭便觉得快乐、欢喜。我想，儿童公育之后，必不能享到这种情景，岂不是把人生的兴趣减少么？我们的家庭如牢狱，是我们组织家庭的人没有程度的缘故，岂能归罪儿童？

（2）儿童公育与妇女解放。

有人说："儿童不公育，则妇女终受儿女牵掣，必不能有完全解放的一日。"不知妇女受男子束缚的主要原因是：一、教育不均等；二、买卖的婚姻。女子经济不能独立，也是这两个原因生下的果！若不从根本着想，把这两个大原因去掉，我知儿童公育之后，

[①] 爱思克谟：旧译爱斯基摩，通译因纽特，分布在从西伯利亚、阿拉斯加到格陵兰的北极圈内外。

妇女的权力益将薄弱！因为养儿就是妇女在旧家庭中所以能把权的原因。妇女是买来的货物，又是愚昧无知，他所以后来能在家中得一部分权力，就是因要靠他养儿。不然，不生育的妇人，应当格外自由！格外有权！格外受人敬礼！为什么他们也与普通妇女同流，或且倒更受人鄙贱呢？

况养儿是夫妇同负的责任！是夫妇公共对于人类不可不尽的义务！不是妇人偏面的事。有乐同享，有患同当，儿女牵掣，必不只牵掣妇女一方面！养儿便是替社会服了很大的务！有暇也可以和男子一样去做旁的事情。谁能说儿童不公育，则妇女只能在家庭服务，社会的中心必仍属于男子方面呢？总之，结婚自由，则家庭便是男女共组的家庭！教育均等，则社会便是男女共治的社会！

（3）儿童公育与儿童。

母牛养犊，惟爱惟谨。不幸母牛死，孤犊每因之日瘠，或致夭亡。难道是人的智识不如母牛？实在是人的爱与谨其犊不如他呀！代人养儿，无异代牛养犊！

富贵之家常雇乳母养儿，他的成绩怎样？公育机关中的妇人，无论怎样高明，怎样才智，这个终是不如他儿童自己的母亲！且一个人的乳是有限量的，几个妇人的乳，必不足供众多黄口小儿的饱饮！牛乳么，牛乳的养分是否同人乳一样？小儿在胎中饮母亲的血，一堕地就去饮非其属类的牛乳，是否适合卫生？

据巴黎统计，公育的儿童死亡率很高，平常儿童的死亡只及他四分之一。你看危险不危险？养儿是女人的本能！也是他对于人类最要紧的义务！是本能，所以无须十分学习；是要紧的义务，所以不可不个个人加以学习。受过教育的妇女养其子女，其成效岂在公育机关之下？

欧美各国公育机关的设立，是迫不得已的事情。因为母亲死亡或疾病，或贫苦须到工厂作活，不能养育儿童。所以，政府或慈善家设立这种机关以保育之。这是家庭和儿童不幸的事体！救济穷人没奈何的一种方法！岂父母所愿？岂儿童所愿？

（4）儿童公育与社会进化。

儿童公育，则各种教养机关合而为一，从人力、财力各方面看，较为经济，且妇女做工的时间可以加多，社会生产能力可以增加。这是公育的利益，也就是提倡公育的人所举的绝大理由。

但是社会的进化，是包含社会的和谐（social oarmomy①）、社会的效率（social efficiency）及社会的生存（social survival）三个目的。儿童公育不过于社会的效率方面稍微有点好处。离散家庭，减少人生乐趣，还能增加社会的和谐么？因破坏家庭，而使社会上多死亡、犯罪及不能自立的人，又使儿童容易夭亡，不是于社会的生存有碍么？

结论——

家庭，是传递社会文明、保持社会生存的紧要机关！能培养儿童忠义、仁爱、服从、谦恭、互助诸美德！所以，有人称他是使个人社会化的学校！儿童，是家庭生活的中心！养育儿童，是能把夫妇感情格外亲密，家庭及人生生活格外美满。儿童公育，便是破坏家庭！破坏家庭，便是使社会散漫、不安、扰乱、退化！

附注

本篇所举统计各例，多从 Ellwood 所著的 *Sociology and Modern Social Problem*② 一书摘译而来。读者可取原著参考。

---

① 此处英文"oarmomy"误，当为"harmony"。
② 此英文为书名，通译《社会学及现代社会问题》。

39 儿童与玩具之关系
——译美国《世界观杂志》矮德何女士原著

师蠡

1920年3月5日

题　解　本篇原载《妇女杂志（上海）》第6卷第3号"常识"栏。发表时间为1920年3月5日。

原著者矮德何女士，生卒年及生平事迹未详，当为美国幼儿教育研究者。

译者师蠡，当为笔名，生卒年未详。除本篇外，他还先后在《妇女杂志（上海）》上发表了译文《饮料水对于婴儿之关系——译美国〈妇女杂志〉美医盖兰德原著》《未足月产出之婴孩保护法——译美国〈妇女杂志〉美医盖兰德原著》《初生儿看护法——译美国〈妇女杂志〉格兰德医生原著》等。

有关《妇女杂志（上海）》，参见前文《幼稚园实验教育谈》题解。

我国家庭，时以多种玩具供儿童游戏。此等举动，恒引起教育家之研究心。而于儿童之父母、亲戚、友朋等，皆膜〔漠〕然不察，以为玩具愈多，能令儿童多得乐趣；不知此等见解易引起家庭之竞争，儿童时得多种贵重之玩物，夸示其同伴，因而增其骄傲之心矣。

夫玩具之所以分种别类而如斯复杂者，盖其中因儿童之年龄不同，含有教育性质也。为父母者，见不及此，以为玩物为儿童之游戏品，有何教育之意义？且以玩具者只供儿童之娱乐及增加其兴趣而已。如此，而欲使儿童于斗室之内完全发达其智识，与缘木求鱼何异？

按：近代教育家所深信，儿童教育之所以能发展者，在课堂内所得实鲜，而于学校外所得较多。盖儿童智识之发展，实始于怀抱时代。其初，由被动而渐次变化主动者，皆由于玩物发端。故玩具为教育品中重要之物，实可深信而无疑者也。

儿童之幼年时代，无异于过客。彼必循少年所当至之道途，必依所指导者而后行，亦必采取外界所需之事事物物以为己有，同时亦尽心竭力审查少年所当具之智力，以备日后所需。儿童于幼时视斯诸事，如饥如渴，必于日常所弄之玩具发显。故儿童所需何项玩具，为父母者最宜注意，不可或忽。有观于二三龄儿童所戏之玩具，即可断定其志之所向者。盖按诸儿童心理，儿童所玩之物品，视其破裂如何，旧物上痕迹如何，可决定其所喜悦者为何项物品。儿童苟有斯物，其乐趣必无穷尽。望读此篇者三思之也。

关于玩具之儿童教育，可以二方面观察之：曰消极的观念；曰积极的观念。若以玩具为无足重轻之物，而任意与儿童玩弄，此项玩具，无论其材为木制或土制，其色为红或绿，其形为牛或羊，必与儿童无密切之关系。譬如，以彩色之恩物一匣，给一二岁之儿童，则此儿童势必将此匣恩物东掷西抛，非继之以破坏不止。此之谓消极的观念。同时，以此匣恩物，给一六岁儿童，则此儿童必尽其知识，排成种种新奇之图样，以表示其构造之能。此之谓积极的观念。

按此二种观念，既与儿童教育有关，岂可不注意之乎？

一、玩具与天性关系

玩具之于儿童，既具此二种观念，则凡为父母者，于玩物购入时，不可不省诸心曰：我侪购此等玩具，只使儿童心中快乐欤？抑使儿童藉斯玩具以增进其知识欤？故我侪于购物时，不可不知我侪所以购此玩具之目的。同时，我侪亦宜知，玩弄斯物之儿童，当以何项玩具合其心理。积极的玩具欤？消极的玩具欤？

我侪于购玩具时，更宜向肆中索一玩具目录，审定何种玩具最有益于儿童，同时藉斯玩具作为教材，以启儿童之知识。盖玩具能养成儿童刚强不屈之志，亦能养成其志意不定之习；能养成儿童美满之天性，时时爱护生物，亦能养成其恶毒之天性，时时暴待生物。

夫儿童之善恶，似与玩具不相关。其不能使良善之儿童为非，亦不能使刻薄之儿童为善。然玩具既与儿童个人之天性有关，则儿童年龄之大小与其所玩之物品不合，即不合于教育也。

玩物过粗劣，则不能感〔刺〕激其兴趣；玩物过精细，则不能增进其幻想。其最要者，儿童对于家庭之兴味，与其所弄之玩具关系最为密切者也。（译者按：上海商务印书馆有各种玩具目录，且其玩具之制作悉遵教育原理。现值提倡国货之时，请阅者注意。）

二、理想之玩具

玩具既与教育有如斯关系，则我侪不当仅视玩具为儿童之娱乐品。盖此等玩具，固教育上最有价值之物也。此等玩具，既有极重大之价值，对于儿童，由各方面观察之。

凡儿童，每于清醒时，非常活泼。彼不使其手足呈懒惰之状，必手舞足蹈，呈自然之运动。设有较长之儿童，紧握其手足，则彼必呈对抗之态度，不甘心于消灭其活泼之心。而玩物者，所以发达儿童之活泼性者也。玩物合乎儿童之心理，则儿童智育之发展，非我辈笔墨所能形容。教育家所以提倡理想的玩具者，盖以此等玩具必能使玩之者增进其精神及体质上之活泼性。更要者，儿童非特专心于斯项玩具而已：其见解，必由是而敏锐；其智识，必由是而清醒；其于制造之能力，亦必由是而前进不已。

玩物之对于儿童游戏关系甚大，惟过于精致之玩具，则其效果反不甚显。如以粗糙或手做之洋囡囡与儿童游玩，较之精美之洋囡囡更能动情，且于玩之者更有兴味。因完美、精致之洋囡囡，无须再加他项物件增进其美丽，故无甚补益儿童之幻想；粗糙之洋囡囡，儿童可附加他物于其上，使之成为女形或男形或婴儿形等，任其意所欲为，变态百出。儿童之幻想，于是增加不已，而儿童藉此等玩具，其所得之利益实非浅鲜也。

三、玩具能疗治儿童之懒惰

简便而价贱之玩物，能启发儿童之智育者，其数亦甚繁。种种之木片玩具，若合乎儿童之年龄者，足以增进其游玩之趣味，亦为增进其智力之媒介。

若以细沙一桶及铁铲一柄，供较幼儿童之需，必更形快乐，其活泼之心时露于工作之间。昔一女孩，携木桶及铁铲各一，与一女佣携手同行。于女佣不觉时，女孩时将道中泥沙置入木桶。及女佣觉，即掷去之，且去其衣上之污，以善言劝止之，仍向前行。但女孩之对于泥沙仍怀依依不舍之意。盖彼之所以如此者，彼欲使其所有之铁铲成为有用之具。然因女佣时常干涉，女孩返家后，即呈忧虑之态，此铁铲竟未曾一试。而女佣所以干涉之者，由于女佣不察儿童之心理，对于儿童之游玩未能深表同意耳。

至以彩色之蜡笔一匣及图画纸数叶，或白色纸数小方与钝剪一柄，供儿童之玩好，儿童藉斯等物件，必能发显其好动心；且于阴雨之日，可阻儿童之外出。某专家曾告余曰：彼幼时性懒，不愿操作，及得彩色蜡笔一匣、钝剪一柄、白纸数方，竟能疗彼之懒惰。凡家庭中有儿女者，不可不知此意。

此外，尚有各色之油漆、完美之农具及木工之器皿〔具〕，皆能补益儿童之智识。用各色之油漆时，备图画一纸，以为借镜之需；玩农具时，需有隙地一方，以备耕植；用木工器皿〔具〕时，亦当有木片、洋钉等物，以便于破裂凳椅上可加以洋钉或板条。儿童苟不如斯工作，难于管理。

予尝探问友朋于某宅。见该宅四龄男童，时喜作种种不规则之举动。童之母时常责之，而儿童终不肯改。盖儿童时作不规则之举动者，因其必藉举动而发显于活泼之性也。父母不之察，而反加以怒容。儿童实乏省过之能力，故为父母者，当视儿童之意志所向加以劝导，藉其天性发展其能力，培植其道德，使之成为完善之国民也。

四、贵重与价廉之玩具

贵重之玩物，未必能多得完美之效果。时有价贱之玩具，儿童得之，反获益不浅。玩此种物品时，儿童必用其脑力，劳其手足，启发其知识。故玩具之价值虽廉，而有益于儿童教育，或不逊于贵重之玩具。且其外面之美丽虽不如贵重者，而实际则有过之无不及。工业玩具及电气玩具，虽甚简单，对于儿童，无异上教育之课程也。

我侪为儿童购玩具时，当以"儿童有斯玩物可得何项作用""此种玩具能否合乎儿童之动作"责诸己，然后购买各种玩具，以供儿童之所需，方能合乎儿童心理，不致多耗费银钱。

同时，亦宜知儿童日常所接触者为何项人物。因儿童之趋向，必以平日所目见者为准的。"近朱者赤，近墨者黑"，古有明训。居于乡间之儿童，邻近旷野，若赠以小火车一乘，佐以轨道、桥梁，其玩具虽为木质，而儿童得之，必喜形于色，同辈见者，亦莫不注目之。其趣味之深，难于尽言。且游戏此等玩具，务须将种种材料配置，不使有所不连接之处，一路贯通，使此小火车数辆奔走于轨道上。儿童由此玩具，可发现其幻想之观念。儿童既有斯种观念，必往邀其同辈来观此举，因而与同辈之感情联络，除去其孤独游戏之念，变为共同之观念。

总之，乡居之儿童，宜用上述之玩具。因此可断定，儿童所处之地位不同，须用何种玩具方能有益无害云。

五、年龄与玩具之关系

购买玩具时，不可不注意儿童之年龄。二岁儿童所爱护之玩具，给五六龄之儿童玩之，则五六龄之儿童必因之乏味，且不甚注意。如此，则对于儿童之智力无甚补益。反之，以五六龄儿童之玩物，供二岁儿童玩之，则除手握抛却之外，亦无益处。

某女士以木质恩物一盒，赠与一一龄之儿童。彼之母亲，对于儿童之性未能考察，不将此盒玩物留存，以供他日之需，即立与其儿。儿得之，不知其用，立抛弃之，无一毫爱惜。此时，儿童乏辨别之能，不可给以此等玩具。若任其如此，儿童之脑力非特不长，反增添儿童损坏物件之习惯。如斯儿童，及长既无补于家庭，又有害于国家。

夫木块恩物，为启发儿童智识之利器。但其能否有益于儿童教育，则视乎儿童年龄之大小为断。最简之木块恩物，宜于较幼之儿童。盖此等儿童，喜将此等恩物作桥梁、房屋、尖塔等形，且此等形式，儿童可深记不忘者也。若长方、三角、半长方（此等玩具，上海商务印书馆均有出售）等形之恩物，可供五六岁之儿童游玩。盖斯种玩具，含有几何学的性质，可发达儿童建筑之才。

如上述之法购备恩物，则此等玩具虽为木块所成，而儿童得之，兴趣无穷，儿童之活泼性有增无已,脑力因思想之多亦可增进不少。且儿童时以玩弄恩物,发现其所能为。著者曾见一二岁之女孩玩五号恩物(此盒恩物,共有正方五十一块、正方所成之三角六块、半正方所成之三角十二块)。女孩视之数分钟,继将种种之三角木块另置一边,将正方块搭成方塔及房屋等形数次,而女孩之趣味仍未减少。其三角木块,二岁之儿童皆不甚注意,故另置一边。但此号恩物,五岁之儿童得之,必无一块不用,其兴味实无穷尽也。

六、儿童对于洋囝囡之观念

幼稚儿童,皆以洋囝囡为理想的玩物。而洋囝囡之完备者,须视乎儿童之年龄为断。如象〔橡〕皮洋囝囡、布帛洋囝囡、女洋囝囡、男洋囝囡等是也。

最小之儿童,宜玩象〔橡〕皮及布帛之洋囝囡。但穿长衣服之洋囝囡,较大之儿童宜玩之。六岁之儿童,恒爱穿长衣服之洋囝囡。盖彼等儿童(指美国儿童),时见彼等弟若妹,常穿衣服之长者而哺乳于母之胸怀也。

八九岁之儿童,不以美丽之洋囝囡为贵。因此等洋囝囡不合乎儿童之心理,而不能增进儿童之智力,且不能以他种衣服或物件以增其美观,于是乎反不爱之矣。洋囝囡之美丽与否,视乎儿童对彼所穿之衣帽及其所居之小屋华美者为断。洋囝囡虽不美丽,而附属品苟佳,儿童可任其意志装饰彼之洋囝囡,发显其好能之天性。八九岁之儿童,喜玩纸洋囝囡。衣帽等件,皆印有单行本,可向西国洋行内购取。儿童得之,可任意剪下,配置于洋囝囡之身上,颇形美丽。

七、男童所喜玩具与女孩之异点

男童于发育时所需之玩物,与女孩于发育时所需者无或稍异。而男童所更喜之玩具,稍含有发明性或劳动性者,必更为美满。盖此种玩具,能发展其建筑之念。故木片及无钉之木块,最合男童之心理。此男童与女孩之异点也。

八、城市的及乡间的玩具

为父母者，不可不研究城市中及乡间儿童之性质，然后购置玩具以供儿童所需。

乡间儿童时在旷野，故多幻想，且天然界之能力促其智识前进不已。由是，乡市〔间〕儿童以天然物为玩具，故玩具宜少与为妙。

而城市中之儿童则不然，盖彼辈所见之物，除街道、车轮外，日居斗室以自娱。彼辈于世界之知识，无异于管中窥天，且城中绝少空隙之地。既如是，则为父母者，宜多为儿童购备玩具，且所备之玩具，宜察儿童所处之地位，方能合乎儿童教育也。

九、玩具之多寡与实用

美国儿童所有玩具，在乎过多，而于其实用不甚注意，故玩具虽众，而合乎儿童教育及使儿童心理发展者实鲜。如此，则失乎儿童所以有玩具之真意。真意一失，差误随之，求此得彼，其谬莫大也。

儿童同时能爱护诸物者，百不得一。儿童之爱玩具，必依时间、景况而异。故今日爱此而恶彼，明日爱彼而恶此，有时于倾刻之间，变移其志趣。而为儿童之保护人，不可忽之。玩具过多，于儿童之品德上，直接间接皆受莫大之影响。儿童爱护物件之心完全无存，及将玩物抛弃，或因而生无足之心，贪多无厌。美国儿童，每于父亲回家时，必探手入袋，遍索全身有无玩具，且问曰："父乎！可曾为儿购物回家乎？"父必将所购者给与儿童。但贪多之儿童，略为玩弄，即去之如泥沙。若儿童常此不改，易成恶习。为父母者，不可不早为矫正也。

十、较大儿童与玩具之关系

较大之儿童，玩具入手，宜教导之、指挥之。我侪以玩具为儿童教育之媒介，使儿童喜于所学，亦即以之为教育品，使儿童必无逃学之弊。为父母及师长者，宜注意之。

40　对于儿童玩具的意见

丁锡纶

1920年3月15日

题　解　　本篇原载《妇女杂志（上海）》第 6 卷第 5 号"常识"栏。撰成时间为 1920 年 3 月 15 日，发表时间为 1920 年 5 月 5 日。

　　本文发表时，后附作者所撰"著者识"，内容如下："此篇方脱稿，邮局寄到本年第三期《妇女杂志》。内载《儿童与玩具之关系》一篇，系译自美国杂志。所论甚为中肯，与鄙著此篇，诸多互相印证之处，阅者参观可也。"其中所提《儿童与玩具之关系》一文，即前文《儿童与玩具之关系》。

　　有关撰著者丁锡纶，参见前文《儿童读物的研究》题解。

　　有关《妇女杂志（上海）》，参见前文《幼稚园实验教育谈》题解。

　　玩具是儿童的"恩物"，此说已为大家所公认。但是，玩具的制造必须很合法，一定于儿童有益，方能称得起"恩物"两字。若是不合法，不但无益，并且有大大的害处，如何能算得"恩物"呢？

　　我国所制造的玩具，能有益于儿童的很少。所以西洋、东洋的玩具就乘隙而入，各洋货店里触目皆是，家家的儿童都手拿着外洋玩具，一年之中，竟有几十万元的玩具输入中国。不料区区小物，成了一个很大的漏卮，说来真是可怕。因此，锡纶很希望，我国热心的人对于儿童玩具大大的加以研究，挽回挽回利权。难道我国四万万人，就无人能造一很合法的玩具吗？

　　锡纶不谅浅陋，将我个人对于儿童玩具的意见发表出来，请求大家加以讨论。这件事情，虽是小事，关系却是非常的重大，千万不可看轻。

一、制造玩具须依下列几条为标准

（1）须合儿童心理。

（2）须含教育旨趣。

（3）须不害儿童卫生。

（4）须注意体积和重量。

为什么须合儿童心理呢？因为玩具是儿童的玩具，若是不合儿童心理，儿童一定不爱玩。所以必须要合儿童的心理，方能借以启发他的性灵，增进他的智识。

为什么须含教育旨趣呢？玩具原是幼稚教育的利器，他的效力不下于儿童读物，必然含有教育的旨趣，方能收良善的效果。若不含教育的旨趣，就不独无益，反而有害了。

为什么须不害儿童卫生呢？我国旧有玩具，或用极粗的泥制成，或涂以伤人颜料。小儿的皮肤甚嫩，泥粗就有伤皮肤。小儿多半有将玩物放入口内的毛病，伤人的颜料若到了口内，焉能不有害卫生？现在既要改良玩具，这有害卫生一层，必须特别注意。

为什么须注重体积和重量呢？因为儿童自两三岁到十一二岁这十年之间，都是和玩具作伴侣的时代。儿童的年龄既然有十年的相差，那玩具的体积和重量，自然也不能相同。我们制造玩具，须依儿童的年龄作标准，去定玩具的重量和体积的大小。儿童两三岁时用的玩具应要何等大小、何等轻重，五六岁时用的是应要怎样，十来岁时用的是应要怎样，都是须要很注重的。

二、制造玩具须用下列各种材料

（1）布制（布人、布象、布狗之类）。

（2）木制（车、马、人、鸟、枪、刀之类）。

（3）纸制（小盒、纸版、假面具之类）。

（4）金属制（吹笛、碗盆、火车、汽船之类）。

（5）磁制（娃娃、猫、鱼、狗之类）。

（6）泥制（泥人、鸟、兽之类）。

（7）橡皮制（人、兽之类）。

上列七条，都是制玩具很好的材料。惟有泥制一种，尚须加以研究。因为泥制玩具极易损坏，这是第一个缺点。儿童不慎，若将损坏的泥片误入口中，就于卫生上发生很大的危险，这是第二缺点。但是也有长处，如塑名人模型、纪念牌坊、历史故事、楼屋亭台之类，却又最为相宜。所以必得再研究研究。

常见洋货店里陈列一种东洋玩具，是娃娃和鸟兽之类。这玩具有好几个优点：（1）堕地不破；（2）见水不坏；（3）颜色不落；（4）价值不贵；（5）重量很轻。这种玩具给儿童玩，极为相宜，但是不晓得是用什么造成的。大家若有知道的，务必将造法和材料，一一的登在《妇女杂志》上或是《教育杂志》上，以便我国仿造。

三、玩具的研究和制造的办法

（1）组织儿童玩具研究会。

制造儿童玩具，须依"一"项所说四样标准。这件事，自然是不识字的工匠决定〔绝对〕不能办的。那应是谁办呢？一定是得从懂得教育的人先研究入手。我很希望，现在的教育家，大家组织一个儿童玩具研究会，各人留出一点功〔工〕夫，研究研究这个问题。研究出来的制造法子或是理论，一定在一种杂志上发表，使全国的人都要注意。这是第一步。

（2）刊印玩具制造法的专书。

大家研究出好法子来，集的多了，就可以发行一种儿童玩具制造法的单行本，以便各学校买去，作手工科的教授法；家庭中买去，也可以依法制造，那却就造福不浅了。这是第二步。

（3）译东西洋玩具杂志。

东西各国有学问的人，对于儿童玩具都肯用心研究，各国都有关于玩具制造或是理论的杂志出版。德国所出杂志，规模最为宏大，政府又实行干涉，所以很是优良。日本也有玩具杂志风行于社会，其内容颇注重教育玩具、历史玩具之类。我国教育家若能取各国之长，择其适于我国儿童者而传布之，虽系借助他山，却能事半功倍。这是第三步。

（4）采集各国玩具以为参考。

锡纶在天津的时候，曾到西国各大洋行去参观他所卖的玩具，都是很坚固、很耐久的样子，也都含有教育的旨趣；就是价值未免太大，顶贱的也得一元左右，贫寒人家如何能买得起呢？

在青岛的时候，也曾到日本玩具店去参观日本的玩具，坚固耐久虽不及西洋，价值却很便宜，大约自一角至五角的为最多，还有几分银圆的。他的旨趣，也多半合乎教育，最宜取法。

我国既想改良玩具、制造玩具，这参考一层，是万不能免的。法国的磁器厂里，设有参考部，里边各国的磁器都有，都是不惜重资买了来，专备工师研究的。我们也应仿照这个法子，将我国旧有的玩具以及东西洋的玩具，多多买来作参考品，以便比较研究。这是第四步。

（5）职业学校里添设制造玩具科。

我国职业学校、女子职业传习所等，已各省皆有，所造的物品如纽扣之类，成绩很是优良。若是一律添设制造玩具科，一定是很能胜任，并且是极易普及各省，真是一举两得。这是第五步。

（6）开设玩具制造厂。

欲挽回利权，非大集股本，开设制造玩具厂不可。我国儿童总有几千万，需用玩具非常之多，几处学校造来必不足用，又不能家家自造，所以要设专厂，依照改良的法子，大大的制造起来。这是第六步。

以上"一、二、三"三项，是锡纶对于儿童玩具的意见。

近年来，各种杂志研究这个问题的很少，可见我国对于此事尚未十分注意，真是一件憾事。现在，我将所知道的几篇题目，列下以便大家检阅：

（1）《选择玩具与儿童教育》，《妇女时报》第七期。

（2）《儿童玩具浅释》，《妇女杂志》一卷二号。

（3）《儿童玩具之研究》，同上二卷三号。

（4）《小儿玩具之审择法》，同上四卷五号。

（5）《调查玩具报告书》，《教育》第一、二期。

上列各篇，对于玩具于儿童的益处说得十分精透，所以锡纶也就不再说了。各篇大概长于理论，我希望将来大家在制造的法子上研究研究。

《调查玩具报告书》，登载天津出的《教育》那种杂志上，是直隶女子师范学生调查的，对于各种玩具的制造、优劣、价值的大小、是否有益于儿童，都有切实的批评，是一篇很有价值的文字。

我愿意请《妇女杂志》社在《妇女杂志》上特辟"儿童玩具研究"一栏，作全国的提倡，设一个研究玩具的机关。我国热心的人，必能闻风而起，注意这个问题。若是三五年内，我这"一、二、三"三项意见都能发现于我国，那真是造福儿童不浅呢！

民国九年三月十五日

41　在江苏一女师附属蒙养园纪念会上之演说

龚俊

1920年4月13日

题　解　本篇原载《江苏省立第一女子师范学校校友会杂志》第3期"杂俎"栏。系演讲词。演讲时间为1920年4月13日，发表时间为1920年10月。原发表时题为《蒙养园成立大会之演讲辞》，今题系编者改拟。

演讲者龚俊，女，生卒年未详，字璧如，江苏江宁（今属南京）人。早年毕业于江苏省立第一女子师范学校（简称"江苏一女师"），时任该校附属蒙养园教师，后升任该园主任。除本篇外，她还发表有文论《致书同学论幼稚教育》等。

江苏一女师于1917年8月受命从速办理保姆传习所，9月拟成《保姆传习所章程》和《保姆传习所预算》，获准，10月聘得学监和各科教员，并招得学员18名。11月6日，该校保姆传习所开办。由于培训幼教师资需有实习、试验的园地，该校在保姆传习所开办之初便呈请省长，要求另拨经费筹办蒙养园，亦迅速获准。于是，该校便选定园址，聘陈淑婉为主任、龚俊为教员，招得幼儿14名，于1918年4月13日正式开园。据此可知，本文题中"纪念会"，实为庆祝该园诞生两周年而举办。

《江苏省立第一女子师范学校校友会杂志》，不定期刊，1917年创刊于镇江，由江苏一女师校友会主办。该刊旨在"增进学校和师生之间的感情，加强师生之间的相互了解"。主要栏目，有插画、文萃、演说、学艺、研究、调查、记事、杂俎等；主要撰稿人，有秦莳芹、程汉卿、张翰屏、徐祖芬、潘维新、刘维贞、吴续新、徐凤琴、陈懋珠等。停刊时间不详，目前能查到的最后一期为1925年9月出版的第2卷第3期。

今日敝园开会，是成立以来未〔有〕之创举，亦即开幕以来第一次之庆典。蒙诸位降临，肯赐教诲，那是敝园同人所最欣幸的。

某亦敝园之份子，亟思有以贡献诸君，佐诸君之快慰。但所学浅薄，力不能以从心意，姑举斯园之建设及其主旨、方法，为诸君概略陈之。

蒙养园之建设，我国本无，乃从泰西仿效来者。而省立之蒙养园，此地要算第一个，他省目前尚未有。

原来最初创办者，是一个德国人，名叫福禄伯尔①。此人生在十〔百多〕年前，学问、道德是不必说的，单讲他创造这个园的意思。

他因〔认〕为，幼儿教育是后来一切教育的根本，必须培养得好，以后无论做什么事、进什么学校，都是容易受教的。譬如花草、果木，自幼不予以良好的培养，将来能教他枝叶与花朵繁盛、果实硕大而多么？但多数家庭之中，无论为富、为贫，父母必有应为之职业，终日忙迫，不能得暇教育其子女；或即有暇，无育儿之特殊知识，往往委托之于女婢仆之手。诸君试思，凡为婢仆者，能有几个是有知识、学问的？不懂教育原理及保育方法，自不必说，是明明以洁白无瑕之幼儿，付诸若辈不良之染色。污秽、恶劣，当然不足观；甚且口出不规则之语言，身行不名誉之行为，大了败坏家风，患何可想！

所以，福氏乃创一蒙养园，弥缝这种缺陷，为家庭代劳，辅助家庭保育之所不足。用意至善，宜乎欧洲、美洲，遍地皆是。凡有百户人家之村落，即有一幼稚园，或称蒙养园。这等看来，人家教育，皆是自幼施设的，所以他们的根本，到底是两样呢！

福氏教育之本旨，以游戏为必要之务，兴起其本有的活动性，而使生有秩序之观念，及察各人之所长而引导之，开发各种能力，为入普通学校之准备。其方法，以手技、游戏、唱歌、谈话等为主课。

何谓手技？蒙养园有一种教具叫作恩物，借此可使儿童洞逵〔窥〕左右环境中之现象，并可随时发表其心中之意识，增长他的识见。恩物种类甚多，有球状者，有木块或木片者。球状分为六色，可使儿童辨认之；木块及木片，听儿童自由排列，如搭火车、搭房屋。如是，可养成儿童常识及自己之构造心。

---

① 福禄伯尔：通译福禄培尔。

另图30　江苏省立第一女子师范学校附属蒙养园教学实况

　　游戏，有共同游戏、随意游戏之别。共同游戏者，即与歌曲相合，大家在一处，营为种种运动；随意游戏，听随儿童自由运动，教者从旁监护之，非极危险之举动概不干涉。然社会之由起初多不信仰，谓：自幼奋于游戏及快乐，俨同以学校作游戏场，则长成后将不胜劳役，不能当世上艰难之事；且在幼稚时代，使儿童流于放肆而厌受压制，不遵命令，以后将一无所成。要知，小孩子本无他的本能，自幼能任用自己力量注意于游戏，不专倚赖，人长，则必亦将此种精神移于事业上。谚云"老实便是无用"，所以小儿倒是老实不得的。

　　唱歌，乃适于儿童好音乐之本性。藉以练习其听官，发达呼吸器及发声机〔能〕。歌词，则选平易而能理解者授之，又可藉此为传授知识或道德之门径。盖小儿，教他的言语或不能记，而教他的唱，最易记得的。这不是我们教导的一个好机会么？

　　谈话，可练习儿童语言，传达知识。小学校有教授，蒙养园之谈话也是教授，不过时短些，不用书。而年长的学生可以识字时，亦每日授字与绘画相联。他认识一字，便能确知其义。在旁人看起来，这种课业外表好似无甚意味，而其奥妙殊深也。

　　试观西洋人脑力及技能，均较我国人高尚而灵敏，中国人见之，辄起爱慕之心。同是人类，不过东西洋人之别，何智于彼而愚于吾耶？推原其故，乃从小教育好的缘故。我国最初差不多算无教育。近数年来，国民教育亦稍稍讲求，而所缺乏者，幼稚之教育也。今既知教育若是之重，则我们为保姆师范生的，以及诸位为父兄、家长的人，可不有一分力尽一分心，去竭力提倡、劝导么？

　　学生见识浅，知识又小，还有多少的内容，则请诸位细细看看罢。

42　驳杨效春君《非"儿童公育"》

恽代英

1920年4月18日

> **题　解**　本篇原载《时事新报·学灯》1920年4月18日第1版。同年8月1日，被收作《解放与改造》第2卷第15号附录《"儿童公育"的辩论》之一。
> 　　有关撰著者恽代英，参见前文《家庭教育论（未完稿）》题解。
> 　　有关驳论对象杨效春，参见前文《非"儿童公育"》题解。
> 　　有关《时事新报·学灯》，参见前文《非"儿童公育"》题解。

三月一日，"学灯"栏载杨效春君《非"儿童公育"》一文。杨君根据各种调查与统计以立论，骤然看起来，似乎壁垒森严、无隙可乘；然而若能更审虑一番，便可看出，杨君的立论有许多谬误的地方。我现在就杨君的话，一一加以驳论，请杨君的教，亦便请读者诸君的教。

杨君说："家庭是人类组织社会的起点！是发达社会本能的中心！下等动物没有家庭，所以亦〔也〕没有社会；禽兽没有永久的家庭，所以亦〔也〕没有永久的社会；野蛮人的家庭，没有〔像〕文明人的稳固、完美，所以他的社会亦〔也〕很散漫、游离。"

杨君所举的例，我都承认。然而，这不见家庭"是发达社会本能的中心"，只好说，因社会本能的发达，发生家庭。所以家庭进化不是社会进化的原因，乃是社会本能发达的结果。所以家庭进化仅是社会进化的一方面，与社会进化别的方面乃由同一条件而发生。由此，所以说"没有家庭便没有社会了"是谬误的一点。因为社会不是靠家庭而发生、而存在，乃是靠社会本能而发生、而存在。社会本能的发生，乃由人类自觉或不自觉适应环境的进化而然。

若杨君所说，家庭是发达社会本能的中心，究竟家庭是否仍由社会本能发达而产生？若不如此，家庭何由产生？若如此，废了家庭，何以知道社会不仍然一样的存在而发达？

杨君说："倘若没有家庭，社会便要多……犯罪的人——一九〇四年，美国人民统计，其中罪人百分之六十四是独身的。别国〔的〕情形，亦〔也〕大概如此。可见，家庭生活是可以防止犯罪的行为。"

杨君这一说，只抄了个统计，并未说甚么理由。其实，独身便会犯罪，或者有些人要想着，这是没有异性的调剂与家庭的系念。然而，这都是很肤浅的见解，人类若不是有经济的压迫，非有神经病的，总不轻易肯犯罪。

杨君不曾想：这百分之六十四的独身者，是甚么样的人？为甚么好端端的做独身者？他们不是受了经济压迫的吗？经济的压迫，一方使他们成独身者，亦一方使他们犯罪。所以独身与犯罪，都是经济压迫的结果。杨君却忽略了独身的原因，因而误认独身是犯罪的原因，这亦是一种谬误。

杨君说："没有家庭，……多贫穷不能自给的人——没有家庭的人，往往懒惰，……各国穷民之中，鳏寡及〔孤〕独每占一大部分。"

这一点，我想读者很容易觉得，杨君是将因果倒置了。贫穷、懒惰，是没有家庭的原因；杨君却误以为，没有家庭是贫穷、懒惰的原因。我想，这不待多辩正。

杨君说，没有家庭，多死亡的人。Mayo Smith 调查德国一八七六～一八八〇间四十至五十岁的死亡男女凡千人。其报告，未婚男二六.五，女一五.四；鳏夫二九.九，寡妇一三.四；既婚男一四.二，既婚女一一.四。

这一点的谬误，我想，亦与前面说没有家庭的人多犯罪是一样。虽然没有家庭的人，因为没人疾病扶持，亦是多死亡的一个原因，然而我们总应记得使他没有家庭的贫穷，每每使他受各样生活的烦恼，不能得相当的卫生，亦不能得相当的娱乐，这都是多死亡的原因。所以，统计表虽然证明杨君所叙的事实是正确的，不能因而亦证明杨君所主张的意见亦是正确的。

杨君说，儿童公育，就是直接破坏家庭，夫妇爱恋无常，没有儿童加上一倍的关系，夫妇容易生气反目，各国离婚案件，都是没有儿女的夫妇占大多数（美国统计占四分之三）。

我的意思，亦信儿童公育是直接破坏家庭。但是，杨君所说家庭的利益，同无家庭的害处，都如上文辩明了。所以，杨君没有理由非儿童公育。

至离婚的事，我信在夫妇有一方觉得有离婚之必要时，应该他们有离婚之自由。一般男女为有子女的牵累，忍气吞声在痛苦的婚姻之下，乃是大不应该。所以，我想杨君若能把习俗无理的"离婚是不幸"说打破，自然这只有恰见儿童公育的必要。

罗素①说："夫妇一结合，便要巩固到一生，或是在双方同意而外，还要他种理由才可离异，实在是没有理由可说。"柏拉箫②说：

> 第一，离婚应如结婚一样容易，而且为私人的行为。第二，离婚只须一方请求，不必问请求之理由，亦不必问他方之应许与否。第三，有判离婚案之权的，不应防离婚之发生，只应执行休妻恤金。第四，不可用结婚作为一种惩罚。如你不赞成这夫妇的行为，尽可惩罚他，但不可强他们做永久的婚媾。第五，假使你以为两方都无罪，亦不可违他们意志，强他们做永久的婚媾。

自然，柏拉箫所说"休妻恤金"，是就男女经济不平等的社会而说。

杨君说，小儿只知快乐，所以"有小儿的家庭，是快乐的、有生趣的"，儿童公育，"岂不把人生兴趣减少？"又，儿童公育之后，妇女权力益将薄弱，"因养儿是妇女在旧家庭中所以能把权的原因""不生育的妇女……倒反受人鄙贱"。

杨君这一段，我觉得在现状之下，不谈别方面的改造，仅仅看见儿童公育一方面的人，应该注意。我信儿童公育是当然的。但是儿童公育只是全局改造的一部分，或者可以说是全局改造的第一步。然而，若一切现制度都不感觉改造的必要，仅求儿童公育，

---

① 罗素：伯特兰·罗素（Bertrand Russell，1872—1970），英国哲学家、数理逻辑学家，1950年获诺贝尔文学奖。1890年考入剑桥大学三一学院学数学，后留校担任研究员。不仅对数学、哲学多有研究，还对政治学、社会学和教育学颇多创见。1920年曾应邀来中国讲学。著有《西方哲学史》《数学原理》等。

② 柏拉箫：通译萧伯纳，即乔治·伯纳德·萧（George Bernard Shaw，1856—1950），英国剧作家、评论家。毕生反对"为艺术而艺术"的观点，主张艺术应当反映迫切的社会问题。支持妇女获得平等权利，主张废除私有财产，提倡婚姻自由。1925年获诺贝尔文学奖。著有《圣女贞德》《伤心之家》《华伦夫人的职业》等。

即令有弊，不足非儿童公育。

我想，若人在自由工作、没有生活压迫的时代，将无人而不自得，为甚么一定要靠那无知的小儿才快乐、才有生趣？若妇女在完全解放、经济独立的时代，将无所谓家庭痛苦，何至靠养儿才不受人轻看？人生兴趣、妇女权力，必须靠着儿童，所以不产育的人，便感痛苦了。杨君以为，这种痛苦是应当的么？或者以为，那人生无聊的慰藉，妇女由不正当挟制所得的权力，便算可以满意的了么？为甚么非儿童公育？

杨君说，代人养儿，无异代牛养犊，总不如儿童自己母亲的爱与勤，且人乳有限，几个妇人的乳，不足供众多黄口之食，"牛乳是否同人乳一样？"

论到公育机关代人养儿的利弊，杨君所说未始无理。然而，养儿不仅是爱与勤便够了。普通父母，虽然爱他的儿子，然而因为愚昧不合法的养育，牺牲了无数的儿童。公育机关，是有研究、有经〔验〕的专门家担任照顾一切，自然不是不负责任、不勤慎精细的人所能得社会信任的。若说这些人必然不如自己母亲可靠，为甚么教育不信任自己父母，要信任学校教师？医病不信任自己亲人，要信任医院医士？为甚么教师与医士一定比自己父母、妻女可靠些，公育的委员一定不能比自己母亲可靠些呢？

论到他人的乳是否与母乳一样，牛乳是否与人乳一样。这一点，我以为值得谈公育的人注意。纽约儿童卫生局长 S. J. Baker M. D.，他就任以来，纽约儿童夭殇率遂为全世界大城市最小之处。他说：

> 母乳乃婴儿最合宜之食物。天按婴儿发达之程度配置、调剂，置于母之身中；婴儿食品中所应有的各种原素，母乳中莫不有最合宜的配置。婴儿渐长，此等配置亦随而变化，不失其最合宜的滋养价值。食母乳的婴儿，很少肠病，能有极良的发达。其齿能于合当之时生长，筋骨皆较强壮，能行时亦较早，且亦似不致染喉炎。既染病，亦较能抵抗、能忍耐，而易于复原。

这一段话，我从 Baker 的为人，容易觉他可信；而且造物的奇秘，能令母乳最合宜于他的儿童，亦是意中的事。

不过虽然如此，并不能遂妨碍公育的进行。我的意思，儿童初生之时，为之母的，可受公育机关的指导以育儿。满一月后，断乳以前，可限令为母的在公育机关内或附近作工。抚育、训练虽有专人，哺乳仍由其母。如此，则女子仍不致受育儿之累，亦不致因他的愚昧贻害于儿童。所以，这亦不能见儿童公育的不能行。或以为，哺乳仍须为母的自任，不能算是满意的解决。然而，若必须为母自任的事，他人终不能代理。譬如分娩，虽女子之累，然而必须自任。哺乳亦是一样，不过人的能力能减少女子的累罢了。

杨君说："巴黎统计，公育的儿童死亡率很高，平常儿童〔的〕死亡只及他四分之一。"

这一段话，杨君实在太笼统了。巴黎的公育机关，显然与我们所说的公育机关是两件事。他所公育的儿童，多系贫民子女，先天后天，都有许多可以夭折的原因。这何以见得是公育的不好？何以见得是公育使他夭折？

杨君说，养儿是女人的本能，亦是对人类最要紧的义务，是本能，所以无须十分学习，是义务，所以不可不个个人加以学习，"受过教育的妇女养其子女，〔其〕成效岂在公育机关之下？"

杨君这段话，我没有甚么非议。但我觉得，教妇女人人消耗精神于这同一之事，未免太不经济了。而且养儿虽是女人本能，合理的抚育、训练方法，究非专门研究的人不能得满意的造就。这岂是个个人可以学好的事？人类原靠互助以成社会，所以，一切虽须自己料理的事，可以找专精的人代为料理。教育何曾非对〔为〕人类最要紧的义务？既可由父而转于师，那便抚育的事何以独不能由母而转之于公育机关呢？

如上所说，可知杨君立论，有些地方是没有将因果看清，有些地方是将公育机关当作眼前育婴堂一类的组织。我信儿童公育，因为他是人类正当生活的一部分，因为他很可以帮助人类到正当生活的田地。

我不是如沈兼士的主张，要甚么公育机关捐金；罗家伦①的主张，要产妇优待金②。我不以为这是一种社会政策，或者苟且敷衍的社会改良运动。我信，他要在各尽所能、各取所需的时代实现，否则，亦要在各尽所能、各取所需的小组织共同生活中实

---

① 罗家伦（1897—1969）：字志希，笔名毅，浙江绍兴人。早年就学于上海复旦公学和国立北京大学，与傅斯年等合办新潮社，创办《新潮》月刊，积极投身新文化运动。毕业后赴欧美留学。归国后，历任国立清华大学、国立中央大学校长，晚年赴台，历任国民党中央评议委员、考试院副院长等职。著有《新人生观》《科学与玄学》等。

② 产妇优待金：罗家伦在《妇女解放》一文中曾提及于此。据载，在德国母权保障会的推动下，"女子当生产前后六个星期之间，都可以有一定的经费可支；十二星期之内，虽不能作工，而支全工的经费；产期内医药费完全豁免，而半年之内还有相当的津贴。"

现。自然小组织中公育的实现,很有帮助于小组织的完成与发展,亦即很有帮助于人类全体正当生活的进化,是我们现在应该努力的事。

《致中》杂志陈正谟[①]亦有篇论公育的文字。他提出三个反对意见:(1)子孙观念打破了,劳心劳力就要减少,有害人类进化;(2)人无教养责任,怕生殖过繁;(3)子孙观念打破,妇女会为避麻烦而避妊。他对于(1)与(3),以为可以用他的"人生真义",使"人类为学说奴隶"。对于(2),主张禁早婚、节欲。又说,妇女生产有稀有密,有不产的,而且用脑过度,生殖力减少,社会文明,夫妇为谋便利,必不常居一室,所以不怕生殖过繁。

我对陈君解说不很满意。我以为,工作是人的天性(另篇说明)。若能明白群己的真关系,更可以长他那自觉的努力。论到妇女为避麻烦避妊,我想,这都是私有制社会所有的现象。若临产有义务医院照料,产后有义务公育机关抚育,女子没有经济压迫,说他们仅为自己很少的便利避妊能成为一种风气,我不信是自然繁殖的动物律所许。至于怕生殖过繁,我想将来男女一切解放,性交减少他的神秘的兴趣,人类自然不如今天都像一般色鬼;而且果然有生殖过繁的事,一定有些人从社会方面着想,自觉的避妊或限制生产,如今日一般社会改良家一样热心。所以我信,儿童的公育是恃人类的澈底解放,是恃人类对于社会的自觉,不恃人类为学说的奴隶。

盼望有心人,将公育的真正意义、正确方法认识清楚,努力求他实现。这是人类正当生活所关,亦即人类幸福所关。依我的意思,我们应该先有个共同生活,由共同生活里实现公育,由公育以求共同生活内面的完成及对外的发展。

---

① 陈正谟(1897—?):号季民,湖北汉阳(今属武汉)人。时为北京大学哲学系学生,参与发起成立致中社,出版发行《致中》季刊,为该刊评议主任。后曾任职于商务印书馆编译所。译有《西洋哲学史》《近代科学与柏格森之迷妄》等。所撰这篇"论公育的文字",今已不查。

43 幼稚时期展长之必要

周邦道

1920年4月20日

另图31 周邦道像

题 解 本篇原载《中华教育界》第9卷第4期"论著"栏。发表时间为1920年4月20日。

  撰著者周邦道（1898—1991），字庆光，江西瑞金人。早年毕业于国立南京高等师范学校，后历任河南省立第四师范学校、河南省立第八中学、南昌乡村师范学校校务主任及江西省立宁都中学校长等职。1931年，在国民政府第一届高等考试中夺冠。后供职于国民政府行政院教育部，历任教育部编审处编审、教育部督学等职。1938年至1940年间，任国立贵州中学（今贵州省铜仁第一中学）首任校长。1949年赴台湾，执教于台湾省立农学院、中国医药学院。后任台湾"考试院考选部"政务次长。著有儒、佛、教育、史学等方面著作三十余种。

  本篇所言"幼稚时期"，并非专指学龄前期，而是包括了学龄前期和接受小、中、大学教育的整个时期，即文中所言"自初生至二十岁间之一段生活"。据此广义的理解，作者的意旨，重在学校教育时限之展长。但是，正因为"自初生"便应受教，所以在学龄前亦应设学，便成为了此论的题中之义。

  有关《中华教育界》，参见前文《蒙铁梭利女史新教育法（节录）》题解。

  幼稚时期，英文为"infancy"，即尚未成熟（immaturity）之时期也。此时期迄止于何年，因气候与种族、遗传与环境的关系，不能确凿断定。所以，不但各国法律上的成年律，甲与乙异，乙与丙殊，即古来之生理学家、心理学家，亦从未有若何之一定标示。

然大概言之，自初生至二十岁间之一段生活，俱可称之为幼稚时期焉。

当幼稚时期之人，均富有活活泼泼之活动性（plasticity，亦译"成形性"或"可塑性"），易词言之，即所谓教育之可能性（educability）也。故学校与家庭，当利用此时机教之、育之，以发挥其智力，变化其气质，庶将来入成人社会谋生活之时，才能免天然淘汰之厄。否则物竞天择，其能适存于世者，盖仅矣。

然世界愈文明，生活愈繁复；生活愈繁复，则智力愈需高广；智力愈需高广，则非利用未成熟而又能受变化之一期愈施以教育不为功。此近来一般教育家之所以极力提倡幼稚时期之展长（prolongation of infancy）也。

试观英、德、法、美诸国，义务教育而外，不又有补习教育之决定施行法案乎？从前强逼十四岁以下之儿童受教育，不又将更强逼十四岁以上至二十岁上下之儿童继续受教育乎？其于幼稚时期之展长，可谓注意甚矣。反观吾国则何如者？微论百人中未得一人在学；即区区规定之四年义务教育，亦尚在风雨飘摇之中也。呜呼！以如是之国民，处当今之世界，盲人瞎马，不亦殆乎！

依我看来，无论学校、家庭，均宜深自觉悟，将此动动荡荡、弥可宝贵之幼稚时期，不惟不轻使错过，且当展而长之，俾受充分、适当之教育，则非特个人之生活裕如，即国家之富强亦肇基于是矣。

兹且将展长之利益略书数端于下，以供同志的研究。

一、幼稚时期愈展长，则活动性愈能利用

教育家密勒①（Miller）有言："幼稚时期之活动性，为教育可能之基本（the basis of educability）。"

盖活动性之为物，可以受种种的变化，陶冶性质；并且可根据之以学得人生生活之

---

① 密勒：通译米勒，即欧文·米勒（Irving E. Miller），生卒年未详，美国教育家。代表作为《人生教育》。该书由郑宗海、俞子夷译出，由商务印书馆于1921年初版，名为《密勒氏人生教育》，曾风行一时。

种种经验，而不致仅为遗传的行为动式所囿，惟在其能利用之而已。彼幼稚时期之未得利用者，则或从未受学，或受学仅一年半载，其于天然之活动性，曾有若何之引诱乎？曾有若何之反应乎？直不过毫发之微耳！

由是可知，幼稚时期愈展长，活动性才愈能利用也。

二、幼稚时期愈展长，则智力愈能增高

约翰斐斯克[①]（John Fiske）谓：自下等动物以进于高等动物，幼稚时期对于其全生比例的时间渐加长者，其智力亦渐增进；人类幼稚时间比较为较长者，其智力亦较高。是说也，有至理存焉。

今举例以明之。譬如：猴之幼稚时期比猫为长，猫之智力不及猴；苗民之幼稚时期比猴为长，猴之智力不及苗民；文明人之幼稚时期比苗民为长，苗民之智力不及文明人；而文明人之中，以早岁失学者与饱受教育者相较，则前者之智力，又往往不知逊后者几许！

从可知，幼稚时期愈展长者，智力必愈能增高矣。

三、幼稚时期愈展长，则社会的需要愈能适应

人之生也，果何为乎？照杜威（Dewey）所言，不过适应社会的需要而已。

然一般社会之儿童，早者十三四岁，便使之负完全成人生活的责任，迟者亦不过十七八岁。究其实际，果能适应需要耶？察其将来，能保其不蹶踬于生存竞争之场耶？吾徒见其贪目前之小利，而牺牲儿童之一生矣！

密勒氏云："人类为过去时代之继承者。其需要，其时代愈近而愈复杂。"又云："现世之适应问题愈复杂，则益应有以利用幼稚时期以施教育。"

---

① 约翰斐斯克：通译约翰·菲斯克（1842—1901），美国哲学家、历史学家。撰有《一个进化论者的游记》《婴儿期的意义》等。

故可知，欲社会的需要愈能适应，非将幼稚时期愈展长不可也。

四、幼稚时期愈展长，则社会的进化愈能加速

社会的进化，凭藉教育的功用。而教育的功用，为保守的（conservative function）、进步的（progressive function）两种。前者利用儿童学习之期，取获先世之诸种经验，融化之、保守之，以为对于环境之应付。后者则利用儿童自发（spontaneity）、特辟（originality）、独创（initiative）之本能刺激（stimuli）之，俾发为独出心裁之种种反应（responses），而生出许多之新意想与新方法，以供献于全体社会。

若幼稚时期能展长，则一方面保存过去之文明，使守而弗坠；一方面酝酿将来之文化，使继长而增高。教育之效必宏，而社会的进化于以加速矣。

五、幼稚时期愈展长，则人类根本的道德愈能培养

青年期内之男女，心理上、生理上均增急剧之变化，所谓汹涌奋张（starm and stress）是也。

若使之独立生活过早，或未受适当之教育，则最易误入歧途，感受社会上之恶化，而一生之品性、行为、习惯，胥以坏矣。故学校与家庭，能利用未成年者之幼稚时期，展而长之，施以充分之教育，俾多机会以受庇于父母与教师，以学得种种之经验，而增大其善动力，减小其恶动力，则人类根本的道德方能培养尽致，而不至有越规逾矩之举动发现。

且幼稚受父母鞠育之日既长，父母、子女之恩情自深；而父之奋、母之勤，至是亦有不得不极其能之势。斐斯克谓家庭为人类根本道德之培养处，良有以也。

六、幼稚时期愈长，则种族愈能开明

语曰："龙生龙子，虎生豹儿。"又曰："有其父，必有其子。"盖指遗传的知能、品格而言也。

遗传学家戈尔登①（Galtan）之理论，与此亦相仿佛。故其祖传原则（the low② of ancestral heredity）谓：一人之身，系万千祖宗之体质、性情所铸成，其融合而成之体质、性情，皆有其本源。苟此万千祖宗皆为上智，则可必其子孙之为上智；皆为下愚，则可必其子孙之为下愚；若上智之中有一为中才或下愚，则足以使其后代减色；若下愚之中有一为上智与中才，则又足以使其后代生色。

审若是，则幼稚时期短者，其种族必晦盲否塞；而幼稚时期愈展长者，其种族愈能开明，可无疑也。

---

① 戈尔登：通译高尔顿，即弗朗西斯·高尔顿（Francis Galton，1822—1911）。英国科学家，被誉为"优生学之父"。为查尔斯·达尔文的表弟。著有《遗传天赋》《对人类才能及其发展的调查研究》等。人名所跟"Galtan"误。
② 此处英文"Low"误，应为"Law"。

幼稺時期展長之必要

周邦道

論著 幼稺時期展長之必要

幼稺時期英文爲 Infancy，即尚未成熟 Immaturity 之時期也。此時期訖止於何年，因氣候與種族，遺傳與環境的關係，不能確鑿斷定，所以不但各國法律上的成年律甲與乙異，乙與丙殊，即古來之生理學家心理學家亦從未有若何之一定標示。然大概言之，自初生至二十歲間之一段生活俱可稱之爲幼稺時期焉。

當幼稺時期之人均富有活活潑潑之活動性 Plasticity（亦譯成形性或可塑性）易於發揮其智力，變化其氣質，庶將來入成人社會謀生活之時纔能免天然淘汰之厄，否則物競天擇其能適存於世者蓋僅矣。

然世界愈文明，生活愈繁複，則智力愈需高廣，智力愈需高廣，則非利用未成熟而又能受變化之一期，施以教育不爲功；此近來一般教育家之所以極力提倡幼稺時期之展長 Prolongation of infancy 也。

試觀英德法美諸國義務教育而外不又有補習教育之決定施行法案乎？從前強逼十

一

44 评儿童公育问题
——兼质恽、杨二君

雁冰

1920年5月上旬

另图33 沈雁冰像

题　解　本篇原载《解放与改造》第2卷第15号"评坛"栏。撰成时间，根据后文《儿童公育问题的我见》的落款时间和"附志"推测，当为1920年5月上旬。发表时间为1920年8月1日。

本文后转载于《时事新报·学灯》1920年8月6日第1版。

撰著者雁冰，即沈雁冰（1896—1981），名德鸿，字雁冰，笔名茅盾、郎损、玄珠、方璧等，浙江嘉兴人。早年毕业于北京大学预科，旋入商务印书馆编译所，开始在各种报刊上发表文论。1920年接编《小说月报》，参与成立文学研究会，从事文学理论的探讨、文学批评和外国文学的翻译工作。同时，积极参加社会革命活动，抗日战争爆发后投身于抗战文艺。中华人民共和国成立后，出任文化部第一任部长。著有《子夜》《夜读偶记》等。

《解放与改造》，初为半月刊，后改为月刊，综合类刊物，1919年9月创刊于上海，由新学会编辑并发行。该刊旨在求社会的"不断革新"，"把人类全体作一个目标去求全人类均衡的幸福"，主要刊登有关哲学、心理、社会、伦理、政治、经济、教育、法律、生物、文学等方面的著述。由张东荪、俞颂华任主编。主要栏目，有社论、论说、读书录、社会实况、译述、附录等；主要撰稿人，有张东荪、俞颂华、张君劢、周佛海、潘公展、雁冰等。自1920年9月第3卷起，改名为《改造》，由梁启超任主编。1922年9月出版第4卷第10期后停刊。

儿童公育的意思，就是由国家（或社会，即公共）设立的机关去抚育、教养儿童。最初提示这个意思的，恐怕要算柏拉图。其后，尼采①、萧伯纳②都曾说到一二。不过我们要弄明白，这三位先生所提示（不过一个提示罢了）的什么儿童公育，是根据于"淑种""超人"的空想，完全和社会主义者或女子主义者（feminist）所谓的儿童公育不同。前几天，《时事新报》"学灯"栏所登恽代英君、杨效春君儿童公育的辩论，便是社会主义者和女子主义者所讨论的儿童公育。我此篇欲说的，也只是这一项。

杨效春君的《非"儿童公育"》，是以破坏家庭、增多罪犯等等社会不安为反对公育的根柢。恽君的驳论，即就杨君的立论点去说。所以，他们两位的辩论，是就儿童公育发生的结果一面说得多。

本来，各种社会不安，如杨君所称说的，其原因决乎不止一个，是很复杂的；家庭也不过是社会历程中一个暂时的型，决乎不是天经地义、不可变的东西。这两点，恽君的答辩中都已说得很明白，我现在可以不再蛇足。

既然见到就儿童公育发生的结果上去诘难儿童公育是不妥的了，我们便当换一条路走，当就儿童本身上研究。就是欲问：儿童公育于儿童身上的利益到底有多少？于儿童身上的害处到底有多少？本篇的主意，完全在乎这一点。

以下，姑且先引西洋学者对于这问题的意见说一说，然后讲到中国的儿童公育问题。

上面说过，西洋人留心儿童公育的，本来有社会主义者和女子主义者两派。社会主义者对于妇女问题，本就与女子主义者的意见不尽一致。前者的主张，是欲解放女子做个"社会的"人；后者的主张，是欲解放女子做个"自由的"人。因而，社会主义者对于家庭问题的主张，也不能尽与女子主义者的主张一致（关于这一点，我想另做一篇文字说明），那连关于家庭问题而起的儿童公育问题，自然也不能意见一致。（其实，社会主义者虽然确认儿童公育问题是连带家庭问题起的，而女子主义者却不尽认为如此，而

---

① 尼采：威廉·尼采（Wilhelm Nietzsche，1844—1900），德国哲学家。早年进入波恩大学攻读神学和古典语言学。后担任瑞士巴塞尔大学古典语言学和哲学教授，并开始发表哲学论著，对理性哲学进行了最彻底的批判，旨在建立将生命意志置于理性之上的哲学。晚年罹患精神疾病。著有《悲剧的诞生》《善恶之彼岸》等。他有关儿童公育的主张，见载于《查拉图斯特拉如是说》一书。

② 萧伯讷：通译萧伯纳，即乔治·伯纳德·萧。

认儿童公育问题是连带妇女经济独立问题而起的了。）社会主义者，多半是主张儿童公育的；女子主义者，已有赞成、反对两派，最明显、最足为代表的，便是纪尔曼①（C. P. Gilmra）派和爱伦·凯（Ellen Key）派。

纪尔曼和爱伦·凯，都是女子主义者中的急进派（亦可称为澈底派，radical）。他们俩对于母职（motherhood）的重要，意见原本一致。纪尔曼于他所著《妇女与经济》一书，爱伦·凯于他所著《爱情与结婚》《妇女运动》《母职之重光》等书上，都曾有长段的讨论。

纪尔曼说："人类的母职，该是两个目的：（1）是因生殖个人以绵延人种；（2）是因改良个人以改良人种。"（*Women and Economics*②，第七版第一百七十八页）他又说，现今为母者的责任，要在"一方能发育子女生理到完全，一方能发展子女精神到完全"。就是母亲抚育子女，不仅是饱衣暖食、合于生理卫生罢了，兼要陶融儿童的品性，欲发儿童的知慧合于心理的完成（*Women and Economics*，pp.187~188）。他并且不主张让男子来代行"母职"，以为应由一部分的女子去做，因为这事是宜于女子。

在这几〔点〕上，爱伦·凯的见解也是如此。爱伦·凯说："妇女抚育子女，在生理一方，已经对社会尽了极重要的母职；还有精神点一方，更为重要。"（*Women Movoment*③，英译本第一八六页）于《爱情与结婚》第五章中，更说得详明。他又诘责放弃母职的人，告诉他们："为母亲的，一定要用伊的知慧、伊的想像、伊的艺术感觉……以及生理上、心理上的本性，供给出一个境地，可以使儿童自由发展，并发展到最好。但更要注意的，是陶融儿童（remoulding the child）。"（*Love and Marriage*④，英译本第二〇六页）他又申说，母职的最后——也就是唯一的——目的，是在教养出一班比现在人更高超的小孩子，庶可希望人类进步（参看 *The Renaissance of Motherhood*⑤，英译本是第九十七页到一百二十页）。

---

① 纪尔曼：夏洛特·帕金斯·纪尔曼（Charlotte Perkins Gilman，1860—1935），女，美国女权主义者。其代表作为《妇女与经济》，视妇女的经济独立为自身解放的前提，同时力倡儿童公育，视此为妇女解脱家庭羁绊的良方。人名所跟"Gilmra"误。
② 此英文为书名，即前文所提《妇女与经济》。
③ 此英文为书名，即前文所提《妇女运动》。其中英文"Movoment"误，应为"Movement"。
④ 此英文为书名，即前文所提《爱情与结婚》，又译《恋爱与结婚》《爱情与婚姻》。
⑤ 此英文为书名，即前文所提《母职之重光》，又译《母性复兴论》。

从此看来，纪尔曼和爱伦·凯对于母职的见解完全相合。都认：（1）抚育儿童，于身体的保护外，当注重心理的陶融；（2）当使儿童成为比现在人类更高等的人。而且更有一个相同点，便是都认这件事是宜于女子去做。不过一论到办法上，就是用什么方法去养育儿童，完成实现这个目的，两人的意见便走入于反对的方向。这是很堪注意的事。下面，便要举两人的话再来说明一下。

先举纪尔曼赞成儿童公育的理由。

纪尔曼对于妇女解放的手段，是要先从经济独立做起。要办到经济独立，便不得不做工谋生，就是谋件职业，不管家务。既然妇女必得要有个职业了，便不能再顾抚育儿童。他极反对那班主张"尽母职的女人，便可不有职业"的人，以为不能澈底，以为把母职视同商品，便是渎视母职（Women and Economics，pp.16～17）。他说，惟有儿童公育才是"两全"的办法。这一层——从妇女经济独立上着想，要求儿童公育——是纪尔曼主张公育的第一步理由。

第二呢，他从现社会一般家庭的境况上观察，觉得儿童公育实是非常的吃紧、需要。他说，照现在办法，欲达到我们理想中的儿童教养法，是件极难的事，因为做母亲的，既欲有充分的金钱，又欲有充分的知识，并须有充分的时间；而社会上大多数的家庭，又是贫苦的、无知识的，去理想远甚；充分时间的有无，更不必论了（Lbid[①]，pp.189～190）。社会中，有钱财、有知识、有时间的母亲，实在是最少数。这最少数的女人，算得有教养儿童的资格了。其余最大多数的女子，竟没有担任这付重担子的资格。把儿童付托在他们手中，实在是极危险的事。欲免去这危险，达到完全母职的理想，也只有儿童公育一法。这更进一层的说法，便是纪尔曼主张公育的第二层理由了。

第三层呢，家庭的环境，终不及公共机关的环境好。在家庭内长养的孩子，极早便染了人我的界限，没有社会的观念，所以博爱、互助等等精神是很缺乏的。公育的儿童便就相反，团体的生活在他们的小脑子上极早印上一个社会生活的影子（以上都可参看Women and Economics，pp.278～280）。这又是最大的一个理由，可以帮衬儿童公育。

以上对于儿童公育正面的三个理由，差不多是女子主义者一致的主张，纪尔曼是个

---

① 此外文误，应为"ibid"，意为"同前"，即引文出处为《妇女与经济》一书。

代表。且看爱伦·凯如何驳他。

我们且先要明白，爱伦·凯对于妇女解放的见解，不和纪尔曼一样。爱伦·凯以为：妇女解放的真意只在得到权利与自由，和男人所有的相等；妇人能自由决定生活的进路便罢，不在乎参加社会事业，在社会上和男子争个短长（Women Movement，英译本第六八至七〇页）。所以，他一面极力鼓吹离婚自由、结婚自由，一方却不赞成妇女抛弃一切去谋职业（参看 Love and Marriage，第八章及同书二一六页至二二〇页）。

爱伦·凯一方既然解说妇女解放为这等意义了，一面便又极力说"母职的神圣"。妇女能在家庭尽母职，真是莫大的劳功、极有体面的事。他说明儿童不可公育的理由，总结起来约有四端。下面先说一说。

爱伦·凯以为，抚养儿童，于肉体方面固然他人可以代母亲去做，至于精神方面，便办不到，因为小孩子需要一种很关切的"母亲的爱"，以安慰他的灵魂，辅佐他的精神发展。他说：

> 近世心理学者知道，那在灵魂生活（soul life）中为最重要的动力者，是情感的连合作用（association of feeling），而不是理论的连合作用（association of theory）。但在情感而外，尚有一个根，便是意志，是指导我们的思想的。诸凡现于灵魂中的，指导动作的，刺戟、促迫我们努力的，都是我们用一切意志、一切情感，以使之诉合的。在女性上所综合得见的，便是母性的能力。这种能力长得很伟大，凡人生中一切冲突的原子都消融于母亲的爱，合而为一。灵魂与肉感，利他与利己，都调和合一了。自我快乐与自我牺牲，也在母亲爱中调和。一言以蔽之，所谓母亲的爱，即是利己主义和利他主义的调和。这调和，使母职成为人类最完全的品性，有无上的快乐。（Renaissance of Motherhood①，英译本第一〇四页至〔一〇〕五页）

爱伦·凯根据这层理由反对公育，以为公育无益于儿童的精神生活，反又害之。因为无论儿童公育机关内的女保姆学问如何渊博，道德如何完全，办事如何热心，而欲强

---

① 此书即前文提到的 *The Renaissance of Motherhood*。

其对于一切孩子都有如爱伦·凯所说的那种母亲的爱，那是决不可能的。况且十全的女保姆，现在实不可多得呢！这是爱伦·凯反对公育的第一个理由，也就是最有力的理由。除非从心理学上证明他的话不确，方可排斥，否则是无可非难的。

第二，爱伦·凯以为，母子之爱根诸天性，没有一个母亲不觉得偎抱伊亲生的孩子在怀中的时候，有无穷的快乐。做母亲的，为子女受尽多少劳苦，即甚于工厂十倍，也是很愿意的，因为子女抚育得很好，便是极大一个慰藉。那些丢下子女去作工的妇女，实在是万分不得已。我们岂应反为提倡，使能不做工者也宁可去作工，而丢下自己子女请别人抚养呢？况且在工厂、商店办事，不见得就比家里领孩子自由许多，更何以见得在工厂、商店办事是高明，而领孩子便不高明了呢？（前书第一一四页）所以，公育不是自然的事。这也是爱伦·凯诘难公育的一个理由。

第三，爱伦·凯不认儿童不公育便是阻碍女子的解放，也不承认纪尔曼所举的"现社会中的家庭，都是无财、无识、无时间，不足以好好儿养育儿童。这个现象，是永久不会变好的"。他说：

> 在将来，我所梦想的将来，将没有薪工太廉、瞻〔赡〕家困难的男子，也没有不受人尊视、为家庭奴隶的妻了。一切家庭状况，必定和现今正相反。用新法处理家中杂务，家务便也变得很简易了。所以那时的妇女，一定有充分的时间，可以好好教养一个孩子。因为无论怎样头挑的女教师，若管到十个以上的孩子，便不能照顾周到。
> （*The Renaissance of Motherhood*, p.117）

这一层，也是爱伦·凯反对公育理由中一个有力的理由。因为儿童公育实办的时候，总不能使一个女教师只管一二个孩子，少说总有五六个。一个人照顾五六个人，自然不及只照顾一个更为周到。

复次，为欲抵制因凡百制度行为都成社会化后发生的平易结果，爱伦·凯愈主张儿童不公育。他说："我们的法律，我们的工作习惯，以及我们的感情，愈成社会化了，便应该使我们的家庭教育和学校教育愈倾向于个人化才好。因为，这是所以抵制人品愈趋于平庸的危险。"（前书第一百十八页）这是第四层理由。

但爱伦·凯虽然极力反对儿童公育，他也未尝不知道：（1）现在的妇女，大都没有资格做儿童的教师；（2）现在的家庭，仍是没有充分的钱财，可以供给完全的设备抚育儿童。所以，他时常引尼采的话"人总有一日，要只想到有教育"，主张提倡母职的教育。至于对于（2）的补救，他是希望国家出钱的。

以上介绍爱伦·凯及纪尔曼的主张，不过是个大概。两人各有所见。据我看，正是相成而不是相反，就是无论办法是公育呢，是私育呢，而其根本的原理，反正是一个——不满意于现在的抚育儿童方法。纪尔曼公育的理由，良心上使我不能反对；爱伦·凯的反对公育论，学识上使我不能反对。勉强下个评论，我只好恭维爱伦·凯，因为他的学说比较的深湛。

现在，再讲我对于中国儿童公育问题的意见。我是绝端赞成中国实行儿童公育。

我何以这样主张急进呢？是否想借儿童公育来促成女子解放，加紧家庭破坏，因而改造社会呢？当然不是这个意思！社会改造这桩大事情，不能如此简单易办，我是切信的。我所以赞成儿童公育，正和纪尔曼所说的第二条理由有同感。

我确信，教养儿童是极难的事，却又是关系中国前途、命脉的事。中国将来的兴亡，是不是要看将来的人成材不成材？我们倘细细一想，现在中国一般的家庭教养小孩子是怎样一个情形，恐怕要悲观到二十四分哩！

我们的孩子，一年中死于不卫生的抚养的，合全国计，不知有多少！我们的孩子，受了家庭内恶习惯的同化而变为坏东西的，合全国计，又不知有多少！我们的孩子，勉强在学校内受到一些教育（？），一回家又受家庭恶化了，我们不觉得么？若想待女子多数受到教育、多数解放后，然后来改革家庭（我确信，女子无教育，未能真解放，而改革家庭是极危险的事）、救小孩子，已是无及了！所以我主张立刻实行儿童公育，而且极力劝化人去信儿童公育。

中国今日儿童公育的切要，犹之十年前改私塾为小学一般的切要。正面的理由，我不必再说，因是显而易见的。我且设为反对者的诘难，为之解答。

反对中国儿童公育的第一个理由，一定是说，中国无办儿童公育的人材。这句话，我不承认是对的。我们若要照爱伦·凯理想的育儿人材做个标准，那或者是求之中国不得一人。我们若想找一班比现在一般无识妇女稍高二三等的女子，那可就不在少数。我们对于一切社会问题，希望切莫太奢。能比现状略好一步，便是一步的进步，最怕是不动！我于儿童公育也这样想。我们要这样想：现在所办的儿童公育，只要比现状好，能像上海几个幼稚园，便可办。现在虽然程度低，只要用心办，不怕将来没进步。这样程度的女子，难道找不出么？就算一时找不出，难道二年、三年训练一班人出来，也办不到么？我不信中国连这一点点事都办不到，不过没有人办罢了。

第二层反对中国儿童公育的，一定是说，没有经费了。这话，我也不认其为绝对的真确。我们若想造绝高大的洋房，由厚薪聘极名贵的教师，那经费自然欲绝大。我们若想造几座合于卫生的房子，经费当然不大。至于开办后经常费用，尽可向儿童的父母那里征收一些，儿童本来在家也要费钱的。关于儿童公育办法一方面，我曾经译过一篇美国女士的论，名《将来的育儿问题》，登在《妇女杂志》六卷二号，愿介绍与读者做参考。那一篇内的话，都是"狮子大开口"。我意，我们中国，不必定要学他们的阔排场。

反对儿童公育者第三层的诘难，一定是说，一般人风气不开通，不肯来公育。这一层，我只认为有一半的理由。据我的观察，中国人天性之爱，本来就敌不过传宗接代的香火迷信来得深。所以，中国人（大多数）爱女不及爱子，丁口多的人家，儿子也不十分爱护，往往有寄乳（这是月出几个钱，寄与乡下人家，叫他们代为乳养）、抱去（这是我乡土语，即指抱往留婴堂，不欲其再做自己的子女）等事；溺女的风气，在乡村更是很盛。这种风习，都足见中国父母对于子女，仅一传宗的目的；不然，便是希望儿子养老（俗语有"养儿防老"一语）。这种思想，现在正支配一班无识阶级。该阶级人，听了破坏家庭，会大起恐惶；而听了代他们抚育儿童，一定很欢迎。只要声明儿童公育是代他们抚育孩子，决不是夺了他们的孩子，反对力一定可以减少。至于比较地有识的阶级，便可以用文字唤醒他们。儿童公育的利弊，显明已极；除是极顽固的人，当没有不赞成的了。

以上的意见，只是一时想到的。因为时间关系，不能考察社会各方面的实况再来研究，那是我所极不安的。很希望留心社会问题的人，大家来研究。

45　儿童公育问题的我见

颂华

1920年5月18日

另图34　俞颂华像

> **题　解**　本篇原载《解放与改造》第 2 卷第 15 号"评坛"栏。撰成时间为 1920 年 5 月 18 日，发表时间为 1920 年 8 月 1 日。
> 　　本文后转载于《时事新报·学灯》1920 年 8 月 6 日第 1 版。
> 　　撰著者颂华，即俞颂华（1893—1947），原名垚，又名庆尧，笔名澹庐，江苏太仓人。1915 年赴日本留学，毕业于法政大学。回国后长期从事新闻工作。1919 年 4 月任《时事新报》副刊《学灯》主编。同年 9 月参加编辑《解放与改造》杂志，经常发表政论文章。后赴苏俄采访，撰写了中国最早一批有关苏俄革命后情况的通讯报道。后历任《东方杂志》编辑、《申报》《光明报》等报刊总编辑。晚年从事新闻教育。著作有《俞颂华选集》。
> 　　有关《解放与改造》，参见前文《评儿童公育——兼质恽、杨二君》题解。

　　我对于儿童公育的问题，颇和雁冰君有同感。我的直观的见解，老实说，对于儿童公育，在理论上尚不免多少有些怀疑，而在事实上，照中国现在的情形而论，却认为有实行的必要。读者听了，想必以为未免自相矛盾。然而，我也有我的理由，如今不妨写出，请读者批评。

　　我以为，要解决这个问题，有一个先决问题先要解决。那先决问题是什么呢？即是，家庭的形式是不是要根本取消？换句话讲，即是，自由的小家庭的组织，是不是以暂时的结合为常态，而以恒久的结合为变态？

　　如果说是的，那么，家庭的形式既然要根本取消，儿童公育必要澈底的实行，自然没有问题了。如若不然,倘实行儿童公育,儿童是不是要绝对的不和家庭接触?我想,却是一个很重要的问题。

假如家庭的形式还存在,他的结合还以恒久的组织为原则,则我们应得考察:儿童自出生之后,一律要由父母把他托付于公育机关,不去过问,是不是没有流弊?

为做父母的着想,他爱子的本能没有附丽了,是不是便不能十分发达?为儿童着想,他不受家庭特别情形的影响,完全由公育机关社会化了之后,他个性自由分化的发展,是不是多少牺牲些?为社会着想,是不是因此便多少妨碍"个人的选择"(personal choice)?这都是由儿童绝对不和家庭接触所起的连带问题。

父母爱子女的本能,是原始的、基本的本能,于情操(sentiments)的发达,仁慈、博爱的观念,都有重要的关系。关于这层,我见麦格陶尔①(William McDougall)博士的《社会心理学》上说得很详明。设若儿童绝对不和家庭接触,凡为父母的,这种本能是不是便受斫伤?而社会将变成冷酷如以前斯巴达的社会?我却不敢断定。

其次,个人有个人的个性,家庭也有家庭的个性。我相信,科学家、哲学家、文学家、艺术家的家庭,各有各的与众不同的个性。各人的儿童,在各人的家庭中,必能从小于无形中,自然而然的秉受几分特别的而很可宝贵的社会遗传。如果不令儿童有接受这样的社会遗传的机会,为儿童计,为社会计,未免可惜。

再次,我记得柯蕾②博士说:

> 德谟克拉西,原是一种在社会组织中自觉和"个人的选择"的增进。要增进自觉和个人的选择,除"分歧的生长"(growth of diversity)外,末由。……倘使我们的德谟克拉西稍趋于"画一"(uniform),便是一种缺点,我们希望补救的。③

---

① 麦格陶尔:通译麦独孤,即威廉·麦独孤(1871—1938),原籍英国的美国心理学家,策动心理学的创建人。英国皇家学会会员,曾任伦敦大学、牛津大学讲师,哈佛大学、杜克大学教授。著有《社会心理学导论》等。
② 柯蕾:通译库利,即查尔斯·霍顿·库利(Charles Horton Cooley,1864—1929),美国社会学家、社会心理学家。1894年获密歇根大学博士学位,后长期执教于该校。著有《人性和社会秩序》《社会组织》《社会过程》等。
③ 作者原注:"Cooley's *Social Process*, p.365."即此段引文出自库利所著的《社会过程》一书第365页。

父母对于自己的儿童全然不管，而令他单受公育机关的育养，我恐怕儿童后天的教育即不免稍趋于"画一"。我对于这些儿童绝对不和家庭接触所起的连带问题，都有些怀疑。故假定家庭的形式要保存，家庭的结合要恒久，在理论上，我是反对儿童绝对不和家庭接触的。

至于照中国的情形而论，我所以承认有实行儿童公育的必要，即因我觉得中国的家庭太腐败。不要说下层阶级的人没有组织良好、稳固的家庭的能力，即凡上中流的家庭，他们的环境我也不敢恭维。所以，中国的儿童，照我想来，很容易受家庭的恶化。加之教育不普及，凡为父母的大都缺乏常识，又那里能善诱他的子女？

中国的家庭，物质和精神两方面都不好。故我想，若要改造下层阶级，非实行儿童公育不可；要改造中流阶级，也非实行公育不可。儿童是创造新时代的人物，如果中国全国立刻实行儿童公育，而公育机关近于理想，我想中国的社会，在一世一代的短期间，必定能够进步、改观。这便〔是〕我所谓在中国有实行儿童公育必要的简单的理由。

我虽赞成中国立刻实行儿童公育，然我希望先从创设半公育的机关做起。甚么叫半公育的机关呢？即是所立的公育机关如义务学校一般，早上由父母送儿童进去，晚上仍由父母领回家。其中，有父母不愿领回的，或没有父母的，则留在公共宿舍。如此，既不妨害父母日间的工作，又不致减少父母对于家庭的趣味，很利于推行。

假如家庭能渐渐改良，则不使儿童绝对不和家庭接触，却亦未尝没有几分好处。况且即使要行完全的公育制，这半公育的机关也可算是他的基础。故我希望各处赶紧实行试办这种半公育的机关，等到成效显著之后，大家自然感动。那时，再本公共的意志，确立半公育制，或竟更进一步确立完全的公育制，便非难事了。

读者看到此地，想来可不致以自相矛盾见诮了。但若读者对我说，你这样的提议很不澈底，不是理想的办法，那么我要回答说，在没有自觉的社会，一切澈底的、理想的计画，一时何从实行？就儿童公育而论，何如先创办儿童半公育的机关，比较上少些阻力，利于推行，反足以启发一般对于儿童公育的自觉呢？况且，父母托付儿童于公育机关，完全不问，是不是毫无缺陷，完全合于理想，恐怕尚为亟须研究而犹待解决的问题。纵使这个问题解决了，断定家庭的形式可以取消，或虽不取消，儿童不和他接触，是毫没有流弊的，则"登高自卑，行远自迩"①，为利于推行起见，先创设儿童的半公育的机关何妨？

所以我的意见是，我们应当极力提倡儿童公育，但实行时，先从设立半公育的机关入手。

我们一面提倡并鼓吹儿童公育，一面还要慎重研究各方面连带的问题，并且要注意到：实行了公育之后，怎样可以不伤亲对子爱的本能，适合于人性的要求？怎样可以使儿童公育的社会化不致流于"画一"的弊病，而碍个性自由分化的发展？总期我们以后所拟关于儿童公育具体的办法，都出于研究、讨论的结果，有百利而无一弊才是。

九.五.一八

附志

我对于这个问题，以前尝和白华②君讨论了一下，后来没有细细研究，本不愿发表什么意见。近来雁冰君研究这个问题，做了前面的一篇文章，我拜读之后，又把我直观的见解提出和他商榷，他即嘱我把这些见解写出，同时揭载，所以我也不辞了。盼望读者诸君教正。

---

① 语出戴圣《礼记·中庸》。完整原文为："君子之道，辟如行远必自迩，辟如登高必自卑。"意为：君子修身的道理，就像行远路必从近处迈步一样，就像登高山必从低处抬腿一样。现比喻做事须循序渐进。

② 白华：宗白华（1897—1986），原名之櫆，字伯华，江苏常熟人。1918 年毕业于私立同济医工专门学校语言科，后参加少年中国学会，成为《少年中国》月刊的主要撰稿人。1919 年在上海主编《时事新报》副刊《学灯》。1920 年赴德留学，先后在法兰克福大学和柏林大学学习哲学和美学。1925 年回国，历任国立东南大学、北京大学哲学系教授。著有《美学散步》等。

46 对于蒙养园练习写、读的意见
——主张添授注音字母

胡人哲

1920年12月

> **题 解** 本篇原载《北京女高师幼稚教育的研究》第 1 期。撰成时间为 1920 年 5 月 30 日，发表时间为 1920 年 12 月。
>
> 该文后以《蒙养园练习写、读的意见——主张添授注音字母》为题，发表于《中华教育界》第 10 卷第 8 期（1921 年 2 月 20 日）。
>
> 撰著者胡人哲，女，生卒年未详，又名萍霞，或作平霞，湖北孝感人。早年毕业于湖北女子师范学校，后受聘赴河南任小学教师。时为北京女子高等师范学校保姆讲习科学员，与在北京大学担任图书管理员的毛泽东有所往还。毕业后，历任香山慈幼院小学教师、印尼苏门答腊棉兰岛华侨所办学校教师。1924 年归国后，受聘为北京女子高等师范学校舍监，与鲁迅多有交往。除本篇外，她还发表有《述我的幼稚教育方针》《儿童摹仿性底研究》《遗传与神经性诸症之关系》《儿童危急救济法》等文。
>
> 《北京女高师幼稚教育的研究》，幼儿教育刊物。由北京女子高等师范学校幼稚教育研究会主办。该刊旨在刊载该会会员的研究成果，并介绍幼稚教育的最新进展。主要栏目，有通论、专著、讲演、童话、游戏、制造、附录、随笔等；主要撰稿人，有唐若兰、胡人哲、高奇如、唐国贞、杨文英等。该刊仅出此 1 期。

蒙养园内的小孩，应不应练习写、读？这个问题，我们中国现在研究幼儿教育的人，争论得很激烈。

办幼儿教育的人，处于一种很困难的地位。要是使蒙养生练习一点写、读吧，就有许多的家长发出长篇的质问书，来质问办蒙养园的人，说他不懂得儿童的心理和生理——把初具一点人形的小孩，硬逼他来同成人一样学精妙的文字，岂不是伤了儿童的脑筋，有碍儿童的发育吗？儿童最爱的是活泼游戏，你逼着他来认字，儿童这时所感的痛苦，比罪人坐囚笼还要厉害，这就是不合儿童的心理。办蒙养园的人，被他们这一骂，就把练习写、读去掉了。

那知道，又有一种家长的问罪书来了！说是我把小孩送在你学校里来，原是想读得几句书、认几个字的。现在你们一个字也不给他认识，那末，我又何必来呢？于是把办蒙〔养〕园的人，骂得左右做人难。

这一种困苦，大概公立同官立蒙养园的办理人，都是感着的。就是有一点魄力的办理人，不为他们所动，然而蒙〔养〕园的儿童，也不过是在园内服从你的教育方针，回家去还是受他家长的教育方针支配。像我们学校附设的蒙养园里的儿童，在园内是没有认字一科；但是有许多小孩，在家里已经读过了好几本国民教科书了。照这样看来，蒙养园究竟应当不应当练习写、读，实在是应该讨论的问题。

但是，我对于这种的经验很少，研究也很浅，本来是不配有什么主张的。不过，现在一般讲教育的人，谁也不肯来过问；这个问题又是很必要的，非解决他不可，所以我不得不来妄申末议。

我现在要讨论这个问题，先把现在的人所讨论的拿来做根据。现在主张练习写、读同不练习写、读的，大概不外以下二种。

（1）主张不练习写、读的。这一种，大概是研究了一点新教育的人。他的理由就是说，练习写、读不合儿童心理和生理。

（2）主张练习写、读的。这一种，大都是旧学派的老先生。他也不管儿童的什么心理和生理，他送儿童上学的唯一宗旨，就是读书、写字；除了读书、写字以外，就没有什么可以算得儿童的知识同学问的。

就以上的两种看来，第二种当然是没有讨论的价值。就是第一种的主张，我对于他，也有许多不满意的地方。我可以逐条说出来。

（1）他说"教儿童练习写、读，不合儿童的心理"，这话不大确实。

我记得民国五年放暑假的时候（那时我在武昌女师范肄业），我因为放暑假要回乡，就去辞别我的舅父同舅母，正遇着我舅父叔〔教〕表弟写字，我的表妹在旁边站着，羡慕的了不得，屡次要加入，被我舅父禁止住了（因为怕他搅乱表弟的功课）。他那种不满意的可怜样儿，真是令人看着难受。等我暑假满了回校的时候，再去看我舅父、舅母去，只见书桌上堆了一寸多厚的竹纸字。我问是谁写的，我舅母告诉我说，是我表妹写的。我拿起来一看，起初的虽然是不成个样儿，到末尾的几张，倒还笔画清楚。我舅母对我说：

> 你表妹看见他哥哥读书、写字，羡慕得可怜。我心里不忍，就把他送在本街上的一个小学校里去了（那时虽然放暑假，还有许多小学上课，不过钟点稍为更改，名为补习）。每天给他买点心、糖果吃的钱，他都拿去买了竹纸。这一大堆写了字的纸，都是他自己的钱买的。我并没有另外给钱他买纸。

就这一桩事情看起来，可见说"儿童练习写、读，不合儿童心理"是不确的。

一便是我自己的弟妹，在三、四、五岁的时候，也常发现愿意写、读的事实。不过，我的兄弟姊妹多，我的父母顾不及，我当时也不知道这是小孩愿意写、读的表示，所以就把这种机会错过了。

倘若以我这一回的经验是偶然的，我还可以介绍一点他人的经验给诸位看看。

最近，幼稚教育大家蒙铁梭利①女史的儿童院中的监院，有一次发现了儿童都爱撕印刷书中的书页作顽具的事实；并且在工作的时候，常常陡然停止工作，把撕得的书页拿出来，搁在地板上，用手指摹画字形，或口内喃喃自语。监院细心调查，才知道发起这种游戏的原动人，就是院内的儿童乌尔茄。

有一天午饭后，维亚竭司儿童院②中的儿童，都蜂集在乌尔茄的面前，各人用他自己的尖锐目光望着乌尔茄。乌尔茄得意洋洋的望着众儿童宣言说：

> 我衣袋内有一个顶奇异的东西，……我母亲从前对我说过一个顶奇怪的故事，就

---

① 蒙铁梭利：通译蒙台梭利。
② 维亚竭司儿童院：蒙台梭利所创办的儿童之家之一。

是一个傀儡人辟脑曹①的事。辟脑曹常常同着蟋蟀做朋友，他有许多顶奇顶怪的事迹。——唉！这真是顶奇异、顶有趣的故事啊！我的母亲把他找出来了，我现在已经亲自得着了。

众儿童一声也不响，顶注意的望着乌尔茄。

乌尔茄顶小心的把手放在衣袋里头，拿出了一张皱而且破的一块印刷的书页，望着众儿童说道："这是辟脑曹，这是辟脑曹躲避的地方，这纸是我从书页里头撕下来的。我从今以后，我要常常把他藏在我的衣袋里，伴着我顽。"

众儿童听了，又欢喜，又羡慕，各人的心里想："乌尔茄得着了辟脑曹，藏在衣袋里面伴着他顽，我怎么不能够也找着个辟脑曹，放在我的衣袋里伴着我顽呢？"于是，院中的儿童，就发现了个印刷书页的事实。

监院既得着了这种情形，才觉悟：这种儿童不是寻常毁物的儿童，乃是一群"小搜探家"；他们现在正从言语的外面，搜求写、读的文字；他们既然有这种的意志，我们就应当帮助他，餍足他的欲望。于是，就把练习写、读的教具给乌尔茄，使他练习。不上两个月的功夫，乌尔茄就能在黑板上用粉笔写"我读""我写"的短句了。

就这样看起来，使蒙养园时代的儿童练习写、读，正是"顺着儿童的心理，发展他的本能"。

（2）"儿童练习写、读，有碍儿童的生理发育。"——使儿童练习写、读，既是很合儿童的心理，那末，练习写、读，当然是万不能不办的事情。

但是照我们从前的法子，只是从视觉一方面入手，实在是有碍儿童的生理，并且不容易练习写法。所以我们对于这一条，也应当留心研究研究，想个法子来改良。

就我个人的意见，儿童练习写、读，不但是从视觉一方面入手，并当由触觉一方面入手。因为触觉的，感动儿童记忆力同想像力，都比较视觉来得快，感受得深。所以加上这一部分，从两方面做起来，当然是比一部分的功效大，并且不至偏用一种觉官，使儿童身体上发生危险。

---

① 辟脑曹：通译匹诺曹，为童话《木偶奇遇记》中的主人公。

但是，用触觉来帮助视觉，应当用什么方法呢？这也是应当研究的。我的意思，想采用蒙台梭利的写、读教具。不过，蒙氏教具的字母是英文的字母，在我们中国，当然不合用（虽然有愿意使幼儿练习英文的人可用这种教具，但是极少数）。我想把他换成我们中国的字母来教。但汉字笔书〔画〕太繁，部目又多，儿童很难练习。所以我想，把教育部颁行的注音字母①，照蒙氏的教具制法制成（书法"制造"栏内详②），使儿童练习。用这注音文字使儿童练习，就我个人眼光看来，有两种的便利：

（1）用注音字母练习，比较汉字容易收效。因为汉字笔画繁多，儿童难于记忆。就是记得了几个字，也不容易写出来。要是注音字母，通共也只那几十个字（声母二十四，介母三，韵母十二，共三十九字），笔画又简单，容易练习。若能同时将拼音法教会，就能立刻造简单的小句了。而且注音字母学会了，学汉字也就容易了。

（2）现在谋国语统一，是刻不容缓的事，这是人人所公认的。而使国语统一的大器械，就是注音字母。一般成年人要学国语，往往先学注音字母。那么，现在未成人的小孩，将来长大了也必定要学国语的，也必定要学注音字母的。既是这样，我们现在何不乘这个机会让他学会呢？而且声带运用与听觉初联络的时候，无论是那个地方的小孩学国语，都没有什么困难，比较成年人学国语便宜得多。所以，蒙养园加授注音字母，也是谋国语统一的一种方法。

但是，注音字母教具的材料用什么东西呢？这个问题，我现在还不能答复。因为我现在在学生时代，整天的应酬钟点③，没有时间来研究；而且我离家几千里，客中的经济也很困难，就是调查得了一种材料，也没钱去买来试办。所以，我这种理想的教具，现在还不能出现（"制造"栏内所说的，是制法，不是原料），只好等我毕业回家后，再去试办罢。

方才我讲到小孩学国语的地方，我还有一点意见要说出来。这问题，本来不是这篇范围以内的，不过我说到这儿，也可以连类说几句。现在提倡国语统一的人，都注重在

---

① 注音字母：在《汉语拼音方案》公布以前用来标注汉字字音的音标，1913年由中国读音统一会议定，1918年由北京政府教育部公布，1930年改名为"注音符号"。
② 这里指的是胡人哲所撰《注音字母教具制造》一文，该文发表于本刊本期"制造"栏。
③ 钟点：此处实指课时。作者此处意为"整天应付课业"。

成人一方面，对于小孩都没十分注意，以为小孩在社会上活动的地方少，就是有一点活动，也是在他本乡里；而且他父母要会国语，他们也就会了。这话到是不错。

但是，他父母不会国语，他自己不懂得国语，他所进的蒙养园的保姆是异乡人，又只会说他自己地方上的土语同〔而不通〕国语——这是常有的事——这时候怎么好呢？就是叫保姆来学这地方的土语吧，这事情也不是容易的。因为成年人学别乡的土语，不是一刻就能学会的。就是学会了，也不过是南腔北调。小孩的神经没有成人的灵敏，莫说是异乡话、国语，南腔北调的，他们不懂；就是不当同他接洽，口语稍为普通一点的本乡人同他们说话，他们也有不懂的。所以蒙养园的保姆，务必要会说那个地方的土话，也就是这个原故。因为有这个原故，所以就生出许多的毛病来了。

小孩不会懂异乡话同他本地方稍微高尚一点的话（我所说"高尚一点的话"，并不是要有"之乎者也"的话，不过是不说"不用"，定要说他做"ㄅㄥ[1]"，"花"定要说他做"花儿"这一类的话），固然是由于他们领会力弱，然而他的绝大原因，就是由于没有"听惯"。这没有听惯高尚一点的话的原因，大概不外以下的三种：

（1）下等社会的小孩，他父母就只会说本地的土语，所以他也只会说土话、听土话。

（2）中等社会的小孩，他父亲大概是能说官话同高尚一点的话的，但是因为生计逼迫，没有工夫同小孩在一块儿。所以这一种的小孩，终日只是跟着母亲。而他们的母亲，大半是只会说土话的。所以，他们也只会说土话、听土话。

（3）上等社会的小孩，照以上的例推下来，是应该能说高尚一点话的。因为他父亲、母亲，都是能说高尚话的。那晓得，乃有大谬不然者：这种小孩也只能说土话、听土话。这个原因，就由我们中国稍为有几个钱的人，对于他自己的小孩，就不肯负保育的责任了，都是委奶妈或老妈子的手抚养的。奶妈、老妈子，多半都是只会说土话的人充当的。所以这种小孩，也只会说土话了。

（这个上、中、下三等社会，是就经济上分的。）

小孩只会听土话，在教育上是大有妨碍的。在家庭固然不觉得怎么样，要是到了蒙养园，那就要感困难了。因为当保姆的人，不见得都是本乡的人，也不见得都是能说本

---

[1] ㄅㄥ：两者皆为注音字母。"ㄅ"对应汉语拼音"b"，"ㄥ"对应汉语拼音"eng"。

乡土话的人。保姆不会说土话，就难得使儿童感一种兴趣、受实在的训练了。例如我们这一班的同学，实习的时候，这种味道都是尝着了的。虽是这些时我们的北京话说好了一点，小孩也觉得有精神一点，然而还是有许多的地方，感"言语不通"的痛苦。

这还是蒙养园的一部分，要是小学的教员，外乡人更多了，感"言语不通"的范围更大了。我从前在河南当教员的时候，去了一年多，还是同学生有彼此不能达意的地方。就是中学、专门、大学的学生，骤换一个异乡先生，也是感"言语不通"的痛苦。所以，我们要能使蒙养园时代的儿童将国语练习好了，不但是在蒙养园觉得方便，就是他们将来长大了，进小学、中学、专门、大学，也可以不感言语的痛苦。（这是指国语统一能积极进行说的。）

还有一层：小孩在初学言语的时候就学国语，不但是容易学会，且可以使他发音清晰。譬如现今闽、粤的人，学官话的，无论他说得怎样的纯熟，在我们听起来，总觉得他的口齿不清白。要是从小在这边学会的，我们就听不出他不是北京的人了。（这种的人很多，大概在北京常与闽、粤人共处的都能知道。）

我再把我的意见总结如下。

我们现在就儿童心理上研究起来，蒙养园时代的儿童是要练习写、读的；就儿童生理上研究起来，是可以使蒙养园时代的儿童练习写、读的；就教授上同国语统一上讲起来，练习写、读的教具是要用注音字母的。那么，蒙养园内的科目，当然是要加上注音字母的一科了。但是我们保姆，对于教授这一科的时候，有几条要特别注意。

（1）练习注音字母的时候，要用"各个教法"。蒙养园添设注音字母一科，原是预备餍足儿童要求文字知识之欲望的。这种欲望的发现期，各个儿童不同。所以当着写、读兴趣发展时代的儿童，就可给他注音字母的教具，使他练习；若是还没有发现这种兴趣的儿童，就不可强他练习。因为强他练习，不但是不能收效，并且还有许多毛病。所以教注音字母，就不能像游戏、唱歌等科，把许多的小孩集在一块儿，一齐教了。

（2）保姆应当留心考察儿童的天然写、读兴趣发现的表示。教授儿童注音字母，必定要等儿童天然写、读兴〔趣〕发生以后，我们才能教。所以我们就不得不留心考察儿童这种天然兴趣的表示。大凡儿童有撕杂志、画报，用墨涂污墙壁，倾泼墨水，折断笔杆，掀翻书架等举动发生的时候，就是儿童天然写、读兴趣发展的表示。我们要是发现了这种事实，就应给他注音字母的教具，使他由正当方面去练习，以餍足精神上的欲望。照这样办下去，儿童必定能够写、读自然，又没有脑力过劳的缺点。儿童天然写、读兴趣发展的时代，大概顶早的在三岁时候，顶迟的在五岁，或者五岁半。（我主张，乘儿童写、读兴趣发展的时候，教儿童以文字的知识。虽然是就蒙养园一方面说，家庭内也可以用的。因为这是个人的练习，不是团体的练习。）

我今天毫无秩序的说了一大篇，内中谬误的地方是狠多的。倘有热心幼儿教育的大家，肯来切实的批评我一番，或是来同我讨论讨论，我是顶感激、顶欣迎的。

九.五.三十

47　儿童公育问题的注意点

力子

1920年8月4日

另图35　邵力子像

题　解　本篇原载《民国日报·觉悟》1920年8月4日第4张第1版。

　　力子，即邵力子（1882—1967），原名景奎、凤寿，字仲辉，笔名力子。浙江绍兴人，1902年乡试中举，后入上海南洋公学特班、复旦公学。1906年游学日本，加入同盟会。次年归国，先后参与创办《神州日报》《民呼日报》《民吁日报》，任《民主报》编辑。1913年任教于复旦公学。1916年参与创办《民国日报》，后辟《觉悟》副刊并任主编。1922年参与创办上海大学并任副校长。后历任国民革命军总司令部秘书长、中国公学校长、甘肃省政府主席、陕西省政府主席、国民党宣传部部长等职。中华人民共和国成立后，历任全国政协常委、社会主义学院副院长等职。

　　《民国日报·觉悟》，日刊，为《民国日报》副刊，"五四"时期有重大影响力的报纸副刊，1919年6月16日创刊于上海。由上海民国日报馆主办并发行，邵力子任主编，陈望道协助编辑。旨在介绍新思想、新文化，并予以研讨或批判。主要内容，有关于新文化运动、教育、科学、文学、社会各种问题的讨论，并刊有诗歌、小说、随感录、通讯、讲演、新书介绍等；主要撰稿人，有邵力子、施存统、郑贞文、刘大白、郑晓沧等。1931年12月31日终刊，共出数千期。

　　儿童公育问题，是我所绝对赞成的。我相信，社会根本改造的时候，这是一个必不可缺的条件。儿童不公育，劳动问题和妇女问题都不能解决。儿童不公育，真正的自由、平等、博爱也不能实现。

如果在社会根本改造以前，有心人先要试办一部分的儿童公育，建立模范，解释误会，为促进根本改造的补助，那么除了在各尽所能、各取所需的小组织（如新村之类）之外，有两点必须注意。

第一，从劳动问题和妇女问题着眼，必此试办之一部分儿童公育，能减少劳动者底痛苦，辅助妇女底独立。

第二，从儿童本身上着眼，必此试办之一部分儿童公育，能使最不幸的贫苦儿童，得受真正自由、平等的庇护。

我为什么说这些话呢？《解放与改造》二卷第十五号，有雁冰君底《评儿童公育〔问题〕》、颂华君底《儿童公育问题的我见》，两君皆赞成中国实行儿童公育者；但其所提出的立刻实行底办法，我认为有可商的地方。

我并非不赞成立刻实行，亦非反对一部分试办；不过我觉得，两君立论的根据点，和我前面所说必须注意的两层不能尽合。所以两君的主张，即使真能实现，我认为于本问题的关系很浅。

杨效春君的《非"儿童公育"》，三月一日在《时事新报》"学灯"栏披露。二日，我即在本报"觉悟"栏，做一篇《儿童公育问题释疑》。虽然我驳他的话没有恽代英君的详尽，但我说杨君"完全就自己所处的境遇着想"这一层，似乎可补恽君的不足。我现在把我前次所说的话，重引一些在下面：

> 社会各种阶级的境遇不同，杨君不能专拿自己的家庭及和自己境遇相同者的家庭，来做一切标准。无产阶级的家庭，恐怕因为有了儿童，反增出许多苦趣。只请杨君实地到各丝厂、纱厂的女工家里去调查一下，就晓得夫妻两个都要出去作工，留下子女没人抚养的种种苦况，和因此生出的种种恶果（被人拐卖及习为下流）。
>
> 杨君说："终日勤劳，回到家中的时候，有爹爹、妈妈细亮而清妙的和声听到，活泼泼地、天真烂漫的姿态看到，何等快乐！"但如果终日勤劳、回到家中的时候，只听到"爹爹、妈妈我要饿死了"的哭声，看到瑟瑟地抖得要死的苦态，更是何等愁惨呵！我们讨论人生问题，决不可只看见自己所在的一个阶级，忘却了各个阶级的公同利害。

杨君说，妇女受男子束缚的主要原因只是两个：（1）教育不均等；（2）买卖的婚姻。后一层，于育儿没有关系；前一层，就不能把育儿问题看轻。我亲看见许多有志求学的女子，都因为育儿废学。育儿，正是男女教育均等的障碍。并且妇女地位低劣的原因，实在不止这两层，杨君未免把经济组织的势力看轻；儿童公育，正是要不妨碍妇女的经济能力。

就以上所说的话看来，儿童公育问题，实在当根据社会主义和妇女主义立论。雁冰君也说，西洋人留心儿童公育的，本来有这两派。但雁冰君说到中国实行儿童公育问题，都专就儿童本身上立论，这已似嫌太隘。

但即就儿童本身言，也应当从普遍方面着想。何以谈到经费一层，又说"开办后经常费用，尽可向儿童的父母那里征收一些，儿童本来在家也要费钱的"呢！如果公育必须收费，恐怕这个利益只是中产社会以上的儿童能够享受，与无产阶级丝毫无干。

我们试想，最危险的儿童究在那一个阶级呢？无产阶级。他们只晓得拿儿童卖钱（婢女、养媳），逼儿童挣钱（乞讨、打盆、拾粪、斫柴），还能担负公育的用费么？并且，公育要向私家征费，就不能不按出费的多少分出养育的等级。否则，有钱的人一定认为太不公平。照这样讲公育，还成什么公育？至多可称为"改良的私育"罢了。

本来，单就儿童本身上论，已显然有公育的必要。现在的社会，名为自由竞争，实则赛跑的出发点相距太远，许多更是扎目缚足的，驱之竞走，安望幸胜？同一儿童，因父母有贫富之差，所得的养料不同，所受的教育大异，将来分出智愚、强弱，还要说这是优胜劣败、应当如此，未免太不公道罢！

所以在现实社会里面，自由、平等都只是好听的话。惟有实行公育，不论何人底子女，自呱呱堕地至备具独立的智识、技能为止，都由社会收集在同等地方，施以一律的养育训练，然后可讲真正的平等、真正的自由。在社会根本改造以后，这费用当然由社会公担；在社会改造以前，由一部分有心人试办，只好由有心人自行筹募。即使以儿童托付公育机关的人，有愿担任经费的，也只认为自由捐助之款，不能作为公育应付之费。

据我底意思，有心人果要试办公育，当先在大工场附近办起，专收育工人底子女；而有志者自己底子女，亦一律送入，施以同等的教养，不得稍有区别。惟绝对不能向儿童的父母征收费用。

颂华君主张的"半公育机关",我也不敢赞成。因为照这样办法,势必和现在的幼稚园一般,仍为中产阶级以上的专有物。在中产阶级以上,欲试办此等机关,也未始不好,但绝对不许冒用"公育"的名义。试想,晚间仍由父母领回,则儿童所受的待遇终不一律。即此机关,亦增出困难。譬如儿童日间所穿的衣服,晚间仍穿回家去,在极贫苦之家,既太不相称,且易致污秽,结果,必仍屏除极贫苦的子女;并且,有领回、有不领回,儿童间显分两类,或生出别种不好的影响。而证以雁冰君所言"我们的孩子,勉强在学校内受到一些教育(?),一回家又受家庭恶化",更见得"半公育"是毫无裨益的。

现在的学校,自幼稚园至大学校止,都不是真正平等的。我们所主张的儿童公育,绝对不容再蹈此覆辙。我们要认定,儿童公育是社会对于一切儿童应尽的义务,并认定这是劳动问题和妇女问题的特别关键。所以,反对儿童公育的,专就自己所处的境遇着想,我固然反对;即赞成儿童公育的,不为真正普遍的平等着想,我也未敢苟同。

48 大家为"儿童公育"努力

恽代英

1920年8月19日

题　解　本篇原载《民国日报·觉悟》1920年8月19日第4张第1版。

发表时，文后附有《民国日报·觉悟》主编邵力子所撰附志，内容如下："这篇，本是恽君给我的一封信。在恽君，自以为谈闲天，没甚价值；我却认恽君所说都很重要，所以登出此栏，希望'大家努力'！——力子附志。"

有关撰著者恽代英，参见前文《家庭教育论（未完稿）》题解。

有关《民国日报·觉悟》，参见前文《儿童公育问题的注意点》题解。

关于我与杨效春君"儿童公育"的辩论，力子也呐喊相助，以壮军威，我为真理、人道多谢他（倘若我可以说这句话）。

力子说，杨效春君太重看了自己的境地，太忽略了人家的境地。我想，这是一般讨论社会问题者的通病。一般智识界，拿他贵族的或中等阶级的眼光，讲甚么社会利益、人类幸福，他们要维持名分、维持阶级、维持一些不自然的组织。其实，他们所谓利益，便是人家的祸害；他们所谓幸福，便是人家的痛苦。若以个人主义去说话，还无不可；若谓社会讨论社会问题，未免太左了。

然而我信，个人与社会，是被宇宙大法打成一片的；只看见个人，便个人的幸福亦图不着。

我信，改良家庭与促进公育，同一是不易做到的事。然人若不安于现在痛苦的生活，总要求一个改造的下手处。这样我便信，公育是根本解决的方法。我的意思，以为只要是一样用力，或者虽然用力稍多一点，我们便宁可从根本处去做。我因此信社会活动比政治活动好，信安那其主义①比一切主义好；但我不能不说，这种努力究竟大非易事。

我佩服杨君的，便是在这种自由、解放的昏黑风涛中，一般少年不自觉的雷同、附和的时候，他□偏□到儿童公育是不应该，他□偏偏有这大胆量，坦白的做出文来。我信他这论调大概要失败，因为在我脑筋中，不信他这话抵得住我所信人道的真理。然而他便失败了，亦是有价值。自由、解放自然是金刚不坏的真理，但这等一呼百诺、愈衍愈失其真的滥论调，还远不如杨君的话值得一考虑。

《解放与改造》中，雁冰、颂华二君所陈的疑点，综括起来：

（1）母亲的爱，是儿童精神生活所最需要，非保姆所能具有。

（2）女子宁以养儿为乐。

（3）家庭状况改良，妇女可有充分时间教育儿童，比保姆一人管多数儿童，要照顾周到些。

（4）感情太社会化了，人品愈趋凡庸。

（5）父母爱子性斫丧了，社会□变成冷酷。

这样的疑难，我想很有些研究的价值。我亦预备稍从容些，再做一篇文，叙述我的意见，请他两位的教。

不过简单些说，我以为，"（1）（2）（5）"三条，我们留心生物的普泛现象，便可解答一半。我想，父母之爱对于人类，实在似乎比别的生物，占地位更重要。但一则，这是人类生长期较长，所须保护较多；一则亦是这样谬误的家制有以促之使然。因为相处既久，关系既密，自然爱力愈奇秘，若不可解。我虽于心理学很少研究，我狠不能信爱伦·凯所说"情感的连合作用与意志，必然只有存在母子之间的最伟大"。因为我们细察这个造物的微意，在一切生活上，为保种计，父母爱子固然情感较强，一切长者（特别是女性的）爱一切幼者，亦是先天具有的通性。看到这里，我们可信，这造物只是一个

---

① 安那其主义：通译无政府主义。"安那其"，为英文 anarchism 的音译。该主义的基本立场是反对包括政府在内的一切统治和权威，关注个体的自由和平等。

unseen pow[①]，决不是原人思想的 creator[②] 的意思，只注意在使我们保种。果为适应于分工的生活，那奇妙的母亲之爱，在保姆方面自然会发生出来，在母亲方面自然会消灭、□去。这似乎是悖理的臆说。然而生物的演化，原随他生活的需要而进退，我很信这是有理由。若说公育以后世界上便没有母亲的爱了，我不能信。

"（3）（4）"两条，是公育后的方法问题。保姆是有训练而且专门育儿的人。我们一定可信他照顾稍多的儿童还能胜任愉快。至于怕儿童性格太社会化了，这是公育机关要注重个性发展的一点，诚然不错。现在，学校明明可以于不妨碍个性范围内施多数人所需要的教育，公育机关亦只是这一样。

我们不要想着保姆的事务是太烦重；我们要记着，公育机关内部，仍然一样是注意分工。保姆的事，只在保育一部分；其他浣洗等事，又由别人分任。所以每个保姆招呼五六个儿童，没有甚么难事。

在公育机关下担心他社会化，固然不错；但是在这种家庭之下，遗传的弱点得不着后天的调和，不更可怕么？

至于颂华君问家庭的形式是不是要根本的取消，我敢答应"是的"。我的意思，家庭便是由经济状况□酝酿，而人类愚昧、□浅的利己心所制造。我不信他有长久存在的理由。这样几句话，还包含一个骇人听闻的怪论，便是说，打破亲属关系。我信，为人群的幸福，这些父母、子女的名义，其实无须存在。这些话，我几次不敢说出来，但我信是真理。

我现在是说理，自然不是为忤逆不孝的人缓颊。我想，我亦还够不上忤逆不孝的资格。我知道，这些话又要气倒一般纲常名教的先生，骂几句"狗屁胡说"。我本是最爱听反对论调的人，但是我望人家总要对我说理，不要开口便骂。我亦敢大胆说：

先生们，不要太自信了。我纵然再不肖，亦还做了不多对不住祖宗、父母、兄弟的事情。你若不论理而论人呢，我便算狗彘不食的忤逆子。请你还先问良心，你是怎

---

① 此处英文"pow"疑为误字，或当为"power"。"unseen power"，可译为"看不见的力量"或"无形之手"。
② 此英文，可译为造物主。

样对得住你的祖宗、父母、兄弟？我眼见，开口闭口纲常名教的先生，对家庭做伤心背理的事，多得很呢！

又写了这多了。我是一个 talkative fellow①，专门会七扯八拉谈闲天，没有甚么价值。我还望我多读书，有些长进，教我们在儿童公育问题的战史中，生一段有价值的光彩。

最后，我祝杨效春君努力去改良他的家庭，雁冰君、颂华君各去实现他心目中的半公育机关。我亦在这里，竭我所有的力，促进我们的共同生活，以为实现我的公育理想的预备。因为用口舌争，固然亦有味；用手脚做出来，大家比比成效，自然更有益、更有味。

力子！你对这个问题的实现，怎样努力呢？一切关心这个问题的人，说哪！做哪！大家努力哪！

---

① 此英文，可译为健谈的家伙。

49 儿童公育
——致《新青年》记者

杨钟健

1920年9月1日

另图36 杨钟健像

题　解　　本篇原载《新青年》第 8 卷第 1 号"通信"栏。发表时间为 1920 年 9 月 1 日。原发表时无副题，此处副题系编者加拟。

撰著者杨钟健（1897—1979），字克强，陕西华县（今属渭南）人。1916 年毕业于陕西省立第三中学。1917 年考入北京大学预科，后入地质系。1920 年参加少年中国学会，发起成立北京大学地质研究会。1923 年毕业，次年留学德国，于 1927 年获慕尼黑大学博士学位。归国后，历任中央地质调查所新生代研究室主任，中国科学院古脊椎动物与古人类研究所研究员、所长，北京自然博物馆馆长，中国科学院编译局局长，中国地质学会、中国古生物学会理事长等职，曾当选中央研究院院士、中国科学院学部委员，是中国古脊椎动物学研究的奠基人之一。著有《中国北部之啮齿动物化石》《禄丰蜥龙动物群》《山东莱阳恐龙化石》等。

有关《新青年》，参见前文《今日之教育方针》题解。

记者足下：

我这篇通信，是对于《新青年》六卷六号《儿童公育》一篇论文①发表一点意见。《儿童公育》这篇文章，我读了第一遍，狠高兴，狠相信这是解决新世界一切问题

---

① 指沈兼士发表的《儿童公育——彻底的妇人问题解决法，处分新世界一切问题之锁钥》。本卷已收录此文，可参阅。

的锁钥。不过我仔细研究了一遍，我便有些怀疑了，我不能不质问。

主张儿童公育的理由，我很赞成的；儿童公育的方法，也很完美的。并且我也很相信，以后总有儿童公育实现的一天。不过，我根本见解和沈先生不同的地方是：沈先生以为，要解决社会上一切问题，非先儿童公育不可，儿童公育，方可以打破家族制度，方可以实行妇女解放；我以为，儿童公育是妇女问题、家庭问题解决后的成绩，换句话就是，先有各种的革新运动，才可以实行儿童公育，否则万难实现的。

我相信，世界的进化是演进的，而今世上这些文明，都不是忽然来的，是经过几千年的历史，才有今日的成绩。

民治主义是而今人人说好的，但也是由部落、封建、专制……渐渐到了现在。而今的民主政治，只可算政治上几千年来渐渐蜕化的成绩罢了；不能平空说，在某时代要以民治主义解决政治上一切问题的。我想，儿童公育也如此一样。我们人类的历史，当初妇女何尝莫解放？只因一天一天的受了经济的逼迫和社会上一切环境的支配，直到现在悲惨的时候。现在经济的状况和一切社会上的环境都大变了，自然渐渐的可到快活的、理想的未来世界。我很信，而今经济这样的变迁，社会革新运动这样的进步，那人的一切环境一天一天的光明了，人类的文明也自然随着进步。到了那时，沈先〔生〕主张的儿童公育，是一种必要的制度，自然会产出的。所以我说，儿童公育是革新运动的唯一产物、唯一成绩。

若谓儿童公育实行就可解决一切问题，这话我很怀疑。我想这样做去，不但不能收良好的效果，或者可使革新运动的速率减少，甚且演出社会上骚动的惨象。

还有顶困难的，就是：即使沈先生的主张可以实行，用来试办解决一切问题，但向我国内一看，有莫有实行这种组织的程度？有莫有实行的能力？沈先生所说儿童公育的种种组织，我国现在有莫有这些人才？所说的儿童公育的经费，试问中国大多数儿童的父母，有莫有担负这经费的能力和程度？

所以，我就在〔再〕退一步，承认了沈先生的主张，我可不能再退一步，取消我的疑问的，就是：这种有组织的制度，绝不能施行到这等纷乱的国家、这等污浊的社会、这样知识相差太远之一般儿童的父母。

所以沈先生以为，用儿童来解决旁的问题；我看儿童公育的先决问题是妇女解放，是家庭改造，而最要紧的，是国民的知识相差不宜太远。

沈先生那篇文章，是就理论上研究。我对于沈先生主张的怀疑，是从事实上着想。我不知沈先生对于儿童公育这事，有莫有实行的毅力和计画？若有计画，能不能收完美的效果？

因为我有以上说过的观念，所以我对于一切急进的、个体的、一切革新主张，总免不了怀疑。近来有好几种报纸，都发表过"新村生活"的组织①，我对这也有同样的怀疑。而今这种学说已经发生了许久了，除了几篇文章以外，何以莫有很大的应响？反过说来，近来文化的革新②和九月来的排日运动③，何以收效很快、进步很速？这都是一个从事实上着想，一个只从理论上研究的原故。

我对于革新运动，很惭愧莫有精密主张发表，这由于我的功课太忙了，也由于我的知识太少了。但我近日对于家庭的改造做了一文，名叫《怎样改造中国式的家庭？》，预备在《新潮》④上发表，大旨是希望我们革新的人要从事实上着想，对症下药，怎样可以解决这个问题、那个问题。而今沈先生提出这些问题解决后的成绩产物，未免令我怀疑。

我这通信太长了，我的要紧的意见是：

（1）我说"儿童公育，是各种革新运动成功后的自然趋势、自然的产物"，这见解错不错？

（2）若果我的见解对着哩，那么我的疑问少点了。若是我的意见完全错了，我又生出以下的疑问：

① 中国现在配不配实行儿童公育？沈先生能观察到实行后使社会秩序不至纷乱，并且很有把握吗？

---

① "新村生活"的组织：此处指"新村运动"所要营造的理想社会组织，是一种崭新的"共同生活体"。它奉行人人平等、互助友爱的人道主义，各尽所能、各取所需的共产主义，消灭阶级、废除国家的无政府主义。1919年关于国外新村运动的介绍被引入中国后，"新村主义"很快成为"五四"时期影响广泛的社会思潮。
② 文化的革新：指新文化运动发生以来，在文化观念、文学形式、文字符号以及教育制度等方面发生的深刻变革。
③ 排日运动：指"五四"运动爆发以来，国内兴起的抵制日货、游行示威等群众运动。
④ 《新潮》：北京大学新潮社社刊。创刊于1919年1月，主编有傅斯年、罗家伦等。该刊宣传民主与科学，抨击传统伦理道德，提倡新文学，在当时具有广泛影响。

②怎样马上就可以把母子间天然的爱感打消，实行儿童公育？

③沈先生儿童公育的主要宗旨，在解决沈先生所谓"四级法"的第四"妇人问题最难解决之点，在于生育之后"。我按沈先生本意，怕是因妇女生育不便，于职业、交际有碍，所以必须儿童公育。但我想，就是实行儿童公育，有孕的妇人，还免不了进沈先生所拟组织的"胎儿所""收生所"，这不是还免不了防碍职业、交际吗？

这不过是我三个大疑问。若果我说"（1）"的问题解决，这儿童公育应讨论的问题还多，只好以后再谈罢！

我是一个正求学问的学生，对于一切问题，见解一定容易错误。我却不敢自弃，只有请教。这是我要请沈先生和《新青年》诸先生的原谅的！

杨钟健上

50 蒙台梭利所用体操器械之研究

任荣

1920年10月

> **题 解** 本篇原载《江苏省立第一女子师范学校校友会杂志》第3期"研究"栏。发表时间为1920年10月。
>
> 撰著者任荣，女，生卒年未详。时为江苏省立第一女子师范学校本科三年级学生。
>
> 有关蒙台梭利，参见前文《蒙台梭利新教育法之设施》题解。
>
> 有关《江苏省立第一女子师范学校校友会杂志》，参见前文《在江苏一女师附属蒙养园纪念会上之演说》题解。

儿童身体之发育，由于运动；而运动之有益与否，盖系器械之能否合于动作以为断。然世之惑于此者多矣，以为儿童运动器械乃玩具耳，何足重轻。殊不知，运动能获益者，实得之玩具中也。

自佛罗卜尔[①]氏提倡幼稚园以来，对于儿童玩具始详加研究，所制棱柱及立方体等物，皆足以使之玩而启发其知力，惟于体育发展上觉无大益。故蒙台梭利女士有鉴乎此，特为扩充之，使达完美之域。

蒙氏所用体操器械之种类，凡七。欲知其能否确切于儿童之心理与生理，并如何而

---

① 佛罗卜尔：通译福禄培尔。

得体操上之善果，请于下列言之。

第一种，以平行杆与横行杆各二，支以直杆多条。平行杆，为儿童疲劳时支持身体，借以左右、前后动摇之用。行此动作后，能使上体全重不悬于下肢，而下肢诸筋节得为适宜之运动。此种器械，其构造极简，而用意至大。儿童疲劳时，倘令其休息或坐，则非特其本性所不能忍，抑亦不克恢复其精神也。故欲顺其心理，而与以身体无妨之玩具，使之乐而忘倦。其优点一也。且人体全重常悬于下肢，苟无适当之器械使之自由运动，则筋肉必不发达。蒙氏此器，正所以舒展其筋肉也。即有下肢筋骨屈曲者，日久行之，亦可矫正其姿势。其优点二也。观乎此，可知此器效用之广矣。惟以我国三四龄儿童握力薄弱，把持不力，恐有堕跌之虞；而施之五六龄儿童，则可也。

第二种器械，即秋千。形与椅相似，悬以二绳，能前后动摇。于椅前设一直立之侧板，儿童箕坐其中，动摇时，以足蹴侧板即能动摇，所以强健脚部也。予谓，此种运动非微有益脚部，而上肢诸筋骨亦得以发达焉。盖儿童坐椅中时，椅动则手必持绳，此时可以增长握力，而上肢筋骨必因运动而发达。且儿童自觉置身空际，初次固难免战栗，习久即觉飘逸自如。惟二三龄童为之力难胜任，苟教者或年长者从旁助之，则彼坐椅中自觉乐趣丛生矣。

第三种，系一橡皮球。悬空际，令儿童坐于安乐椅中，自两傍循环击之。可资上肢及脊椎运动，兼得习练测量距离之长短，此法最善。盖儿童素性好动，今令其静坐，正所以消磨其浮噪〔躁〕之心，而渐增其镇静之态；且击球时，复可练习目力之正确，即二三龄之儿童为之亦无妨害。诚百利而无一害也。

第四种，以一螺旋线形之阶梯，其一傍附以栏干，他傍则听其开放。儿童以手持栏干，可支上体之半重量；而升降其间，可养身体之平均与优美。其用意虽善，而构造似嫌复杂。因儿童脑力薄弱，旋转多则必昏迷；且苟不慎，则堕落随之。然则将弃而不用耶？是缺一部之运动，即失一分效力。愚谓，以梯之螺旋形，改为平面斜立梯形，其傍亦附以栏干。则持干而升降，必无危险矣。

第五种，将一平板画以粉线。所以练习纵跳之用，并借以测量所跳之纵度也。蒙氏制此，其意盖系发达儿童之脚力。然愚意不独此也。儿童作此运动时，必为多数人合游。想其当时心理，必以跳远胜人者为快，竞争之心油然生矣。惟此激烈运动，年幼者恐力有所不足耳。

第六种，设有直立之阶梯。系高跳之用。夫高跳固有裨于身体，然以六七龄之儿童，行此激烈运动非特无益，抑且有害。生理学家谓，儿童血液之运行较速于成人。吾人受激烈运动后，血行益速。而儿童血行本速，再加速度，势不能支，常能成为将来血症之动机；且儿童骨骼柔嫩，实不堪其重。故愚以此具，为不适用也。

第七种，则为绳梯。可以发达上下肢诸筋节及扩张胸部。其法，即使儿童攀缒而上，循环为之。愚谓此种运动，利于上下肢，而不利于胸。因攀缒上下，纯系腕力与趾力，而胸部毫无扩充之余地。既无补于胸，则运动上下肢之器械，上已言之，故不若去之为愈也。

蒙氏七种体操器械，已由上述。而愚所言者，乃就我国儿童能力之大小言，故有增损处。要之，须以儿童体质之强弱为主。如我国自有习惯、遗传之区别，决不能与他国儿童受同一之锻炼也。

窃思我国人素好守旧，向以拘守成规为习尚；然儿童体育一事，实有关乎国本，万不可等闲视之。身膺教育之责者，幸三致意焉。

51　儿童学与教育

舒新城

1920年11月20日

另图37　舒新城像

题　解　　本篇原载《中华教育界》第 10 卷第 5 期。发表时间为 1920 年 11 月 20 日。

　　撰著者舒新城（1893—1960），初名玉山，学名维周，字心怡，号畅吾庐，曾用笔名徐怡等，湖南溆浦（今属怀化）人。早年就读于湖南高等师范学校，后历任长沙兑泽中学、省立一中、福湘女学教职。1920 年参与创办《湖南教育月刊》并任总编辑。后赴上海，任中国公学中学部主任，主持实验道尔顿制。1923 年赴南京，任国立东南大学附中研究股主任，继续实验道尔顿制。1924 年赴四川，任国立成都高等师范学校教育学教授。次年返回南京，专事著述。1926 年与余家菊等合编《中国教育辞典》。1928 年受聘于中华书局，主持续编大型工具书《辞海》。1930 年正式进入中华书局，任编辑所所长兼图书馆馆长，1947 年始担任《中华教育界》杂志社社长，推动了中华书局编辑出版业务蓬勃发展。著有《近代中国留学史》《教育通论》《近代中国教育思想史》等，编有《近代中国教育史料》等。

　　有关《中华教育界》，参见前文《蒙铁梭利女史新教育法（节录）》题解。

　　本志[①]改革以来，已发行四期。本期同人公共讨论，要出一"儿童号"，所有材料均由同人分担。我所要讲的，是儿童学与教育之关系。现在将我的意思，分作儿童学之意义、

---

①　本志：指《中华教育界》。

儿童学之历史、儿童学在教育上的效用、中国教育界与儿童学之需要四段，说明如下。

一、儿童学之意义

儿童学这名词，英文叫做 paidology。paidology 这个字，是从希腊文 paidos + logy 来的。paidos 的意义，是儿童（child）；logy 的意义，是学。两字相加起来，遂成为儿童学（childstudy）。这是儿童学名词的来历。

儿童学字义的来历明白了，他的内容是什么，我们更不可不晓得。换句话说，我们为什么要研究儿童？研究之后有什么利益？儿童学这科学，对于人类能发生什么影响？他的范围怎样？

现在，就我的意思，先简单下一个定义，然后再研究他的效用。我以为，儿童学是用科学的方法，去研究人类由初生至成熟时身体上、精神上发育状况及其遗传与环境之情形的科学。

从上面的定义看来，有几个要件，我们要特别注意，就是：

（1）研究儿童，要用科学的方法。

（2）儿童身体上、精神上的发育状况都要顾及，不可偏重那一方面。

（3）儿童的遗传、环境，与他的发育极有关系，要晓得儿童的个性，要注意于此两点。

（4）"儿童"两字的时效，由初生至完全成熟期为止。

（5）研究儿童，男女当一律看待，不以属性的差别而有轻重之分。

根据这四〔五〕个要件，我们知道：

第一，研究儿童，不是空言妄谈的，应该要以科学的原理为根据，科学的方法为手段。换句话说，就是要根据于一定的原理，有一定的方法。那么，我们平日对于儿童的衣食、动作，偶然发现一件或几件共通之现像，如说小孩子爱玩、年轻人气大，都不能算作儿童研究里面的原则。

第二，儿童学与儿童心理学及人类发生学（human embryology）。因为儿童心理学只研究儿童精神上的发育状况，人类发生学只研究人类身体上的发育状况，而儿童学对于儿童的身体上及精神上的发育状况，都要一起研究，他的范围，比前两种科学的大些。

并且，要研究儿童学，必定要晓得儿童心理学及人类发生学。现在有些人，将儿童学当作儿童心理学，实在是错误。

第三，同是人类，同有眼、耳、口、鼻，为什么西洋的发大概是黄的，他们的眼大概是碧的，中国人的发大概是黑的，眼是黑的？就讲体格，西洋人的高而重，中国人的低而轻。这都由于种族遗传不同的原故。种族的遗传以外，还有两亲及近亲远戚的遗传，都与儿童的身体与知力有关系。又如同一父母所生的儿子，若是把一个放在海滨住居，一个放在山里居住，他们的习惯、能力是决不相同的。最显明的事例，住在海滨的，小时就是到海边去游泳，脑筋中所充满的，大概是鱼虾、渔船、海潮等等观念；住在山里的小孩子，小时便会爬到山林去玩耍，以及伐木、采薪，脑筋中所充满的观念，也是伐木、采薪，以及虎豹、鸟兽等等。这样看来，先天的遗传与后天的环境，对于儿童的个性有很大的关系，研究儿童不可不加以注意。

第四，"儿童"两字的时效，难得一个确定的界限。人到什么时候才能超越儿童时期而入成人时期，历代来的生理学家、心理学家，也没有一定的标示。就是法律上的成年律，也是各国不同，有规定二十岁为成人的，有规定二十一岁为成人的。在儿童学里面，儿童的时效，既然是初生到成熟时为止，便可以生理、心理上的完全成熟为限。人的心理及生理，到什么时候才能成熟？因为气候与种族，及其他遗传与自然环境的关系，也有迟早不同。大概以二十岁为普通标准，那成熟过迟或过早，就以此为伸缩。那么，儿童学中儿童时效，大概可以规定自初生至二十岁的时候。在此时期中间，身体上与精神上所生的变迁，都在研究范围之内。

第五，"儿童"两字，在英文为 child。"child" 这字，本来无性的区别。凡属未成熟的人，无论男的、女的，在儿童学里面，都有同等的位置。我们要研究儿童，决不可怀一种歧视的心思。中国素日有重男轻女的恶习惯，讲到"儿童"两字，有许多人要误会是专指男子的。所以特提出来说说。

照上面所讲的看来，儿童学实在是人生一种很重要的科学。为什么？我们成人都是由儿童长成的。要明了我们自己发育的状况，固然要研究儿童学。做父母、教师的，天天与儿童相处，二者的关系正如艺园者之于花木。花要莳得好，必定那莳者要懂得花木的性质、所宜的养料以及灌溉的方法。父母、教师要想将儿童教好，不晓得儿童的原始禀质（original nature）与他所处之环境的影响，能成功吗？

这科学，在欧西文明国，差不多是人手一编的日常用书。就是日本，也设立有儿童学学会。只有中国人，好像都把儿童看作一件不值得研究的东西样，很少有人注意。现在，我希望大家留心一点，替儿童造点幸福。

二、儿童学之历史

现在我说儿童学是怎样重要，我们应该去研究。但这儿童学，并不是自天降的，是有来历的。

在上古时，无论何种国家，大概都不把儿童当作"人"看待。斯巴达的选择儿童，把弱的弄死，强的拿来加以特别的训练；印度拿人当作贡品；日本人杀女孩，祭野兽的神。这些事情，都是不把儿童当"人"的实例。至于二十世纪时候的中国，还有小儿女卖作奴婢的事情，更是轻视儿童的确证。野蛮人民既然不把儿童看作"人"，自然不会注意他们身心发育的状况。学校里的教师，把他们作成人看待，于教授管理时加以严酷的惩罚，还是很好的了！

儿童在野蛮民族中间所受的待遇如此，现在何以又视儿童为极重要的问题而加以科学的研究？这其间的详细情形，讲来很长。现在，只将这科学的发达史，分作两个时期略说如下。

（一）各个儿童研究期

儿童学在起初的时候，不过是几个热心的教育家，在自己家里私自考察儿童的体力、脑力以及各种动作，把所得的结果记载起来；或者凭他们的理想，发出一种著作，唤起一般人的注意。这时期中间的重要人，是廓美纽斯[①]（Comenius）、卢梭（Rousseau）、裴

[①] 廓美纽斯：通译夸美纽斯。

斯太洛齐①（Pestalozzi）、铁达姆②（Tiedemann）、福禄倍③（Froebel）等。

廓美纽斯，是自然主义派的教育家，为近世教育革改的第一人。他的地位，我们读教育史的时候可以知道。他在一六五八年时，做了一本教科书，叫做《世界图绘》④，其中十之九都是图画。他的意思，是要儿童从这自然界的图形中间去寻求知识。欧洲当时的教育家，见了这本书之后，都以为这书是儿童教科书中的破天荒。做教师的，对于学校的功课，儿童有不懂得的，才晓得想方法求他们明白，把从前的鞭策恶法去掉了。

第二就是卢梭。卢梭的名字，大家也都是知道的。他在一七六二年，发刊了一本教育小说，叫做《爱弥尔》（Emile）。这书的大旨，是说成人应该要怎样教导儿童。当教导儿童的时候，应该以儿童的身心发育状况为本，不要以成人的学问为标准。当时作教师的，总以为儿童是"具体而微"的成人，无论什么事，儿童都可照成人的样子去作。《爱弥尔》这本书，就是专捣击当时教育的弊端的。现在这书在教育上，也占了一个重要的位置。不过，卢梭是个理论家，他虽然这样说，他对于自己的儿童却置之不顾⑤，所以后来的人不满意于他的很多。但在那时，能唤起一般人对于儿童身上加以注意，其功实是不可泯灭的。

第三个是裴斯太洛奇。他是一个教育实行家，他对于他自己儿童非常爱护。他的小孩到了三岁半的时候，他便天天观察他的举止、行动，如走路、说话、作事等等，都一一记载起来，成了一本书，到一七七四年发刊。用科学的方法，实地去考察儿童身心上发达的情形，裴斯太洛齐要算是第一人了。

第四是铁达姆。他是德国人，在一七八七年，著一本书叫做《儿童知力发达的研究》（Observations on the Development of the Minds of Children），对于儿童精神上发育的情形

---

① 裴斯太洛齐：通译裴斯泰洛齐。
② 铁达姆：通译蒂德曼或提德曼（Tiedemann，1748—1803），德国医生。他用日记法，对自己孩子的发展做了详细的观察记录，1787年出版了《儿童心理发展的观察》一书，当时并未引起人们的关注，数十年后才引起了国际上的广泛注意。后文所提《儿童知力发达的研究》即指此书。
③ 福禄倍：通译福禄培尔。
④ 《世界图绘》：通译《世界图解》。该书写成于1654年，1658年出版，是历史上第一部依据直观性原则编绘的儿童启蒙教育读物。共150篇，以图为主，附文字说明，内容涉及自然、人类活动、社会生活、语言文字等诸多方面。
⑤ 卢梭的5个子女，自出生后全部被送交育婴堂抚育。卢梭自己不尽父职，同时也不允许其情侣戴莱丝恪尽母职。他的这种行为，引发了时人和后世的广泛非议。

讲得很详细。关于真正研究儿童学的书，要算这本为第一。

第五是福禄倍。他是幼稚园（kindergarden）的创造者。我们从事教育的人，大概都知道他的名字的。他对于幼儿，重自然的活动，所以以游戏为保育的第一手段。游戏分两种：一为运动游戏，用以锻炼儿童的身体及感官；二为精神游戏，用各种玩具使儿童构成种种形状，以启发其理解力。他的名著《人之教育》（Education of Man），在一八二六年出版。这书是根据他在 Plamann① 之裴斯太洛齐学校（pestalozzian school）考察儿童的经验而作的。

此外，还有许多教育家，也曾对于儿童下过实际考察的工夫，不过在儿童学没有顶大的影响，此处也不多讲。

（二）团体儿童的研究

自前面所讲的各教育家注意儿童身心的发育以来，做教师的，渐渐注意及于儿童的考察。

团体儿童的研究，以德国的教育家克斯孟②（Kussmaul）为第一人。自从他出来召集一群儿童研究以后，儿童学因此就一天进步一天。一八六九年，柏林教育会便通告各小学教师，当小孩入学时，一定要考量他们的体力和知力发达的情形。

从一八八〇年以后，这门学问便由赫尔③（G. Stanley Hall）介绍到美国去了。赫尔是近代研究儿童学的专家，他在波士顿地方，曾同他的助手调查一般儿童到上学时（大概六岁），他们的脑筋有什么观念，做很详细的记载。

美国的教育心理学大家桑戴克④（Thorndike），近年也曾专门调查此事。儿童学自

---

① 此英文为地名，通译普拉曼。福禄培尔曾两次拜访裴斯泰洛齐所办学校。不过，裴氏的办学地点多称"伊佛东"。此处或为误录。
② 克斯孟：通译库斯谟（Kussmaul，1822—1902），德国儿童心理学家。1859 年，出版《新生儿心理生活的研究》一书。该书记录了他对较多婴儿进行观察实验以后统计整理的结果，这在当时是一种新的研究方法。该书为儿童心理学研究中的重要著作。
③ 赫尔：通译霍尔，即斯坦利·霍尔。
④ 桑戴克：通译桑代克，即爱德华·李·桑代克（Edward Lee Thorndike，1874—1949），美国心理学家、教育家。先后在卫斯理大学、哈佛大学获文学士学位，在哥伦比亚大学获博士学位。其后，终生在哥伦比亚大学执教，主持教育科学研究所的工作。著有《教育心理学》《教育基本原理》等。

从赫尔介绍到美之后，此种学会逐渐发达。一八九三年，美国组织全国儿童学会（the National Association for the Study of Children）。现在，美国发行之 *Pedagogical Seminary*① 和 *American Journal of Psychology*② 两杂志，对于儿童学之文字纪载特多。

一八九四年，英国儿童学会（British Child Study Association）成立于伦敦，现则支会遍全国，并发行有 *The Padologist*③ 杂志，专研究儿童学。一八九七年，波兰组织波兰儿童学会。一八九九年，德国有儿童心理学会。一九〇〇年，法国有儿童心理学会。余如意大利、比利时、罗马尼亚、塞尔维亚、日本诸国，都有同样的学会先后成立。

较迟的，俄罗斯儿童学会，创立于一九〇六年；南美阿根廷，在一九一三年，也召集全国教育界讨论儿童学大会；一九〇九年，美国的总统罗斯福召集全国教育家开会，专门研究关于儿童的事情；同年，赫尔也召集全国心理学家研究儿童学。

这样看来，可知道欧美、日本的教育者，对于儿童是看得很重要的。我国人民及教育者，总得反省一会才是。

三、儿童学在教育上的效用

儿童学之意义与历史说明了，我们进一步问：儿童学在教育上有什么效用？

旧式的教育者以为，儿童身心的发达和教育没有关系，所以只要教儿童读几本物理、化学、历史、地理教科书就够了。不仅不注意于儿童身体发育的状况，甚至以研究儿童学为多事。

这种观念，我觉得非改变不可。我们教书，应当以儿童为主体，应当研究儿童学。儿童学对于教育上，最少可有两种供献：第一，使一般教育者明白儿童的身心状况，施教育时应当以儿童为主体，不应当以学校为主体；第二，使教材之选择、教授法之实施，

---

① 此刊名通译《教育学评论》，为斯坦利·霍尔担任克拉克大学校长期间创办的杂志，后改名为《发生心理学杂志》（*Journal of Genetic Psychology*），主要发表儿童研究和教育心理学的成果。
② 此刊名通译《美国心理学杂志》，1887 年由霍尔创办，是美国心理学的第一本刊物，现在仍是美国心理学的重要出版物。
③ 此处英文"Padologist"误，当为 Pedologist。此刊名可译为《通俗儿科学》。

有一个适当的标准。

现在社会上一般人对于儿童之观察，大概都以为：儿童是具体而微的成人，所以儿童的一切动作、营为，也当与成人一致；纵有不同，不过枝节上有点差异，大体上总是与成人相同的。

其实，这种见解是完全背谬的。儿童在表面，虽然他的眼、耳、口、鼻、手、足等等与成人的相同，若从内部的构造实际考察起来，他的骨骼、筋肉、呼吸器、消化器的组织及比例，与成人的大不相同。他虽然也同样有脑筋，但是他的脑纹发达不完全，对于社会上各种事物的经验甚少，脑筋中所含的观念极单简，并且理解力薄弱。有许多事在成人看来，是极粗浅、极简单的，在儿童看得，以为非常复杂、不可解释。

我们要晓得，幼年儿童虽然与成人同在一个世界上，但是他的地域很狭隘，他的环境是以实在的人之行动为范围。成人社会上之所谓法律，所谓规矩，他都不知道；一切事物，除非他自己亲触着的，都不能入于他的经验范围之内。

他所处的地域既小，所得的知识自然很少。故与他人相处，只一本其自然的同情，以为好恶之本。他对于一件事，并没有何种成见，只晓得满足者迎之，困脑〔恼〕者拒之。迎拒以后的结果如何，也并没想及。他的生活，是概括（integral）的，不能分作若干部分，所以，对于社会的事物没有分析的注意力，也无联合的理解力。社会上极相联属的事，在儿童看来，都是一点一点的；此事与彼事、此物与彼物，他看来也没有什么分别。儿童心意中所有的观念，所有的印象，都是整块不辨的东西。宇宙的现象，他以为滔滔不绝的奇异流动体，因为儿童的经验极少，宇宙中一切事物，对于他都是新奇的现象，所以只觉得如有源之流水，此去彼来，顺流不绝。

照上面所讲的看来，我们知道：

第一，幼年儿童在世界上所处的地域极狭。经验的扩充，全恃与实物接触。我们成人所有之空间、时间的世界，在儿童是不能加入的。

第二，儿童的生活，是总括的、单简的，与成人的分析生活不同。

第三，儿童的生活，是实际的、情绪的，与成人的抽象及论理的生活不同。

儿童的生活既然与成人的不同，对于儿童教材之选择、教授方法之实施，应当与成人的不同。现在教科的配置怎样？教授方法之实施怎样？教材的选择怎样？以儿童为主，还是以学校为主？这都是我们所要研究的问题。

现在各学校——不限定是中国的，欧美各国的也在内——所有的功课，大概都趋重文字方面，而于实际生活反不顾及。人为什么要教育？杜威说：

> ……是为生与死的两件事。人类当生下来的时候，不能独立，必须倚靠他人，所以有赖于教育。死去的时候，把生前的一切经验和知识都丢了，后世子孙倘要再去从头研究，岂非太不经济？甚至文化或可因此断绝。所以因为人类有死的一件事，也非有教育把他的经验和知识传之子孙不可。

教育在传达前人之知识、经验于后人。前人有死的关系，不能尽把他的知识、经验直接传于后人，所以不能不利用文字。但文字是传达知识、经验的工具，并不是教育之目的。知识、经验之传达，原为人生实际生活的受用。倘若离开实际生活，我们又何以虚耗精神于无用之文字上？

现今学校功课的配置，大概本末颠倒，以工具当目的，将目的作赘物。因此，发生下列的三种弊端：

（1）学科的配置，过于形式的，与儿童已往的经验不相联属。
（2）学科的材料，缺少活动力，与儿童现在生活上的需要无关系。
（3）学科的教授，过于科学的，排列又偏论理的，与儿童的个性相冲突。

各学校所教授之学科，大抵注意于形式方面。有许多东西，在科学上讲，本占很重要的位置，但儿童的经验有限，凡事非他直接感触的，都难勉强将其观念输入。要照科学上的程式，逐步灌入的〔到〕儿童的脑筋中间，则与儿童的旧观念不相联络，不仅无益，反又害之。

因为儿童的意志力薄弱，判断力也未发达，某科学应该注意与否，他本不能断定；即或教师讲得天花乱坠，告诉他某科有用，某科最有用，他一时受其刺激，也许发生受动注意力，但以与他的已往经验不相联属，旧观念终必战胜。当新、旧观念交战之时，精神上并有一种痛苦。

至于学科既重形式，则其材料必无何种活动之余地，势必强儿童学其所不愿学者。有乡间学校注重市政科者，有农产地方注重商科者。这类学科，究竟与儿童的现实生活有何种益处，那是完全不过问。问教育者为什么要此，他们除了"别处如此"或"历代相传是如此"的话，也讲不出所以然。

学科的教授,过于科学的、论理的,尤为显而易见之事。无论何国的学校,大概化学总是注重于原子式、分子式;教博物,总是注重于各种学名。并且这门科学不教则已,既教,则必将这科学数百年或数千年来科学家所发明的东西,尽数装在儿童的脑袋,惟恐各儿童不即时就成为科学家。

这种毛病,是把科学家与教师混作一起所致。在他们的意思,以为教师要尽量研究科学,在科学里面过生活,要用全力发明科学上的新原理,创造科学上的新假定,并要将所研究的一一灌入儿童的脑筋中间。其实,这是科学家任务。教师虽然也要尽力于科学的研究,使他自己对于科学上有明了的观念,但他主要的任务,在用科学的原理与方法,去指导儿童的实际生活。换句话说,就是要将科学的原理与方法,去辅助儿童解决生活问题。

以上所讲的弊端,是现代学校教育之普通现象。为什么有这类现象发生?是由于教育者不明白儿童身心发育的状况,而以学科为教育之主体。

欲矫此弊,只有研究儿童。这就是说,无论何种学科,当教授时,要先将儿童的身体发育状况研究明白。儿童平日的环境是什么,他父母、亲族的境况怎样,都要有明了的观念。儿童的环境、遗传与身心发育的状况明白了,然后本诸他已往的经验,从日常生活上加以学理的指导,渐渐地将其知识与经验扩充,使能应付社会上的事情。

如此,则所教的学科,必要迁就于儿童的经验,决不能使儿童迁就学科。那么,有些学科,在科学虽然占有很重要的位置,但与儿童的生活无关的,都可以不要他。所教的学科,既与儿童的经验相接近,他听着、作着,都觉得兴味油然,不仅不以为苦,而反以为乐;就是教育者,也不致对于学科的教授、教材的选择漫无标准。

所以我说,儿童学在教育上的效用,是使教育者知以儿童为教育的主体,选择教材可根据于儿童身心发育状况而有适当的标准。

四、中国教育界与儿童学之需要

中国的教育,素日以造成特殊阶级的读书人为目的,学校里悬一个读书人的目标,所以无论何种活泼的儿童,一进学校便要文质彬彬、循规蹈矩,以期适合于读书人的身分。所教的功课，是圣经贤传。无论五六岁以至十几岁的小孩子，初到学校，都从"子曰，学而时习之"①教起。儿童脑筋中间有什么观念，固然是不研究；"子曰"与儿童实际生活有什么关系，更是不过问。

近年来改办学校，从前的"子曰"不教了。表面看来，似乎教育大有进步。其实，不过将"子曰"换作帝王史、方程式……罢了。与儿童的实际生活无关，还是同从前一样的。故儿童看学校作监狱，竟有畏而逃避的。这种弊端，就是教育者不以儿童为主体，用科学去迎合儿童的经验，而以学科为主体，要儿童去仰企科学。简单说，就是教育者不明白儿童的身心状况，不晓得儿童是什么。

因为教育〔者〕不晓得儿童是什么，所以有用的科学，都变成死呆的东西。其中戕害儿童的地方，更不知道有许多。这种谬诬的事实，差不多随时随地都有。兹将我近两月来所发现的，举两三件为例，便晓得，我讲中国教育者大部分不晓得儿童是什么、不重视儿童的话，是实在的情形。

今年湖南省立第一师范添办二部②，出广告招考学生。前后招收一月，连湖北的八个附学生，一共只有二十二人。而投考预科者，则逾原额数倍。这种情形，我以为是湖南的特别现象，那知从前浙江第一师范办二部，也是一样的。

为什么二部招考没有学生呢？是由于社会上一般人的见解，以为中学与师范是同等的学校，在中学毕了业的学生，科学程度并不比师范学生差，要教书，便可直接去教——现在湖南各县，由中学毕业生充小学教师者占大多数——又何必再学一年师范？这就可见得，一般人只重科学，不重儿童的一般心理。

我又记得，在某处参观学校，这学校中间的国民班同高等班，每时都一律上五十五分，每周最少有三十二小时功课。我曾问这学校的主办人："学生这样上课成绩怎样？"他说到〔道〕："很好，不过是教师苦点罢了。"

又，某小校极力提倡体操——但他们说是体育——学校里竞走、跳高、跳远、足球、

---

① 语出《论语·学而》。完整原文为："子曰：'学而时习之，不亦说乎？'"意为：学习并时常复习，不也是很快乐的事吗？因该句居于《论语》篇首，故蒙学中的"子曰"通常由该句教起。
② 二部：指"壬戌学制"实施后中等师范学校里专设的教育科。旧制中学毕业生为其主要招收对象，入学后专习一年教育类课程，以取得教师资格。

队球①等等都有。学生每人至少要选习两门,每日下课都要到操场去练习。调查他学生的年龄,最大的不过十六七岁,小的十二三岁。大概十四岁以上的,个个都要加入。

又有一次,是湖南前零陵镇守使刘建藩②归葬岳麓山的时期,各学校的学生大概都要去送葬。我看见,中间有许多男女小学生,不过五六岁上下,也跟着大队在后面走;他们的教师,并且指挥他们在街上唱歌,走路走错一点,便怒目相向,似乎怒其出学校的丑样。我当时很有许多疑问:不晓得这些小孩子知道他们所送的是什么人,假定知道,这崇拜军人的观念灌输到他们的脑筋,有什么好处?五六岁的小孩子,同大队走十几里路,身体不会发生危险吗?在街中唱歌,灰尘不会吹入口中吗?我把这些问题,向某一个小学教师问问。他也说不知〔出〕所以然,只说觉得要这样做就是了。他们这种"觉得",实是为好名心所驱使,以为我学校能赴会送葬,别人会要讲个"好"字,我校学生在街中唱歌唱得好,街上看的人一定会赞赏几句。他们这类戕害学生的事实,虽说是为虚荣心所役使,实在是由于不懂儿童身心发育的状况所致。若知之甚切,将利害相权,他这虚荣心便自然为爱护儿童的心思所打消。

以上所举各事,不过是中国教育界千百普遍现象中之二三种现象耳。至以科学为主而戕害儿童之事,更难数计。儿童生在中国,无形有形之间所受的痛苦,不知凡几。教育者应得发番慈悲心,对于儿童学加以研究,为儿童谋点幸福。

前面说过,师范学校招考,没有学生报考,是由于社会上的人只重科学的技能,不重儿童的研究。这种责任,我以为应当由现在的师范学校负起来。我们平心问问,师范生、高等师范生本是研究教育的,但他们出学校去教书,是能胜于中学生、专门学生吗?中学生、专门学生,平昔不研究教育,固然不明白儿童身心的发育状况;现在的师范生、高等师范生,又明白儿童身心的发育状况吗?

据我个人的经验与观察,现在的师范生与高等师范生,实无异中学生与专门学生。学校虽有教育学、心理学几门科学,但学生视为无足轻重,而用其全力于英文、数学、

---

① 队球:当时对排球的称谓。
② 刘建藩(1887—1918):字昆涛,湖南醴陵人。陆军中将。早年就读于湖北武备普通学堂、保定军官学校骑兵科,在校加入中国同盟会。后响应武昌起义,任桂军第八师骑兵团团长,又参加二次革命,讨袁失败后避走日本,入早稻田大学研习法政。1916年返国,参加护法运动,任护法军湘粤军总参谋长。1918年指挥作战时堕河殉难,1920年9月14日葬于长沙岳麓山。

物理……之上。学校之设此类科学，原为敷衍部章；学生之习此科，亦为敷衍部章。彼此敷衍，遂致学校随便聘请二三教员，讲讲知、情、意及目的、方法等等名词。不仅对于附属学校的儿童不去实际考察，就是书本上之教育心理学、儿童学等，也无人研究。

教师如此，学生之莫名其妙，自是当然之事。儿童学在今日可谓风行世界了，就是我国教育制度渊源地的日本，也设有儿童学研究会，发刊关于儿童学的书籍甚多。独至我国，不仅无此种学会，连儿童学的名词也要加以解释，一般教育者然后才能明白，讲来真堪痛哭！

我们教育者倘再率由旧章，不在儿童身心发育状况上加以研究，长此迁延下去，儿童的本能必致戕贼无存，人类前途的幸福将大受其影响。所以我极希望，现在的师范学校、高等师范学校，切实先从书本上的儿童学努力，再以研究所得，应用到实际考察儿童上去，并将此项科学，推及于一般作教师、作父母的。如此，一方面为中国的儿童谋幸福，即所以为人类全体谋幸福。望大家留意一点！

52 欧文（Robert Owen）底略传和他底新村运动

李大钊

1920年12月8日

另图 38 李大钊像

题　解　　本篇原载《民国日报·批评》1920年12月8日第4号。

　　本文系李大钊"新村论文"的第二篇。第一篇名为《美利坚之宗教新村运动》，发表于《星期评论》1920年1月1日第31号（"新年号"）。在该文中，他将新村运动大体分为四大派，即"宗教的新村、欧文派的新村、傅利耶派的新村、伊加利派的新村"，并介绍了其中的第一派。其后，瞿秋白建议李大钊将另三派的新村也加以介绍，于是有了本文的面世。至于第三派、第四派的介绍，目前尚未发现相关文章的发表。

　　撰著者李大钊（1889—1927），字守常，河北乐亭（今属唐山）人。1913年毕业于天津北洋法政学堂，后入日本早稻田大学。当日本向中国袁世凯政府提出旨在灭亡中国的"二十一条"后，李大钊参加了留日学生总会的爱国斗争，开始接触社会主义思想和马克思主义学说。1916年归国，积极参与新文化运动。1918年出任北京大学图书馆主任，参与编辑《新青年》，宣传共产主义。1920年在北京大学发起组织中国第一个马克思学说研究会，在北京建立共产主义小组。中国共产党成立后，任二、三、四届中央委员。1922年受中国共产党委托，与孙中山谈判国共合作，并在1924年参加国民党第一次全国代表大会的领导工作。1927年4月28日就义。著作有《李大钊文集》《李大钊选集》等。

　　本文所介绍的欧文，即罗伯特·欧文（Robert Owen, 1771—1858），英国空想社会主义者，也是一位实业家、慈善家。出生于威尔士蒙哥马利郡的牛顿城。早年做缝衣工学徒，后又尝试过多种职业，积累了丰富的职业经验。18岁时，借款开办了自己的工厂。后卖掉工厂，担任另一个更大工厂的经理，成为出色的管理者。其后，便致力于"新村"试验，并宣传其空想社会主义思想。著有《新社会观，或论人类性格的形成》《新道德世界书》等。

欧文在英国新拉纳克进行"新村"试验，于1816年建成"性格陶冶馆"，构建了从幼儿教育、初等教育到成人业余教育的完整教育体系。其中，专门为2~5岁儿童开办了托儿所、幼儿园、游戏场。1824年，欧文在美国印第安纳州试办共产主义性质的"新和谐村"。失败后，又在英国的汉普郡等地继续从事自己思想的宣传和试验。

《民国日报·批评》，半月刊，系《民国日报》的众多副刊之一，1920年10月20日创刊，由北京大学学生社团批评社编辑并发行，随上海《民国日报》附送。该刊旨在对各种社会现象进行评论，用以达成丰富思想、冷静思考的目的。主要栏目，有评论、近事杂评、诗、讲演、通信等；主要撰稿人，有郑振铎、缪金源、罗敦伟、王统照、梦良、周作人等。1921年1月23日终刊，仅出7期。

Robert Owen，一七七一年五月十四日生于英国纽瑭①（Newtown）底威尔史村（Welsh Village），行七。他底父母很体面，却是很贫苦。他零零碎碎地受了些公立学校底教育，十一岁的时候，为伦敦一个商人作徒弟。这时候，已竟显出使他后来作两大陆指导者的优良性质了——一种非常的组织天才，不怠的勤奋，锐敏的分析智慧，同着丰富的同情心，卓越的人性的判断，勇敢，和那严整谨饬的品行。

他底实业生涯，是一个显著的成功。不到几年，他在伦敦，便由从属的徒弟的地位，一跃而进于满却士特②底领□商店中的重要地位。他十九岁时，Drinkwater③聘他为满却士特纺纱工厂底经理。那个工厂，用五百个工人。Drinkwater试验了他一个期间，就和他订了三年的合同，并允到了期限满了的时候，使他作工厂底组合员④。

在这时期间，忽有一个很有财力的商人，给这个厂主以很有利益的组合营业的条件。

---

① 纽瑭：通译纽敦，位于美国康涅狄格州。
② 满却士特：通译曼彻斯特（Manchester），是英国也是世界上最早的工业化城市。
③ 此英文，为人名，通译德林克沃特。
④ 组合员：此处意为股东或投资人。

但是，欧文底前定的契约是这计画底一个阻力。Drinkwater 决定，无论如何，必废弃这个契约。他于是请欧文到公事房里，对他陈述这事情的颠末，请问他要什么条件解除这个契约，并且在这新管理人之下，给他一个地位，报酬任要多少均可。

欧文早已预知这次会谈是为此事，已把契约纸带来。他听了 Drinkwater 这一番话，就将合同拿出，当面掷之火中，眼看着这贵重的契约据化为灰烬，以表示他无意和 Drinkwater 协同经营事业的意思，无论如何他也不能再留了。经过这个枝节，不久他就和 Charlton Twist Company[①] 发生关系。这个公司，依他底努力，发达到很繁盛的地步。

欧文虽在经营业务之中，也未尝漠然于社会现象底研究。到了此时，欧文巳〔已〕深印了一种信念。这个信念，常常指导他底一切行为，实际上巳〔已〕决定他的全生涯——这个信念，就是"人是环境底创造物；他底性质，并不是由他造的，是为他造的"。

他说："人变成极野、极狞恶的蛮人，食人肉的，或是很文明、很慈善的生物，全靠他由有生以来所处的境遇。"他从这个理由得的逻辑的结论就是："提高人底性质和习惯的唯一方法，乃在改善他生活在那里的状态、情形、境遇。"

他第一次实用他底学说，就在他那对于他所管理的那满却司特五百个工人底待遇。但因意外的事情，他不能不和 Drinkwater 断绝关系；他底试验，也不能不于著有成效之前受了阻障。

现在，欧文想得一处稍广的田地。一八〇〇年的岁初，他在 New Lanark[②] 底 Scotch Village[③] 寻得了一块土地。一七八四年，著名的发明家 David Dale[④] 君和 Sir Richard Arkwright[⑤]，在纽兰那克[⑥] 地方，利用 Clyde[⑦] 河瀑流创设了一个棉厂。

一七九九年，这村里在工厂作工的人和他们底家族约有二千五百人。Dale 君是那厂

---

① 此英文，为公司名，通译查尔顿纺纱公司。
② 此英文，为地名，通译新拉纳克，位于英国苏格兰。
③ 此英文，为地名，通译斯科奇村。
④ 此英文，为人名，通译戴维·戴尔（1739—1806），苏格兰启蒙时期的著名实业家、慈善家。他是新拉纳克地区棉纺厂的创始人之一，也是欧文的岳父。
⑤ 此英文中的"Richard Arkwright"，为人名，通译理查特·阿克莱特（1732—1792），英国第一家棉纺厂的创办者之一。他发明了水力纺纱机。
⑥ 纽兰那克：通译新拉纳克。
⑦ 此英文，为河流名，通译克莱德。Clyde 河，即克莱德河，是苏格兰境内的主要河流之一。

底主要持主。此村可以表示出那时一个工业区域的模形了。约有五百个使用人，都是由爱丁堡（Edinburgh）慈善院募集来的儿童，曾经留养在一大劳动者收容所里。他们被送到工厂里来，常常在不过六点钟的时候。他们底工作时间，是由早晨六时起至晚七时止。他们那残存者中，有许多人是疲癃残废的。他们生理上、心理上、道德上都有缺陷。工作是那样的严重，报酬是那样的小。除去最低层的工人，没有成人者来在这个工厂里作工。这村非常的污秽，居住者都沉沦于残忍、酗酒、盗贼、奸淫中。有大多数积欠那贪鄙的高利贷者、酒食店主等的钱很多。欧文和他底伴侣们用六千镑由 Dale 君手中买了这个工厂和全村的时候，那村底情形就是这样。

欧文以住居管理人底资格，有权力按他底理想，去改善那村里的生活。他那时企图改造此村的大计画，第一步就是：驱逐那些惯于以劣货索高价卖于工人的店主人，而代以优良店铺，把货物物值所值的卖给工人；移造酒厂和酒食店于村外；街上也弄清洁了；很娱快的住所，代替了老破的茅屋。

他决计，不再收受那赤贫的儿童了，也不继续那 Dale 所订的教区契约了。他为工人底子弟们设立了幼稚院，又为全体设了许多于教育上方便的设备。

他废止了罚有过失的工人的制度，而以和气的劝告矫正其弱点，幸而都告成功了。他自己愿缩小工作时间，增加他们底报酬。

改革的步步都很困难，各分部底监理人都认欧文底办法为危险，竭力反对他底计画。更有令人悲观的，工人们也决不表同情于改善他们底生活的人。每年受无情的虐待，使他们成了不信实的人了；他们总疑他底计画背后，隐着些不好的意思（仇视他们底意思）。

到了一八〇六年，因美国对于粗制原料底输出下令禁止，英国棉业底危机出现了，所有英国棉厂底工人概皆停工，不知有多少千的工人因此失了职业，流为饿殍。欧文当这个时候，却把他所有的工人全留在厂中，虽然有四个月没有工作，而仍给他们全薪，金额达七千镑。这种宽大的行为，终于感动了他们，使他们确认欧文诚笃。自此以后，他们狠信赖欧文，凡他所创立的改革制度，他们没有不同意的。

现在又起了别的障碍了。在欧文所指导的改革不至于减少该事业利益的范围内，他底组合员没有干涉过他。但是，当他计画行那更为根本改革的时候——那根本改革里，包含着一项需费较多的学校和看护院底建筑与维持——他们大起反对，向他严厉宣言，说他们和他共事是为经营实业，不是为好善乐施。因为这些争端，欧文不得不二次变更组合员，并且有全被那有关系的多数持主排出于纽兰那克执行部的危险。

但是，这富有策略而且慈善的实业家，很能够应付此难局。他预备一通报告，陈述纽兰那克各种事业的情形，关连于这些事业的人道的设施和那对他底组合员的困难。他刊布这种报告，是为在好意的资本家间传布。在很短的时间，就有七个富有财产的人——其中就有著名的法学家 Geremy Bentham①——表示愿投重资于纽兰那克底事业，并且默许以百分〔之〕五以上的纯益，全部用于改良工人生活。

基金这样确定了，欧文乃买出他底组合员。现在，他能自由照他底理想以行改革了！三十年内，纽兰那克已竟改变到不能认识了。一个惨苦的村子，人口衰落，污秽、穷苦的生活，居然变成了一个健康、光明、愉快、男女和乐的居留所，好几千每岁来此参观考查的人赞誉不置的目的物了。

欧文底声誉隆起，遍于文明各国。赞誉他的人里，也有君主，也有政家，也有各界优秀分子，一时成了欧洲口碑载道的人物。

但是，欧文却不以此成功为满足。纽兰那克光荣的结果，使他那"人是他底环境的产物"底信念愈深。他现在由那个学理，达到终极的逻辑的推论——就是"假使在一切生活上物质的条件都平等，道德和快乐也必平等"的推论。欧文此时已由纯粹的慈善家，进化而为羽毛丰满的共产主义者了。

随着他底观念的变迁，他发了一种活动方面扩大的念望，觉得纽兰那克是一个太小的地方，不足供他回翔了。他于是发了一大宏愿，想援助那全劳动阶级。他底余生，就全贡献于他底理想的宣传；凡可以想出的形式，他都努力去作。

他早已承认工厂立法的重要。他曾起草了好多的救济和保护工厂工人的制度，有些依他底努力，已由巴力门②通过了。

在一八一七年，欧文应救济劳工贫苦会委员会招请，请他陈述对于贫困增加底原因的意见，并筹救济底方案。在他回答该委员会的报告书里，他曾开陈一种意见，就是：

---

① 此英文，为人名，通译杰里米·边沁（1748—1832），英国法学家、哲学家、经济学家、功利主义学说首创者。早年毕业于牛津大学，获得律师资格。后专事著述，参与创办了《威斯敏斯特评论报》。晚年除投资于欧文在新拉纳克的实验外，还竭力倡行"精选学校"。著有《道德与立法原理导论》《政府片论》等。文中英文"Geremy"误，应为"Jeremy"。

② 巴力门：英语"parliament"的音译，即议会、国会。

在自由竞争底制度下面，劳工生产力底增加，使工人阶级的地位低降，是不能免的事情；进步的机器底发明，驱着千万工人失了他底职业，起一种拼命地维持生活的竞争；这样竞争，更足以使工人生活的单位愈益低降。这个现代产业进步的悲惨且不能免的附随物，没有弥缝一时的方法可以防遏的。

欧文想了一个解决此问题的方法，主张设立基于相互协力的产业社会。这个社会包含的人数，可以由五百人至千五百人；他们常能自己生产他们所需用的一切物件；会员必须住在鲜明而有趣味的房舍，四围绕以明秀的花园；产业须由这些男子大规模的管治，女子专治家政和教育小儿的事情。

这个计划，提出于该委员会，就被拒绝了。他们以为，这太偏于理想了！可是欧文底意志一点也不受挫折。他是继续宣传他底理想，或在公会演说，或向私人劝励，总是不懈。

他是一个真实的空想家，他专心去诱劝那些权富的人底慈惠精神，也曾对俄皇尼古拉①献过策，也曾向 Aachen②（普国一都会）底统治权者宣传过他底理想。自然，都和对那委员会一样没有效果。

欧文决计自己实行，试验他底计画，很留心得一个方便的机会到了。一八二四年，他晓得那 Rappist③ 在 Indiana④ 经营的居所有意出售，他底意思立刻决定了，他就把那个地方合一切东西全部购买了。这年，他便亲身渡美，去监视这个试验。他在美洲底新村运动的情形，后当一一详述。他底新村试验，很起众人底注意。他在美洲别的活动，共产主义学说底宣传，却因此常为人所轻视。但是他底宣传，也很与当时的人以重大的影响。

他初到美洲的时候，曾公布他那苦心经营的新村底模型。在美国诸大城市举行过多次的演说，都是关于他愿讲的题目。他曾发现，市民底智识阶级中，有多数很注意的听

---

① 俄皇尼古拉：指尼古拉一世，全名尼古拉·巴甫洛维奇·罗曼诺夫（Николай Павлович романов，1796—1855），他于 1825 至 1855 年在位。
② 此英文，为地名，通译亚琛，位于德国北莱茵-威斯特法伦州。
③ 此英文中的"Rapp"，为人名，通译拉普，即乔治·拉普（George Rapp，1757—1847）。1804 年，他带着一批追随者从德国来到美国，在俄亥俄河边的一块土地上安家落户。在此，他们实践着"公平社会"的理想，一切财产归公，一起劳动、共同生活，甚至实践着禁欲主义的宗教信仰，一度成为试行"共产主义"的样板。20 年后，有一批追随者出走，加之后继乏人，因而有了多余的房舍和土地出售。
④ 此英文，为地名，通译印第安纳州。

讲者。他在华盛顿众议员馆^①开过几次讲演，大总统、大总统选举人、合众国高级法庭的法官、多数的参议员和众议员等，均在座。

New Harmony 村^②失败后，他曾三次渡美，每次都是为的宣传社会主义。在一八四五年，他在纽约召集了一个国际社会党大会，但此事终于没有什么意味。一八四六年，他在 Albany^③ 对着纽约底宪法会议，说明人类性质底造成的道理。

前世纪二三十年间，有些欧文派底新村，设立在英伦、苏格兰、爱尔兰的各处。但是，都比不上在美国的成功。

新村试验的失败，丝毫不能挫那百折不回的改革家底勇气。在一八三二年，他又热心经营一个新企图，就是劳动交易平衡银行（Equitabl^④ Banks of Labor Exchange）。

欧文说，物品中所含平均人力的量，决定那物品底价值。设若一切物品都按此单位为生产者所交易，资本家当没有在产业界、商业界的地位，工人当能保留他底劳力的全产物。

为行这个理想，在伦敦设立了个平均劳工交易银行。他底办法如下：各有用物品的生产者，均得携其生产的物品，来和银行有关连的物品陈列所，换受一种银行发出的券，代表和那物件中含有的劳工时间相等的劳工时间数目；用这种券，可以购买物品；陈列所里的别的物品，其价值也按生产时在他上消费时间计算。

这个计画底弱点，在银行专管物品底交易，而受整理物品的生产，无论什么物品，拿来都要受下，不注意他底实际上的需要如何。结果是，所有有用的物品，不久为人购买一空，物品陈列所徒屯积些不需要的物品。所以，这衡平劳工交易银行歇业了。

那时，欧文已经过了六十岁了。但是，他还是继续多年为工人阶级生活〔而尽力〕。在他底影响之下，Association of All Class and Nations^⑤ 底团体组织成功了。这个团体，一时于英国政治上很有势力。

一八三九年间，他底会员自称为社会主义者。当英国工联第一次开国民大会的时候，

---

① 华盛顿众议员馆：指坐落于华盛顿的美国国会大厦中的众议院会议厅。
② New Harmony 村：通译"新和谐村"，指欧文所试验的新村。
③ 此英文，为地名，通译奥尔巴尼，美国纽约州首府。
④ 此处英文"Equitabl"误，当为"Equitable"。
⑤ 此英文，为社团名，通译"所有阶级和国家的联合会"。

欧文做了会长。

欧文死于一八五八年十一月十七日，享年八十有七岁。他一生的企图，虽经过很多的失败，但是也有很大的成功。他是幼稚院制度创立者，他是创立工场法的第一人，也是扶助协力团体的第一人；有许多现代社会党运动学理和情状，他都曾有先见之明。

他有四个儿子，都成了美国底市民，都在他们选择的职业上著有声誉。Robert Dale Owen① 颇能继乃父之后，在此土大张乃父底学说。他曾一时在美国政治上占优越的地位，两次被选为国会议员，于自由学校② 底制度和妇权运动，都有真〔莫〕大的尽力。

---

① 此英文，为人名，通译罗伯特·戴尔·欧文（1801—1877），出生于苏格兰，后移民美国，成为印第安纳州众议员，为知名社会改革家。

② 自由学校：一种公立的多功能独立学校。它由政府出资，家长、教师、宗教团体或慈善组织负责管理。它不仅享有较大的预算控制权，而且有权改变学校的学期长短和教学日程，甚至不必依照现行教学大纲来安排课程。因此，它拥有相对意义上自由办学的权限。

53　编译儿童用书与儿童心理

陈鹤琴

1920年12月9日

另图 39　陈鹤琴像

题　解　本篇原载《教育汇刊（南京）》第 1 集"讲坛"栏。系演讲记录，记录者为周邦道。演讲时间为 1920 年 12 月 9 日，发表时间为 1921 年 3 月。

本文后于 1922 年 1 月转载于《中华教育界》第 11 卷第 6 期"儿童用书研究号"。

原发表时，文前附记录者的按语："此篇是用本会名义，请陈先生为'儿童用书研究会'之演讲。在未讲本题之先，陈先生曾介绍许多外国教育儿童之书画，供同人之阅览，满案琳琅，目不暇接。先生并一一加以指示，给以批评。然以语长，故略而未记。——邦道识。"

按语中所提"本会"，系指 1920 年 8 月由南京高等师范暑期学校成立的儿童用书研究会。

演讲时间的确定，参见 1920 年 12 月 9 日（星期四）《南京高师日刊》第 417 号所载《教育研究会通告》："本会指导员陈鹤琴先生，于本星期四晚七时，在百〇二教室为儿童用书研究会讲演（心童心理），望我会员准时惠临，旁听亦甚欢迎。此请。——教育研究会启，十二月七日。"

演讲者陈鹤琴（1892—1982），浙江上虞人。早年就读于杭州蕙兰中学、上海圣约翰大学。1911 年秋考入清华学堂高等科，1914 年夏庚款留美，先获约翰斯·霍普金斯大学文学学士学位，后获哥伦比亚大学教育硕士学位。1919 年归国，任国立南京高等师范学校教授。1923 年创办南京鼓楼幼稚园并任园长。1927 年，与陶行知等人发起组织中华幼稚教育研究会，创办《幼稚教育》月刊。1929 年，发起组织中华儿童教育社，并当选为主席。1940 年，主持创设江西省立实验幼稚师范学校,倡导"活教育",并于次年创办《活教育》月刊。抗战胜利后,主持创设上海市立幼稚师范专科学校。后任南京师范学院院长,主持创办幼儿教育系。著有《儿童心理之研究》《家庭教育》等,辑有《陈鹤琴全集》等。

《教育汇刊(南京)》,教育季刊,1921年3月创刊于南京,由南京高等师范教育研究会编辑,第5期起由国立东南大学高等师范教育研究会编辑,由上海中华书局印行。该刊宗旨为"研究教育学术,介绍教学方法"。主要栏目,有论著、研究、译述、讲坛、辩论、余载等;主要撰稿人,有郑宗海、夏承枫、陈鹤琴、陶知行、徐则陵、胡昌才、陈启天等。1926年6月终刊,共出2卷10期。

现在我们中国,要言教育儿童,第一困难的就是没有儿童用的书。各处书坊虽不乏此项出版物,而求其适合儿童需要者寥寥无几。但编译儿童用书,并不是随随便便所能成功,必根据儿童的心理而后可。兄弟今天所要讲的,就是儿童心理的重要。现在分做六节来说。

一、想像(imagination)方面

三岁到七八岁的儿童,创造的想像(creative image)非常发达。我讲一个故事:

Johnny[①]在他母亲侧边玩,他忽然说:"狮子来了!"他母亲说:"这是狗,何尝是狮子呢?你是妄言,快出门外去祷告上帝罢!"他祷告回来则说:"上帝也以为狮子(God said this is lion too)。"

你看,他完全是一种想像,并没有旁的东西。

所以,儿童往往联起几个凳子来,便当他是个火车;用根棍子抬条凳子,便当他是

---

① 此英文,为人名,通译约翰尼。

抬花轿。司梯芬荪（Stevenson）[①]有首诗，更可以证明儿童想像能自己造成环境。诗题为《我的国土》（My Kingdom）。他的内容是：

水光荡漾的泉边，我寻着一个小坑，
　没有几多高，没有几多长。
　　野蔓与野卉，历历在望，
　　　有的色红，有的色黄。
我看小池如大海，小山如峻岭，
　因为我的身子小且轻。
　　我造一只船，我筑一个城，
　　　我找到许许多多的小洞穴，
　　　　每个都给了他一个名。
所有四周的东西，都是我私有的，
　麻雀在高头，鲦鱼在下底。
　　这是个世界，我是个皇帝，
　　　蜜蜂为我而歌，莺燕为我而啼。
我在这里游戏，
　不晓有什么更深的海，有什么更阔的平地，
　　亦不晓有甚么第二个皇帝。
　　　天色近黄昏，妈妈倚门唤，
　　　　唤我归去晚膳哩。
我由是不得不离去我的坑，离去我的泉，
　更离去我灿烂可爱的野蔓。
　　呵！家里到了，

[①] 司梯芬荪：通译史蒂文森，即罗伯特·路易斯·史蒂文森（Robert Louis Stevenson，1850—1894），英国小说家、诗人与散文作家，是英国文学新浪漫主义的代表之一。著有《金银岛》《化身博士》《一个孩子的诗园》《骑驴漫游记》等。

乳母如何的大，房子如何的寒。

这首诗，表示儿童的想像，何等渊深，何等别致。

照挪世窝志（Northsworth）① 说，儿童在十二三岁的时候，应使之尽量读书看小说。据我看来，水浒、封神、三国这类的小说②，可以给这时候的儿童去读。至于编译儿童用书，应该根据儿童之想像，然后儿童读起来才有兴趣。

二、记忆（memory）方面

儿童年纪愈小，则记忆力愈弱。不过，记忆之保存（retention）则愈小愈好。此因儿童的神经系小时易受训导，并因小时思想不复杂的缘故。

儿童九岁以前，听觉的记忆（auditory memory）比视觉的记忆（visual memory）好；九岁以后，则视觉的记忆比听觉的记忆好。这是天然的支配。

听觉的记忆最发达之限度，至十四岁止；视觉的记忆，至十五六岁止。又，儿童视觉的记忆，具体的东西易记，抽象的文字不易记（Objects seen better than words）。

三、注意（attention）方面

（1）注意度（space or range）。儿童注意度不大，所以心理学家主张"一物一时"（one thing at a time）。

（2）注意的久暂（duration）。儿童的注意亦甚暂，所以课程不可太长，最好是起头短些（short lessons at start），以后慢慢加长。

（3）注意的形式（type）。儿童与成人最不同的地方，即是儿童纯用感觉（sensory），

---

① 挪世窝志：通译诺思沃思。
② 即《水浒传》《封神演义》《三国演义》等小说。

不用思想。故儿童用书，字句上应注重感觉方面，由感觉而引导到思想。如"狠白"二字，改为"雪白"更好；"狠红"二字，改为"血红"更好。

四、知觉（perception）方面

儿童的知觉，与编书之形式大有关系。

据美国学校所通行之标准：

（1）纸要白的，不要有光的；要厚重的，不要稀薄的。

（2）说明要浅略，不要太详。

（3）墨水要黑。

（4）行列不可太长，以九十粍①为限。

（5）对于初学者，行列不要在字的中间断落。

（6）旁边的小字、说明，可不要用。

（7）页边（margins）要阔。

（8）形式要清洁、雅观。

又，美国学校卫生会联合会委员所定之标准（参考 L. W. Rapeer, *Educational Hygiene*②）：

（1）初等小学一年级。字之高度，至少二.六粍；笔画之阔度（the width of the vertical stroke），〇.四粍到〇.五粍；在各字母内之距离，〇.八粍到〇.九粍；在各字母中间之距离，一粍；在字与字之间之距离，大约三粍；两行之距离（leading），从四粍到四.五粍。

（2）第二、三年级。标准可降低。但每字之高度与两行之距离，均应该四粍；每字母之距离，不能少于二粍。

（3）第四年级。每字之高度，应该一.六粍；两行之距离，应该三粍。最好是，第四年级之标准保持到第六年级。

---

① 粍（zhé）：毫米的旧译。
② 此英文，为著者及书名，可译为：L. W. 拉佩尔，《教育卫生学》。

以上所举，多半外国所需要的方法，非我国所需要的方法，不过借为参考之资料罢了。

五、言语（language）方面

儿童言语可分五个时期讲：
（1）完全反射时期（reflex period）。
（2）哭与动手势时期（cry and gesture stage）。
上两时期，只晓得哭，只晓得将手足乱动。
到（3），咿呀时期（babbling stage），才略略有点分明之语言。
（4）模仿时期（imitative stage）。凡别人所说的话，能模仿其简单者。
（5）发表时期（expressive stage）。到了这期，有自由发表言语之能力。
编译儿童用书，亦应该根据儿童言语进步之阶梯。

六、字汇①（vocabulary）的采取法

编译儿童用书，对于采取字汇一层非常重要。
兄弟现正在研究儿童通常需要之字汇。但为数不过两三千，尚嫌太少，故未能报告。

---

① 字汇：常用字汇编。自1920年起，陈鹤琴便带领助手开展"语体文"（即白话文）的字汇研究。1922年5月，他所撰写的专题论文《语体文应用字汇》在《新教育》第5卷第5期发表。此后，他又带领助手进行了更为全面、深入的研究，并将此文扩充成书，作为"中华教育改进社丛刊第五种"，由商务印书馆于1928年出版。

从前，Moore①、Kirkpatruk②、Boyd③、Brandenburg④曾经研究过。他们都说，名词最多，动词次之，形容词又次之，副词、连合词等最少。大约是不错的。

据儿童的心理，只晓得用，不晓得什么是字之意义（meaning）。如椅，他只晓是坐的（to sit）；饭，他只晓是吃的（to eat）。故字汇，宜多采名词及动词。

以上所讲，都是引借外国的。最要紧的，是我们自己去研究一番，方合本国情形。我最后还有句话，即是：书不必要儿童自己读，可由成人读给他听。不然，一定要他自己去读，那所读的也是有限了。

---

① 此英文，为人名，通译摩尔（E.H.Moore，1862—1932），英国心理学家，主要研究儿童心理。著有《一个孩子的心理发展》。
② 此英文拼写有误，当为 kilpatrick，为人名，通译克伯屈，又译基尔帕特里克，即威廉·赫德·基尔帕特里克（William Heard Kilkpatrick，1871—1965），美国教育家，杜威实用主义教育思想的追随者及杜威教育哲学的解释者，一般被认为是设计教学法的倡导人。陶行知留学哥伦比亚大学时，师从基尔帕特里克，推崇其生动活泼的讲课方式，并与其建立了较为亲密的师生关系。1917 年后，基尔帕特里克多次来中国访问、讲学。著有《设计教学法》《教育与现代文明》等。
③ 此英文，为人名，通译博伊德。
④ 此英文，为人名，通译布兰登堡。

54 儿童公育在教育上的价值

恽代英

1920年12月20日

题　解　　本篇原载《中华教育界》第 10 卷第 6 期。发表时间为 1920 年 12 月 20 日。

有关撰著者恽代英，参见前文《家庭教育论（未完稿）》题解。

有关《中华教育界》，参见前文《蒙铁梭利女史新教育法（节录）》题解。

唯物的历史告诉我们，人类的生活，一天天向越是分工越需要互助的方面走。这种不可抵御的趋势，他不问人类是不是愿意遵循，已经成了一个先天预定的轨道。马格斯[①]派经济学家说，私有工具既已经成为已往的事，个人本位的经济组织，已经从根本上崩坏，私产、家庭、国事都失了他时代的价值。在这个时间，只有打破私产，自由恋爱，儿童公育。

这样的一些话，自然令我们习惯于现代生活的人听不来。但是，我们只须不自己欺骗良知，姑且睁开眼睛，考究一下现在社会实际的内容：私产固未打破，果然有几多人

---

① 马格斯：通译马克思，即卡尔·马克思（Karl Marx, 1818—1883），德国哲学家、经济学家、社会学家，马克思主义哲学和社会学的创始人之一，被称为"全世界无产阶级革命的导师和领袖"。与恩格斯共同起草《共产党宣言》，著有《1844 年经济学哲学手稿》《资本论——政治经济学批判》等。

能享有相当的私有财产呢？恋爱固不自由，果然有几多人能享有相当的结婚生活呢？儿童固未公育，果然有几多人能享有相当的家庭教育呢？

旧社会的崩坏，从各方面看，是自然必然的事。这本不是几篇邪说诬民的文章、几个人头兽鸣的人物所能抉破推倒。在经济状况变迁之后，无论人类愿意与否，旧社会自然而且必然的随着崩坏。此外，留得与人类努力的，只有在新的经济状况之下，讨论建设新社会。三家村的冬烘居士骂现在所说的新社会是纲纪荡然，不知新社会乃正所以建设新纲纪。只有新纲纪既拦着不准人家建设，旧纲纪又无能力使他恢复已往权威，这才真是使世界纲纪荡然的罪人了呢！

这样的一些道理，亦无须在此处详说。好学的人，能取 Marx①、Engels②、Lafargue③、Kautsky④ 的书读一读，他们都说得很详细。国内出版物如《建设》⑤《星期评论》⑥ 中间，胡汉民⑦、戴季陶⑧ 诸先生的文章，于这一类学说亦很多有价值的介绍。关于儿童公育问题，我们已〔以〕前从各方面有些讨论，载《解放与改造》⑨ 第二卷十五、〔十〕六号中，读者可自取阅览。

---

① 此英文，为人名，通译马克思。
② 此英文，为人名，通译恩格斯，即弗里德里希·恩格斯（Friedrich Engels，1820—1895），德国思想家、哲学家、革命家、教育家、军事理论家，马克思的挚友，马克思主义哲学和社会学的创始人之一，被称为"全世界无产阶级革命的导师和领袖"。与马克思共同起草《共产党宣言》。
③ 此英文，为人名，通译拉法格，即保尔·拉法格（Paul Lafargue，1842—1911），法国工人运动活动家，马克思主义社会理论家和宣传家，法国工人党和第二国际的主要创建人之一。
④ 此英文，为人名，通译考茨基，即卡尔·考茨基（Karl Kautsky，1854—1938），德国社会民主党和第二国际的主要领导人，马克思主义社会理论家。
⑤ 《建设》：此处应指 1919 年 8 月创刊于上海的月刊《建设》。该刊为"五四"时期孙中山领导下的中华革命党主办的理论刊物，由朱执信、廖仲恺等主编。
⑥ 《星期评论》：此处应指 1919 年 6 月创刊于上海的周刊《星期评论》。该刊为"五四"时期中华革命党主办的进步刊物，由戴季陶、沈玄庐编辑。
⑦ 胡汉民（1879—1936）：原名衍鸿，字展堂，"汉民"是他在《民报》上发表文章时所用的笔名。祖籍江西吉安，生于广东番禺。资产阶级革命家，中国国民党早期主要领导人之一，也是中国国民党前期右派的代表人物之一，为孙中山主要助手之一。孙中山逝世后，胡汉民的政治态度开始转变，曾公开发表反共言论，并与蒋介石合作，参与反革命叛变。
⑧ 戴季陶（1891—1949）：名传贤，字季陶，笔名天仇，原籍浙江吴兴（今属湖州），生于四川广汉。中国国民党元老，中国近代史上重要的思想家、理论家和政治人物。他曾参与了若干中国共产党成立的筹备活动，但后来成为彻底的反共人物，成为蒋介石的理论写手和幕后参谋。
⑨ 《解放与改造》：期刊名。参见前文《评儿童公育问题——兼质恽、杨二君》题解。在该刊第 2 卷第 15、16 号中所转载的关于儿童公育的文章，总名为《"儿童公育"的辩论》。

这一篇的目的，只是从教育方面研究儿童公育的价值。我的意思，盼望教育界热心改造世界的人注意。教育是改造世界的惟一有力工具，这大概是委身教育界的人的一个普遍信仰。那便我敢问：倘若儿童公育对于世界的改造有很重大的效力，你们岂应只让那些自命为社会革命的人去宣传、努力，你们却袖手作"壁上诸侯"呢？

其实，我们要谈儿童公育在教育上的价值，仍然须从生物学、社会学谈起。因为不注意生物学的人，他不知道人是甚么，不注意社会学的人，他不知道社会是甚么。这样，他不能知道人类真正的价值、社会真正的效用，不能知道个人与社会有甚么关系，亦不能知道他自己真正的本分。像这样的人，他对于社会问题不会有十分真挚的热心。与他谈儿童公育的价值，亦许令他觉得不起一点兴味。我常想，要改正社会，不可不改正教育；要改正教育，不可不改正教育者的人生观。但是，要改正人生观，说起来便会成就一大部书，不是这个地方所能用三言两语道尽。不过我亦想，便承认现在一般盲目向上的教育者不能有异议的几桩原理，做我这一篇文的根据，亦尽够证明儿童公育的价值。

第一，教育要普及于一生

教育要普及于一生，便是说从婴儿到老年，都要多少受教育的陶冶的意思。这样的说话，看来似乎是不能有的事。普通有所谓学龄，如各国所规定的强迫教育①开始的年龄。在这年龄以下，在法律上原没有受教育的必要，有些人说，在理论上亦没有受教育的必要。

强迫教育有一种法律的规定，不能不说是教育界的一个大进步。但我们考察历史可以知道，强迫教育并不是由于民治的觉悟而产生，乃是由于军国主义②的要求而产生。这样，所以强迫教育只是国家的利益，还不配说是人类的利益。人类不仅是要捍御国家，

---

① 强迫教育：指义务教育。
② 军国主义：在此实指"军国民主义"，为清末民初兴盛一时的教育思潮。晚清称之为"尚武"，民初称之为"军国民主义"，旨在通过教育以养成军人之精神、体质和技能，以达成救亡图存、富国强兵的目的。

完成一个公民资格；是要求他的身心各方面发展，可以有利益于他自身及他同时以及后代人类的生活。这样，所以如强迫教育所规定，必须五岁、六岁才可以受教育，于人类极不利益。

若必限定所谓教育只在认字、读书、做文，这自然非六七岁以上的儿童不能领受益处。但是，教育是人生的训练，读书、做文总是一种方法，不是一种目的。这大概是稍有思想的人不能疑惑、反对的事。果真这样，那便我们只须所达到的是教育正当的目的，所用方法，宜取那最有效益的，不能拘泥在任何一种上面。

就近代许多教育家的试验，都知道，实物的教授、实地的训练，比书本教育强过无量数倍；而且亦知道，教育的努力是要多方面的，仅靠书本传授亦断不能有完满功效。既然如此，那便六七岁以下的儿童纵然不宜读书，没有不可施以相当教育之理。

而且宇宙的安排，对于有生命物的生活，每每令我们不能不感其神秘、奇妙。人类的生活虽然比其他生物都十分的更复杂、不可窥测，但是就理论说，就事实看，都可信：人类各种的本能只须得着调和、适当的发达，个人乃至社会必然可以得一个理想的完成。

怎样能使各种本能得着调和、适当的发达呢？这很容易知道。在人类本能萌芽的幼年期，须十分审慎的使他得着合当的指导。John Fiske[①] 说："动物知识越进步，幼年期越长，以便他多有受训练时间。"这样，便所谓幼年期原是为各种动物受他不可少的教育之用。幼年期既然是生物的事实，无关于法律的规定，我们可以知道，人类的教育，是在他结胎堕地即有必要，不能从法律上所谓学龄开始。

人类的本能多在幼稚的时候逐渐发达。在这个时候，若无合当的指导，易因彼此仿效，发达于错误的方面（这是取 Walter Smith[②] 的说法）。这样，那便幼稚时候的教育乃关于人的圆满、发达最要的事。

儿童在他初出娘胎的时候，无所谓性善性恶。能善导他的本能，使他本能发达于个人及社会有益的方面，那便成为善；不善导他的本能，以致他本能发达于个人及社会有害的方面，那便成为恶。若承认这种的话不错，那便每个儿童，若能于他本能初萌芽的

---

① 此英文，为人名，通译约翰·菲斯克。
② 此英文，为人名，通译沃尔特·史密斯。

时候，能与以适当的引导，不难信他们都可成为善人。所以谈改良人类、改良社会，没有甚么比幼稚教育更要紧。

而且幼稚教育，不仅在德育方面是如此的重要。人类的知识既不定然要靠书籍、文字才可传习，而人类求知的欲望又在学龄以前早已发达，普通的人每每把儿童这个正好求学的时机任意虚掷了。这中间，实在减少了很大人类的造就。若是能有训练的教师，利用儿童游戏、猎寻、搜集、摩〔模〕仿诸种本能，随处引他得着些正确的知识，乃至正确的技能，纵然不能有太大的成就，亦要成为以后学校教育的好根基。

关于体育、美育的几方面，亦只是与上面所说的一样。强健与优美，原是人类共同的蕲求，都因幼稚时代训育不得其宜，因以养成荏弱、冗阘的习气。但得良好的环境，有知识、有能力的指导人，这种弊病自然不致发生，人类自然不是今天的样子。

这以上所说的主要之点，在于指示出幼稚教育的重要。人类的教育，不应当以法律上的学龄为起点。今天全世界人类对于教育的努力，不能不说已用了多大的功夫。小学、中学教师，对于素非所习的各个学生，能耐烦的考察他的个性，以为利导本能、转移气质的标准，这总算人类自己向上的荣耀。但是，与其让许多儿童经了许多不自然的发展，再矫揉、修饰以求他的改造，改造不敢期许太高，而仍不敢必其有成效，则何如在他本能最初萌芽时候，与以相当的引导，用力少而成功大呢？

有人说，你这话是不错，所以我们应得提倡兴办幼稚园。有幼稚园来补足小学教育，自然要比今天情形好。但是，幼稚园有两种地方不能与儿童公育相比：一则，如德国、荷兰、瑞士等国，虽有了许多幼稚园或幼童学校，但这并不入正式的学校系统，不受强迫教育法规的制裁，所以不能普及；再则，如英国的 infant school① 固然列入正式学校系统，法国的 ecole maternelles② 固然受国家监视保护，但是，英国的儿童是须年龄在三岁以上，法国的儿童是须年龄在二岁以上，才能受这种教育，这以前的教育，仍是公众所不注意的事。

我们若承认儿童一堕地便得受合宜的教育，那便我们是要使在襁褓之中的儿童便受公众的教育，不是仅仅把儿童受教育的年龄从六七岁提前到二三岁便算满意。

---

① 此英文，通译幼儿学校。
② 此法文，可译为幼儿园。

有人说，你这话是不错，所以我们应得提倡家庭教育。有家庭教育来补足学校教育，自然不怕儿童幼稚时期得不着正当的发展。我对于这种见解，没有可以诘难。但是我敢断言，这不是为普遍人类所说的话。只须曾经研究教育的人，不难知道，人类的教育，要根据生物学、社会学、生理学、心理学各种的理论，才能寻得出一个正确的方案。

智育既不仅是教书，体育亦不仅是如俗所说保养。我们虽然看得一切生物都先天的会抚育第二代，但是人类在一切与生物不同的当中，他身心的构造、社会的关系，亦显然比别的生物更复杂、更难明白。所以，漫然推定人类亦能靠先天的本能去抚育第二代，是不合事实的。何况人类自从第一次感物质缺乏的时候，已经用他的浅见私心，创造了许多不自然的社会组织。我们要想能适应这种不自然的社会，甚至于还想相机去改正他，这更不是仅顺着先天自然抚养第二代的本能所能够求完满的效果。若是这样，我们怎能盼望靠家庭教育，人人能给他子女必需的教育呢？

而且就现在经济制度下面说话，要想许多人受一点做父母的教育，亦是很不容易的事；要想人人的家庭能有个合度的教育设备，更发在大多数人是不可能的事。而且进一步说，现在劳动阶级的人，妻子亦做工，幼童亦做工，那里还配说有家庭？又谈甚么家庭教育？

我们真信幼稚教育的可能，真信幼稚教育的重要，只有促进儿童公育，使每个儿童在他下地以后，便在合宜的场所中，合宜的指导人下面，受教育的训练，在〔才〕是最根本的教育，亦是最经济的教育。

第二，教育要普及于全民

教育要普及于全民，便是说没有阶级、种族的分别，每个人都得受同等的教育。人类只是平等的，一切不自然的分别，都只是不合理、应该受矫正的。这是今天稍知一点人的道理的人，不能疑惑的事。那便我们从这一点更可看见，幼稚园的教育或家庭教育，断然当不起儿童公育的价值。真要求教育的普遍，非以社会的自觉，使每个儿童得一样的教育不可。

不能说有钱的人的子女便当受良善些的教育，没有钱的便当受不良善些的教育。便令我们抹煞显明的事实，硬指着没有钱的人是由于他自己的愚昧、懒惰，咎有应得，那亦只能说这个成人的没有钱是应该的，断不能说这个人的子女受不着良好教育亦是应该的。先王之道，亦说了"罪人不孥"①。但是，在这种高谈民治的世界，却偏有无量的儿童，因他父母的没有钱，便硬〔被〕剥夺了受合当教育的权利，这岂说得过去？

不能说有知识的人的子女便当受良善些的教育，没有知识的便当受不良善些的教育。就社会学说，儿童不是他父母的儿子，乃是社会的一个新份子。若是姓张的或姓王的生了一个儿子，只算他张家或王家添人进口，自然与我风马牛不相及，我岂但不肯谈甚么儿童公育，亦想着一大堆论家庭教育、幼稚园教育、小学教育的书报都是多事。惟其姓张的或姓王的，这新来的小小一个人，他从来的那一天，便与我成了宇宙间的一个同居者，他亦许是我的善邻，亦许是我的祸根，所以，我不能不关心他的身心发展，看得与自己的事一样。

这样，那便即令这些儿童是怎样没有知识者的子女，他父母可以不愿给他甚么合宜的教育，但社会不能纵容他；他父母可以不配给他甚么合宜的教育，但社会不能不帮助他。个人对于家庭的关系，是皮相的；个人对于社会的关系，是真实的。我们为社会的幸福，不能不望用儿童公育的方法，去求教育的真正普及。

幼稚园既不归作强迫教育系统之内，他的教师不定受国家检定，他的经费不定受国家供给，那便若不是有许多人没有合当的金钱去送他子女入幼稚园，便是有许多人没有那些钱送他到合当的幼稚园去。而且幼稚园若只成为一种慈善团体，不认为正式社会的教育机关，那便社会上的人必自不愿亦且不能十分用力去监督、促进他。这样，必然有许多儿童没有幼稚园进去，亦必有许多儿童没有合当的幼稚园进去；创办幼稚园的人可以没有甚么教育知识，亦许有些幼稚园因为没有钱的原故，设备不完善，教师不优良。这样，便令许多儿童早期都受不着他应当受的教育。

男女的有性交、有生殖，这是生物自然的事。无论甚么理想的社会，不能禁人在教育儿童的知识完成以前不发生性交、生殖的事。我们可以禁止三十岁以前的人结婚，不能禁止三十岁以前的人不产私生子。因为，性交实在是一种动物的情欲，苟非意志强固，加以制裁的人，他总要找个满足他的法子。既然如此，那便我们要盼望人人有充分教育

---

① 语出《孟子·梁惠王》。完整原文为："泽梁无禁，罪人不孥。"孥，为妻与子女的统称。"罪人不孥"意为：治罪止于本人，不累及亲属。

的能力然后去生子女，断然是个笑话。何况人类经济的生活，已经从分工的一条路发展到这步田地！

我们不能勉强人人做教育家，犹如不能勉强人人做工人、商人一样；我们不能勉强人人做家庭教育家，犹如不能勉强人人做家事学者、烹饪学者一样。或者有些人想要国家规定个法律，青年非研究养儿学卒业的不准结婚，如我前数年提议中学设结婚科一样（现在想得，这真是大胆可笑的提议）。但是我想，现在女学生学家事、烹饪，出了学校，与完全未学一样的，多得很。假令养儿学亦许有人学不到手，或学得成绩不良，能禁止他不结婚么？并且能禁止他没有别种性交的事发生么？前者似乎便非法律所许，后者更非事实上办得到的事。

然则仅靠家庭教育，怎能盼望这些不合资格的父母能给他子女合当的教育呢？何况世界上，还不少没有钱办儿童教育用具并没有时间去教育儿童的家庭呢！

由上面看来，要想教育真个普及于全民，非社会共谋儿童公育的实现不可，非社会共同担负所有儿童的教育责任，使他们一样有合宜的场所的〔和〕指导人，以受他合宜的教育不可。

第三，教育场所的合宜

家庭，原只是过去历史上因经济原因而结合的一种组织；夫妇，原只是自然的人类因恋爱原因而结合的一种关系。所以，家庭原不是儿童合宜的教育场所，夫妇亦原不是儿童合宜的教育者。现在姑且谈第一层。

就现在经济制度之下说话，许多人的家庭，只是卑湫、狭隘；城市之中，并家庭以外，亦只是繁稠、拥挤。这样，便只有成人生活竞争的战场，更没有儿童自由发展的余地。Beulah Kennard[①] 叙 Pittsburgh[②] 地方情形说，工厂稠密，房租昂贵，使工人为到工厂

---

① 此英文，为人名，通译比拉·肯纳德。
② 此英文，为地名，通译匹兹堡，位于美国宾夕法尼亚州西南部，曾是美国著名的钢铁工业城市。

的便利，不能不居近工厂；为图房租的减轻，不能不许多家聚居于两三间房中间。在这种小而不通气的一隅中有无数的床铺，日工与夜工的人交换睡眠。儿童若在厨房或作工的地方游戏呢，则不便利，亦不舒服；若在卧室游戏呢，又做不到。唯一游戏的地方，便只有街道旁边。试想他这所说虽只代表得一个地方的情形，但是城市生活岂非多少都是这个样子？这样的光景，还谈甚么家庭教育呢？

我们应该记得，儿童的需要与成人的需要不同。成人有他不得不适应的不自然经济生活，所以他只好在城市中求个居处。虽然他身心上亦为这急遽、烦剧的生活受些影响，但他生长比较成熟，适应能力较大，为害亦还有限。至于儿童，他本身原没有经济的问题，却跟着大人亦受不着生物自然的发展。穷人的子女，固然是居于愚昧、昏浊的家庭中；便富人的子女，亦只生长于板壁、柱头之间，失落了他许多有益的本性。我们若信儿童要多接触自然，使他得合度的发展，请问现在谈家庭教育的，我们便把那些穷鬼的家庭除外，便说中产之家乃至富人，有几个人有足够的林园供训育子女之用呢？

若是儿童的教育只用得着几个课本、一块黑板、几只粉笔，我亦信令现在的家庭用几个钱办到像今天改良的私塾一样，倒不是难事。但是，这种改良的私塾，亦配得上在教育上有甚么价值，便已是个疑问。何况我这所说，并注意到两岁、一岁、乃至五月、三月的婴儿。对于他们，课本、黑板、粉笔，几于没大用处。他们所需要的，是靠刺激以召起合当的反应，不是靠灌注以养成储积的知识。他们要养成发表力的教育，比养成容受量的教育更重要。福利培①（Froebel）本于这个理想，创办了幼稚园，制造了许多恩物。这种恩物，在不及入幼稚园年龄的婴儿，一样需要。但是，我们怎能责备每个家庭都能像幼稚园预备得一样齐全呢？

若真要讲家庭教育，须使每个家庭的一切设备都完全以儿童为中心。那便是说，家庭中的布置，要处处以合于教育性质，合于引起儿童良好激刺、良好的发表动力为主。再说明一些，便是家庭的事不能以经济的关系为处置的标准，亦不能以成人便利的关系为处置的标准；须得使每个家庭，成为理想完备的教育机关。这样，果然是做得到的事么？

有人说，我这些话有些无理取闹。若说每个教育机关都要怎样理想完备，那便在今

---

① 福利培：通译福禄培尔。

天的世界，一切学校，谁配得上说这样的话？他们的设备，不是受显然的经济的限制、便利的支配么？果然这样说，家庭教育是不可能，那便一切教育都是不可能。今天便建设儿童公育机关，不一样是有这样的困难么？

这样的话，诚然是不错。本来，在今天经济制度之下，谈甚么儿童公育，不能说无价值。因为社会果然用他建设医院、学校、市政局的一样努力，总有许多儿童，由完全受不着教育可以进到受些教育，由只能受较不良的教育可以进到受些较良的教育。但是这一点相对的价值虽不能不承认，我究信总还不是人类澈底的改造办法。

我常想，人类有个大愚蠢，便是宁可把许多财富，任凭资本家、官僚吞剥一大半，留剩的一点，却说甚么拿来为人类全体谋利益。现在的人，把地球上划作甚么国甚么国，一国之中，所收租税一大半用去养兵，所剩余的，又几乎一大半用去养官。这样，怎怪没有钱办教育？我宁信，人类真有理性，还须根本的改造。为甚么要这些做杀人生活的兵，为甚么要这些办纸片公事的官，不肯把这些糜费全节省了，用到教育上面？我信，人类的精力若值得消耗，所做必须为于人类有利的事，那便世界上面没有一件事比儿童教育还要紧。合理的社会，要对儿童公育比任何事更注意。要把现在供应官僚、武人的精力，统移到这上面去，从那里怕儿童公育还有这等困难？

有人说，果然是这样说，那便人类可有力量办完美的儿童公育机关，亦可以有力量办完满的家庭教育设备。家庭教育，一样足够解决儿童早年教育问题，何必定谈甚么公育？

这样的话，究竟是把教育看得太容易。若每个人都要使他家庭有完备的教育场所与设备，人类已经要用许多不必要的力，劳许多不必要的神。真正到了社会主义的世界，人类一方固然要建设许多理想的事业，一方亦要减少许多不经济的消耗。那便社会上若能有个公共育儿所，必不肯为每个家庭去讲教育设备，亦如社会上若能有个公共食堂，必不肯为每个家庭去讲厨房、食堂卫生一样。

再进一步说，经济制度若经改造，便这个家庭且将成为赘疣。我们只看文明的进步，家庭任务都逐渐成为社会上的专业了，便可知道，今天已经到了家庭的末日运命，还梦想将来有甚么家庭教育可说呢？

而且儿童公育，有显然比家庭教育优长之点，便是靠这儿童教育才能求真正的社会化。有些人说，家庭是社会的雏型。但是这句话并不很正确。因为若照现在人人所盼望实现的小家庭说，将来中间只包含儿童的父母、兄弟、姊妹，多不过七八人，少或只三四人，天下那有这单纯的社会关系？若说现存的宗法大家庭，固然有些像个小社会，但是，实际人人知道，这是个不能继续存在的东西，我们亦无取于在这里多讨论。

只有儿童公育，能集合许多夫妇所产育的儿童在一处，从很小时，让他习于相处之道。这些儿童从生下地，便是在社会中生长的，不是在家庭中生长，像一个盆景花卉，长成了才移植于社会里面来的一像〔样〕。这便我们自易知道，公育的儿童必远相适于社会生活。其实我们想，人类原无不可从小便在社会中生活，偏要先把他关在一个地方，然后移到一个地方，用这去维持那已经失了时效的夫妇关系、家庭关系，是何等无意义！

再则，家庭便令不能打破，便令可以做一种教育机关，然而，家庭总不是纯然为教育儿童而存在，这大概是没有疑难的事。果真教育儿童不是一件易事，那便把专为教育儿童而存在的儿童公育机关与这种家庭相比，又应是那一桩比较好些？这岂有甚么疑难？

第四，教育者的称职

有些人说，儿童的父母，虽然不能人人有很高深教育学的研究，但常常最合宜于为儿童早期的教育者。因为：第一，爱护第二代是一切生物的本能，本不待多所学习；第二，爱情与勤劬，每每教师不能赶上父母。父母因有这些特点，所以虽无教育学知识，心诚求之，亦能不中不远①。这些，都比徒然受教师训育以长成的较好。因为教师与儿童只有理性的关系，没有感情的关系，只有职分的关系，没有本能的关系，所以他的教育功效，每还不如父母。而且儿童若不是在浓挚的爱里长成，而只在冷酷的理智里长成的，亦不能说是一种正态的生物。

对于这个疑难，我先要问几句话：若父母生物的本能便促〔足〕够爱护第二代，为甚么每个人为他子女，要有许多事要仰给于社会呢？为甚么子女有病要找医生，不自己

---

① 语出《大学·第十章》。原文为："心诚求之，虽不中，不远矣。"意为：内心真诚地去追求，即使达不到目标，也不会相差太远。

诊治呢？为甚么子女长成要上学校，不自己教育呢？禽鸟生而能营巢，他的食物都是母鸟采集，他的羽翼可以随节气以调和温度。兽类生而能营窟，它的食物都是母兽哺乳，他的皮毛亦一样有调节寒暑的作用。所以，他们用不着另外有农人、工人、商人，用不着另外有泥水匠、成衣匠，更用不着另外有教师、学校。但是，人怎样与他们不同呢？人类与他们一样，有几种生物的通性，但是不能生而知造房屋，生而知缝衣裳。人类的生活，必须明白共存互助的道理，而人有许多学了几十年亦还不能懂得。这我们已经看见，人类与别的生活〔物〕有许多不同的地方了，有甚么根据，定然相信对于婴儿教育，一定顺生活本能便可以够人类的用呢？

我们只须稍想一下便可知道：就外面说，人类社会复杂的组织，是很不易真正懂得的事；就内面说，人类心灵奇秘的状态，亦是很不易真正懂得的事。怎样能使婴儿生理上得合度、圆满的发达，心理上得合度、圆满的开展，以适应于现代复杂的生活，且有能力改造世界到合理的理想地步？这岂是一般春情发动期的男女所尽人能办的事？

无论何人，总不信专靠父母的爱情与勤勉便于教育儿童一切够用，因为他亦不能不承认，我们今天看见许多把子女爱死了的人。所以，他亦说做父母的人，究竟与别的生物不同，要受一点教育子女的教育。那便他又拿甚么天平权衡了，决定做父母的人，受比这少一点教育便为不够，受比这多一点教育便为不须呢？

我很赞成把人类看得与生物一样。但是，生物彼此亦不全是一样。猪是猪的生活，狗是狗的生活，不能说猪与狗同是生物，便断定猪凡事应是与狗一样。亦以这一样理由，不能因人与猪、狗同是生物，便断定人凡事应是与猪、狗一样。说一样的，是从同的方面看；说不一样的，是从异的方面看。许多人因为看了异的方面，把人的价值恭维到天上去了；许多人因为看了同的方面，又把人所需要的一些特殊的努力，一笔抹煞过去。我想，这都是错了。

至于说到教师是冷酷的、理智的，不适宜于婴儿的发育。就眼前的教育说，这话确实是有些不错。但是，这是教育界应该改革的一件事。若不改革，不但他不合宜于婴儿教育，亦且不合宜于小学教育、中学教育。固然就本能说，父母比较易于对儿童发生浓挚的感情，但是，父母若不能人人求他有教育者的修养、知识、技能，那便只好求设个办法，使那些有教育者的修养、知识、技能的人，发生那需要的浓挚感情。

怎样能使人发生那需要的浓挚感情呢？生物的法则，个体与全类是打成一片的。那个化成万物的 unseen power①，他不重在父母爱护子女；他主要的目的，还在使第一代爱护第二代。所以，赤子将匍匐入井，路人看了亦自然生恻隐之心。而幼儿逐渐长成，他父母对他天性之爱，反渐见减退。我因这，曾设个假定，以为"果为适应于人类分工的生活，那奇妙的母亲之爱，在教师或保姆方面自然会发生出来，在母亲方面自然会消灭下去，因为生物的演化原随他生活的需要而进退"。果真这样，教师不必是冷酷的、理智的。他们只须有澈底的觉悟、合度的修养，必定十分合宜于为儿童的教育者。

总之，说教育者必须具备教育能力与对受教育者的爱感，这话完全是可信的。不过，这两个资格，宁是教师比父母易于修养得到。因为父母是几乎人人要做的，要人人学一样的教育能力，是必然不可成功的事；教育者是只一部分人做的，在这一部分人中间，给以圆满的教育者的修养，而迎机以启沃他爱后代的情感，是不难能的。由这，所以我信，要求教育者的胜任愉快，亦以儿童公育比家庭教育为可靠。

有人说，儿童从小便到社会上生活，将得不着个性发展的机会。结果个性不得充分发展，人类进步亦要受些不良的影响。这种疑虑，我信不是没有理由。但是我信，这只是公育机关教师所应注意防免的弊端。教师果受了充分教育的研究，自然可以于他所施的教育中，给各个儿童个性完全发展的地步，不得让他只顾向社会化方面走。况且我亦想，我们会为公育制度行后担心儿童的社会化，为甚么不担心在家庭教育之下，儿童个性的弱点得不着后天的调和，成为畸形的性格呢？

从上面所举的四桩理由，我想，总足够证明儿童公育在教育学上委实有研究的价值了。我亦知道，我说的话有些人要好笑。因为我自己总相信儿童公育是应该，又总相信非世界澈底改造，谈不上甚么理想的儿童公育，那便我这所谈，眼前都是不能行的空话，为甚么这样不嫌辞费呢？但是，读我这篇文的，若果是热心教育的人，我十分愿意问你们：你们亦觉得，办教育是办理差事呢？是敷衍故事呢？你若真说教育是要求个体圆满的发展，眼看着这种种防碍个性发展的障碍，你以为这是不必打破他的么？你若真说，教育是要求社会合当的进步，眼看着种种防碍社会进化的事情，你以为这是不必扫清他的么？

---

① 此英文，可译为"看不见的力量"或"无形之手"。

我的意思，宁信教育是澈底改造的工具，教育者是澈底改造的实行者或预备者。我们自命为"为人类做工"，但是只知为人类头痛治头、脚痛治脚，我真以为无取。所以，虽然有些教育家或者不愿听见这样稍进一步的议论，我仍觉，假若这是真理的光，还须老老实实的提出来讨论，让大家没有个躲避的地方。你若从各方面承认儿童公育是人类的福利，是比小学校、幼稚园都好些的教育组织，请问：你偏说是高远做不到，这岂配得上称为"为人类做事"么？

　　要传播人的教育，去改正人的社会，先不可不努力求一部分儿童公育的成功。我信，我们从共同生活的小团体去求儿童公育的实现，是绝对可能的事。一部分的儿童公育，果然试验得一个理想的成功，那便他的成绩是一种广告，他的出品将是人类中最优秀、最健全的分子。即令今天我们还不配谈具有理想的教育能力，亦可信这里面长成的人，将比我们几辈的有能力。人类的事，必须有比我们几辈有能力的人，才能求圆满的解决。

　　我们要竭尽棉薄，去为人类造这样的人。这便是儿童公育的主旨，这便是真向上的教育者应该担负的事。

55 《幼儿教育研究》发刊词（一）

刘吴卓生

1920年12月

另图40　吴卓生像

题　解　本篇原载《北京女高师幼稚教育的研究》第1期篇首。发表时间为1920年12月。

撰著者刘吴卓生，即吴卓生（1888—？），女，为刘廷芳夫人，江苏吴县（今属苏州）人。出生于上海富商家庭，毕业于教会女子学校上海中西女塾，后赴日本留学。归国后，历任苏州戴文森纪念学校教师、苏州英华幼稚园主任、景海幼稚园主任。1911年再赴美国留学，专攻幼稚教育和音乐，获哥伦比亚大学硕士学位。1915年归国，与刘廷芳结婚，遂冠夫姓为"刘吴卓生"。后历任苏州师范学校教师、燕京大学教育系教师、北京女子高等师范学校教师、燕京大学女生总监、江苏省立第一师范学校校长等职。为教会学术社团中国中部幼稚园联合会的骨干成员，为全国儿童教育会副总干事，又为北平妇女社会服务促进会会长。抗日战争期间，移居美国纽约。

《幼儿教育研究》，即《北京女高师幼稚教育的研究》，参见前文《对于蒙养园练习写、读的意见——主张添授注音字母》题解。

自欧战以还，各国教育方针，有主张由理想而进于实际者，有主张由观察而进于实验者。美国教育，则求发达个人能力，并同时趋重公民教育。日本文部省，近亦采取最新之教材，以应世界潮流之趋势。彼列强政府，其所以力谋教育之革新者，夫亦以教育为传布文明之利器，且为国家、社会、文化之中心也。

吾国言兴学，亦数十年于兹矣。而乃精神萎沮，无成绩之可言。虽曰迭受政潮之牵掣有以致之，然其最大原因，实无良好教育人才故耳。

本校①自创设以来，即以培植师资为改良我国教育之初步。故凡关于教授、训练诸端，无时不煅练〔锻炼〕学生之活动力，以期养成完全之人格，即所谓人格教育是也。夫人格教育，首在发展各人之个性与天才，使之有向上自治之能力，而后方为健全之国民。

女子为国民之母，女子教育为国民教育之始基，儿童教育尤为成人教育之初步。如欲有健全之国民教育，更不能不从培植女子教育始。

本校秉斯旨以兴，社会相见几十余年。兹届本校保姆科毕业之期，诸同学拟将平日成绩汇为一编，以兹考核。爰缀数言于简端。

---

① 本校：指北京女子高等师范学校。其前身为1908年创设的京师女子师范学堂，1912年遵教育部令改称"北京女子师范学校"，1919年经教育部批准正式更名为"北京女子高等师范学校"，1924年升格为"国立北京女子师范大学"，几经变迁，为今北京师范大学的源头之一。

56 《幼儿教育研究》发刊词（二）

陈斠玄

1920年12月

另图41　陈中凡像

题　解　　本篇原载《北京女高师幼稚教育的研究》第1期。发表时间为1920年12月。

撰著者陈斠玄，即陈中凡（1888—1982），原名钟凡，字斠玄，号觉元，江苏盐城人。早年就读于两江师范学堂，1913年考入北京大学习哲学。1917年毕业后，留校工作。1918年，兼北京女子高等师范学校教员。次年担任该校国文部主任。1921年后，历任国立东南大学教授兼国文系主任、《国学丛刊》主编、金陵大学教授、金陵女子文理学院教授等职。1952年起，任南京大学教授，兼江苏省文史馆馆长。著有《古书读校法》《中国文学批评史》等。

《幼儿教育研究》，即《北京女高师幼稚教育的研究》，参见前文《对于蒙养园练习写、读的意见——主张添授注音字母》题解。

我国古代教育家，也有注意幼稚教育底。如孔子和颜渊、季路言志，说："老者安之，朋友信之，少者怀之。"① 又和言偃谈大同思想，说："大道之行也，天下为公。人不

---

① 语出《论语·公冶长》。颜渊即颜回，季路即子路。完整原文为："颜渊、季路侍。子曰：'盍各言尔志？'子路曰：'愿车马，衣轻裘，与朋友共，敝之而无憾。'颜渊曰：'愿无伐善，无施劳。'子路曰：'愿闻子之志。'子曰：'老者安之，朋友信之，少者怀之。'"所引"老者安之，朋友信之，少者怀之"意为：让年老者安心，让朋友们信任我，让年幼者得到关怀。"

独亲其亲，不独子其子；使老有所终，壮有所用，幼有所长。"①贾谊②《新书》引他的话，又有"少成若天性，习惯如自然"两句话。足见孔子很知道幼稚教育重要，很想提倡幼稚教育底。可惜，他虽有"怀幼"底志愿，究竟应该用甚么方法才能达到目的，他未尝研求。虽说大同之世"人不独子其子"，究竟儿童公育底机关怎样组织，才能使"幼有所长"，也没有一定的办法。所以他虽有这段理论，不过是一种志愿、一时理想，终究未尝实现出来。至于贾子《胎教》《保傅》两篇，说古者"胎教之道"和"保傅之制"，更是一种贵族教育底制度，不能算是幼稚教育底先例了。

西洋幼稚教育发端最迟，他们进步却是极快。当十七世纪，英人培根（一五六一～一六二六）才倡幼稚教育底理论；同时，德国〔捷克〕教育改造家克灭纽斯③（一五九二～一六七一〔〇〕），就很表同情。到十八世纪，法国主张新教育的卢梭（一七一二～一七七八）在他的 Emile ④ 第一篇"论幼年期教育"论中，更竭力排斥旧教育底误谬，说出一点幼稚教育底方法。直到十九世纪之初，瑞士教育家裴司太罗基⑤（一七四六～一八二七）才把他的学说应用到实际方面。后来，他底助教德人敷勒伯⑥（一七八二～一八五二）又拿他底思想去创办幼稚园。幼稚园基础，到此时才算成立。这是千八百三十七年底事情，离目下不过八十多年。他们发达底情形惊人得很，现在欧美各国通都大邑，几乎无一处没有若干幼稚教育机关了。

我国从前清末年取法欧美，倡办教育，现在也在〔有〕三十年的历史了。一般主持

---

① 语出《礼记·礼运篇》。孔子关于大同思想的完整原文为："大道之行也，天下为公，选贤与能，讲信修睦。故人不独亲其亲，不独子其子，使老有所终，壮有所用，幼有所长，矜、寡、孤、独、废、疾者皆有所养。男有分，女有归。货恶其弃于地也，不必藏于己；力恶其不出于身也，不必为己。是故谋闭而不兴，盗窃乱贼而不作，故外户而不闭，是谓大同。"文中所引部分意为：大道施行的时代，天下是属于大家的，所以人们不只是把自己的亲人当作亲人，不只是把自己的子女当作子女；还要使老年人得到赡养，壮年人有用武之地，幼年人得到抚养。
② 贾谊（前200—前168）：西汉政治家、文学家。洛阳（今属河南）人。少有才名，十八岁时以博学善文为人所称。文帝时任博士，掌文献典籍。后迁太中大夫，主持许多法令、规章的制定。后受人排挤，谪为长沙王太傅。三年后被召回长安，为梁怀王太傅。后来梁怀王坠马而死，贾谊深感歉疚，抑郁而亡。著有《新书》。后文所引以及所言《胎教》《保傅》，均出自该书。
③ 克灭纽斯：通译夸美纽斯。
④ 此英文，为书名，通译《爱弥儿》，为卢梭论述教育思想的代表作。
⑤ 裴司太罗基：通译裴斯泰洛齐。
⑥ 敷勒伯：通译福禄培尔。

教育和研究教育的人，个个愿意从事小学、中学和专门①、大学。说到幼稚教育，值不得他们一盼。这是什么原故？幼稚园没有设立底必要？幼稚教育没有研究底价值？不是，不是！他们脑中不过充满了虚荣的心思，大家以为办幼稚教育没有办小学、中学或专门、大学荣耀罢了。那么，中国只有小学、中学、专门、大学，没有幼稚园，这种畸形的制度，大家以为好笑不好笑？

近几年来，各国教士在我国设立学校底，他们反注意到此，居然办出几处规模很好的幼稚园来了。我国除国立师范附设一两个幼稚园而外，独立的幼稚教育机关，京师首善之区也说不出几个来。各省、县更用不着调查，可以推测了。咳！这种无基础的教育，合于发达底顺序？

现在一般学者，也有倡儿童公育底。大家高谈阔论实在容易，但是实施这种制度，究竟用什么方法才能适当？遇到困难问题发生，应该如何解决？如果事先没有充分的研究，当事没有纯熟的手段和历久的经验，怎能冒昧从事？我觉得，"议论多而成功少"也是教育界极大的一种弊病！

本校从民国八年秋，开办了一班保姆讲习科，学生居然有二十多人。他们于研究、实习以外，并组织了一个幼儿教育研究会，分演讲、编辑、制造三科，每星期由会员轮流报告研究底结果。一年以来，成绩斐然可观，他们就预备发刊。我说，他们这种笃实的议论，实在比那些高谈阔论有用得多；将来如果现诸实际，使我国幼稚教育逐渐发展，也比那空抱"安老怀少"的理想切实得多。

我虽不敢说他们这种议论比当代教育家的言论价值大小如何，我但觉得，在我国现在出版界中，他全算是一种"破天荒"的印刷物了！天下的事业，全是创始不容易。大家既肯打破虚荣心，研究这种举世不顾底冷淡学科，何妨牺牲这一点精神，把他供献出来，供当时诸教育学者研究和批评呢？倘若因此引起多数人注意，使我国幼稚教育从此日见进步，岂不是足以矫正畸形制度的弊病？我所以禁不住手舞足蹈，为我国百千万幼童前途贺！

---

① 专门：此处指当时学制系统中的专门学校。

57 世上最呆与最聪明的儿童

张耀翔

1920年12月

另图42　张耀翔像

题　解　本篇原载《北京女高师幼稚教育的研究》第1期"讲演"栏。系演讲记录，记录者未详。演讲地点在北京女子高等师范学校，演讲时间未详。发表时间为1920年12月。文中"一、二、三"标号，均系编者所加。

演讲者张耀翔（1893—1964），湖北汉口（今属武汉）人。1913年考入清华学堂。1915年赴美留学，后获哥伦比亚大学心理学硕士学位。1920年归国，受聘执教于北京高等师范学校。次年发起成立中华心理学会并出任会长。1922年主持创办中国第一种心理学刊物《心理》杂志并任主编。后历任大夏大学、暨南大学、光华大学等校教职。中华人民共和国成立后，历任复旦大学、华东师范大学教授。著有《心理学讲话》《儿童之语言与思想》等。

本文发表时，张耀翔正受聘于北京女子高等师范学校保姆讲习科讲授儿童心理学课程，每周两小时。此演讲词很可能是讲义之选粹。张耀翔在1920年开始关注测验方法，次年应邀赴南京高等师范暑期学校，系统讲授了教育测验，为期六周。其后，又与艾伟合作，编制了"识字测验"和"阅读测验"方案。可以说，他是在中国开展智力测验的先驱人物之一。

值得一述的是，张耀翔的此次兼课，还促成了自己的一段美满姻缘。当时在北京女子高等师范学校国文科就读的程俊英，被誉为该校"四公子"中的"一朵水仙花"。她也经常来保姆讲习科旁听。课后或公开演讲后，她将记录稿送张耀翔审阅，遂由此相识并相恋。1923年2月12日，这对恋人在北京聚贤堂成婚。

有关《北京女高师幼稚教育的研究》，参见前文《对于蒙养园练习写、读的意见——主张添授注音字母》题解。

一

世上最呆的儿童，是到了十岁或过了十岁，还不能应以下六种试验者。

（1）燃火柴一根，在儿童眼睛前面漫漫的移动，看他的眼睛随着光动不动一下。若是一下也不动，那就是他最呆的第一个记号。

（2）放一块木屑在儿童手中，看他去握不握。若是他不握，那就是他最呆的第二个记号。

（3）拿一块木屑把儿童看，但不要把木屑触着他的身子，向他说："这个东西是把得你的，你要不要玩他呢？"若是儿童不去取他，那就是他最呆的第三个记号。

（4）给儿童木屑一块，又糖食（用普通儿童常吃之糖食）一块，大小相等，看他拿那一样放在口中吃。若是他拿木屑吃，或试拿木屑吃，或两样都拿得吃，或一样也不拿得吃，那都是他最呆的第四个记号。

（5）拿一块糖食给儿童看，随后用一张纸，把糖当着儿童面裹起，送给儿童，并叫他吃。若是他不把纸解开就放在口中吃，那就是他最呆的第五个记号。

（6）做几种简单的动作，如拍手、坐下、站起之类，令儿童照样做。若是他一样也不做，那就是他最呆的第六个记号。

若是把现在世上所有的人，按着智慧分为一百万（1 000 000）级，每级约一千六百人，第一级为最聪明的，第二级为其次聪明的，由此类推。那对于以上六种试验，一样也不能应的，就是属于第一百万级的。换句话说，他是世上十六万万（1 600 000 000）人中，最蠢的一千六百人中的一个。

二

世上最聪明的儿童，是才满十岁或不到十岁便能应以下六种试验者。

（1）任意在一部通用字典上取出一百字。"任意"的意思，就是不故意去择最难的，也不故意去择最容易的字。

一种择法，就是按字典页数分配。假如某部字典有一千五百页，就每隔十五页取出一字。但一页也有许多字，就任意定取页上第几个字。假如所定的是页上最后的一字，以后每隔十五页，就取那页最后的一字。

取定后，令儿童识之。凡认识七十五字的，等于认识全部字典的四分之三。认识的意思，不但是要知道他的音，也要知道他的一种解释。凡认识七十五字或七十五字以上的，那就是他最聪明的第一个记号。

（2）拿一张六寸见方的纸，对儿童说："你注意看我所做的是甚么。"说的时候，就把纸折中摺叠一下，随后又摺叠一下，同前次摺痕成一个九十度的角。

二次摺叠的结果，应该是一张三寸见方的形。两边有摺痕，两边没有。随即，拿一把剪刀，把一边有摺痕的中间剪破一小块。剪下来的纸片，就即刻丢在字纸篓的〔里〕。再把那张摺就以后又剪破了的纸放在桌上，依然摺着。

令儿童另在一张纸上画一图形，把摺痕同剪痕画出。若是两样的数目同位置，都画得与第一张纸不错，那就是他最聪明的第二个记号（剪痕大小虽与原纸有点不同，也不去管他；要紧的，是他在纸上的他〔地〕位）。

（3）背诵八位数目：

第一组：七、二、五、三、四、八、九、六。

第二组：四、九、八、五、三、七、六、二。

第三组：八、三、七、九、五、四、八、二。

先是试验人高声一字一字的诵读，每字约费一秒钟。起停时间务必一样，不可分作数段〔段〕读，如"八〔七〕二五、三四八、九六"。每读完一组，令儿童即刻照样背诵。若是他依次序完全背对了一组，不论是第几组，那就是他最聪明的第三个记号。

（4）试验人诵读两篇抽象意思的文，每篇约有八十字，体裁就像我国日报论说或时评；用浅文，不用白话。每读完一篇，令儿童把篇中大旨说出，试验人就用笔记下。只要他有一篇所答的大旨不差，又极完备（至少要说出原文的百分之八十），那就是他最聪明的第四个记号。

（5）反诵七位数目：

第一组：四、一、六、二、五、九、三。

第二组：三、八、二、六、四、七、五。

第三组：九、四、五、二、八、三、七。

读法同第三试验一样。但是，这回要令儿童从〔第〕七字背起，依次倒背到第一字为止。第一组要背做"三、九、五、二、六、一、四"，第二、第三组照样。只要他有一组依次完全背对，那就是他最聪明的第五个记号。

（6）解决巧妙问题：

第一题——某人家的母亲令她的儿子到河里去取水七斤，不许多也不许少，只给他两个取水器皿，一个可以盛三斤，一个可以盛五斤。问那个儿子：应说怎么量法，方可以恰取七斤水回？不许用别的器皿，还要先用五斤的器皿去取。

第二题——情节同上。但是，这回要取八斤水，器皿改为五斤的同七斤的，要先用五斤的。

第三题——情节同上。要取的水是七斤，所用的器皿是四斤的同九斤的，要先用四斤的。

试验人一题一题的诵读，一遍没有听清楚，再读一遍也无妨。令儿童默算，不许用纸算。每问，只准五分钟，用口答。只要他在限定时间内答对两问，那就是他最聪明的第六个记号。

若是把现在世上所有的人，按着智慧分为一百万级。那对于以上六种试验样样都能应的，就是属于第一级的。换句话说，他是世上十六万万人中，最聪明的一千六百人中的一个。

三

像这样最呆的人，同像这样最聪明的人，都不是理〔臆〕想的，乃是被心理学家试验出来、真正有的，不过不多罢了。大约每一百万人中，一样有一个。

这十二种实验，是经三个大心理学家毕拿①（Binet）、西门②（Simon）同特满③（Terman）许多年的心血，漫漫审定出来，特别为试他们国中这两种人的。

若是我们中国，想把这两种人分别出来，还只能仿效他们试验方法，不能完全用他们的材料哩。

---

① 毕拿：通译比奈。
② 西门：通译西蒙（T. Simon，1873—1961），法国医生。1905年，他与比奈一同创造了测量智力的方法，编成了比纳-西蒙量表。
③ 特满：通译特曼，即刘易斯·麦迪逊·特曼（Levis Madison Terman，1877—1956），美国心理学家。早年历获印第安纳州中心师范学院文学士学位、印第安纳大学文学硕士学位、马萨诸塞州克拉克大学博士学位。后长期供职于斯坦福大学，从事心理学研究。1923年当选为美国心理学会主席。其主要贡献有二：一为修订比奈-西蒙量表，创制斯坦福-比奈智力量表；二为对数千名天才儿童进行了长达数十年的跟踪研究。

58 保姆当研究儿童的游戏

唐若兰

1920年12月

题 解 本篇原载《北京女高师幼稚教育的研究》第1期"专著"栏。发表时间为1920年12月。

撰著者唐若兰（1897—？），女，四川巴县（今属重庆）人。时为北京女子高等师范学校保姆讲习科学员，且为该校幼稚教育研究会会员，后考入南京高等师范学校教育科。1924年参与中华教育改进社第三届南京年会，为幼稚教育组成员。1925年毕业于国立东南大学教育系，获学士学位，后历任四川省立重庆第二女子师范学校附小主任，江苏省立第三女子师范附小主任，四川省立第二女子师范学校教务主任、校长，安徽省立第四女子中学教员等职。除本篇外，还发表有《新蒙养园的研究》《保姆自身之研究》《蒙养园应该同家庭和小学校相联络》等文，著有《幼儿教育的研究》等。

有关《北京女高师幼稚教育的研究》，参见前文《对于蒙养园练习写、读的意见——主张添授注音字母》题解。

我今天所要对各位讲的，就是儿童的游戏。

因为游戏的影响很大，不单说是活泼儿童的身体就算完事的，还要使他智识进步、道德完满，引起他的社会生活、国家观念，为将来事业的一个准备。所以，我们不得不特别的研究，看用那种游戏为合于儿童的身心，又看用那种方法去施行，才能够收完全的效果。

我今把游戏的价值和游戏的种类及方法，就我个人所见到的一一贡献出来，请各位研究研究。

一、游戏的价值

游戏是儿童生来就喜欢的。我们可以因势利导,帮助他的身心发达。因其自然活动,不致安逸无为,于是全副精神都贯注在游戏上,别的事也就不去想,恶事也更不得空闲去作了。终日嬉嬉而游,可以豁达他的胸襟,发散他的幽郁,隐隐中就使了他的身体强壮。

若从精神上看起来,游戏的价值更大。

第一,涵养儿童的公共心和同情心。甚么叫做公共心呢?就是同别人两个和心协力去作一件事情。甚么叫做同情心呢?就是说与他人同忧共乐。这两样,都是讲社会道德上最要紧的条件。因为儿童在幼小的时期只知道利己,不知道爱人。惟有游戏,要多数儿童共同的作,有时不得不舍去自己的欲望,去将就别人的动作。所以教他游戏,就暗暗中教他有了社会上的推己及人、克己爱人的公共心与同情心了。

第二,涵养儿童服从法律的习惯。大凡人在社会上做事,不能不依据一定的法律,然后才可以希望事业成就。不然,乱七八糟的,没有规画条理,那就一事不能成了。游戏也有规律的,不依着他的法则做去就不能达到游戏的目的。所以,儿童在幼小时期能慢慢的学习这些守规律的事,长大来对于社会的法律制裁也就会服从了。

况游戏是社会生活的一个缩影,将来做的事业都在此时预备,岂不是授以社会生活吗?并可使他的意志独立、思想发达、感觉敏捷、推理正确、想像不谬等等,有益于身心的。还可提起他的国家观念、爱国思想,将来牺牲为国,都是在此时养成。

由是看来,游戏的价值岂不甚大么?

二、游戏的种类

游戏,不是要分静的游戏和动的游戏么?

静的游戏,就是活泼精神的,可以用种种的形式表现出来。如编物、摺纸、手工、绘画，这些都是最好玩的、小孩顶爱做的事情。后来，弗列培耳[①]所发明的恩物，蒙特梭利[②]的教具，也是一种满足儿童活动性的，这都算是静的游戏。

其次就讲动的游戏。动的游戏，是活泼儿童身体的。如小儿初生不久便知嘻〔嬉〕戏，稍为长大一点，就会步行、跑跳、蹴鞠、奔跃、捕虫、追逐、捉迷藏、抽累托〔陀螺〕、拟战、跳舞等种种表情的游戏、合群游戏，都是他们最喜欢的，出于他们的自然，可算是"发展其本能"了。

三、游戏的方法

游戏的价值既这样大，种类又那样多，我们为保姆的人，就不可不选择一种最适宜的去施行。所以，就有游戏方法的研究。

游戏的方法大概可分为以下三类。

（1）有秩序的。幼儿一举一动，都纯在规律之中，纯听保姆的约束，不能紊乱杂沓、自由活动，养成他服从的习惯。

（2）自由的。使幼儿随意游戏。若于他身体、精神两方面均无甚妨碍时，决不加以干涉，使他自由的动作。然后，他的身心才可望自然的发达。

（3）放任的。以上所说的两种，都是成人替儿童所拟议的，未必恰合儿童的心理和他的理解力。倘若选择不慎，或者失于繁琐、精细，或者过于悠久、缓慢，或者系其意义高尚，儿童不得理解，就不耐运动，所以不合他的身心，不能引起他的兴味，因此，儿童有视游戏为畏途，认为一种劳苦的事情，那么就失掉游戏的本意了。所以有放任的游戏，任儿童自然动作，教师但立于旁观地位，或加入于儿童行中，任他自己随意的玩。若没十分危险，毫不加以干涉，以阻其兴味。照这样办来，儿童就纯是出于自动，就可显明他的本能。为保姆的，便从中得着许多的研究。如高君所讲"保育团体，当注意儿

---

① 弗列培耳：通译福禄培尔。
② 蒙特梭利：通译蒙台梭利。

童之个性"①，文君所讲"保姆当明儿童之心理"②，依我想来，都可从放任游戏中察得出来的。何以故呢？因为他的个性不同、心理不同，所爱玩的游戏也就随着不同了。如男小孩，就爱取杖置跨〔胯〕间，作乘马的游戏，或削竹弓为箭，作射猎的游戏。如女小孩，就爱抚弄泥娃，作育儿的游戏，或摘草置纸上，作烹调的游戏。这是男女之间显而易见的分别，其他男与男、女与女也是各有不同的。总说一句，都是练习人生必要的事情，将来可以应用的。他的心理和个性不同，当然游戏也不同，我们就可借此知道了。但是，这都是要在放任游戏中才察得出来，决不是那教师教他的（按：游戏）里边可察的。因为教的游戏，是使他被动的，不是他的心理和本性；他的心理和本性也不会发表出来，随着保姆教他怎么，就是怎么罢了。

以上所说的都很浅易，想大家见理甚高，必不愿意我再事拉杂多说了。但我末了有一句结题的话，要对大家说说：游戏既有很大的价值、很多的种类并和很繁的方法，我们将来究竟以那一种游戏、那一种方法为合宜呢？此层，还要请大家来研究研究。

---

① 系指该刊同期所载高奇如所撰《团体保育时对于个性之注意》一文中的核心观点。
② 系指该刊同期所载文永叔所撰《儿童玩具与教育之关系》一文中的核心观点。

59　对于神话教材之怀疑

邰爽秋

1921年1月20日

另图43　邰爽秋像

题　解　　本篇原载《中华教育界》第10卷第7期。发表时间为1921年1月20日。

撰著者邰爽秋（1896—1976），字叔农，江苏东台人。1914年考取江苏省立第五师范学校，后又考入南京高等师范学校教育科。1923年毕业于国立东南大学教育系，随即公费赴美留学。先入芝加哥大学，获教育硕士学位；后入哥伦比亚大学，获教育学博士学位。归国后，历任江苏省立南京中学校长、国立中央大学教授、国立河南大学教授、大夏大学教育学院院长及教授、中国民生教育学会理事长、中国民生建设实验院院长等职。中华人民共和国成立后，历任辅仁大学、北京师范大学教授。著有《民生教育》《教育经费问题》《普及教育问题》等。

有关《中华教育界》，参见前文《蒙铁梭利女史新教育法（节录）》题解。

神话教材，在教育上沿用已久，差不多没有研究的必要。我今大书特书的提出来讨论，难免要引起读者诸君许多疑问。

这个问题，我酝酿在胸中已经好久了。我时常提出来，征求朋友的意见。朋友时常回答道："我看这个问题简直不能成立。神话是应当用的，还用得着讨论吗？"就这

"应当"二字，使得我对于神话教材愈起怀疑，对于这个问题愈欲研究。①

大凡一个问题的产生，或则由于发现了困难的现象，要设法来解决；或则由于学者的研究，探讨要设法预防困难的发生或是增加效率。前一种问题，是自然发生的，易为人所承认；后一种问题，是有意创出的，易被人骂为"无病呻吟"。但是一经提出来讨论之后，大家又觉得，这问题有研究的必要。神话教材问题，恐怕就是这样。所以，我尽我的力量发表意见，使这不能成立的问题变成问题。

一②

在讨论这问题之先，不佞有欲预先声明者数事：

（1）本问题，既说是神话"教材"，似乎只限于读法课本之类。但是我的意思，是包括读本的教材、教者口述故事的教材、教者读给儿童听的童话教材而言。推而广之，就是家庭里父母同儿童谈话的资料也在其内。

（2）中国与外国的情形不同。本篇中所论的情形，亦间有为中国所无者。不过，为研求真理及预防盲从、抄仿起见，亦约略说及。阅者诸君，幸勿以"不合实际"见讥。

（3）外国学者对于神话教材，主张用者十之八九；即有一二不满意者，亦都措辞圆滑，从没有大声疾呼而反对的。大概宗教盛行的国家，对于这个问题，很不易着笔。不过中外的情形不同，似应分别看待。所以本文之内，对于外国著名学者的主张，往往有所非难。

（4）我个人对于神话的教材，亦非极端反对。不过，我总觉得神话在教育上的价值很可怀疑，所以主张七八岁以下儿童想像力发达的时候总以不用为是。本篇所述，大概根据此点。不过在论证的时候，欲使我的意思发挥尽致，好像走了极端。这是请读者诸

---

① 作者原注："注一：McKeever 著 *Outlines of Child Study* 一书中有问题为'怎样应付儿童过分的虚幻（over-fancifulness）'。"原注中的英文 McKeever 为人名，可译为麦基弗；*Outlines of Child Study* 为书名，可译为《儿童研究概述》。
② 本文中的此级标号，均系编者所加。

君不要误会的。

二

现在开始讨论了。第一要问的是：神话究竟是什么？

对象不同的，不可以讨论。甲的论点是雪白，乙的论点是炭黑，无论如何都不能得结论。所以，我们应当规定神话的定义。

学者对于神话的解释非常纷杂。冯德①（Wundt）则以为，包含科学同宗教，规定家庭习惯及公共生活。② 弗纳沙③（Frazer）则以为，神话是说明的自然界及人种起源的现象。斯宾塞（Spencer）则以为，是人类远祖曲解的故事。④ 此外又有人以为，神话就是论及神同英雄的故事，带有不真实、非理性的性质。⑤ 又有人以为，就是人类事实的纪载，叙述不可思议的人物，含有历史的及假想历史的性质，仙人故事（fairy tales）同神话相近，不过他们的意义稍狭，大概叙述小神的事情。⑥

可见，神话的意义无一定的解说。从狭义看，只论神的关系；从广义看，实包有不可思议、不合事实、不合理性各种东西在内。

教育上的神话，当从广义方面着想。我今根据这上面的几层意思，假定把带有"神

---

① 冯德：通译冯特，即威廉·冯特（Wilhelm Wundt，1832—1920），德国心理学家，早年就读于图宾根大学、海德堡大学与柏林大学，获医学博士学位后，担任海德堡大学生理学讲师。1874年任苏黎世大学教授。1875年转任莱比锡大学教授。1879年在该校建立世界上第一个心理学实验室，正式从事有系统的心理学的实验工作，被誉为"实验心理学之父"。1889年任莱比锡大学校长。著有《生理心理学原理》《心理学大纲》《民族心理学》等。
② 作者原注："注二：见W. Wundt, *Ethics, Facts of the Moral Life*, p.55."注中英文可译为：威廉·冯特，《伦理道德事实》，第55页。
③ 弗纳沙：通译弗雷泽，即詹姆斯·乔治·弗雷泽（James George Frazer，1854—1941），英国人类学家、民族学家。生于苏格兰，毕业于剑桥大学三一学院。除短期担任利物浦大学教授外，长期任教于剑桥大学。著有《金枝》《图腾崇拜和外婚制》《自然崇拜》等。
④ 作者原注："注三：见Edward Scribner Ames, *The Psychology of Religious Experience*."注中英文可译为：爱德华·斯克里布纳·埃姆斯，《宗教经验心理学》。
⑤ 作者原注："注四：见Jevons, *Introduction to the History of Religion*, p.250."注中英文可译为：杰文斯，《宗教史导论》，第250页。
⑥ 作者原注："注五：见*Cyclopedia of Education*."注中英文可译为：《教育百科全书》。

秘色彩"的材料，分为下列之七种，统名之曰"神话的教材"，以便研究。

（1）神话。此是单指神的方面而言，如《希腊之神》是。①

（2）鬼话。如中国家庭间对儿童所讲的种种鬼话。②

（3）妖魔。如《怪洋灯》。③

（4）仙人故事。如《睡美》（Sleeping Beauty）及《快乐种子》。④

（5）创世的神话。如"盘古开天辟地"的话。

（6）神秘的寓言。⑤

（7）神秘的理想小说及神秘不可思议的英雄传。

以上七类，我都当作广义的神话教材。就是凡带有神秘意味的东西，都包括在内。认定对象之后，再开始讨论。

三

后列的几点，皆是近人主张用神话教材的理由，所以逐条的写出来研究研究。

（一）神话可以弥补想像的缺陷

主张用神话的人，说神话可以弥补想像的缺陷（gaps in imagination），又复引弥勒⑥（Miller）的话说道：

> 自然界的神话受儿童欢迎，就同受原人欢迎一样。其主要原因，是因为神话能解释日月星辰、风云雷电，把他们带到儿童日常经验范围之内，使他们失去玄妙，而由

---

① 作者原注："注六：见 Stories of the Ancient Greeks。"注中英文可译为：《古希腊人的故事》。
② 作者原注："注七：把鬼属在这一类里，系根据 Colvin 说。"注中英文为人名，可译为科尔文。
③ 作者原注："注八：中华书局世界童话第十九种。"
④ 作者原注："注九：商务印书馆童话。"
⑤ 作者原注："注十：即 Max Muller, Fables about the Gods 之意见；Leuba, A Psychological Study of Religion。"注中英文可译为：麦克斯·缪勒，《关于神的寓言》；鲁巴，《宗教的心理学研究》。
⑥ 弥勒：通译米勒。

想像的作用，把他们同别的经验调和起来。因此，想像中的缺陷就可因此弥补，而精神上不安的现象亦可因此排除。不妨拿野蛮人对于太阳的经验来做例。野蛮人看见太阳由东方上来，西方下去，全行看不见，第二天又从东方升上来了。他的想像之中，便不满足于经验里的缺陷，设法想出弥补。于是造出一种神话，说太阳乘一只船，由西到东，从天边上绕了一周。这段神话，可以填补缺陷，使经验中孤立的事实联成一气。神话之于儿童的功用，也就同原人一样。就是藉着神话的作用，使天然间不和合的分子变成一个系统，人生一贯的要求得以满足。①

以此，为用神话的理由。

弥氏的这一番话，说想像中的缺陷可以用神话来弥补，我却无异议。但是，就拿这一点来做应当用神话教材的根据，我却不敢赞同。因为儿童经验中所发生的缺陷，苟非深奥困难，常能自己造出幻想来弥补，并不一定要教者拿神话来代他解决。

我从前看见一个小孩子在花园里顽耍，忽然来了一阵风，把花枝吹的上下摇动，好像点头一般。这小孩子停了一会儿，连忙跑到我面前，说花要同他谈心。花枝上下摇，他不知道是风吹的原故，是他经验中的缺陷；拿"花同他谈心"来解释，是他自己造的幻想。这就同原人藉着想像，创出神话来弥补经验中的缺陷一样。

诸位如不信，我可举出几家说素〔法〕来证明证明。

哥克巴特利克②（Kirkpatrick）讨论适应本能之发育时，有几句话说道："想像指导游戏的运动，在五六岁的时候常常达到极点。此后几年间，想像的游戏，在创造虚幻的故事（fanciful stories）以为娱乐。这种故事，是常时同表演的动作相连的……"③

唐奈氏（Tanner）讨论儿童的想像，也有几句话说道："……他构造这些故事活动的影像，但是还以人告诉他的为根据。此后，他就自己创造他自己的故事了……"④

---

① 作者原注："注十一：见 Miller, *Psychology of Thinking*, pp.178～179。"注中英文可译为：米勒，《思维心理学》，第178—179页。
② 哥克巴特利克：通译克伯屈，又译基尔帕特里克。人名所跟"Kirkpatrick"误，当为"Kilpatrick"。
③ 作者原注："注十二：见 Kirkpatrick, *Eundamentals to Child Study*, p.182。"注中英文可译为：克伯屈，《儿童研究基础》，第182页。注中人名"Kirkpatrick"误，当为"Kilpatrick"，书名"*Eundamentals to Child Study*"误，当为"*Fundamentals of Child Study*"。
④ 作者原注："注十三：见 Tanner, *The Child*。"注中英文可译为：坦纳，《孩子》。

此外例子很多，说法也不尽同，无庸列举。不过有一点，各书上皆提及的，是儿童的"想像伴"（imaginary companion）。想像伴的发生，是由于儿童想同朋友顽耍，又没有朋友来，因此幻出想像伴来，以弥补经验的缺陷。儿童既自有创造幻想、弥补缺陷的能力，又何劳教者代庖呢？

再进一步说，就是有时教者必须代儿童弥补缺陷，也必定等他有了缺陷时再去弥补，否则近于"无病而呻"。乃今人教授神话，儿童本没有弥补缺陷的需要，教者硬把他的经验界里弄成缺陷，然后再去弥补。像这样"出尔反尔"的教法，究竟何所取呢？

（二）神话可以发达儿童的想像

欧西学者谈到神话的功用，大概有句笼统的话："神话可以发达儿童的想像。"就连杜威博士，很不愿意谈什么神话、什么宗教的，也会以圆滑的态度，轻轻说了一下。不过，我对于这句话很为怀疑。

大概普通的儿童（对乎变态的儿童而言）想像的发达，都无须外物的帮助，因为想像的发生，不外乎儿童的经验。詹姆斯说：

> 各种感觉（sensation）一经经验之后，改变有神经的机体，在外部实物的刺激没有的时候，重将原像现于心中，就叫做想像。但是，无论那一种感觉，如果不是从外部刺激进去的（意即经验），断不能将心影复现于心中……。把原像复现出来的，叫做复演的想像（reproductive imagination）。用几个原像重行组织，变成新事物而演出来的，叫做创造的想像（productive imagination）。①

可见，只要儿童经验了一种感觉，他就自会发生想像的现象。

如前次，有几个小孩子看见李纯②出丧，回家之后，即刻办出出丧的样子来，这就

---

① 作者原注："注十四：见 James, *Psychology*, Vol II, p.44。"注中英文可译为：詹姆士，《心理学》第 2 卷，第 44 页。
② 李纯（1867—1920）：字秀山，直隶天津（今天津市）人。民国时期北洋军阀。1920 年 10 月身亡，其丧礼盛况空前。

是复演想像的表现。又如，通常的小孩子都好说故事给人听，东岔西岔，拿他所经验的事情随意连接起来，好像说诳、说梦，这就是创造想像的表现。所以无论什么儿童，只要他不是痴、聋、盲、哑以及各种残废，经验过一种印像之后，无有不现诸想像的、动作的。

关于此点，学者未有不承认的。即虽弥勒，他是主张用神话的，也曾说过几句话。他说：

> 儿童在幼稚园及初小一二年间，最显著的现象就是想像。想像的发达，是同较为活动的感觉动作的生活相辅而行的。因为儿童对于日常的事物同事物的用途上所生的联想，日积月累，对于事物的意义也就渐渐明了，精神生活的全部于以愈加丰富。想像的动作，就由这种丰富的经验里发生；其结果则又影响于经验，使他格外富厚。所以，这个时期，是儿童自然想像的黄金时代。①

可知想像这样东西，全是自然发生，并无需用神话来使他发达。

神话教材对于一二脑筋沈闷、思想闭塞的变态儿童，或者有发达想像的功用。② 但何能把想像力健全的儿童同变态的儿童一例看待呢？

我说到这儿，有个朋友引劳特瓦治③同惠特④来的话驳我道：

> 创造的想像，能使人发明机器、飞艇，他的用处非常之大。办教育的，应当在四岁到八岁儿童的想像力最发达的时候，拿故事、仙人的话、神话等来教儿童，使他的创造想像能够活动、发展。八岁以后，到了儿童重行适应的时代，记忆力最发达，受暗示的可能性减少，就应该拿实物来代神话，用手工设计法、地理等等的科目，来鼓

---

① 作者原注："注十五：见 Miller, *Education for the Needs of Life*, p.103。"注中英文可译为：米勒，《人生教育》，第 103 页。
② 作者原注："注十六：Colvin and Bagley, *Human Behavior* 里也曾有一点与此近似。"注中英文可译为：科尔文和巴格利，《人类行为》。
③ 劳特瓦治：通译诺斯沃西。
④ 惠特：通译惠特利。

励儿童创造的想像。至于教授虚幻的危险，都可因观察同官觉训练而铲除。①

我答他道：

儿童普通的想像，无需神话，自会发生。至于发明机器的那种想像力，是关于儿童幼年所受的教育（就中以锻炼思想为最大的要素）和日后的造就，绝非神话所能为力。劳、惠二氏说，发达儿童创造的想像，八岁前应该用神话，八岁后应该用手工设计法、地理等科。我以为，要发达儿童创造的想像力，就应该在幼时注意思想的锻炼，多供给他作事的机会，使他们多与事物接触，明了事物的意义，得正确的观念；不应用神话来淆乱真伪，以致影响于日后的生活。至于二氏说虚幻的危险可以用观察同官觉的训练除去，唉！谈何容易！

关于此点，我也不必在此发挥，请观下节。

（三）儿童不能辨别真伪，虚伪的观念不难排除，所以不妨用神话

这一派的人大概以为，事物没有一定的真伪，只要合着人的经验就是真的。主张这种说素〔法〕的人很多，我可拿高尔文来做代表。高尔文论真理的性质（nature of truth），他有几句话说道：

真实与真理，全靠着我们现在的经验能同我们全体的经验及别人的经验一致。不问什么东西，只要是最与经验吻合、最能满足智慧的，都是真理。并且，经验这样东西是时时变更的，所以，世上绝没有绝对的真理能互〔亘〕千古而不变的。

高氏又举了一个例，他说：

---

① 作者原注："注十七：见 Norsworthy, Whitley, *Psychology of Childhood*, pp.156～157。"注中英文可译为：诺斯沃西、惠特利，《儿童心理学》，第156—157页。

在近古及中世纪的时候，人都相信秃里美①（Ptolemy）的宇宙系统学说是真的，因为那个学说与当时别的已知的事实吻合。但是，后来人的经验加广，又不满意于秃氏的学说，而相信哥白尼的系统（Copernican system）了。但是，我们能承认哥氏的学说是最后的真理吗？

又如十八世纪的个人主义，在当时最适合卢梭及一般鼓吹法国革命家的心理。在美国宣布独立的时候，最能使那一般奔走的人满意。但是，现在所风行的，乃是社会互助主义。这种主义在那时候，人就不把他当真理了。

再如，昔日科学上的机械原子论，绝不能在今日物理学的新见解中占位置了。

诸如此类的例子很多，我们无须列举。总之，东西之真假，全看他能否令人满意。至于问最后的真理是什么，那是永远不会有结果的。

神话这样东西，所以能满足野蛮人底知识的、道德的需要，就是因为对于他们是真的，不过我们以他为假罢了。仙人的故事之于儿童，也是这样。他们替儿童解释的世界，在儿童看来非常之真，那迥非成人的观念所能领受的。儿童有一天长大变为成人之后，这些稚气的东西，他就会丢开。但是，他在儿童时代，还是作儿童之想。日后经验扩充，他就渐渐的将幼时的幻想，现在变成不适当的抛去。不过，从中经过的手续很慢，不致〔至〕于使他底"真实"的一条联贯线上发生出破绽来罢了。

（下略）②

我对于这一段话，有三种意见：

（1）真理无一定之标准，是不错的。不过，在没有新发明打消现在的真理之前，我们总归要承认他是真理；不可根据"真理无定"的一句话，为不妨教授儿童虚幻及种种误谬观念的理由。

（2）儿童不能分别真伪，我也承认。不过，教者当明白，儿童所以不辨真伪，是因

---

① 秃里美：通译托勒密，即克罗狄斯·托勒密（Claudius Ptolemaeus，约90—168），古希腊天文学家、地理学家。为"地心说"的集大成者。著有《天文学大成》《地理学指南》等。
② 作者原注："注十八：见Colvin, *The Learning Process* 中之'Imagination'章。"注中英文可译为：科尔文，《学习过程》中之"想象"章。

为他的经验不广,无真伪的标准。教者应当多给儿童与实物接触的机会。如蒙铁梭利[①]用种种东西来训练儿童的感官,那才是正当的办法。若说到因为他不能辨别真伪,就拿伪的东西去教他,不是欺他们吗?

(3)伪的东西,如妖魔鬼怪之类最易动听。误谬的观念深印脑中,历久不忘。我们受过教育的人同十岁以外的小学生,所以不相信这些东西,实在是后来的教育矫正所致,教育上实在受了很大的无形损失,断无年纪渐大即自行抛去之理。因为学习一样东西,就是把他神经里开了一条路,打了一个感应结。根据桑戴克[②]养成习惯的原理,快乐的结果,常使感应结加强。[③]说神怪的故事给儿童听,儿童未有不快乐的。既快乐了,误缪观念的感应结也就随之加强。后来又用种种方法矫正,自埋自掘,岂非教育上的损失呢?(劳、惠二氏说虚幻的危险可以用观察同官觉的训练除去,亦同此弊。)

况乎我国的教育很不普及,实际上有百分之五六十的人受不到教育。这些不受教育的人,在幼时受了家庭、社会里的种种神话的知识,后来又没有矫正的机会,误谬的观念根深蒂固于脑中,至老死不改;迷信鬼神,因以成为社会的风气。办教育的目的,原在改良社会,又那能在无形中又播下许多迷信鬼神的种子呢?(有一个小学教师告诉我说,他讲神话时候,有个学生问他:"先生,你平时叫我不要迷信鬼神,你现在不是讲的鬼神吗?"这个教师,简直无话可答。)

诸君如仍以为神话的观念长大了自会抛除,而非教育矫正的功效,请举一例,重行申辩一下。就如地震的现象,我们在幼时就听说是鳌鱼翻身,当时很相信,现在却不信了。(我们现在不信,是因为受过教育的矫正。)但是,那些乡下未受教育的老农,却深信不疑。倘如长大了会抛除神话的观念,那吗未受教育的老农,也就应不相信这句话那才合理。

总之,说神话的故事给儿童听(家庭教育在内),倘使他后来有受教育矫正的机会,必定是教育上的损失;倘使没有矫正之机会,误谬的观念可保终身不能排除。(真实讲

---

① 蒙铁梭利:通译蒙台梭利。
② 桑戴克:通译桑代克。
③ 作者原注:"注十九:请参看 Thorndike, *Educational Psychology Brief Course* 第十一章。"注中英文可译为:桑代克,《教育心理学概论》。

来，鬼神的观念，无论如何矫正，他的势力总不能完全排除。就如我们受教育的人，都说是不信鬼了，但是叫你一个人深夜独行，你心中总觉得惴惴不安；倘使忽然有一样东西突如其来的碰着你，你的潜伏在意识下鬼的观念即突然出现。所以，我们常常听得人说："我从来不信鬼，从这次以后，却相信有鬼了。"这就是幼时受的鬼话长大时受〔收〕的效果。我们办教育的人，我们做父母的人，又何必说鬼怪神奇的故事给儿童听，种这种恶因呢？）[1]

（四）神话可以引起儿童的兴味

又有人说，神话可以引起儿童的兴味。这又可分两层说：（1）为兴味而引起兴味，其目的不过使儿童娱乐，如乳媪之娱悦儿童，是以兴味为目的的；（2）儿童对于功课，常觉得干燥无味，所以拿神话来做媒子，是以兴味为方法的。

我对于第一点，要问：用故事愉悦儿童，是不是一定要用神话？

假使有一样代替神话的东西，既可同样的引起兴味，同时又可免去神话的弊病，是不是应当首先采用？譬如《帮助人的矮人》的故事里，叙述一个老太太穷苦的了不得，有一个矮人夜里来帮他的忙，替他做了许多事，后来这位太太晓得了，很感谢这位矮人，于是乎，矮人说他自己是位仙人——是帮助人的仙人，说后就跳去不见了。

这段故事很有趣味。但是，把从中仙人这一句话删去，却是一样的有趣，又何必一定加上这一点神话的色彩呢？又，关于矮人的话，如《非洲矮人的生活》，描写他们居住的状况，曲尽其妙，仿佛到了"山阴道上，令人应接不暇"[2]。一样的矮人的话，一样的有兴味，又何必添上神话的意味，舍真而就假呢？

张士一[3]先生对于神话问题，曾经告诉我一段经验，很觉有趣。他说：

---

[1] 作者原注："注二十：此是弗洛德（Freud）的心理学说。"注中"弗洛德"，通译弗洛伊德。
[2] 作者原注："注二十一：见南京高等师范附属小学《试报》。"
[3] 张士一（1886—1969）：名谔，字士一，江苏吴江（今属苏州）人。早年就读于南洋公学，以英语见长。后历任成都高等师范学堂、南洋公学英语教师。1914年任中华书局英文编辑，编译了我国第一部英汉字典《韦氏大字典》。后任南京高等师范学校英文部主任。1917年赴美留学，获哥伦比亚大学硕士学位。1919年归国，先后任教于南京高等师范学校、国立东南大学、国立第四中山大学、国立中央大学、南京师范学院等校。著有《记忆学》《英语教学法》等。

我有两个小孩子,常时要我说故事。我每每穷于应付。有一天,正是吃冰忌淋[①],小孩子又叫我说故事。我就即景生情,造一个冰忌淋的故事,一壁想,一壁说:"有一个人好吃冰忌淋,一杯不够,两杯不够,三杯不够,四杯还不够。"说到这儿,我心里就想说:"后来有个仙人,给他一个神杯,冰忌淋吃完,却又满起来了。"转一想,不如改个说法:"他就取了很大的个碗,放了许多冰忌淋,但是还不够。"这时候,我又想说:"叫这个碗大,他就自然大起来了。"一想又不对,最后换了一个说法:"他就买了一个橡皮碗,要他大,用手去一拉,他就大了,他要吃多少,就可随意放进去了。"这个故事说完之后,小孩子非常满意;听的时候,也很有兴味。

倘使我用神话来圆满这个故事,所收的效果也不过这样。既有同样的效果,又何必舍真而趋假呢?

大概有兴味的故事,不外三种要素:(1)用已知的原子,作未知的组合(unfamiliar combinations of familiar elements),如橡皮同碗都是已知的观念,橡皮的碗则是新的组合;(2)变换的快(rapid movement),不滞泥在一样东西上,说到这样,随即换到那样;(3)重复(repetition),如《三个熊的故事》中间有三个床、三个碗、三个枕头,大熊、中熊、小熊,大床、中床、小床,种种重复、比称的话。

故事之所以好听,大概靠着这三种要素。神话之所以动人,也不外这个原理。我们既得了这造好听的故事的要素,即景生情,处处都可以造出有趣味的故事来,又何必拘拘用神话才能引起儿童兴味呢?

我觉得,他这番话真有道理。虽则他所引的故事里,说一个人吃冰忌淋终久吃不够,有些不合事实;但是,他想法子代替神话,既免神话虚伪之弊,又收神话兴趣的功用,实系两全之计。极力主张用神话的人,听了这番话也可以觉悟了。

我对于第二点,拿神话来做方法,引起儿童对于功课的兴味,却也有点意见。

我要问:究竟儿童为什么对于功课无兴味?儿童对于功课无兴味,不求根本的解决,而用外部刺激(external stimulation)的方法,是否能够收效?我常细考,儿童对于功课

---

① 冰忌淋:通称冰激凌。

无兴味的最大原因，就是学校里的功课多偏于注入、静止的死板的方面，与实际情形、真实生活脱离，致儿童无活动创作的余地，仅仅做一副照相器、留声机。他所要知道的，学校里不能供给；他所不愿意做的，学校里偏偏逼住他去干。试问，他对于功课怎得有兴味呢？

我不妨举个简单的例。现在小学校里有一个通病，就是叫小学生记笔记。教者搜集许多材料写在黑板上，叫学生抄写（如地理、历史科之类尤甚）。到了考试的时候，还要出几个题目，试试他们究竟记得记不得。儿童在学校里，除去功课之外，又要干许多事，已经很忙，又那里有工夫来抄这枯燥无味的笔记？所以，除去少数想多得些分数，安心的去抄录的以外，差不多个个都怕了笔记。弄到末了，连课都怕上了。这种情形，我就曾经亲见过的。唉！这种片段、零碎的知识，小学生虽抄了数十本，究竟有什么用？与其叫学生死抄地理的笔记，何如领学生到野外去看看地形，说明河道的原委呢？与其叫学生死抄历史的笔记，何如在讲过历史之后，抽出几十分钟的工夫来叫儿童表演呢？与其叫儿童死抄理科的笔记，何如叫儿童课后实验或是到野外去采集标本呢？果能如是办，学生又安得无兴味呢？既有了兴味，又何必要外界的刺激呢？

杜威论兴味与训练，讨论兴味的意义，他有几段大概的意思说道：

兴味的意思，就是"己"（self）与"物"（world）从事于一种发展的境遇。照这字的普通的意义讲来，可分为三种：

（1）主动的发展之完全状态。如某人的兴味在政治学或新闻事业是。

（2）事前预期需要的客观的结果。即是一样东西影响于人。譬如一个人，想在法庭上占个位置，则不得不提起兴味来，研究研究法律的案子。

（3）个人感情的倾向。此根据于个人的态度，使精神集中于某事。

这三层，皆系"人"与"物"发生关系而生兴味。若不在这上着想，而要想从外面附加兴味，是犹药上加糖，不过是一种贿赂罢了。

考"兴味"二字，从语源学上讲来，就是"居间"（between）的意思——把两样分离的东西连成一气。在学习上看来，教者的目的同学者的现有能力不能连贯，在这二者之间的，就是工具——就是去做事，去克制困难，去利用方法。这种居间的东西，所以能有兴味，乃是因为他们能使学者现有的动作（即现有的能力）发达到所期的目的。教材之所以干燥无味,并不是教材不好,乃是教者的目的同学者的能力之间缺少联络。要使他们联络,最好使学者从事于动作,使教材的本身发生兴味,并用不着人为的方法从外附加。①

又,杜氏论地理、历史的意义时,有一段,我觉得最说得痛快。他说:

> 地理与自然研究(nature study),是二而一、一而二的东西。应当把自然妍〔研〕究包于地理之中。乃今之学校,把自然研究另立一科,教些零星琐碎、四无依傍的东西。就如研究花的各部分,同花的全体关系分离;教花的全部分,同这株植物分离;教这株植物,同土壤、空气、光线分离。弄到末了,这些讨论的题目死气沉沉,彼此分立,毫无补于想像,因此缺乏兴味,就不得不唤起万有神的观念,把这自然的事实加上一层神话,以期引起学者的注意,而固定其心神……②

你看,杜威反对神话的一番理由,何等充足!

我因论教育上兴味的作用,又联想到桑戴克同卢笛鸠③论兴味的原理,觉得与杜氏的话有许多地方可以互相证印,所以一起写出来。桑氏说:"随便何种天然倾向,有练习,便是适意的。不但如此,若是一种天然倾向发表的结果能叫天然反应自然的练习下去,也是适意的。"④卢氏说:

> ……儿童的天性,对于交朋友,帮人的忙,看、听、研究人物的关系同现象等等,是很有兴味的;并且这些兴味是动的,不是静的。他们无时无刻不鼓励儿童同环境里的事物发生关系。所以教授问题,并不要去引起儿童的兴味,只要把儿童的天然兴味

---

① 作者原注:"注二十二:请参看 Dewey, *Democray and Education* 中之'Interest and Discipline'章。"注中英文可译为:杜威,《民主主义与教育》;利益和纪律。
② 作者原注:"注二十三:见同注二十二中之'the Significance of Geography and History'章。"注中英文可译为:地理和历史的意义。
③ 卢笛鸠:通译鲁迪格。
④ 作者原注:"注二十四:见 Thorndike, *Education*, p. 88。"注中英文可译为:桑代克,《教育》,第88页。

引导出来,那就够了。①

总上看来,可知儿童所以觉得功课干燥无味,实在由于教者的方法不好,没有利用教材及儿童本身的天然兴味,因而想到外部的刺激,要找神话一类的东西来帮忙。果能澈底清查,作根本的解决,又何取乎外援?又何贵乎神话?

(五)儿童的经验窄狭,故必拿神话来扩充

这句话,也有多人主张。不过,我以为扩充儿童的经验,当设法使他的知识界扩充,不应用神话来扩张他的虚幻。

扩充知识界的方法,依心理发达的程序:第一步,当用游戏与工作使他明白事物间的关系;第二步,当用历史、地理的教材使他对于空时的观念扩大;第三步,教授科学的知识。这三步当中,以第一步的游戏、工作对于幼稚园同国民〔学校〕一二年〔级〕的儿童最为重要。

因为经验的性质含有主动、被动二方面。一施一受,全在明白彼此的关系,实带有试验的性质。教儿童的人,就应该叫儿童自己同实物去接触,使他们发现关系。等到儿童渐渐长大之后,他对于直接得来的经验不能满足,教者就应该根据第一〔二〕步,教授史、地以扩充他的间接经验,更进一步再教科学的经验。这三种步骤,乃是扩充儿童经验的正当办法。若不在这上着想,而要想法扩张虚无漂渺、不合事理的那一种幻想的经验,试问有何用处?

人生在世,所以能高于别的动物,控制物质界,就是因为他能利用已往的经验,规定后来的进步。所以经验这样东西,实在是一种规划文明的"利器"。试问,虚幻误谬的经验,能不能算得一种利器?能不能帮助我们控制环境,使世界进化?这是可以不言而喻的了。

总之,儿童的世界,有"虚幻"同"实物"两种。虚幻的世界之发生,由于他缺少同实物接触的机会,对于实物不能明了。所以,教者应当多供给儿童实地经验的机

---

① 作者原注:"注二十五:见 Ruediger, *The Principles of Education*。"注中英文可译为:鲁迪格,《教育原则》。

会，使实物的世界扩大，虚幻的世界缩小，万不能再用什么神话去淆乱真伪。桑戴克说的好：

> 真的知识，比之不实的知识要好的多，这个理是无需证明的。不过，现在的人，还拿无意识的东西来教儿童：幼稚园里，还离不了说谎；小学校的读法教材，有四分之一是荒诞的故事。他们选假的，不用真的，并没有证明虚幻的东西有利无害……①

中国的情形，虽略与桑氏所说的不同，但如父母同儿童讲的故事、书坊里出的童话，差不多有一大半是犯这种弊病。我希望，他们对于这一点，大大的改正才好。

（六）神话最合儿童的心理

主张用神话的人，有一个大根据，说神话最合儿童的心理。现在讲教育的人，不是说教育应当顾及儿童的能力和兴趣吗？那吗，神话是最好的资料。我对于教育应当根据儿童心理一层，却很主张；不过我所要问的是：现在你们所说的根据儿童的心理，是不是儿童的真正心理？

儿童心理的标准是怎样定的？能不能根据于儿童的好恶？幻想，是儿童心理中自然发生的现象。鬼神妖魔的观念，是不是同幻想一样，由儿童心理中自然发生？依我的意见看来，鬼神妖魔的观念，全是外面加进去的，不是儿童的真正心理现象。以儿童喜欢听鬼神妖魔的故事为儿童的心理的，我敢说，是根据于儿童的好恶是"适合儿童心理"说素〔法〕的罪人。

我尝考，观念的发生不出乎经验。因为观念这样东西，就是意义。有一样东西，远远的摇荡，你不知是一人摇臂，或是朋友向你招手，你必细细的推勘，然后你对于这样东西的观念才能明白。②倘使没有实物在那儿给我们经验，必不能有观念发生。鬼神这样东西，无形迹可寻，又那里可以经验？既不能经验，又从何有这种观念？

我常想，儿童所以有鬼神的观念，所以要听鬼神的故事，全是因为他常时听见人讲

---

① 作者原注："注二十六：见同注二十四'何种知识最优价值'节。"
② 作者原注："注二十七：见 How We Think, p.180。"注中英文可译为：《我们如何思考》。

这一类的故事，愈听愈喜欢听，好像是他们心理的表现。不明白的人，往往误为儿童的真正心理，要用神话去适应他们的需要，岂非大谬？

我试问，倘使有儿童从来就没有听过鬼神过，他还有这种要听神话的心理表现吗？中国内地的儿童，从来没有吃过香蕉，教者给一枚他吃过之后，儿童觉得好吃，又问教者索。教者就给了他许许多多，说是满足他要吃香蕉的生理需要。拿神话来适应儿童心理需要的人，岂非同这一样？

有人说，所谓适应儿童的心理，乃因为他在这个时期之内同原人一样，喜欢神话，仿佛就是适应他心理发育中的神话时期。这句话，是根据于复演的说素〔法〕（recapitulation theory）。关于此点，杜威曾有几段的大意说道：

> 主张复演说的人，以为教材应当用古文学的神话、歌谣等等，以符合历史上的那个阶级。不知这种见解全是回顾的（retrospective），是保守陈死的。在教育上看来，幼稚期（immaturity）的大利益，就在超脱年幼的人出乎"过去"教育的目的，就在使生长的过程走捷径，断无使儿童复演过去之理。①

杜威的意思，是主张进化的教育。进化的教育施之于保守的教育之中国，最为重要。我希望办教育的，不要再主张复演说什么"用神话来适应儿童的心理需要"。

四

此外，又有人主张，神话的功用有宗教的价值。宗教是人生必有的要求，所以要用神话。但是宗教的发生，是由于人生理想同现实发生冲突。② 人到了有困难的时候，就不得不诉诸宗教，这是自然的结果。不然，宗教将毫无意义。幼稚的儿童毫无宗教的要

---

① 作者原注："注二十八：见同注二十二中之'Educationas Conserative and Progressive'。"注中英文可译为：保守和进步的教育。
② 作者原注："注二十九：见刘伯明编《哲学导言》。"

求，所以神话对乎他，也就没有宗教的价值。

又有人以为，神话有美术、文学的价值。幼时读了神话，可以补助人长大之后欣赏美的能力。要知，补助欣赏美的能力可不必借助于神话；学校中如音乐、图画以及富有文学价值的读法教材，都可于儿童审美的情操上有所供献。

又有人以为，神话大概都寓有道德的意味。但是据我看来，有些神话，如《吃炭男》《审狐狸》①等等，不但没有道德的价值，并且要发生很大的恶影响。进一步说，即使有些神话有道德的意味，同时又发生恶影响的，总应该避去才好。

又有人说，现在欧西各国的教育，总比中国高妙的多，科学总比中国昌明的多。然如美国威西康新②小学课程里，则很赞成用仙人的故事。如《美人与猛兽》一篇，就是他们采用的。③又如万国幼稚园所出版的《幼稚园的课程》里，也主张用神话同仙人故事，且主张多用仙人的故事。难道他们先进的国家，倒反不如你想得透澈吗？④不知中外的情形各有不同。我们采取人家的法子，第一不要学人家的短处，第二要切合国情。外国的事情，未见得件件都好，即是一个人的学说，也未见得处处都对，总在采取的人有选择的眼光。若是一味盲从，那吗，外国小学课程的故事里有什么感恩节的故事、耶稣圣诞节的故事，我们一一都采进来，怎样呢？我想，诸君一定是不赞成的了。我所以不赞成乱引人家的课程、滥用神话，即是这个原故。

五

我驳用神话教材的理由，已经好长了，读者诸君恐怕也要生厌了。我现在，用前面所说过的意思，把不当用神话教材的理由总起来说一下。

---

① 作者原注："注三十：前者见中华书局童话，后者见商务印书馆童话。"
② 威西康新：通译威斯康星，美国州名。
③ 作者原注："注三十一：见 *Elementary Course of Study for the Common Schools of Wisconsin*。《美人与猛兽》即商务书馆童话中所译之《怪花园》。"注中英文为书名，可译为《威斯康星州普通学校基础课程》。
④ 作者原注："注三十二：见 *The Kindergarten Curriculum Bulletin*，1919 No.16。"注中英文可译为：《幼稚园课程公报》1919 年第 16 期。

用神话教材的最大危险，就是使日后的知识上发生恶影响，使教育上受无形的损失，使儿童的想像流于空幻，妨害正当的思想锻炼，灌输许多恶观念，妨害日后的生活。此外还有一层，是影响于儿童的道德。（亚当氏说："儿童喜欢听仙人的故事，同时又希望他是真的。所以他时常问大人：'这是真的吗？'大人很难回答。说他是真的吧，明明是欺儿童；说他是假的吧，又犯了教儿童假话的弊病。"亚氏想了一法，主张教者不要十分对于所说的故事，加重说他是真的。因为这样加重的结果，徒然使得儿童相信别的故事都是假的。我说，与其这样作难，不如不说这一类的故事为妙。①）

我希望，教育界里诸君不要忘记儿童的虚幻是由于缺少经验。当设法使他的实际经验扩大，不要再用神话来扩充他的幻想世界；不要误会想像的意义，以为要用神话来弥补缺陷或是使他发达；不要迷信幻想因年龄长大而减少的说素〔法〕，以为不妨教授多量的虚伪观念；不要迷信神话的功用，以为非此即不足以发生儿童的兴味；不要因儿童喜听神话，即以为是儿童的真正心理；最后还有一句，就是不要盲抄人家的课程，以为外国人说的话都是不错。

所以我主张，神话的教材在七八岁以下儿童想像发旺的时候，都不应用（能够有东西代替最好）。即有时因不得已的关系要用仙人故事，也必须详加审慎，确有有益无害的证明才能采用。至于普通人的观念，以为儿童年龄愈小即应当愈用神话的那种说法，我是完全反对的。

我做这篇文章，至此已完。我希望教育界里的人，看过这篇东西之后，加以详细的批评和指教，不胜荣幸之至。

---

① 作者原注："注三十三：见 Adams, *Exposition and Illustration in Teaching*."注中英文可译为：亚当斯，《教学中的说明文与插图》。

60 游戏教育

余家菊

1921年3月20日

另图44 余家菊像

题 解 本篇原载《中华教育界》第10卷第9期。发表时间为1921年3月20日。

撰著者余家菊（1898—1976），字景陶，又字子渊，湖北黄陂（今属武汉）人。早年就读于武昌文华书院、武昌中华大学。1920年考入北京高等师范学校教育研究科，为我国高校首次招收的研究生之一。1922年赴英国留学，先后在伦敦大学、爱丁堡大学攻读心理学、哲学。1924年归国，任教于国立武昌高等师范学校。后历任中华书局编辑、国立第四中山大学、冯庸大学、北平师范大学、中国大学等校教职，是近代乡村教育的首倡者和国家主义教育的理论建构者，也是少年中国学会、中国青年党、国民政府参政会的要人。1949年去台湾。著有《国家主义概论》《中国教育史要》《孔子教育学说》等。

有关《中华教育界》，参见前文《蒙铁梭利女史新教育法（节录）》题解。

从来我们对于儿童底游戏，每每将他看作万恶之源。儿童成群结队地玩耍起来，时不时骂娘、打架，再不然就吩咻喧扰，自然是很讨人厌的。老学究们教训童蒙，要他"朝如斯，夕如斯"，恨不得教出一群幼童秀才。儿童耽好游戏，宗他们看来，自然就分了心，读书的进步必定减少，读书时间的空耗更不必说。所以，人们喜欢禁止儿童底游戏，强迫他去一举一动都要循循然有规矩；即不然，也必将儿童看作冥顽不灵的东西，以为他既好玩，又不能使他不玩，只有听他去玩罢了。

其实，游戏场就是儿童底学校。游戏而没有正当的教育存乎其中，就等于学校之施行放任教育，结果必定害了儿童。新教育是利用儿童底本能去施行教育的。儿童既有天然的游戏本能，教育者就应该知道怎样利用这种本能去实施教育。老学究们喜欢禁止游戏，必使活泼泼的儿童们见他老人家来了就动也不敢动，这种现象固然是不对；就是以新人物自命的人，拿着书本上讲堂，上完了堂，就算尽毕了义务，对于儿童底游戏，就是"你为你，我为我"，睬也不睬，这种事情，又何尝合于道理呢？

我们要知道，不知道从游戏中去施教育，就是不知道利用儿童底本能，就是不知道以儿童为本位，就是不知道注意儿童底现时生活，就是失掉了最好的教育机会。这种的人，还配谈什么教育，办什么学校？这是我其所以要同诸位谈谈游戏教育的原因。

有的学者将绘画、游戏、说话，当作儿童底三种范畴活动。我们对于游戏加以相当的注意，总算是应该的呵！

一、游戏是最好的教育机会

教育，不是按时教些"人、手、足、刀、尺"就算了事的，亦不是按时讲些"在家中，孝父母；在学校，敬先生"就算了的。教育，是要随时随地去利用机会的。在讲堂上教认字，是教国文；在街上教学生认招牌，又何尝不是教国文？在讲堂教学生友爱，是教修身；在游戏场教学生莫骂人，又何尝不是教修身？再且，在游戏场中教修身、在街上教认字，是实际的、是动的，比在讲堂内的教育，恐怕要有效得多呢！知道这个道理，就知道教育是要利用机会的，在没有机会时还要创造机会。板滞的讲堂教育，毕竟是死教育呵！

要利用机会去实施教育，游戏就是最好的机会。何以见得呢？

（1）在游戏时所运用的，都是发达最早而且使用得最多的能力。所以，儿童在游戏中的反动，最为迅速。反动的迅速，与能力的发达和习惯的养成，都极经济。

（2）游戏是容易的、快乐的、少疲劳的，所以在游戏中，活动底分量可以高些，活动的时间可以长些。这亦是于增进教育效率有很大关系的。

（3）在游戏中，注意是专一的、自发的、有兴味的，所以反应底力量强。教育，就是要用刺激去引起反应的。能引起最强反应的教育，就是最不枉费气力的教育。

（4）儿童底游戏，是发于本能的、自然的。最当旺的本能一改变，游戏底种类和方法亦随着变了。所以，游戏是最适于儿童底本来需要的。因此，游戏是最好的刺激，使得儿童有自然的、及时的生长和发育。

（5）在游戏中的反动，最富于变化的可能性；而且，游戏亦是最适于运用多种的反动的。所以，游戏能使身心底各各方面都可以得着若干的合宜的锻炼，不致〔至〕于使身心底发达不能谐合。

我们明白这种种原因，就可以赞成柏拉图底话了。拍拉图说，教育底开始，应该是对于儿童底运动加以正当的指导。

二、游戏底价值

关于游戏底价值，即用连篇累牍的文字也说不完备。看此文上面的一节，就可以知道游戏底一般价值。现在，更从身体方面、精神方面、德育方面、社会生活方面、美育方面，概括地略谈一二。

（一）对于身体底价值

游戏能流通血脉、促进消化、裨益呼吸，大概是人人所知道的常识。有这种作用，游戏对于卫生的价值已经不小。其实还不止于此。儿童有忧郁不乐的事情，如从事游戏，就自然忘却了，免得妨害身心的发育。终日从事固定的活动，生活流于机械，生气容易凋残。游戏使人活泼自如，可以免掉这种危险。从事累赘的、单调的生活的人，如果有一种习惯，有在正当的游戏中去求休息，即可以免于传染病之侵入。凡此，都是游戏对于体育有价值的明证。

（二）对于精神的价值

游戏中的种种情况，忽起忽灭，变化无穷。游戏者必须"眼观八面，耳听八方"，极其灵敏、活泼，所以游戏很有益于感官训练。假或是争巧比胜，又必须估度敌人底情形，用敏慧的智虑去想像敌人底注意或计划，更从而临机应变，下迅速而确定的决断，于游戏又很有益于儿童精神之发育。可知，要训练儿童底精神，怎么可以不利用游戏！

（三）对于德育的价值

儿童有些很强的本能，到了一定的时期必然发生。这些本能，是自然要发泄的，不能遏止；但是，听他去自生自灭，又会遗害不浅。即如儿童每每好争斗、吵闹，是由于原有纷扰本能（pungnacibous[①] instinct）。若能教他去竞球、习拳术或者角力，而又加以相当的监护，那末，他内部所贮存的精力既有了正当的发泄，就不至于酿出罪恶了。据体育家底报告，嗜好运动的人底行为，比较他〔地〕要少些不道德的行为。教育者能使儿童底精力耗费无余，这种教育者就算很智慧了。因为儿童有余剩的精力，就会恶作剧的。若是能有相当的计划，去引导他所余剩的势力到一种积极的目的上去，那就更好了。

近来小学教师，很有人知道，多给儿童以功课可以使儿童免于犯规。其实这种功用游戏亦有，而且游戏还可以培养种种积极的品性。譬如，游戏要遵守游戏底规则，就是守法习惯底根基。守法习惯是共同生活不可少的品性。我们知道生活中所需要的品性只能在生活中去培养，难道不知道游戏即是生活吗？

国内讲德育的人，素来偏于静的教训，而不知道从儿童底自然活动上去加以陶冶；素来偏重存心养性，而不知道行为与心习的关系。须知静的道德是主知的道德，知识只能做我们底参谋，而不能做我们底统帅。须知专重存心的道德，每每行与愿违，每每明知故犯。读者若稍稍留意于游戏中之德育，或者于训练问题不无裨益。

（四）对于社会生活的价值

平民教育的提倡，一年多了。平民教育的实施，必须使学生底生活成为社会的。团体游戏，就是最好的社会生活。从游戏中，可以了解别人底动机与理想、欲望与兴趣。在游戏中，要求自己一组的胜利，同组的人就须和衷共济、协力互助。在游戏中，有胜有负，胜了的人要能尊视负了的人，负了的人要能赞扬胜了的人。凡是社会生活中所必须的精神和态度和常识，都可在游戏中培植一点初基。我们看，从单村独户出来了的儿

---

① 此处英文"pungnacibous"误，当为"pugnacious"。

童，对人的举止、动静，每每极欠熟练，极不自然，就是因为他缺乏同伴的儿童，所以没有机会养成接待人们的态度。

（五）对于美育的价值

美本有动的和静的之分别。譬如绘画是静的美，舞蹈是动的美。动的美，和游戏本来很容易联络，而且已经有了许多联络，舞蹈游戏、表情游戏等，都是的。这种游戏，可以陶冶儿童底美情。游戏要能加以充分的美术化，洗尽粗犷的习惯，去掉利害的冲突，那末，游戏教育底价值就更高了。

三、游戏底特质

我们既知道游戏底价值，以后将注意于游戏教育了！但是什么是游戏，假使不弄个明白，又会胡行乱闹。

"什么是游戏"这个问题，看起来像很容易，其实亦很难辨别。同一样的事，有人是做着好玩，有人是如做苦工。同一个人对于同一件事，有时做着简直算是游戏，有时做着又恍惚是罚苦役。

儿童性好绘画，当他高兴时，随笔乱涂，为所欲为，这是游戏。若是教师命出题目，定出方案，要他照着法度去制作，这就成了作业。若是他完全不愿意做，或者力不能做，只是因为先生底命令不得不勉强做去，那就是苦工了。

所谓的苦工，是过度的、机械的、强迫的操作。奴隶们底劳动并非意愿，只是屈于威权的，就是一个实例。苦工所求的结果，在活动（或事业）以外；他底目的，不在这种活动底成功，不过是把活动当作一个手段。例如艺术家作一篇小说，并不是为创作艺术品，乃是为赚钱糊口。

作业是自主的、志愿的努力。虽说要有牺牲、有恒心、有忍耐，然而自己知道自己所操作的事务底价值，稍微可以有一点慰藉。在作业中所求的结果，就是活动底完成。例如我今晚读书，要读到晚十二点钟，这本很苦，然而不是因为要赶文官考试，乃是因为我要读完这本书，所以是作业，不是苦工。

游戏是活泼的、自发的、快乐的，于活动以外没有目的。然而，游戏不是玩时丧日的，亦不是无目的的；他底目的，是活动底完成，正如作业一样。不过，因为游戏底进行要自由些，不因为所求的结果而固定进行的路径。唱歌自娱的人，随着自己底意兴去抑扬高下，比较练习歌唱、想于乐歌有所造就的人，拘拘于尺度、声调，苦乐自然大不相同。

总之，游戏和作业与苦工的不同，并不在所作的事务的不同，乃在作业的态度和意趣的差异。以后教育者底努力，必须使苦工成为作业，作业成为游戏，免得学生在校如坐监狱，上课如罚苦工。那就是说，要使学生操作一切业务，正如他们自己游戏一样。同时还要申明一句：游戏并不是让学生好玩，必须根据儿童所爱做的事务中之有用的，勉励他努力去做，以养成他底忍耐力和注意力。

布里顿（Briton）说得好，且引来作结。他说："作业内所含有的游戏的分量，就是那种作业底价值底分量；游戏内所含有的作业的分量，就是那种游戏底价值底分量。"

四、游戏教育底实施

游戏底价值和特质既已明白了，当然要进而讲求实际的设施。讲到实际设施，必须斟酌各地底情形、各校底经济状况、教师底职务繁简等等，才能有精确的方案。现在所能谈的，不过是几个概括的条件。至若具体的事项，当然还要读者自己去计划。

（一）游戏场和游戏器具的设置

学校必须有游戏场，正如必须有教室一样；必须有游戏器具，正如必须有图书和仪器、标本一样。讲游戏教育而没有游戏场和游戏器具，那就无从讲起，亦就无所谓游戏教育，至多不过是让儿童去自玩自耍罢了。

游戏场以广大、开朗，能引起活泼气象和容纳校内外的全数儿童为必要条件。游戏器具，以各种各色都略备一点，能够适合嗜好各异的儿童们底需要为宜。一般学校，往往愿意将逼窄的校址多设校舍而不愿意多留若干隙地，往往愿意将全部经费用作添收班次之用，而不愿意移一部分去作游戏器具设备费，这都是由于错认了什么是教育。

在西方各国，盛行所谓"游戏场运动"，就是将游戏场底设置看作急要的事情，而从事于鼓吹公众去担负开辟的责任。看了这，就可以知道人家怎样重视游戏了。

（二）教师底指导

游戏必须有指导者，正如学课一样，纯然放任，势必弊病百出。指导者必须知道各种游戏底价值，必须知道什么结果是产生于什么游戏；此外，更必须有相当的儿童学知识，才能因应自如而胜任愉快。

教师指导，最忌直接的干涉。所谓指导，并不是遇事干涉。干涉最足以妨害儿童底自动，减少儿童底兴趣和活气。指导只是于不知不觉中给与儿童以适宜的暗示，去救济当时的情形，或者补助儿童底缺欠。

这种指导，的确不是无充分能力的人所能胜任的。所以小学校聘教师，不但要〔看〕他能否教书，还要〔看〕他能否"教玩"。

（三）游戏和正课的联络

游戏能活泼儿童底心灵，鼓动儿童底生气。据有观察力的教师底报告，在游戏场中兴高彩〔采〕烈的儿童，就是在课室中顶能用功的学生——只要教员能用相当的刺激去促起注意。这样看来，老先生们以为游戏容易使小孩子们"玩野了心"，实在是不合事实。

倘若学校底正课，如国语、地理、历史等科，都能和游戏联络起来，使得正课即是游戏，游戏即是正课，那就是最完善的教育了。

在欧美教国语的，每每教学生去扮演课本上所讲的事项，如同演剧一般。我希望我国底小学教师也将这种精神引入课业中！

（四）校内游戏与校外游戏的联络

校外游戏不良，必定隐隐地在儿童身上种下许多毒菌，学校底教育因之不能收圆满的结果。儿童在校外没有适当的游戏，势必要干出种种不好的行为。

据欧美底统计，开辟了游戏场的城市，儿童犯罪的案件，比较未有游戏之先，要减少许多。可见，儿童在校外亦要有正当的游戏。教师对于儿童的责任，自然不可以校内为限了。若是校内所从事的游戏，有若干种是儿童在校外所可从事的，儿童散学归家后就不至于做出不正当的勾当。这就是校内游戏必须与校外游戏联络的理由。

再且，教育应该利用儿童底经验。校内游戏采取校外游戏中之无害而有趣的——有益的自然不应抛却，更不待言——儿童对之将更饶兴趣、更为热心从事，于教育底效果，亦必费力小而成功大。

如果有人肯就我国儿童社会去观察儿童游戏，并且一一搜集起来，以作研究之资料，那末，不但对于游戏教育底实施上有很大的方便，而且对于儿童学的研究亦必有极大的贡献。因为游戏底种类和方式是随民族而有差异的，中国儿童底游戏和外国儿童必有大相径庭的地方。

（五）游戏要适于儿童底本能

游戏中的活动，本来是出自本能的。各本能底发生有先后不同，儿童所嗜好的游戏亦随年龄而异。游戏底繁简、难易，乃至于种类，都要按着儿童底年龄去支配，不可本着成人底意思去定夺。成人所视为有价值的游戏，在儿童看来，也许是了无意义。

我有一位朋友，在小学生运动会中，教一个学生披戴纸竹制成的蚌形物，一个学生披戴纸竹制成的鹬形物，双方伏在地上，作鹬蚌相持状；更教一个学生来装作渔人。他这一出鹬蚌相持剧底用意，是要象征南北相争，日本人乘机占去山东。这种过于象征的教训，恐怕不是一般儿童所能了解的。游戏中，似乎以不有这种色彩为宜。

儿童所从事的游戏，随年龄底大小、本能底发育而大不相同。上面已经谈过，现在更分析地略加申述。

大概在三岁以前的小儿，最显著的游戏，只是一些感觉底尝试和运动底试验。从他自己底身体以至于各种物品，只要能引起视、听、触、嗅等感觉的，都是他底玩具；跳、跑、玩水、弄舌等活动，都使他觉着愉快。在这个期间的游戏，是无形式的，是流动而易于改换的，是纯粹个人的，以自己为本位的。

从四岁到七岁，儿童底想像力和摩〔模〕仿力异常增进，扮演的游戏格外加多。所谓扮演的游戏，就是用想像的行动去摩〔模〕仿成人底行为，例如儿童盛灰作饭，以款待同游的小客。此时，儿童创设的能力较为增进，游戏亦较有确定的目的，不过缺少耐久的能力，不能完成困难的目的。他需要友谊之心发生。在游戏中，很能使他底言语能力发达，很能除去他底自私心，为他的社会生活定个基础。

从八岁到十二岁，是个转变时代。身心底变化很大，渐次即于成熟。儿童以在这个期间最为活泼。他所游戏的，多半是比赛的。在游戏中所用的重要势力，还是身体底动作，用智慧的还少，智慧的势力只是逐渐增大。从此，他底努力渐渐发泄在有意义的方案中，在要用技能的活动中。技能熟练，竞争心旺盛，儿童底自私之性就完全曝露于比赛中。比赛底需要既然增多，就宜于利用这个时会去训练他遵守法律、重视友谊，因为守法和友谊是比赛中所必备的。此时的比赛尚欠密切的组织，个人底比赛多过团体的比赛。真正的协力互助，还是将来的事情。

从十三岁到十六岁时，入于青年期，发生了许多成熟的新兴味。党徒和队伍的精神在游戏中占了首要的位置。组织力和协力精神都很易于养成，做领袖的能力和服从领袖的志愿都增进了。在比赛中，不复完全着重在体力的一方面，智慧底要素逐渐入于重要的地位。如果利用得法，于教育上的利益不可计量。

总之，游戏中是儿童发泄天性的最好机会。要施行儿童本位的教育，要施行个性教育，最好是从儿童底游戏去了解儿童。再且，也只有了解了儿童天性发育底程序的人，配教儿童游戏。

五、儿童为什么游戏？

上面讲了"一、游戏是最好的教育机会""二、游戏底价值""三、游戏底特质""四、游戏教育底实施"，对于"什么是游戏""游戏在教育上占什么位置""怎样去实施游戏教育"等理论和实际的问题，总算略略地都加了一个解答，或者可以唤起有心人对于游戏的注意，而稍稍试行之。

此外，还有一个很有趣味的问题，即为什么儿童们都游戏？关于这个问题，有四种学说，现在略述梗概，或许能使读者更觉得游戏是有深厚意味的问题，而改变从来忽视游戏的态度。本文不是志在研究学说，所以将他放在后面，以作吾文底结束。

（一）势力剩余说

此说是解释游戏的最早的学说。创始的，是德国诗人雪勒①；完成的，是英国哲学家斯宾塞。所以，有人叫他叫"雪勒-斯宾塞底学说"。

这说以为，人类和高等动物底机体，由于很发达了而且很分业〔化〕了的原故，任何事业，只能使用他底全部能力底一部。未经使用的机体，储畜〔蓄〕着余剩的势力。既然不能发泄于主要的业务中，自然要从别方面去求发泄的路经——游戏就是一种路径。

儿童们在生活上有父母保护，种种事情都由父母代了劳。他底剩余的势力，势不得不从游戏中去发泄。一般人论儿童底游戏，每每说"教他不玩，有么事做？"亦就是这个道理。

（二）预备能力说

这说创始的人，是美国格鲁斯教授（Prof. Groos）。教授著有《动物底游戏》和《人底游戏》两种很负盛名的著作。他以为，游戏是本能的冲动底结果。预先操练本能，去养成有益于将来生活的种种习惯，就是游戏底要义。

宗他底意思，没有所谓游戏底冲动；不过许多本能在没有正式的事业去使用他们时，就仅仅为练习的目的而活动，于是成为各种特别的游戏。本能是来自天择的，在生活上是当然有功用的。在游戏中练习本能，就是无意地预备生活上所需要的能力。儿童所游戏的，即是在他将来的生活上所需要的。女孩子爱弄皮囝、爱弄木屋，就是预备养子、预备持家。

（三）复演说

此说是由何尔②博士（Dr. Hall）创始的。博士是于儿童心理学和青年心理学很有贡献的一个人。他以为，儿童在游戏中的生活，是将古代民族底生活重新来过活一次，所以叫作"复现〔演〕说"。生物学上所说的"复现〔演〕说"是说：个体发育底程序，

---

① 雪勒：通译席勒。
② 何尔：通译霍尔。

是重新复演民族发育底程序。

宗他底说法，儿童捉迷藏时，蹑足潜行、东避西躲，是由于野蛮时代的人有逃避毒蛇猛兽的事情；儿童好攀木为戏，捕捉鹊鸟，是复演渔猎时代的生活状况。

（四）休养说

休养说（relaxation theory）这个名称，本不甚妥帖，只是没有更好的名称。此说底创始者，是巴其克①（Patricko）。他以人类在生活中必须运用高等的能力，所以生活是紧张的，业务是束缚的，使人困顿、疲劳；游戏能使人休息，使人重新得着生气，能救济生活底劳苦。

游戏其所以有益于修养，是因在游戏中的活动是在民族底进化上早已有了的，而且这些活动又是最简单的，在活动时所遇的阻力最小，所以从事游戏的活动可以解放生活上的紧张状况。譬如踢球，有抛、打、跑三种活动。这三种活动，在原始人类逃避毒蛇、抛石击鱼、约伴打猎时，就早用惯了。现今再且〔在〕球戏中来使用他们，自然不吃力了，自然很觉舒服了。

上述四说，各有独到之处，亦各有缺点，都不算一个圆满的学说，不能完全解答"儿童们为什么游戏"。我们此时无心一一批评。因为我们只是要知道，对于我们所忽视的游戏、玩耍，也有许多学者在那里挖心控〔掏〕肝地研究！

---

① 巴其克：通译帕特里克。人名所跟"Patricko"误，当为"Patrick"。

游戏教育

余家菊

从来我们对于儿童底游戏每每将他看作万恶之源。儿童成群结队地玩耍起来时不时骂娘打架,再不然就是很讨人厌的老学究们教训童蒙,要他"朝如斯夕如斯",恨不得教出一群幼童秀才。儿童既好游戏,宗他们看来,自然就分了心读书的进步必定减少,读书时间的空耗更不必说,所以人们喜欢禁止儿童底游戏,强迫他去一举一动都要循循然有规矩。不然也必将儿童看作冥顽不灵的东西,以为他既好玩又不能使他不玩,只有听他去玩罢了。其实游戏场就是儿童底学校,游戏而没有正当的

教育存乎其中,就等于学校之施行放任教育,结果必定害了儿童。新教育是利用儿童底本能去施行教育的,儿童既有天然的游戏本能,教育者就应该知道怎样利用这种本能去实施教育。老学究们喜欢禁止游戏,必使活泼泼的儿童们见他老人家来了,就动也不敢动。这种现象固然是不对,就是以新人物自命的人拿着书本上讲堂,上完了堂就算尽了义务,对于儿童底游戏就是"你为你,我为我"。瞇也不瞇。这种事情又何尝合于道理呢?我们要知道,从游戏中去施教育就是不知道利用儿童底本能,就是不

61 儿童心理及教育儿童之方法

陈鹤琴

1921年3月

> **题　解**　　本篇原载《新教育》第 3 卷第 2 期。发表时间为 1921 年 3 月。
> 　　本文后于 1922 年 2、3 月，再次连载发表于《安徽教育月刊》第 50、51 期。
> 　　有关撰著者陈鹤琴，参见前文《编译儿童用书与儿童心理》题解。
> 　　有关《新教育》，参见前文《教育之对待的发展》题解。

常人对于儿童的观念之误谬，我们想，儿童是与成人一样的，所分别的，就是儿童的身体比较成人的小些罢了；以为儿童的各种本性、本能，都同成人一色的。若诸君以为这句话未免太过，那末我举几个例来证实证实。

我们为什么叫儿童穿起长衫来？为什么称儿童叫"小人"（little man）？为什么不准他游嬉？为什么迫他一举一动要像我们成人一样？这岂不是明明证实我们以为儿童同成人一样的观念么？儿童既然同成人一样，所以他亦应当穿成人的长衫、马褂。不晓得长衫、马褂与他的行动大生妨碍，并很违逆他的好动本性。致〔至〕于叫他端端正正的坐在家里，不得往外游嬉，这是愈不对了。

但以上所说的误谬观念、误谬教育，到了今天仍是如此。假使我们要收教育的良果，对于儿童的观念，不得不改变的，施行教育的方法，不得不研究的。

我现在把儿童的心理，以及怎样教育儿童的方法，约略说一说。

一、好动心

儿童生来好动的。他喜欢听怎〔这〕样，看那样；推怎〔这〕样，攫那样；忽而玩怎〔这〕样，忽而弄那样；忽而立，忽而坐；忽而跳，忽而跑；忽而哭，忽而笑。没有一刻的工夫能像成人坐而默思的。你要叫他像成人的样子穿了长衫，规规矩矩坐起来，他实在觉得精神上痛苦不堪。

你要问我："儿童虽然生来好动的，但坐坐有什么难处呢？"咳，你不晓得的心理嗄！儿童为什么好动呢？因为他的感觉与动作很连通的。若他一想到吃，他就去寻东西吃；他一觉得痛，他就哭；他一听得门外欢呼声，他即刻跑出去看。总之，儿童还没有养成自制力（inhibition），他的行动完全为冲动与感觉所支配。这种心理，密尔[①]氏（Miller）叫做"心意的动现"（motor flow of consciousness）。从这一点看来，儿童生来好动，不像成人有自制力的。

或者你又要问我："这个好动心，于儿童的教育有什么好处呢？"他的好处是显而易见的。我现在略说一点，以供参考。

我们晓得，一个儿童生来无知无识的。试问，他怎样能有知有识呢？他生来并不知冰是冷的、火是热的、铁是坚的、水是弱的、那样东西的性质、这样东西的滋味。他怎样能支配工具、怎样能控制万物？他的身体怎样得着运动？他的道德怎样能发展？他的智力怎样能增进？他的群育怎样能养成？这些，就都是他的好动心的功劳。虽然不能完全归功于这个好动心，但是要发展儿童，那这是很紧〔要〕的利器。他摸着铁，就觉得铁的坚性；他吃了冰，就知道冰的冷性；他玩怎〔这〕样、弄那样，就渐渐儿从无知无能的地步，到有知有能的地步。

怎〔这〕样说来，从前我们教育儿童的方法，实在是大错了。我们应当给他充分的机会、适当的刺激，使他多与万物相接触才好。

---

① 密尔：通译米勒。

二、模仿心

这个模仿心，青年、老年亦有的，不过儿童格外充分一些。儿童学习言语、风俗、技能等等，大大依赖这个模仿心。

他生来不能说方言，到了一岁的时候，就咿唔的要说起来了。到了三岁的时候，一乡的方言就学会了。假使他生在英国，他就能讲英语了；假使生在德国，他就会说德语了。儿童的模仿力实在是大，不仅对于言语是如此，对于一国风尚、文化，亦莫不如此。

怎〔这〕样说来，寻常儿童的优劣、善恶、智愚，虽大抵定于先天，自然亦很受环境的影响。倘若儿童处的环境是卑鄙龌龊的，那末难望其能光明正大的了；倘若环境是奢侈繁华的，难望其能节俭朴实的了。孟母三迁择邻，就是为了这个缘故。

那末，儿童的模仿心，在教育上有什么的价值，并利用模仿心是怎样的呢？

做父母的，格外要留意。他们的一举一动，就能影响他们的儿童。做师长的，亦须"本身作则"，烟酒嫖赌尤宜戒绝。吾闻友人说，某校学生因为教员吸烟，亦居然效仿，谓"教员可吸，我们为什么不可吸"。做职教员，除了本身作则之外，还宜养成纯美的校风，使得学生不知不觉的模仿了。假使某校学生皆好勤学，凡偷懒的新生进来，亦渐渐儿的好学起来了。

我对于利用这个模仿心，还有一层意思不得不说的。我们不论在家庭、在学校，当设备极好的环境使儿童模仿。不过，同时要教他鉴别是非、善恶，务使他达到"择其善者而从之，其不善者而改之"的地步。脑斯华社[①]（Norsworthy）说得好：

教育家对于模仿心的责任，就是：对于儿童选择模范与法则，发展他们的判断力与分析力；要求他们所模仿的结果与模范于〔相〕比较；并设备各种模范，使儿童得发展自立心、创造力、发明心。

---

① 脑斯华社：通译诺斯沃西。

三、好奇心

好奇心关〔对〕于儿童之发展、文化之造就，具莫大势力的。儿童凡对于一切新的东西，就生出好奇心。一好奇，就要与新的东西相接近。一接近，那就晓得这个东西的性质了。假使儿童与新的境地相触愈多，他的知识愈广。

虽然由好奇心所得的知识一时不发生效力，但后来于实用上很关紧要的。比方他以好奇心的缘故，知道木能浮水、蜂能刺人、火能烧、刀能割；这些经历、这些知识，于他将来很有用处的。

好奇心具怎样的性质？

（1）能激起儿童的好奇心，就是新异（novelty）。比方大声、辉耀的色泽、显著的比照（contrast），皆易惹起儿童的好奇心。

（2）事物与事物相接触而发生的新异，亦能引起儿童的好奇心。第一条所说的新异，是指点事物之本身而言；这条所说的新异，是事物与事物相接触而发生的新异。比方说，儿童放风筝，起初风筝是他的新物，放风筝为他的新事。所以，他的对于风筝是很好奇的。但是过了一二星期后，放风筝的事体不能发生他的好奇心了，风筝的本身底新异已消化〔失〕了。虽然如此，假使我们对这个儿童说："某儿童亦有一个好风筝，你愿意去看么？你愿意与他比赛放筝么？"这个儿童对于放筝的一件事体，又发生好奇心了。他的好奇心，一方面是要看看某儿童的风筝是怎样的，一方面是看看他的风筝能否比那儿童放得高。从上说来，我们晓得事物有本身的新异，有与他事物相关系而生的新异。儿童对于这两种新异，皆有好奇心。

（3）好奇心与年岁。儿童的好奇心，不是永久不变的，乃是随年岁而发展的。葛尔拜缺立克①氏（Kirkpatrick）在他的 *Fundamentals of Child Study*②，对于这一点说得很清楚。我所以把那一段谙出来，以飨读者。他说：

当儿童未能行走以前，他的主要兴趣，即在经历新的感觉，并注意感觉的关系。

---

① 葛尔拜缺立克：通译克伯屈，又译基尔帕特里克。人名所跟"Kirkpatrick"误，当为"Kilpatrick"。
② 此英文，为书名，可译作《儿童研究基础》。

但当儿童一能讲话，就要问他所经练〔历〕过的东西底名词："这个是什么？""那个是什么？"若得了一个名词的答案，那就知足了。等到熟悉各种事物并名词之后，他的兴趣就变了。他现在常常要问："这个什么用处（use）？""你怎样做底？"或者"你为什么怎〔这〕样做底（how and why）？"有时，他要追根掘源，问："这个东西从那里来的？"

儿童长到三四岁的时候，他的"why question（为什么）"的询问格外多。所问的，大抵关于普通公理，比方"天黑暗，因为太阳下山了"。他的兴趣，常常关于应用真理一方面的："太阳下山么？""没有。""那末，为何天如此黑暗呢？"在这个时期，他的对于真理的询问，必加之以"为什么"三字，而且他一直要问到底始肯息，或等到受成人的责骂"keep still"① 为止。

儿童究竟爱悦什么样的东西，我们也应当研究的。当七八岁的时候，他对于颜色，比较对于形状有兴趣；对于动物与小孩，比较对于长〔大〕人有兴趣。到十二三岁的时候，他的兴趣在于理解迷物（puzzles）推想；在这个时期，研究历史的兴趣亦浓厚起来了。年岁再长一点，他对于道德、宗教的问题就很有兴趣。

总之，好奇心是儿童学问之门径，吾人不得不注意的，不得不利用的。

（4）好奇心与教育。柏拉图曾经说过："好奇心是知识之母。"可惜我们中国人不会利用这种利器。儿童一到学校，就受注入的教育，没有发展好奇心的余地。所以，现在我要请掌教职的，当利用儿童的好奇心，引导他至学问的境界，并不仅以新的经练〔历〕、新的东西引起他的好奇心罢了。

四、游戏心

儿童好游戏，乃是天然的。近世教育利用这种活泼的本能，以发展儿童之个性与造

---

① 此英文，可译为"保持安静"。

就社会之良好分子。幼稚园教育，即根据游戏本能；即以中小学校而论，亦以游戏为施教之良器。但是吾国普通社会对于游戏不加注意，甚有以为学校不宜让儿童游戏的；普通人常以游戏为顽皮。乡村学校有志的教师，就是要引进游戏一门，亦觉得困难万分。因许多父母竟反对儿童在校游戏，以为他们送子弟是为读书，不是学顽皮的。

（一）游戏的价值

未说儿童与游戏的关系之先，我要把游戏的价值约略的说几种。

（1）发展身体。

游戏是一种自然的、具兴趣的、活泼的运动。游戏时，儿童不自知的将他的全副精神拿出来，来游戏。因此，锻炼他的筋骨，协助他的消化，快速他的血之流行，增加他的肺之呼吸。

工作与体操虽能发展身体，然万万不及游戏。因为工作与体操，无所兴趣的，易使人疲劳的；游戏致人快乐，人乐意玩弄。

所以，欲发展儿童的身体，非利用游戏心不可。

（2）养成公民应有的性质。

各种高尚道德，几乎多可从游戏中得来。什么自治，什么克己，什么忠信，什么独立，什么共同作业，什么理性的服从，这些种种美德之养成，没有最〔再〕比游戏这个利器来地快、来地切实。致〔至〕于公平、信实、尊敬他人的权利、勉尽个人的义务，种种懿行，实为游戏之附属产品。

我请以捉迷藏之游〔戏〕为例。蔽目捉人的儿童，不得私自偷看，他一定要有自治的能力。假使他不能自治而偷看，那末，同玩的儿童断断不让他怎〔这〕样偷看的，所以，强迫他自治，也不许他与别人串通，欺弄其余的儿童，他必定要独立的、诚实的。还有，假使某强硬的儿童被蔽目捉人的所捉着，不肯照例来代替蔽目的，其余的儿童断然不让他不尽他的义务，亦不准他侵犯他们游戏的规则。这种精神，除了游戏之外，实在不可多得。

我再举一例以证游戏之效用。比方四人玩网球，二人在一边。这二人各有玩球的范围，不得互相侵犯，且必须共同协济来攻打他们的对敌。在这一点，就可养成尊敬他人的权利之心并共同作业之精神。其余的，我也不必多细述了。

总之，游戏是一种发展公民道德之利器，吾人万不可忽略的。

（3）能使脑筋锐敏。

游戏亦能发展智力。判断力、知觉力、观察力、想像力、创作心、冒险心，皆能从游戏中渐渐地养成。

我将棒球游戏来作证据：游戏的人，必须眼快手快，而且要冒险，要判断；见有机会可抢家基①（home base），即须冒险前进。玩棒球游戏，一定要刻刻注意、时时观察的。

（4）为休养之灵丹。

人生不能经年累月的勤劳。人之精神有限，休养（recreation）与放松（relaxation）是必需的。比方某儿童在学校读了六点钟的书，他的精力一定觉得困疲。那末，最好的休养方法是什么？我们简直可以说，除了游戏之外，没有好的灵丹。一游戏，他的脑筋就得放松，他的心思就到游戏上去了。

对于这休养一成〔层〕，我们成人格外要留意。你看看我们中国人，大抵行走迟慢、形容愁苦，毫无活泼的精神。这是为什么缘故呢？其中最大的缘故，就是因为终日操作、精力敝疲，没有适当的游戏、充分的休养来放松他们操作的精力，来解散他们的忧虑。

所以，假使我们要打消社会的暮气，发展青年活泼的精神，非引进适当的游戏不可。

（二）年岁与游戏的关系

幼时所好的，未必青年之所喜；老年之所爱的，未必儿童之所能。人生一期有一期之游戏。今略述华特尔②（Waddle in his *Qutroduction to Child Psychology*③）所分配与研究所得的结果，以供大家参考参考。

（1）幼稚期（infaucy④，生至三岁）。

在这个时期，儿童所爱的游戏，完全是属于一种感觉的与动作的方面（sensory and

---

① 家基：通译本垒。抢家基，即本垒打，为棒球游戏中的一种得分方式。
② 华特尔：生卒年未详，通译沃德尔（C. W. Waddle）。美国心理学家。所著《儿童心理学入门》于1918年在美国出版，1929年由葛承训翻译，并由中华书局作为"教育丛书"之一出版。后文所引内容，即出自该书第六章。
③ 此处英文可译为：沃德尔在其《儿童心理学入门》中。其中英文"Qutroduction"误，当为"Introduction"。
④ 此处英文"infaucy"误，当为"infancy"。

motor experimentation）。遇着小的东西，儿童就要捻他、尝他；遇着大的东西，若椅、桌等，他就要推推看、动动看。

儿童在这个时候，不但爱触觉的游戏，亦喜欢闻觉的游戏。他很爱听声音，他常常以棒敲这样、击那样；有时把桌上的杯、碗抹下地上，听那破碎的声音。所以在这个时期，我们应当给他各种会响的玩物，若摇铃、箫（一种小的，是专门为儿童玩的）、摇鼓冬〔咕咚〕、口笛等。一方面可以使得他独自游玩，不致缠绕父母；一方面使得他学听各种声音。

（2）儿童初期（early childhood，四至七岁）。

在幼稚期，婴儿喜欢独自游戏。到儿童初期，他就要同伴同游。假使没有同伴，那末他就想像一个或几个幻想的同伴（imaginary companion）。他能与这个幻想的同伴一同游戏，一同起居饮食。但到底，他的同伴是幻想的，他终究觉得寂寞的。所以，我们一定要使得儿童有良好的伴侣。

在这时期，儿童所游戏的，近于模仿，近于戏曲，心理学所谓模仿游戏（imitative play）、戏曲游戏（dramatic play）。三五儿童常常群集一隅，同作娶亲或出丧的游戏。从前小的时候，只能把凳子推推摇摇罢了；现在，二三小儿以两根棒头抬了这个凳子，抬来抬去，谓"我们抬花轿来了"，或者把几个长凳拖来拖去，谓"火车来了"。

这些模仿游戏、戏曲游戏，对于发展儿童、永续文化，是很有价值的。儿童怎〔这〕样的游戏，对于他本身，学习社会风尚、习惯，对于社会，使得文化永续的不绝。不过，我们最要注意的，就是应当设备良美的环境，使儿童不知不觉的模仿才好。

（3）儿童末期（later childhood，八至十二岁）。

儿童到了这个时候，他的身体比较初期的时候强健的多，他的精神亦非常的充满，他的知识亦渐渐底丰富，他的运动筋骨亦颇老练。因此，从前所游戏的，现在不喜欢了。现在要玩的，当比从前的复杂，若放风筝、踢鞭〔毽〕子、斗蟋蟀、拍皮球等等。这些游戏的价值，比较初期的初浅模仿游戏，自然来得高。强健儿童的身体，活泼儿童的精神，敏锐儿童的脑筋，发展儿童的公民道德，大大地可从中——这些复杂的、具兴趣的、有规则的游戏中——得来。

五[①]、结论

以上所说的，不过荦荦数端。其余儿童心理，若群居心（gregarious）、竞争心（rivalry）、畏惧心（fear）、争斗心（fighting）、嘉许与谴责心（approval and disapproval）等等，非这短篇所能尽述。但请读者诸君，于这篇中要格外注意的有数点，我再简单的声明于下。

（1）儿童不是"小人"，儿童的心理与成人的心理不同样。儿童的时期，不仅作为成人之预备，那是亦具他的本身底价值。我们应当尊敬儿童的人格，爱护他的烂漫天真。

（2）儿童秉性好动，我们不要仍旧用消极的老法来剥夺他的活泼天性，必须与以适当的环境，能使他充分的发展。

（3）我们教育儿童，亦当利用他的好奇心。好奇心为知识之门径，我们当利导之。我们的普通父母，常常摧残这点好奇心，禁止儿童"多嘴""饶舌"，这实在令人痛恨的极。

（4）游戏是儿童的生命。假使我们没有让他游戏，他一定不得终生〔生趣〕的。还有，游戏具种种教育上的价值，我们更加宜利用的。但是我们也要明白，这个游戏是随年岁而变迁的。

总而言之，我们应研究儿童的心理，施行教育当根据他的心理才好。

[①] 本级标号，系由编者所加。

62　儿童心灵底发育

[美]密鲁著　余家菊译

1921年3月

题　解　　本篇原载《教育丛刊》第2卷第1集。发表时间为1921年3月。
　　　　　　撰著者密鲁，通译米勒（I. E. Miller），美国教育家。其著作 *Education for the Needs of Life* 即本篇"附注"中所提"密鲁氏《生之教育》"。该书由郑宗海、俞子夷译为中文版，名为《密勒氏人生教育》，于1921年9月由商务印书馆初版，风行一时。
　　　　　　有关译者余家菊，参见前文《游戏教育》题解。
　　　　　　《教育丛刊》，亦名《北京高师教育丛刊》，刊期不定，历月刊、季刊、半年刊、双月刊，1919年12月创刊于北京，由北京高等师范学校编辑（1923年4月起改由北京师范大学编辑），上海中华书局出版。旨在"介绍国外教育的最新思潮，批评本国现时教育及调查各地教育现状，建立本国教育今后各种革新的计划"。主要栏目，有论述、调查、附录等；主要撰稿人，有邓萃英、王文培、曾作忠、程时煃、汪懋祖、苏耀祖等。停刊时间不详，目前能查到的最后一期为1926年4月出版的第5卷第6集。

　　儿童在教育上占怎样的位置？科学上所谓的童龄是什么意义？他底意义对于上述的问题有什么供献？什么是心理发育底阶段？在学校儿童底生活上，有哪些紧要的发育阶段？在生长与教育中，要经过种种转变，我们将用何种根本原理去解释这种种转变？每个转变的阶段有什么显著的特征？每个转变的阶段有什么需要？在教育上要采用哪些原理，才能完全适应各阶段底需要？

一、儿童在教育上的位置

（一）童龄（infancy）底意义

首先从科学上去解说童龄底意义的，是约翰佛司基[①]（John Fiske）。他于研究进化论时，他底注意忽为一种有兴味的平行论所摄引。倘若从最低等的动物生活看到最高等的动物生活，我们将要发现，童龄是逐渐延长的。自然，所谓的长短，是和各该动物底寿命为比例。更奇的是，童龄愈延长，智慧亦愈增高。人类底童龄最长，人类底智慧亦最高。

童龄底延长和智慧底增高平行并进，这种现象简直是偶然的吗？其间，也还有一种必然的关连否？佛司基以为，有一种必然的关连。他以为，在种族底进化上，童龄底延长，是和智识底进化相符应的。童龄期间的可变性（plasticity），使高等动物有一种机会，可以于父母保护之下，藉着自己底经验去适应环境。偶然得到的智慧，无论怎样微弱，人们总能利用他；而且他也总有几分力量，去使那个运用他的人得以免于淘汰。所以，从自然淘汰上看起来，在高等物种底进化上，智慧是天之宠子。

佛司基说："社会底进化和伦理底进化，亦都与童龄底延长有连带关系。"我们狠容易看出，人在幼年不能自立，母亲从早到晚总不能离开他，于是，做父亲的人就不得不保护他们，不得不扶养他们。这样，家庭的结合乃确定了。人类团体的进化，是由家庭底关系扩充成为血族与部落，又由血族与部落发生类似政府的组织。还有，人类的根本德性，亦是萌芽于家庭之花底内面。父亲底勇敢、母亲底敏〔勤〕劳，就是铁证。儿童底柔弱无依，引起父母底同情与保护、忠诚与义侠，从此，才在人类生活上发生真正的价值与意义。即我们所宝视的爱国心，亦无非是由对于家庭的忠诚扩充成为对于社会的。

（二）童龄与教育可能性（educability）

佛司基关于童龄底意义的讨论，使许多人觉得，童龄底延长是人类得有高等智慧的原因。如果我们将童龄期间底可变性看作宜于练习智力的条件，上面所述的意想就必定很近于真理。

[①] 约翰佛司基：通译约翰·菲斯克。

有了童龄期间底可变性，得自遗传的行为方式才失掉了他底制限力，行为才可以有极广大的变异。于是，就能从经验上多所学习，而对于生活的实际情形亦能为更好的适应。

在个人底生活上，童龄期间的可变性即是教育可能性底基础。童龄期间的可变性与教育有两重关系：（1）为保守的作用，即是说，人类的可变性与童龄〔期间〕底延长，使后代的人能够吸收前代的人在文化上的贡献；（2）进步的作用，即是说，可变性是创造和发明底基础，个人藉着反应底变换，藉着试验底活动，就可以发现更有利益的方法了。

二、儿童心灵底发育阶段

人类从来有一种成见，以为儿童是"缩型的成人"，比较成人只是具体而微。现代科学的儿童研究颇有许多重大的供献，而澈底地打破此种见解，即其重大供献的一种。儿童研究已经显明地诏示我们：儿童为〔与〕成人的差异，不独是分量的（quantitative），而且是性质的（qualitative）。

关于此点，我们此时无意于详细讨论，用一种实例就足以使他明了：倘若婴儿成人后，身体各部底大小仍然保持着在婴儿时代的比例，那末，他底头将有平常人的头的两倍大，他底躯干将要比平常人的长，而且有一个大而且凸的肚子，他的腿部将极短极短，致使他底行动显出璃〔蹒〕珊〔跚〕细步的状态而惹人笑话。如有这种模样的人，善于经理马戏者必定愿意做一回投机事业，去用巨款购来，以为招摇射利之用。这是说，儿童身体各部底大小与成人不同。此外，骨骼和血液的成分，以及内部各机体底大小，亦与成人大相悬殊。至于道德生活与心灵现象，更不是仅仅和〔比〕成人的微小一些。

儿童与成人根本不同，我们知道了；我们还要牢记着，儿童是慢慢地变为成人的。在转变底进程上，亦没有绝端的罅隙。为了解各种年龄的儿童起见，我们特将儿童底发育时期分为若干阶段，而且用重要的、显然的生理上底转变和心理上底转变，做划分底标准。

各专门学家对于这些阶段所给的名称，人各不同。专门名称既然极为纷淆，而各阶段和教育上通用的时期分划又大致相同，所以我以为，采用教育上的划分法，或者可以替读者诸君免掉许多烦恼。

宗这种划分法，心理发育底各阶段是：学龄以前的期间、幼稚园与国民校的期间、高小期间和中学期间。后面要按次分段讨论。只有中学期间属于青年心理，姑不具述。

三、儿童心理的根本原理

要研究各发育期底特征，我们必须有几种普遍的原理用作解释底工具。不然，我们将流于堆积杂乱的、有兴味的事实，而不能看出这些事实底要义。

要判断儿童生活界的现象与事实有什么意义和价值，最好是牢记着机能原理（principle of function）[①]。我们搜集事实、解释事实，总要着眼在"个人自主力"底生长与"社会适应力"底进步，因为这就是根本处所。在儿童底心意外散的生活上（psycho-motor life），与这个中心问题有关系的，还有两个特别重要的法则我们必须知道：一是播散律（law of diffusion）；一是意识底磨托[②]流动律（law of the motor flow of consciousness）。

（一）播散律

从神经细胞底组织及各细胞间的关系看来，我们可以建设一种理论，主张有机体底各部分因受刺激而发生的神经冲动可以传播于各处，可以达到全身上一切的腺与筋肉。

心理实验底成绩很维护这个假设。但是，完全的播散与平均的播散很少，因为遗传与习惯确立了一些使神经冲动易于发泄的路径。有此等占有优势的路径，神经冲动底播散的流动就中途断绝。

不过在儿童们，天赋的行为倾向很有游移之余地，不像别种动物所受于遗传的行为倾向那样特殊、那样确定，再且，儿童底行为亦不像成人那样用习惯做基础。在儿童们，原始的播散倾向极为强大。

---

① 机能原理：亦称功能原理，是机能心理学派的基本主张。它强调心理的适应功能，重视心理学的实际应用，主张把心理学的研究范围从正常人的一般心理规律扩大到动物心理、儿童心理、教育心理、变态心理、差异心理等领域。
② 磨托：英文 motor 的音译，现通译为摩托。

儿童们屈伏于"多重反应"底倾向，是一件很明显的事。他若被一件光亮的东西或动的东西所摄引，他不但立即跑去取拿这个东西，而且全身都动弹起来。第一次勉强写字的小孩，不但是有双手齐下之势，而且，身子也动起来，腿子也摆起来，口也紧张起来，眼也睁〔挣〕扎起来。

因此，儿童底一切行为，都有很大的差异的可能，很大的偶然性，很大的任意性（variability，randomness，spontancity），不像成人这个样子。

（二）意识底磨托流动律

儿童底一切感觉、知觉、想像，无一不屈伏于磨托流动。心理学家曾试验过，在人类底生活上，一切意识都是磨托的；意识底一切活动，从最低等的感觉界到最高等的思想界，从极微弱的感触到极强烈的情绪，无一不奔流到磨托的沟渠内去。

磨托的沟渠，能左右外表的行为和内部的生理活动，如呼吸作用、心脏跳跃、腺的分泌等。但是，成人底磨托活动每每为权衡、计较的理智作用所防遏，在公众场中的行为更其多有这种情形。在小孩子们，各种禁止的能力、防遏的能力、节制的能力，都没有发达，所以他们的意识历程更完全合于磨托流动律。只要有了刺激，或有了暗示，或有了意象，无论是怎样微弱的，他即刻就会跳起来，慌张起来，手舞足蹈起来。你替他戴帽穿衣，扣纽扣，结鞋索，他总不愿意安静地站着；一有事物惹动了他底眼，或有意念羼进了他底脑，他就立刻活动起来。你正在替他做事，他不待你做完；你正在对他说话，他亦不待你说毕。这种情形固然恼人，可是不应因此责备他，他是生来如此的。若是他能像成人一样自制，那就成了变态。

磨托的和心意的自制，是必须学习的事情。教育者必须了解儿童生长的历程，而且要能够帮助他去学习那种将精神集中在目的上的能力，并帮助他去取得那种主宰磨托的和心意的活动的能力。因为磨托的和心意的活动，都和他们底成功有重大的关系。①

---

① 译者原注："磨托（motor）和感觉（sensory）是对待的。他底意义是发动者，是由内向外的活动，是司动的神经。难得恰当的译名，暂用音译，是仿磨托车（motor car）的前例。"

四、学龄以前的期间

在这个元始期间,儿童的事务,大半在练习身体上重要活动的调节和感觉上基本活动的控制。事物对于此期的儿童,有两种兴味:一是因为事物可以做他底身体活动的中心;一是因为事物可以做他底新感觉的源泉。此期儿童们所有的游戏和玩弄底发动与满足,一大部分在身体活动的快乐与爱好新感觉的天性。

儿童底神经能力固然有很大的播散倾向,儿童底意识的磨托流动固然有很大的权威,但是我们不可忽略:无论怎样幼稚的儿童,对于那些在他底本能上有坚实根基的事情,对于那些能给他以较大的满足的事情,都显出几分持久性与集中力。无端去防碍他们底活动,极足以惹动他底愤怒,正如别人干涉我们底行为一样。

藉着各种活动,儿童们渐次地了解环境上各种事物——人亦在内——底意义,而且渐次地知道用有利的方法去应付这些事物。此期儿童底精神生活,实已超出于感觉界以上。凭藉着丰富而圆满的、感觉和磨托的经验(sensori-moter experience),想像底机能就开始活跃,到了下期中就很重要了。还有许多在适应社会上用的单纯原理,在入学年龄以前,已经归于他所能够控制的范围以内。适用于家庭以内的原理,他尤其能够控制。

五、幼稚园及国民校的期间

(一)心灵底发育

在此期间,心理上最可注意的特征,是想像力发达得异常迅速。这种发达和活动的感觉生活与磨托生活是相随而并进的,并不是独往独来的一种发展。联合事物和使用事物的能力都扩大了,对于事物的意义亦比较地见得明了了。

他底心意,对于他所见、所闻、所接触的种种,能为更进一层的探究。全部的精神生活,就从此丰富了、扩大了。从丰富的经验产生想像底活动,而想像底活动又影响经验,又给与经验以光明。

在这个时期,儿童底自发的想像极为旺盛,可以说是一个黄金时代。他所做的各种事情，无一不受想像底左右。他底心意极力伸张，穷搜各事物间的广泛关系；他底好奇心更加敏锐，而且好奇心底活动又从感觉域而进于观念域。儿童们遇事就问，即是此种心理状况的反映。他不但好问他所见闻的种种，而且恳切地追问未来的情形、实际的功用，以及别种不关于感觉界的问题。

他底摩〔模〕仿活动，从生理的磨托感觉型（physiological and sensori-moter type）而变为表演式（dramatic form）。心中起了意念，立刻就要表演在行动上。环境底活动给与他以暗示，暗示激动他底意像，意像又以演剧的形式重行表现出来。

游戏亦变了，变成演剧的性质。游戏底行动，现在仍然是极其任意的，不过是发动于活动如流的想像。他们之喜欢身体底活动，到现在还有几分是为喜欢活动而活动，不过一大半〔部〕分是因为要满足积极的想像。

在从前，以客观的物体当作动作底中心，当作新感觉底源泉，现在就不止于此了。到了现在，客观的物体是一种媒介。藉着这些媒介，能使意象发表出来，能使意象外转（objectified），能使意象更为显活，能使意象更有可乐的性质。

（二）个性与人格

此期儿童底生活，很有自由的、任意的、冲动的色彩。内部的思想与情感，都自然地流为行动，绝无一点拘束。他底意志极不坚定，一起一伏，好像波涛一样。然而，在本能的行动上和最有兴味的事情上，亦时有几分集中力与持续力。

我们对于这种集中力与持续力，应加以尊重，应加以指导，而利用他做基础，去训练作业努力与意志。控制筋肉活动的能力长进了，他底动作能力大为增进，更加以意像指导活动的权力亦日渐加高，于是他就觉得自己底权力，而且了解自己是一个主宰者，是一个权力中枢。

在此期间，若干侵占性（agressiveness）底发生与自我肯定性底发达，是常态的事，是控制自我力与适应社会力将要发达的征候，不足为病。

（三）儿童想像底原理

（1）磨托流动律。儿童有了一个意象，就要动，就要表演出来。他底意象是在行进上的，与前面所说的磨托流动律很相符合。

（2）意象与实际不分明。儿童底意象富于磨托性质，由此性质产生种种结果。他之不能分别什么是意象与什么是意象所代表的实际，就是这种种结果中之一种。儿童们有了意象，立即实行，并不问他是否妥适。儿童画图画时，想起屋宇，就画一个屋宇；想起人进屋内去，就画一个人在门前。他不管他所画的人比门还画得高些，也不管他所画的人比屋还画得高些。他觉得最有兴味的是意象，事实只是一个附庸，且有时简直将意象看做事实。

（3）意象与行动不分明。在儿童们，意象与行动都是属于一个接续的、一贯的活动。意象是活动底开始，行动是活动底结局。有了意象，立即动作，没有计划，没有步骤。意象与行动的区别、历程与结果的区别、目的与手段的区别，在从事于控制实际上与建设上的复杂事情时，乃因情势的逼迫而不得不产生，这就是简单的实际作业在想像底发达中所有的重大价值的一种。

（4）经验底推广与统一。靠着想像底机能，儿童们求得更宽广的、更统一的经验。经验中如有罅隙，如有不相衔接之处，非用事实或幻想去造一条桥将他连接起来，心意将始终不能宁静，始终不能舒服。这种情形，多少可以解说此期的儿童其所以好追问、好积极的搜求、好积极的探讨的原因。神话与故事其所以合于儿童心理底需要，就是因为有这种情形。藉着神话与故事，自然界上及人事界上不相调适的素质可以综合成为一个系统，统一性的冲动亦得以满足。

（5）儿童经验的统一，不是思考的。想像作用活动异常，思考的素质没有发动的余地。儿童底经验所有的组织，与其谓为思考的结合，毋宁说是感情的统一。我们想给他以观念时，如果采取完全的科学的形式，那就损伤了他的想像底变幻的、任意的、感情的性质。如果教授得法，自然界与人事界底真实情形对于儿童本可以有一种亲切的价值、与一种神话故事同样强盛的热情。自然研究与英雄故事可以合神话与故事兼采并用，同样地可藉以满足他底需要。

（四）教育上的要义

这个期间底教育目的，就是要使儿童藉着自发的活动（身体的与心灵的），去求得经验底长进与丰富。

在这种易变时期之丰富的经验中，必须为一切更进步的学识、技能、趋向、品性、习惯、嗜好与理想，立一个确实根基。所以，在幼稚园与国民校内，所有活动底种类与数目，物品底种类与数目，都是愈多愈好。儿童应该熟习泥土、丝绵、竹木、五金等重要物材，应该熟悉刀、剪、斧、凿、锯、锉以及为挑、抬、推、拉用的种种工具及其使用法，应该熟悉家庭生活与邻人生活底重要情形，应该熟悉家庭底、学校底、运动场底以及于团体底各方面的社会关系，应该熟悉关于权利、责任、无私、仁爱、服务等重要理想。

利用他底好奇心、想像力，以及对于故事与画片的爱情，去促进他底心灵底发育，并补足他所熟悉的经验。用各种适于他底年龄的事情，去培植他底道德生活与宗教生活。不必教授什么形式、什么象征以及什么教条；要朝着真、善、美的方向，去陶冶他底自发的感情、倾向、冲动等，使感情、冲动、倾向永远不违背真、善、美，而且要使他底生活趋势确定于这种方向中。

自己表演的练习——如游戏、演剧、绘画、砌纸、弄画片、谐和的舞蹈、唱歌，以及别种结构的手工——要极多极多。

手工、绘画、音乐、读书、写字等课程，应该注重在自己表演与自然冲动底满足，不应斤斤于成绩品。要使儿童欣悦他所作为的事情，要使儿童实际地生活于学校及学校底活动中。在幼稚园与国民校中，这种事实比较特别的技能和客观底成绩重大多了。在此期间，还不是注重技术的时候。技术的注重，要到儿童需要技术去做促进他底理解力底工具时，去做促进他对于成绩的鉴赏力时。

于积极的活动以外，故事和故事对于想像力的触动是教授上的重要利器。故事之道德的、社会的价值，不在用他做说教的根据，亦不在用他做记忆底工具，乃是因为他含有富于精神、富于生气、富于情感之紧要的、活泼的真理与理想。儿童底注意既然是流动的，儿童底思想既然无轮回的性质，所以一个道理必须从各方面推阐，才能与儿童底生活发生强固的关连。要使故事有效力，无论是灌输理想的故事，或是讲解自然界与人生上的重要事实，都必须加以精密的安排，使之环绕着一个中心理论。这样，那种印象才能反复地更新，才能反复地印入。

对于在此期间的儿童的训练，暗示原理很关重要。他们极其富于反应性，注意容易分散，同时又容易收聚。他自然地轻易信赖别人，而且欢喜别人爱他。教师宜于引起他底信仰，去指导他、鼓舞他，毋须乎用权力去鞭策他。儿童的训练问题，完全是这样的一个问题。布置业务，要能时时引起注意；不可命令他注意，不可要求他注意。

六、高小期间

心意底活动与行为底历程，在前一期间都是富于变幻性、流动性与任意性的，到这一期间，则成为很有组织的、很凝结的、很发达的、很受控制的。这是前后两期间很不相同之点。

（一）显著的特征

在此期间，控制精神的能力长进得异常之快。他底想像不复如从前那样虚幻，那样任意，而成了控制行动的工具。实际思考的能力与范围，都扩大了。在追求他底目的时，亦不复依赖冲动式的、偶然式的行为。

在此期间，儿童底社会性沿着有兴趣的途径而发展。到了此期底末叶，儿童们底拜盟结党，是一件很有意味的事。男孩们都想结合伴侣，去干体育的事务和实际的事业；女孩们好联盟结会，拜异姓姊妹。他们底胸襟极窄隘，对于盟外的人每每排斥。在此期间，儿童所受的道德生活与社会生活的影响，多半来自朋党生活中，父母与师长底势力极小。从教育的见地讲，父母和师长，最好加入他们底朋党，去给与他们以适宜的指导。

（二）儿童想像底性质及其解释

在前一期间，儿童底想像是活泼的、流动的、任意的；想像底自发的流动，奔腾得异常迅速，不受什么节制。到了此时，调节想像的能力已经发达了几分，对于意像以及意像所代表的实际，渐渐能明白分别，能比较意像与实际的异同，并能用此方（如实际）去剪裁彼方（如意像）。如果意像不正确，亦能用相当的时间去加以思索，加以洗炼。这就是说，意像成了一个很好的精神的工具。换句话说，就是意像成了实际界底象征，无论已经存在的实际也好，或是将要成立的实际也好。

在从前，意像只是倾向于动作；现在，意像就代表或者指示一件事物了。他有他底价值，是因为他有关系于他所代表的事物；不像从前，他底价值只在他底自身。意像所有的象征机能既然长进了，儿童对于目的与手段、历程与终局、原因与结果，就能加以分别。此时，意象是可以把捉着的，可以把捉着去加以审查，加以评判，并且将他与别的种种意念联合起来。所以，对于行为底进行，能够预先筹划就绪——设置目的，并决定实现目的的方法。

然而，我们必须知道，在此期间，想像力的活动只能在有限的范围中，只能在具体名词所能解说的情形上，或者说，只能在儿童所比较地熟悉的情形，以及与儿童兴趣相关的情形上。了解概括论调与抽象原理的能力还没发达，这不是儿童底事，乃是青年底事。这或者一大半是因为儿童底兴味富于直接性。不过我们并不是说此期的儿童完全没有抽象思考的能力，只是说，他底这种能力是很有限的，不是多方面的，不是大范围的。

（三）几条应用的话

（1）注意技能。

在此期间，可以多注意在业务底技能上。技能来自精巧的行动与成绩品的创造。此时，儿童底生理基础与心理基础都可以担当此任。写字、图画、手工，都可以注意于成绩底优美。对于复杂的、精细的动作，既然逐渐地获得完全调节的能力，所以在生理方面，技能的注重是可能的。想像力已逐渐地归于明确、精当，并能联合多数意象去成为一簇，以象征目的与手段间所有的关系，所以在心理方面，注重技能亦是可能的。

想像力发达，又使学校课程可以多注重于读法、语法以及历史、地理。心意底发达，已经可以觉知在技能上所用的各材料间的关系。所以教授此等教材，不至于流为死板的，而可以成为有机能的。因为这种种原因，对于记忆的活动与操练的活动所下的正式训练，宜于留待此时，不应安排在幼稚园及国民学校。

（2）训练思考。

辨别手段与目的的能力既然增进得极快，他的思考的范围也应该随着有相当的发展。在这一方面，学校可以尽什么义务，以供给这个时期底需要？又可以用什么方法去尽这种义务？

要训练儿童底思考，必须给他以机会，使他有意地用方法去适应目的。在某种情形之下，目的（即结果）与产生结果的活动有十分固定的关系。训练儿童底思考，应该特别地利用这种情形。如果所求的结果，或因繁难而偶然地不能实现，或因复杂而不显明，那就于儿童思考的活动有极大的妨害。

从这一方面看，工艺的训练与业务的活动都很有价值，因为可以供给适当的问题。例如，在地理科，可以注意山谷、城市是某等动相底结果。山谷、城市是动相底确实的、具体的结果，这些结果十分可靠，而且比较地容易领会。山谷是某种活动——自然的或人为的——的结果，很容易看出。小孩子们随时可以看见某地方的墙院一天天的崩溃了，某地方的泥土一天天的堆积高了。利用现时可见的种种具体的原因与情形，他能想出山谷成为现状的经过。这样，他就能有意地调停手段和目的。他底思考，是在特殊的、具体的事实内面活动，不过思考过的事实一天多似一天，他就慢慢地取得一种习惯，以为事实是可以用原理说明的。所以，他不久就会绝对地喜欢原理与律令的自身。

在自然研究上，靠多数的单纯情态去联结原因与结果最为容易。在历史科上，则较为困难，因为要多靠想像力。但是，培养一种习惯，去思考我们所熟悉的生活上的制度与情态，以追溯这些制度与情态底来源与经过，也的确有许多可以适用上述的道理的。

儿童们很乐于在一个特别事实的内面，去考查各部分的关系，不大喜欢研究宽泛的、涵盖的概论。训练儿童底思考，在起首的时候，要使他对于结果以及求得结果的手段有个精美的具体意识。从这种意识，再使他对于手段与目的的关系所有的知觉，逐渐地归于普遍化。

要达到这种目的，与其在"原理"底创立中去求，不如在"律令"底创立中去求。儿童即令不能了解"为什么"，亦必能了解"怎样"。了解（understanding）与知道（know）不同。所谓的"了解怎样"，最少要能觉知一件特殊事情内面所含的目的与手段的关系。至若"知道怎样"，就有时简直是盲目的活动。从儿童方面看来，完全是武断的。

总之，在此期间之合宜的思考训练，只是利用设计法的训练与利用问题法的训练；而且在问题法的训练上所用的问题，又必须是从设计法上的计策中直接产生的。

（3）自然冲动的变化与发展。

此时各样的本能动作，都从任意型（spontaneous type）变成有节型（controlled type）。游戏的活动变成有组织的比赛，好奇心的机能活动于较高的知识域，创设的动作变成有目的的、有志向的、社会的冲动，不复像从前那样，只是一种群居的倾向。在党侣内，忠实的精神很为发达。搜集的活动流入有定的方向，如搜集印花、钱币、花邮片、鸟卵、矿石等。

要使此期的教授适合生活的需要，必须知道儿童的心理状况已经此〔比〕在幼稚园及国民学校期间的要高过一等，只是没有发达到系统的科学研究所需要的状况。利用自然的冲动时，须使自然的冲动能在这种较高的境界上得着满足。在这种境界上，儿童心意底组织力与扩张力发达得异常迅速。

（4）儿童底意志。

意志底生长，和"控制筋肉力"底发达和利用意像以控制精神，都是有连带关系的。要使意志底发表有效，这二者都是必需的。

不过在这个期间，用意念控制行动，只能及于一个很狭窄的范围，而且要是在有直接利益或关系的场所。努力的坚持，必须在和他有本身关系的事务上才能长久。

意志是实际的。要训练意志，必须在需要意志的实际情形上。理想与理想底发表，必须有坚固的连合。对于意志上的感情素质，必须大加注意。要训练理想，必须使儿童研究实际生活上的具体事务。这样，他就能了解理想，且将吸收感情的素质。使他发出实际活动的，就是感情的素质。

（5）儿童底人格。

此时儿童底人格渐渐地有了固定性，再不像从前那样易于暗示，那样轻于摩〔模〕仿，流动的性情变成有节制的了。意志底持久力增长了，因为他很了解目的以及实现目的的手段。作业的课程，也由此而更有效力。

在此期间的儿童，不是完全社会化的。他底态度，不是自私的，乃是不自觉的，乃是以自我为中心的。他承认家庭为他所做的事，他并不十分觉得自己所有的责任。然而，这也是应该的。因为他还在自然的依赖期间，重要的事当然不能自主。自然为他安排了朋党盟会的计划。在这种计划中，他们底社会性渐渐发展。在这种场所，他才第一次学得什么是自愿的忠诚，他才参加社会上底协力互助。

（四）教育上的要义

在此期间的教育，应该继续着增加儿童底经验。用各种方法使他直接去接触、去观察、去参加，并且可以利用创设的想像（constructive imagination），去使他把读书所学得的事理和听话所学得的事理都明白地集合于心头。

现时，可以注重记忆、操习、习惯的养成以及技术的熟练。这都是要精神的能力与动作的能力很精巧、很纯熟，才能成功的。根本学术上所有的符号，要乘时学习着，而且要知道符号底意义。

这个期间是一个很好学习精细的筋肉活动的期间，又加以想像中的象征性已经发达，所以很可以注重绘画底、作业底以及思想底成绩的完成。教师宜于利用这几年去锻炼实际的思考。锻炼思考要靠设计法和问题法，不必用有科学组织的材料。

这个时间，很好把经验组织成为宽大的系统，但是只宜着眼在各个事物的牵连的关系上。抽象的原理，在起先，宜于从具体的事实中去寻求。

这个期间是英雄崇拜的期间，对于传记与表功的故事，异常高兴。所以，最好利用他去培植理想，去使他底态度归于社会化。手段与目的的区别既已明白了，于是就知道，作业与研究不是游戏。

在这个时间，学校应该训练儿童去求学、去研究，使他觉知他所必须求得的目的，并且告诉他以这些目的底价值以及求得目的的进行方法，使他觉得有趣。规则、律令与课业，都要加以理性化。那就是说，要使这些东西不是武断的、专横的，亦不是仅仅要使他们合于原始的本能。

从前所用的外界的威权，现在要开始移去，而使他对于种种关系能有内心底觉悟。学校底训练，应该着眼在儿童底自我——担负行为责任的是自我——又应该使活动底方向对于儿童有重要的和实际的兴味。权力这个东西，不可用了。

附注

这篇文，是节译密鲁氏《生之教育》内面的"儿童论"。他这本书底特色有三点：（1）披荆斩棘地条陈要领；（2）说明都是根据教育上的事实，倍觉亲切；（3）详述原理的应用，与实地教育者以施教方针。我作这一篇的目的，只是要供给一个大概的观念，好使大家对于儿童多几分兴味，减几分"与鹿豕游"的感慨。比较原书"儿童论"，仅及三分之一。能通英文的人，还请参看原书。原书名叫 *Education for the Needs of Life*。

63　兴趣与儿童教育

顾克彬

1921年3月

题　解　　本篇原载《教育汇刊（南京）》第1集。发表时间为1921年3月。

本文后于1924年12月1日在《河南教育公报》第3年第18、19、20期合刊"教育心理研究号"上重新发表。

撰著者顾克彬，生卒年未详，字质光，浙江金华人。早年考入南京高等师范学校教育科，曾协助陶行知推进平民教育运动，为陶行知所编《平民千字课》开办试验班，对教学方法进行探索和总结。历任江苏省教育厅督学室督学、江苏省立淮阴师范学校校长、江苏省立太仓师范学校校长、江苏省江浦高级中学校长等职。1930年12月起，参与发起成立中国测验学会。1932年，参与发起组建中华乡村教育社。译有《教育测量统计法》等，辑有《淡斋诗集》等。

有关《教育汇刊（南京）》，参见前文《编译儿童用书与儿童心理》题解。

教育之目的，在养成健全之个人，以适应环境、迎合需要。为小学教师者，教授儿童，宜根据儿童天然之本能，以继续改造其经验，使其经验日益丰富，而后教育之目的可达。

顾教授儿童，非教授成人可比。儿童天真烂漫、坐立不定，教室内之活动无时或息。不明此旨者，一味禁止，阻其活动之天性，有如春园之草，方欣欣向荣，遽受摧残，久之必养成板滞之儿童，与机械无异。而欲其能适应环境、迎合需要，可乎？否乎？

救之之道，惟有以积极的方法代消极的禁止。方法维何？曰引起兴趣是已。

今请申论之：尝见儿童听教师演讲故事，则眉飞色舞；与同侪游戏，则兴高采烈；夏日纳凉，聆家人口述奇异，莫不喜形于色；女孩多以木人嬉戏，或习针黹。凡此，皆有兴趣之表示也。

昔人对于儿童兴趣各有见解。有以兴趣为一种之注意者，有以为一种之快感者，有以为本能之要素者。虽所见各殊，而其承认兴趣之价值则一也。

兴趣有二种：曰本来的兴趣（native interest）；曰学来的兴趣（acquired interest）。

新奇之事物、愉快之声音，皆足以令人发生兴趣。如儿童至游戏场，五光十色，庞然杂陈，则兴趣盎然；街衢军乐悠扬，儿童闻之，俱争先往观。此种兴趣，多由感官而来，自然发生，故曰本来的兴趣。

又如教授算术，以棋子分给儿童，使排列各种形状以学习加法，于是儿童对于算术即发生兴趣。此种兴趣多由学习而来，儿童对棋子有兴趣，故对于算术亦有兴趣。此之谓学来的兴趣。

儿童在未入学校以前，所有兴趣多为本来的兴趣，或与弟妹嬉游，或与邻儿征逐，动作举止，顺乎自然。及入学校，骤处于新环境之中，为教师者不得不藉本来的兴趣以引起其学来的兴趣。与以纸、墨、笔、砚，则喜悦而珍藏之。纸、笔、墨、砚之本身，非有兴趣也；因其能与儿童天然嗜好之兴趣相联络，有之而后可以习字，故一见纸、墨、笔、墨〔砚〕即发生兴趣焉。

本乎此理，则教师对于儿童，宜如何引起其兴趣，养成其有兴趣之态度以研究学识，为将来适应环境之标准？兹略言之如下。

一宜根据儿童之经验以引起其兴趣也。

小学教师教授儿童，往往出乎儿童经验之外。是以言之谆谆，而听之藐藐。曾忆数年前，初小第一年级国文读本，其第一课乃"天、地、日、月"四字。试问，六七龄之儿童，如何能了解其意义？即以"天"字而论，如教师告儿童曰："在人之头上而蓝色者，为天。"他日，儿见乌云沉霾，则心中怀疑，而或不以为天矣。编辑者固不知根据儿童之经验以搜集教材，而教师竟盲从之，拘泥课本，儿童读此有何兴趣之可言？故以后，改为"人、手"二字。儿童本身，即人也；其父母、兄弟、姊妹，皆人也。人皆有两手。此二字，久在儿童经验之中，一经教授即能明了，且有兴趣，较之"天、地、日、月"四字，胜过多多矣。

二宜用直观教授以引起其兴趣也。

直观教授，尽人皆知其价值，但教师每避难趋易，有时仅绘图以代实物，节省手续。一旦儿童见实物，仍不知其为何物也。美国非亚霍浦[①]（Fairhope）之约翰孙夫人[②]（Mrs. Johnson）教授儿童，最能实行直观教授。其自然研究（nature study）一科，大半在室外教授。领儿童至野外或森林中研究各种草木，试验根、茎、叶、花，互相报告，然后参考书本以解决问题；或令儿童观察蜜蜂，视其如何吸取花液，如何酿蜜。凡此，皆直观教授最佳之方法。儿童既学得知识，又发生兴趣，对于功课自无厌倦之心矣。

三宜用故事以引起其兴趣也。

儿童在六七岁时，想像力渐次发达，经验中之缺陷往往可用故事以弥补之。小学教材中故事占一位置，职〔轵〕是故也。杜威谓："高小历史宜利用想像之活动，将历史教材构成活泼、有生气之小说体裁，使过去历史上之陈迹，变为现在虚构想像中之一部。则儿童读历史，必定发生兴趣。"是以教授时能利用故事，或将教材构成活泼、有生气之小说，则不独引起儿童之兴趣，且为发达想像力之良法。在约翰孙夫人学校中，故事为学程之一。上课时，各生报告故事，然后全级讨论，又能养成文学上之兴趣。儿童皆欲读特别书本以搜罗故事，故无需教师之督促，于不知不觉中，遂养成儿童读书之习惯焉。

四宜用作事学习[③]（learning by doing）之方法以引起其兴趣也。

儿童好奇心极盛，遇一事物，辄问其父母、家人；得一新物，则以舌舐之，或以手触之，甚至裂为粉碎，以观其构造。此种动作，乃实验精神之基础也。作事学习，为近来教学上最流行之一语。推其本源，乃实验方法所收之良好结果。美国印的安那坡里斯[④]（Indianapolis）第四十五小学校，行种种教育实验，成绩卓著。其第五级（当中国高小一年级）学生之活动，皆为平屋之制作。绘图也，计算也，每能深感兴趣，努力不

---

① 非亚霍浦：通译费尔霍普，美国地名，属亚拉巴马州。
② 约翰孙夫人：通译约翰逊女士，即玛丽塔·约翰逊（Marietta Johnson，1864—1938），美国教育家。早年毕业于师范学校，担任乡村教师五年，积累了丰富的教学经验。1907年创办费尔霍普学校，开展有机教育实验，取得了很大成功，成为进步教育运动的代表人物之一。
③ 作事学习：通译从做中学，为美国实用主义教育家杜威的著名主张之一。
④ 印的安那坡里斯：通译印第安纳波利斯，为美国印第安纳州首府。

辍；且能以学校固有之园圃为标准而筹画家庭之田园，建筑墙垣，修补道路；而裱糊居室、购买鱼肉，亦并及之。不特兴趣浓厚，且见诸实用。

五宜用化装表演以引起其兴趣也。

化装表演为教学上常用之方法。如最近中国北方灾荒①，各小学校多表演灾民状况，描摩〔摹〕灾情。一方面，作赈济灾民之慈善事业；一方面，又得到无数知识、经验。其兴趣之浓厚，不言而喻。他如表演历史上之丰功伟迹〔绩〕、社会上之生活状况，以及风俗、习惯等，皆足以引起其求学之兴趣。

六宜养成儿童有兴趣之态度也。

儿童常囿于目前之需要，而不能顾及远大之目的。事物之足以引起〔兴〕趣者，辄乐为而不倦；其稍费思考而感困难者，则视为畏途。为教师者，宜示以远大目的之所在，不可囿于目前之一隅。书记②生涯，一干燥无味之生涯也；然因勤于职守，则薪金可逐渐加增，故对于书写之生活，亦发生兴趣而特别注意。凡教师遇儿童感困难、退缩不前时，宜以理解之，以养成其有兴趣之态度。虽有难困，必具百折不回之坚志，而寻其兴趣之所在。其与将来之事业，有莫大之影响。

以上各项，不过其大端。教师诚能措置有方，随时随地皆能引起儿童之兴趣。临机应变，原无一定不易之方法，是在教师斟酌行之耳。予对于儿童兴趣，觉于教学上有极大之关系。用〔爰〕敢将管见所及拉杂以陈，以备有志儿童教育者之采择焉。

---

① 此"灾荒"，指1917年夏末秋初华北发生的大水灾，又称"顺直水灾"。当时，永定、大清、子牙、南运、北运五河同时漫溢，京畿一带顷成泽国，灾民达600余万人。
② 书记：此处指从事文书工作的人。

64　余之幼稚园观

陈俶

1921年4月

题　解　　本篇原载《新教育》第 3 卷第 4 期。发表时间为 1921 年 4 月。
撰著者陈俶，生卒年及生平事迹未详。
有关《新教育》，参见前文《教育之对待的发展》题解。

一、幼稚园之意义

幼稚园之解释，顾其名即可知其义。幼稚园者，幼儿快乐嬉戏之庭园是也。虽然，尚有更深之意义存焉。

幼稚园之名，始于德国福禄培[①]（Froebel），后各国亦皆仿办。所谓幼稚园、幼儿之家、幼稚学校、幼儿教育所、托儿所等，不胜枚举；然其特用"园"字者，固有特别之意义在也。

即以普通花园而论，则花园者，乃种子渐次成长、延生之地。花园之于种子，种之于优良、肥沃之地，则其种子易发明〔萌〕、易成长。譬如一草一木之茂盛也，其由于园丁之留心培养固不待言；但如无生命之种子，则虽园丁如何具特别技能，又如何尽力培养，仍有不能生长者。此则由于种子自身具有一种成长、延生之大能力故也。此成长、

---

①　福禄培：通译福禄培尔。

延生之大能力，即由于自然土之润泽，或日光之温暖，培养之、育成之是也。故园者，乃具有自身延生能力之种子所种植之优良场所是也。种子苟落于荒地或砂地，即不能以其强力延生。幼儿之来幼稚园也，犹之以具有自身延生能力之种子而种之于优良、肥柔之地，其易于发萌、生长，不待言也。故幼稚园者，实幼儿以自己能力成长、延生最适宜、最幸福之地。此外，未有再适于此者也。

乃或者以幼稚园为集多数幼稚儿童教育之地，遂即以为授与幼儿何等学问之场所，则甚为误解。盖幼稚教育，虽近今日新月异，能得种种完善方法，然决不能不顾幼儿生长之天性，揠苗而助长也。盖幼稚园决非如植物园中之温室。温室之于植物，使种子失其自然。成长时期尚未至，以温室温度增高之故，即早早开花结果。若幼儿之学龄未达，而教之以识字及其他种种抽象之智慧、种种不当之艺事，虽目前奏效，终必徒损幼儿之身体、脑力。犹如温室之植物，虽能早开花、早结实，而仍不免早即凋零也。故施早教育于幼儿，决非幼儿之幸福，可不慎欤？

又，幼稚园者，决非巧于器用，以剪、曲、盘弄植物之植木屋也。若幼稚园对于幼儿或加以叱责，或加以抑压，欲其就范，亦未尝为不可能之事。如植木屋之于植物，将其枝剪之、曲之，蟠以他物形，使成奇状以为装饰，令人见之莫不珍怪，并非难事。殊不知，此乃使植物完全失其固有天性，所谓美观尽于此矣，不能再延长、发达矣。故幼稚园之于幼儿，若如植木屋之于植物，违其天性，失其自身能力，致不能延生、发达，则决非幼儿之幸也。

所谓幼儿真正之幸福为何？即顺幼儿之天性，使发展其自身成长、延生之大能力，遂其无止境之发达是也。而幼稚园者，即与此等幸福于幼儿之处所是也。是故，幼稚园之唯一目的，即尽全力以图幼儿之身体与幼儿心性之圆满、发达、延展是也。

所谓自然教育、发达教育、情意教育，无一非幼稚园之切要者也。顾欲幼儿之充分发达，其法为何？亦惟日使其得运动于广大之场所而已。夫幼儿之身体，最喜运动，不喜静坐。若不使其运动，则其身体必渐次衰弱。故使幼儿能满足其运动之天性，则其身体能圆满、发达，自不待言。幼儿之心性亦与其身体同理，无时不求活动。倘抑之不使之动，则其心性必渐次萎缩。故使幼儿之心性能常得活动，则可得无止境之发达。故幼稚园苦心筹虑之处，即如何方能使幼儿之身体及其心性之活动，能充分满足是也。

总言之，则幼稚园者，乃对于幼儿心身之活动欲与以正当之满足，因此可使幼儿得圆满、无止境之发达之处所是也。

二、幼稚园与幼儿之嬉戏

幼稚园之为何地既如前所述，则在幼稚园中最为紧要之事，莫过于嬉戏矣。

吾国先哲为幼儿时，以嬉戏之事流传载籍者甚多，尤以孔、孟为最著。孔子嬉戏，尝陈俎豆，是为修明礼乐之根性；孟子嬉戏的创造力极强，所以孟母三迁，孟子之嬉戏方法亦随之而变。可见古代教育家必不禁制幼儿之嬉戏，不过纳之于规则，不害其天性而已。

后来政局日卑、教化日微，竟至演成专制的教育。政教之杂糅〔糅〕愈深，则其防〔妨〕害人性也亦愈甚。及至末流，凡言教育者，对儿童之嬉戏非常误解，以嬉戏为无益之事者有之，以嬉戏为荒废时日之事者亦有之。

近今兴学以来，教育之方针时多改革，然以教育儿童之处所决不可仅事嬉戏，执此说者固亦未尝无人，而现今家庭中对于幼儿不愿其嬉戏者，尤在在皆是。

虽然，以合理之见解推论之，则嬉戏之于幼儿实为最幸福、最高贵之事。幼儿之天性除嬉戏外，欲求更幸福、更高贵之事，殆无之矣。盖使幼儿嬉戏，即使幼儿身心之盛旺活动得表现于外；极言之，则幼儿之嬉戏与幼儿在活的状态中，实同一意义也。王阳明[①]不云乎：

> 大抵童子之情，乐嬉游而惮拘检，如草木之始萌芽，舒畅之则条达，摧挠之则衰痿。今教童子，必使其趋向鼓舞，中心喜悦，则其进自不能已。譬之时雨春风，沾被

---

① 王阳明：王守仁（1472—1529），字伯安，号阳明。浙江余姚人。出生于仕宦之家。21岁中乡试，遍读朱熹著作。28岁中进士，先后任职于工部、刑部。因触怒弄权宦官遭贬，充贵州龙场驿丞。后潜心读书、讲学，发生重要的思想转变，创立"心学"。起复后，历任南京刑部四川清吏司主事、北京吏部验封清吏司主事、文选清吏司员外郎、考功清吏司郎中、南京太仆寺少卿、南赣佥都御史、都察院右副都御史、南京兵部尚书参赞等职，平叛剿匪，功勋卓著。施政领军之暇，继续兴教讲学，终使心学大昌。有《王文成公全书》传世。

草〔卉〕木，莫不萌动发越，自然日长月化；若冰霜剥落，则生意萧索，日就枯槁矣。①

观此，则幼儿嬉戏之重要，可以知矣。

昔人以儿童嬉戏为无益之事者，盖视幼儿如成人，以嬉戏为荒废时间、毫无益处之故。殊不知，成人与幼儿之天性迥然各异，实依生理的进化以为判定。若视同一例，此大误也。夫荒废时间，固属无益；然幼儿嬉戏中，自然能使幼儿身心活动，于幼儿利益极大，何至使时间荒废无益耶？抑知舍嬉戏之事，则幼儿身心反不能活动耶？所以，图幼儿身心圆满活动为大目的之幼稚园，对于幼儿之嬉戏特为紧要。

倘有人过幼稚园之门，偶窥其内，辄曰："何故仅止嬉戏，不授一点益处耶？"此其人于幼稚园原理全然不知，固不必深责。又有人曰："我之幼儿在家素不好嬉戏，今来幼稚园而每日拼命嬉戏。"在此人，方抱不足之念；而在幼稚园，能得如是之评论，乃为无上之荣誉。

就以上所述，则谓幼稚园即幼儿嬉戏之地亦无不可。所谓使幼儿嬉戏者，有三要点，可分论之。

其一，即满足幼儿好嬉戏之欲望。健康之幼儿，欲嬉戏之心性极旺盛。然在家庭嬉戏，不免有多少困难。或以地小，或无器具，或不知嬉戏方法，或无嬉戏之同伴，致不能满足幼儿欲嬉戏之心性。幼稚园为救此不满足之弊，故与以场所、器具，复教以方法，结以同伴，务必使幼儿好嬉戏之心性能得圆满结果。

其二，则幼儿中常有身心不健康者不好嬉戏，或因自己之力量不能完全嬉戏者，是不可不特别注意，善引诱其嬉戏。务引诱其活动欲联续无休止，则此幼儿之幸福、愉快日渐增加矣。

其三，则幼稚园不仅使幼儿嬉戏，且日引导幼儿增加其好嬉戏之度。然幼儿无经验、乏思考，其嬉戏之方法极多错误，更引导其入于正道。幼儿之嬉戏宜与以正当的满足，即此意也。

是幼稚园第一要务，即使幼儿之嬉戏欲得满足。若仅以教育为难事，深思熟虑，不

---

① 语出《王文成公全书·训蒙大意示教读刘伯颂等》。

得其法，而于满足幼儿嬉戏欲之事，转漠然置之，则殊昧于幼稚园教育之真义矣。

三、幼稚园之先生

今之所谓幼稚园者，果何所谓耶？将以其建筑而谓为幼稚园耶？抑以其庭园或桌椅、玩具，遂名之以其名耶？虽然此等物事于幼稚园皆有重要关系，顾苟仅限于此，则幼稚园何能成立耶？

夫幼稚园之本体，固非仅此之谓也。教育幼儿者之心性，乃其本体。换言之，此心性之主持者，即除幼稚园之先生外，更无他属。故幼稚园之中心，即先生是也。

然则幼稚园之先生为何如人乎？非即所谓学问完美与积有许多经验之熟练家乎？然所谓学问、经验者，在幼稚园之先生，即如何能使幼儿之活动得满足、如何始能诱起其活动、如何始能导其活动归于正道三者是矣。故幼稚园之先生所抱欲满足幼儿活动之心性，即幼稚园之目的是也。

然亦不仅此，尤须于全体幼儿，莫不爱之如父母之于子女。盖为父母者，无时不注意于其子女，尽力经营，惟望其子女之心意满足；即其子女实不足爱，而父母犹思使其心意之正当满足，即世所谓"亲心"是也。幼稚园先生之心理，对于幼儿亦然。无论何时、何地，皆当如亲心之于其子女。故幼稚园之目的，决非仅道德与学问，乃基于爱幼儿之自然人情。故幼稚园之先生，乃深知人情、爱心盈溢之人始克胜任也。

世之所谓先生，辄以为乃教人以何学问之人。然幼稚园之先生，则较教人之先生为更有深广意味之先生焉。故幼稚园之先生，即幼儿之母也、姑也、姊也，不仅爱心盈溢，日图满足幼儿之心已也；且以其特别研究与经验，能深知使幼儿嬉戏最优良、最熟练之术也。夫术者，固非普通艺术之谓也。必其对于幼儿之情爱出于自然，必润如清露，温如晓日，分布于花草之种子，始足以唤引幼儿之活动，满足幼儿之活动也。

四、幼稚园之小朋友

如上所述，幼稚园之本体，即幼稚园之先生。幼儿之活动，因其先生得指导、得满足。此固为研究幼稚园为何地者所不可不知之事。

然仅止于此，则幼稚园之成立，即有先生与幼儿足矣？若是延聘先生于各自之家庭，或以幼儿寄托于先生之家庭，亦无不可。更何必须此幼稚园之存在乎？夫幼稚园不能不存在之大理由，即集合于幼稚园之众幼稚朋友是也。

幼儿之来幼稚园也，固由先生引导其嬉戏，使其活动得满足。然一方面，则由诸幼稚朋友之互相引导嬉戏，使其活动得满足也。夫此相互之嬉戏，与由先生使为嬉戏之兴趣迥然不同。盖彼此相互为朋友，无谁使谁嬉戏之观念，亦无谁与谁以满足之感想。此即相互之效力，此即幼稚园不能不成立之特别意义焉。

更从事实上言之，则幼儿达入幼稚园之年龄，即欲得同伴嬉戏之朋友，此幼儿生来自然之欲望。幼稚园对于此欲望，不能不图充满之。又从教育上言之，则凡人不仅恃较己年长及有力者有以保护之、训诲之已也，并须有同等、同力者互相交际、互相辅助。虽或不免有相争之事，然此自幼时之经验即含社会交际之起点，亦人生必要之事。故幼稚园之大作用，此亦其一也。

但此，亦不外使幼儿之欲望得满足，不过使其满足由朋友、同志得之而已。或以为朋友、同志，舍幼稚园以外随在皆是，何不可得之有？殊不知，幼儿之朋友，非仅相须于相遇之中，尤必须慎其选择。幼稚园者，为幼儿选择朋友，且务使其朋友相互之间有正当之交际。故幼稚园之先生，不仅直接与幼儿以满足且指导之，复间接用其心力使幼儿互相结合且监督之耳。

五、幼稚园之一日

如上所述意义，则幼稚园之一日究当如何行之而后可乎？此全系详细之实际问题也。且幼稚园每日因时间与状态之种种变化不一，诸君非常常直接至幼稚园参观，不易得其实际。参观之后，若不加以思索，亦未易得其详解焉。

其故为何？则以所谓幼稚园者，虽为教育儿童之地，然与小学校之旨趣迥然不同。在小学校，则一周间、一学期、一学年之事，其顺序内容确能一定，即离开实际亦能说明。至于幼稚园，乃以儿童之活动为本体，以儿童之嬉戏为主旨者。其每日所行之事若何，倘离开实际，欲说明之，则甚觉困难。盖诸君细心研究幼稚园之本质，即可知，幼稚园之对于幼儿，完全以幼儿个人为主，对于一个一个之幼儿，无不与以特别注意，施以特别教育。职是之由，故小学校之何时钟鸣，即全体同受某课业，在幼稚园则决不能也。因此，幼稚园之一日，欲以如何模型说明之，决不可能之事也。

虽然幼稚园乃以嬉戏为主之地，亦非徒使幼儿与先生每日为不规则之嬉笑、戏弄而已也。幼稚园者，系用从研究得来种种适合于幼稚园之方法（如谈话也，唱歌也，游戏也，绘画也，手技也），以各种材料（如纸、黏土、砂等类），使为各种之制作也。以上各事，固无一非细加考究，对于幼儿年龄关系有绝大之益处，始适当行之于自由游戏之中者也。

但此与小学校中之授何学课之性质，则全异。小学校中之教儿童以何课、何事，使幼儿得何课、何事之知识益处，或欲儿童于何课、何事表见其成绩优良。在幼稚园，则决不抱此等目的以课幼儿也。质言之，幼稚园所行之各事，皆有组织、有目的之嬉戏，无一非图满足幼儿之活动、指导幼儿之活动而为之者也。

往昔之幼稚园，颇有如小学校中之授受课业，大违反幼稚园之本质与其旨趣。然现今之幼稚园，则无论何处，殆无不以幼儿之自然为基。盖幼儿之爱嬉戏固其天性，然仅与以骚扰、无秩序之嬉戏，决不能使其有正当之满足。

在幼儿来幼稚园之年龄，幼儿之心理，最欲将其所见、所知之物歌之绘之，成为形而表现之。当此时期，其制作之欲望非常强旺。故幼稚园当考求最适当之材料，与使用此材料之方法圆满行之，使能满足幼儿之心为主要事件。

况幼儿之心理，不仅自己心中所知之物欲自己表现于外已也，尤喜他人将其心中所知之物明显表现之于外。盖幼儿所见、所知之物甚多，以自己之能力薄弱，不能一一表现之。若他人能揣摩其心理，为之明白表现于外，幼儿之心自必感觉非常之满足也。

此所以幼稚园欲与幼儿以此满足，乃使幼儿常常观其所爱美丽之画，且使其自由学绘，任绘其心中所欲表现者，先生从而导之、助之。又常常使闻其所爱之歌，使从而歌之，或其心中所欲唱而不知其所以唱者，则先生谱之、歌之。其尤要者，则常常使闻谈话，以满足幼儿旺盛的好奇心，扩张其思想界，补充其经验界；且又常常采集各种材料，使为各种手技，任其自由创作。

然以上诸事，所以使幼儿为之之旨趣，与学校中大异。所以使为诸事，其目的，非仅欲增加幼儿之新知识也；乃因说话之力、绘画之力、音乐之力、手技之力，满足幼儿之心，使幼儿感觉快乐，能遂其无止境之发达，此则幼稚园之目的也。

又，幼儿于其相应之年龄，对于实际生活极有兴味。换言之，即欲作自己所能作之一切事，抱有劳动、工作之欲望。故幼稚园欲满足幼儿此等欲望，乃令其帮助照料花草、饲养禽兽，并使其为相当之劳动工作。然此，决非欲其帮助幼稚园作工也，亦非望其实际作工之熟练也，无非欲满足幼儿之自然欲望而已。

其所以使幼儿满足者，不外图幼儿自身之利益而已。在往昔之幼稚园，对于此等事从不注意，辄轻忽视之。然至今日之幼稚园，则渐知注重于此矣。

至于以上应行保育幼儿之事，宜如何行之耶？则有时集全级之幼儿一齐使为之，有时则仅令希望为之之一群幼儿为之。至于场所，则有时在室中桌上为之，有时在游园之树荫凉处为之。此则在为先生者，同时见机适当处理之者也。

要之，幼稚园之教育，决无预先计画、决定，照此而行之性质。无一事不是熟练之保育者运以默察静观之精心，一遇机会即以最敏捷之手段处理之，方能收满足之功效。故优良、熟练之保姆，自傍人视之，见其不拘何时，极似无秩序之行为；殊不知，正于此无秩序之行为时，对于幼儿各个，一人一人施行适切之个人教育也。

幼稚园之一日如是，对于幼儿常间为适当之休息，使幼儿之心性时懈弛、时紧张，因此能与幼儿以充分之活动满足。至于此活动满足，在保育者一方视之，则以为是即教育也；然在幼儿一方言之，则只知畅快、愉乐而已。故幼稚园，当使幼儿有畅快、愉乐之感。

今试问：幼儿等以幼稚园为何地？彼若答以为"好玩的地方""快乐的地方"，则不失福禄培创设幼稚园之本义矣。

65　幼稚园是教育的基础

王余矩英

1921年8月

题　解　　本篇原载《教育汇刊（南京）》第 2 集。发表时间为 1921 年 8 月。

撰著者王余矩英，即余矩英，女，王为夫姓。生卒年未详。早年曾留学海外，时任教职。

有关《教育汇刊（南京）》，参见前文《编译儿童用书与儿童心理》题解。

大树根深，所以风吹不倒；高楼基固，所以水潦不塌。中国四万万人民，生在这二十世纪，若是教育的根基不深固，那灭亡的祸患就不远了。

请问：教育的根基是什么呢？我说就是幼稚园。因为许多人不知幼稚园和教育有几多的关系，所以我特地将这意思略说一说。

一①、幼稚园可以帮助家庭教育的卫生

家庭教育不但是学校的基础，也是社会的基础，这是人人都知道的。

---

① 本文中的此级标号，均系编者所加。

若论中国中等以上的人家，那清洁的样子还可以将就下去。若论那大多数中等以下的人家，简直没有一块清洁的地方给小孩子玩耍。所以小孩子长大起来，麻的麻，疤的疤，做父母的又没有许多工夫把他照应周全，所以，耳聋、眼瞎、腿瘸种种的残废人，社会上满眼皆是。

若是有了幼稚园，天天父母将小孩子送了去，大人可以安然做事，孩子们也可以免去许多的痛苦，学校里也添了多少灵敏的生徒，社会上也去掉无数食闲饭的人。这样一来，实在各方面都受益处了。

二、幼稚园可以帮助家庭教育的训练

若是没有幼稚园，儿童受许多身体上的痛苦还是小事；若讲到道德上所受的损失，那就更利〔厉〕害了。

中国有钱的人家，将孩子在三四岁的时候交给女仆看管；没有钱的人家，叫孩子随便在街上跑来跑去。下等人所学的，无非是吃喝、哄骗；街市上所见的，大多数是争闹、斗殴。

将孩子安置到幼稚园里，有教员指导他"非礼勿视，非礼勿听，非礼勿言，非礼勿动"①，正正当当的作个好人，何等便利！孟子的母亲，当时如有幼稚园，也省得他三迁了。

三、幼稚园是家庭和学校的介绍

小孩子在家中，长幼尊卑全是不同等的。到了学校里，大家的年岁和知识既是差不多，而且一切待遇又完全同等的，所以家中的交际和学校里的交际完全两样，家中的房屋、桌椅和一切的器具也都同学校两样。因此，两处的习惯就完全不同了。

---

① 语出《论语·颜渊》。意为：凡是不符合礼制规范的，不能看、不能听、不能说、不能动。

做父母的人，若立刻将很幼的小孩子送到小学校里去，小孩的心必定不安。不安必定逃学，逃学必定受惩责。入学明明是一件好事，反叫孩子在家庭里生出许多恶感，殊觉不好。

有了幼稚园，孩子们半日在家中，半日在校中，虽然没有正式入学，因为他见惯了、听惯了，后来到了六七岁正式入小学的年纪，就可以正式入学，一心读书，免去心理上、习惯上一切不安的现象。

再说，家庭的工作，如洗衣、煮饭、种田、买物，多半是劳力的；学校的工作，如写字、读书、音乐，多半是劳心的。劳力的，运用人身上的大肌肉；劳心的，运用头、脑筋。单会运用大肌肉的人，是苦力；单会运用头、脑筋的人，是书呆子。中国这两种人，不知有多少。

幼稚园的工作，如唱歌、游戏、玩物、说故事等等，都是肌肉和脑筋一齐动作。将家中作事的生活连到学校里，将学校中思考的生活连到家庭里，这样一来，不但学校和家庭没有隔阂，就是造就人才也成了完善的人才。

四、幼稚园是高等教育的源头

山上来的水总是清的，田里来的水总是浑的，同是一个水，来源不同，所以清、浑也不同；南方的儿童喜吃米，北方的儿童喜吃面，同是一个养生的心理，长大的地方不同，嗜好也就各异了；农人的儿童喜玩泥，商人的儿童喜玩钱，同是一个游戏的心理，所处的家境不同，学习上也就不同了；江浙的儿童会说吴语，直豫的儿童会讲京语，同是一个模仿的心理，因为省分不同，语言也就不通了。

照这样说下去，好奇的心理，可以养成科学大家；奋斗的心理，可以养成爱国的壮士；审美的心理，可以养成美术的专才。总而言之，心理全是一个，后来发达的趋向逐渐不同罢了。

所以，当这心理初发现的时候，父母、教师应当引导他上一条正路。树在小的时候，可以屈，可以伸；后来长大了，再想屈、伸，就做不到了。人的心理，由三岁到六岁，在幼稚园的时候，正是各种心理发展的时代。错过这个时候，不引他到一条正路上去，真真可惜。我说幼稚园是教育的基础，这话并没有说得一点过分。

五、幼稚园是社会的柱石

学生越大，学的是专门的知识；学生越小，学的是普通的知识。专门的知识，是少数人所知道的；普通的知识，是人人不可缺少的，也是社会上最注重的。

幼稚园里唱的是国歌，敬的是国旗，说的是爱国的故事，学的是爱国的英雄。在这一无杂染的时候，天真烂漫的年龄，心里装满了爱国的思想。试问，将来民国还有不稳固的道理吗？

现在中华民国，所以飘飘不定的缘故，大半是因为现在做事的没有这"中华民国"四个字印在脑子里。要盼望中华民国站立得稳，赶紧将现在的儿童送到幼稚园里才好。

66　活的教育

陶知行

1921年夏

另图46　陶行知像

题　解　本篇连载于《时事新报·学灯》1922年1月18日第1至3版、1月19日第2版。系演讲记录，记录者为汪忠一、马延乾。演讲时间为1921年夏，演讲地点在南京金陵大学，演讲对象为金陵大学暑期学校学员。

演讲者陶知行，即陶行知（1891—1946），原名文濬，曾用名知行，安徽歙县人。早年就读于歙县崇一学堂、杭州广济医学堂、南京金陵大学。1914年赴美留学，获伊利诺伊大学政治硕士学位后，入哥伦比亚大学攻读教育学博士学位。1917年归国，历任南京高等师范学校和国立东南大学专任教员、教务主任，中华教育改进社主任干事等职，全力推进平民教育。1927年创办晓庄试验乡村师范学校、燕子矶幼稚园，以振兴乡村教育为职志。1932年创建山海工学团，以此推行现代普及教育。1939年创立北碚育才学校，致力于难童中人才幼苗的培陶。平生热衷于教育试验，创立了"生活教育"理论。著作有《陶行知全集》等。

记录者汪忠一、马延乾，生平事迹未详，当为金陵大学的在校学生，或为金陵大学暑期学校的学员。

该演讲稿公开发表后，陶行知曾专门致函《学灯》记者："今天我看见《学灯》上登了一篇《活的教育》，记得是在金陵大学暑期学校讲演的话。现在汪、马二君发表出来，我很感谢。他们记得很详细，有好几处确能传达我的精神。但因各地言语不同，所以记的也不十分正确。"接着，他予以了订正。本书采用注释形式，在相关处予以呈现。该函全文见本文附录。

有关《时事新报·学灯》，参见前文《非"儿童公育"》题解。

教育可分为三部：（1）死的教育；（2）不死不活的教育；（3）活的教育。

死的教育，我们就索性把他埋下去，没有指望了！不死不活的教育，我们希望他渐渐地趋于活。活的教育，我们希望他更活！

我今天且讲这活的教育。甚么叫做活的教育？活的教育是甚么？这个问题本来是很大的，我不容易下定义，我也不能定概观。不过，我总觉得："活"的一字，比一切甚么字都要好；活的教育，更是教育中最不可少的现象。比譬：鱼在岸上，你若把他陡然放下水去，他的尾和鳍都能得其所在，行动不已；鸟关在笼里，你若把他放到树林里去，他一定会尽其所能，前进不已。活的教育，正像鱼到水里、鸟到树林里一样。再比譬：花草到了春天，受了春光、太阳光的同化和雨露的滋养，于是生长日速。活的教育，好像在春光之下受了滋养料似的，也就能一天进步似一天，换言之，就是一天新似一天。

我现在把这活的教育，再分作三段讲。

一①

我们教育儿童，第一步，就要承认儿童是活的，要按照儿童的心理进行。比方儿童性爱合群，有时他一个人住在那地方，觉得有点寂寞的样子，在那儿发闷！我们就要找个别的小孩子，同他在一块儿玩玩。

普通儿童之特性，大多都富于好奇心。当他还不知道说话和走路的时候，他时常手舞足蹈的，越越〔跃跃〕欲有所试的样儿，忙个不歇。这可就是他的好奇心了。假若我们要弄些什么东西给他顽，他一定玩那好看的，不玩坏的。他起初间或也还可以拉杂的顽一路，后来知道好，他就只专玩好的了。在这地拿一点，在那地拿一点，只要与他合意，他一定非要不可。有时我们要是给他一个表，他必定将他翻来覆去的仔细观看，他并且还要探知里面的秘密，就打破沙缸问到底。

我们同小孩子顽的时候，假以木筷搭个架子，小孩子看着，必定以为很好顽。后来，

---

① 本文中的此级标号，均系编者所加。

我们忽然又把他推倒，那小孩子就更以为好顽了，欢喜了。假若我们再进一步，以这架子不由我们推倒，让小孩子自己去推，那末，这时小孩子的欢喜，我敢断定，更比从前要欢喜得多了。诸如此例，我不能细举。

还有一件最紧要的，就是：我们如果承认教育是活的，我们教育儿童，就要根据儿童的需要的力量为转移。有的儿童天资很高，他底需要力就大些；有的儿童天资很钝，他的需要力就小些。我们教育儿童，就要按他们的需要的力量若何，不能拉得一样。比方吃饭，有的人饭量大些，他要吃五碗或六碗；有的饭量小些，他只能吃一两碗。我们对于他，就只能听其所需，不能定下死规。要是我们若规定了，比如吃两碗的，定要逼他吃五碗才及格，那末，这一定就要使人生病了！

学校地教育儿童也像这样，不能下死规强迫一律。不但学校是要如此，就是社会上的工做〔作〕亦莫不要像这样。我们人的需要力有大有小，我们只求其能够满足他的需要就是了。所以教育儿童和承认儿童是活的，首先就要能揣摹儿童的心理。

二

儿童不但有需要，并且还有能力。他对于种种事体的需力有大小，他的能力亦有各种不同。男女遗传下来的生殖〔理〕不能一样，他们的能力亦不能一样。我并不是说女子比男子差些，我是说男女各有各的优点。就是男子与男子俩〔两〕相比较，亦有许多相异的能力，有因年龄不同的，有因环境不同的，有因天性不同的。由这许多的不同，所以其结果的能力就大有差别。

我们教育儿童，就要顺导其能力去做去。比如赛跑，这就是一件凭能力的事。我们认定几个人同时、同地立在一块，听指挥者发号令，就一齐出发，让他们各凭充分的能力自由前进，不加限制，然后谁远谁近，自可显见，而他们的能力的大小，也就由此可以证明了。设使我们要是下个定规，规定三人赛跑，跑一百二十码或二百四十码，快慢都要一样，不许谁先谁后，那末，那个能力充足能跑二百四十码，他自然是很舒畅，不甚为难；而那只能跑得六十码或一百二十码的，他一定是很苦的了，甚至还要受伤呢！这是从运动方面着想的。

至于教授方面，亦多类此。设有许多儿童同在一堂，当教授的人，就要按照各个儿童的能力去教授。要是规定了今天讲一课，明天讲一课，每课虽是都一字一句的分析、解释，在那天资聪颖的小孩子咧，他固然能够领受到他底脑袋里去，并且还有闲空；若在那秉性鲁笨的小孩子，那就等于对牛弹琴了，一些儿也不懂得。这种教育，正像规定三人赛跑一般，还能算得是活的教育吗？

我们现在既是要想讲活的教育，就要知道儿童的能力是不相同的，我们要设法去辅助他，使他能力发展。有如我们看见某处一个学校园，那里内的花卉长得非常整齐好看，我们心下羡慕他，我们也就可以仿照他，将我们自家的学校园也培植得像那一样。这是培植花园的方法。

办教育也是如此。我们大家设若不相信，恐怕做不到，我们可再看。譬如有一块草地，那地上所生长的草都是参差不齐的，我们若任它自然去生长，那就越长越不齐了；假若我们要用机器把他逐次的推铲，那末，这一定要不了多少功夫，就会使他平坦了。我们办教育，也就像推草一样[①]，也要用方法去使之平。这是对于草是这样——对于普通的儿童是这样；若对于树木——对于天资特敏的小孩子——那就不行了。树木的生长力强些，他的性子也猛些，我们对于他，也要按其能力去支配他，使其生长适度。若任其自然生殖，则其枝干必日渐伸张，后来越长越高，甚至把屋棚都要捣破了！

学校里起风潮，就像大树捣毁屋棚，是一样的。都是由于办教育的人，平日对于这教育的趋向没有注意，对于那天资高尚的儿童，没有按得其能力去教育。这就是，我们没有承认儿童有活的能力。

活的小孩子与死的小孩子，有不同的特点。小孩子，他所吃下去的滋养料不同，他们所受的利益也就不能一致。活的小孩子，他秉性活泼些，他对于一切的事实上，也就进步得快些；死的小孩子，他的脑筋滞钝些。并不是说小孩子的确是死的，是言其能力不能有多大的发展，虽活也等于死的一般。

我们办教育的人，总要把小孩子当作活的，莫要当作死的。地球看起来好像是个不动的东西，其实他每天每时都在旋转不已。小孩子也同这样，表面上看起来也好像是很

[①] 陶行知在致《学灯》记者的函中指出："'我们办教育，也就像推草一样'，因为前后遗了几句，就和我原来的意见正相反了。"

平常的，没有甚么进益，其实他的能力、知识，莫有一天不在进行中求活。我们就要顺着他这种天然的特性，加以极相当的辅助和引导，使他一天进步似一天；万不能从中有所阻碍或滞停，不使前进，把他束缚了起来。束了若干时，然后又陡然把他解放掉，这一定要受危险的。这好像人家有个小孩子，他把他在今年做了一件衣服，等到五年后，他还拿给这小孩子穿。那小孩子体干长大了，衣服小了，以这小的衣服去给大的孩子穿，那衣是一定要破裂的；纵或可以勉强穿得上，而小孩子的身体也就束缚得急急的了，血脉也就不能调和，就要生病了！由此可知，小孩子的衣服是年年要换的。

小孩子的知识、学问，也是年年、天天要换的。现在没〔设〕有一个人，忽然妙想天开，他说："我有个小孩子，我不要他年年换衣，当他还只有五岁的时候，我就把他做件十六岁时候的衣服，周身都把他绉起来，年年穿，年年放，以〔一〕直放到十六岁的时候都还可以穿。"这个法子，勉强一看，觉得也还不大坏，并且又很经济的；但是仔细看来，那就觉不像了，就是精神上也就有点不好看。古时的衣服，不能适合于现在；现在的衣服，未必又能适合于将来！

时势的变迁，是有进无已的。办教育的，就要按着时势而进行，依合着儿童的本能去支配。有许多教科书，在从前要算是很新、很适用的，在现在却变成了腐败不堪了。我们讲活的教育，就要本着这世界潮流的趋向，朝着最新、最活的方面做去。

中国教育最大的毛病，就是不能普及。从前俄国的西伯利亚也是这样，但比较中国要好些。中国社会上失学的人，也不知道有多少。就以普通人民计算，总有三分之一〔二〕不识字的。我们现在要想将这些人重新给以教育，那除非要从国民〔小学〕一年级教起。但是他们都是壮年的居多，要是都放在国民一年级教，那又好像十六岁的孩子穿五岁时候的衣服了。这种教育，可算得是死的教育。

活的教育就不能这样了。活的小孩子，他生长快，他的进步也快；他一时有一时的需要，一时有一时能力。当教育家的，就要设法子去满足他的需要，就要搜罗相当的材料去培植他。

这就是我们所讲的活的教育第二件。

三

我现在再讲活的教育要些什么材料。这材料也可以分做三段说。

（一）要用活的人去教活的人

我们要想草木长得茂盛，就要我们天天去培植他、灌溉他；我们要想交结个很活泼的朋友，就要我自己也是活泼的。我的影响要使能感到他底身上，他的影响也要在我身上，这才可以的。比如，我俩人起先是不相识的，后来遇到了好几回，在一块儿谈了一次。于是俩〔两〕下的脑筋里都受了很深的影响，俩〔两〕下的交情也就日渐浓厚了。当教员的对于学生也要这样，也要两下都是活的，总要两下都能发生密切的关系。教员的一切，要影响到学生身上去；学生的一切，要影响到教员身上去。一个会场，有的人好谈话，有的人好笑，我们看了，心下一定也会生了一种影响。比如我一人在台上讲演，大家都坐在下面听，我的脑筋中已经印象了许多听讲的人；想大家的脑袋中，也会印象到了我——讲演的人。这也就是一种活的表现。

活的教员与活的学生，好像汽车一样：学生比譬是车，教员比譬是车上司机器的。机器不开，车自然不动。教员对学生，若不以活的教材去教他，他自然也就不能进步。现在的教员不像从前了，他像把汽车上机子开了，车子在跑了。但是还有些教员，他的性子未免太急，他把车上的机器开猛了一点，车子行的太快，刚刚要想收机，忽然前面碰到了石头或其他的人，这时就要发生很大的危险了。活的教员，正同司汽车的一般，要把眼睛向前看准了；若闭着眼睛乱开机，那就要危险极了！

学生向前进，教员也要向前进，都要一同并进。若徒以学生前进而教员不动，或者学生要进而教员反加以阻碍，这可谓之死的人教活的人，不能谓之活的人教活的人！

（二）拿活的东西去教活的学生

我们就比如，拿一件花草来教授儿童，将这花草把他解剖开，研究其中的奥妙，看他是如何构造的。小孩子对于这事，觉得是很有趣味的。我们能以这种种东西去教他，不但能引起他活泼的精神，并且还可以引起他的快乐。

我们还可以拿活的环境去教他。比方：沙漠本是干燥的，我们可以设法使他出水；

大海有时能变成陆地;太平洋里航船到美洲,本不大便利,于是就有人开了巴拿马运河;火车行山路不便,就会把山打个洞。这就是拿活的环境去作教育上材料的。

文化进步,是没有止境的;世界环境和物质的变化,也是没有一定的。活的教育,就是要与时俱进。我们讲活的教育,就要随时随地的拿些活的东西去教那活的学生,养成活的人材。

(三)要拿活的书籍去教小孩子

书籍也有死的、有活的。怎样是活的书籍?我觉得,书籍所记载的,无非是人的思想和经验。那个人的思想、经验要是很高尚的,与人生很有关系的,那就可算是活的书籍;若是那著书的人思想、经验都没甚么价值,与人生没有关系,那就是死的书籍。

我们教授小孩子,对于书籍的死活就不能不慎重。所教授的书籍,要有统系的,前后都能连贯得起来,不是杂乱无章的,这才是活的教育。若只知道闭着眼睛教死书,也不顾那书适用不适用,这样我敢说就是死的教育。

我们教授儿童的书籍,好像人家传财产样,普通有两个常法子。(1)是传财①的法子。比譬一家,他的家主不愿管事(或临死时)了,要把家事完全推及小家主,将所有存蓄的银钱,都要对小家主说过明白,叫他慎重。(2)是传产的法子。就是有本账簿子,说我所有的产业都登在这账上面。那天那家主把他的后人带到各田庄上去看,说是某田是租给某人的,某庄子是某人承租的,那块山场是由某人保承的,某处房屋是谁租着做甚么事的。这样一件一件的指示给他看了,又与他那账簿子再对照一下,那末,这个财产的根本,他那小家主已经明白了;这笔家私,就没有人能够会糊倒他、占得去了。

我们办教育的、传文化的人,也是这样,也要把书籍像传财产一样,要把所教授的东西,都能使他能领会得到,能连贯得起来,使小孩子的脑筋有个统系,不致混乱。这种教育,才配说是活的。从前有许多讲教育的,没有统系,所以使一般学生听了,只是囫囵吞枣,一点不能受益,这也就是死的教育,不是活的。

活的教育,要拿活的书籍去教。现在还有许多教员先生们,他对书籍还不十分注意。

---

① 陶行知在致《学灯》记者的函中指出:"'传财'与'传产',当是'单传账簿'与'对着账簿点明产业交代后人'之误。"

当他初当教员的时候,也还肯买一两本书看看;到了后来,他不但不买,连从前所有的几本书都借给人去了。这样教员,教育界中也不知道有多少。他既不能多买书看,对于一切新知识,他自然是不知道的。他既不能有新的知识,那一定没有新的教材能供给学生,只是年年爬起来卖旧货!这种教育中的败类,真不知害了多少青年。

我们现要希望教育成活的,当教员的就要多看书——多看些活的书,好去供给学生的需要,养成新而且活的学生——这就是我讲的 education of life[①]。

现在要讲到活的教育的方法。我可提出两个最时髦的法子就是:

(1) 设计教授法。

活的教育,最好而且最时髦、最紧要的,就是总要有个目的。这我在上面也曾说到了一点。我们教授儿童,先要设定一个计画,然后一步一步的,向着所计画的路上去做。若是没有个计画,那就等于一只船放到了江中没有舵,进退右左都没有把握!倘不幸遇了一阵大风,那一定逃不了危险的!办教育的人,要能会设计。预知学生将有风潮,就先要设一方法,使那风潮却从无形中消灭,不致使他发泄。知道学生程度不齐,就要设一种计策,使之他齐。总期各方面都无损,且能获益。这种设计,各学校的情形各有各的不同,各地方亦有各地不同,这可听大家因时制宜,我不能断定。

(2) 依计画去找实现法。

这个方法,大致是根据上面来的。我们定了一个计画,不能就算了事的,必定还要依照这计画去实行去。我现在可拿个最浅近的事作个比譬,就如农人种豆子,他先也要定个计画:以几亩田能要几多种子,要多少肥料,又要多少人工去做,要经多少时期才能完工;甚么地方种绿豆适宜些,甚么地方种黄豆适宜些,还有甚地不适于种豆子,适于种山芋。这样计画了一番,然后兴工动作,接〔按〕这所计画的进行,这必定是有条有理,不致乱忙,而所收的结果,也一定是很丰厚了。

由此类推,办教育亦莫不是这样。一个学校,也先要定个计画,然后去依计画实行。例如:那级学生,今年应当注意什么功课?某级学生,今年应当添甚么功课和减甚么功课?某教授教授法不好,应当怎样?能这么一样一样的计画好了,然后又按照这个进行,

---

[①] 此英文,意为"生活教育"。陶行知在致《学灯》记者的函中指出:"edecation of life 应在教材之前。"

那个学校没有办不好的道理。推之修桥、修路和其他种种建设，都能依着这样进行，求到所希望的目的，那末，天下事决没有不可能的。

现在我看有许多地方，他一开个什么会，他预先没有计画。到了临时开会了，不是招待员左右乱跑，就是会场上布置得不周全，往往令来宾有兴而来，败兴而归。这都是由于预先没有一定的计画。俗语所谓："平时不烧香，急时把〔抱〕佛脚。"这事决不会办得好的。

我们谈教育的，就是在这上面注意注意。无论是办大学也好，中学也好，国民小学也好，总要预先有个计画，然后依着计画去找实现。有时计画定得不好，应随时变更。比如：我们讲化学，今天就要计画明天化学堂上要些甚么东西试验，我们预先就要预备好着，省得临时怆〔仓〕皇失措。诸如此例，我也不必多举。

我总觉得，设计教授法是活的教育上最不可少的；依计画去找实现法，那更是一件要紧的事了。这就是我所讲的 education by life①。

我现在又要讲我们为甚么要讲活的教育。因为活的教育，能使我们有种种活的能力。我们人生有高尚的、有低微的，有暂时的、有永久的，有完全的、有片面的。我们要使暂时的生活，能够叫他永久；片面的生活，要使他能完全；低微的，要使他高尚。

怎样叫做完全？我们在国家是公民，在社会上有朋友、亲戚，在家庭里有父母、兄弟、姊妹，在学校里有同学、有师长。我们一身，对于自己，对于各方面都要顾到。如果一方面不能顾到，这还是片面的。

怎么叫做高尚的？我觉得，人们的身体和精神是两样的，各有各的生活。身体上生活固然要紧，精神上生活也是要紧的。设使两者要去其一，那就是我们最不幸的一件。我们总要使得我们的身体、精神，都要很健全的、愉快的，这可就算是高尚的生活，反之就是低微的生活，都是有关系于教育上的。

再，怎样谓之永久和暂时的生活？我们人的寿命有长短不一：有二三十岁就死的，有七八十岁才死的，有十几岁就死的，也有八九十多岁才死的。说者多谓"生死有定"，但这可不能为凭。我想，人的生命的长短，大致是关系于人的操做〔作〕和卫生上的。

---

① 此英文，意为"依据生活而教育"。

从来人的死，多是由病的。考病之由来，不外两种：（1）是由人的操动过度，致伤身体而殒命；（2）是由人的卫生上没有讲求，以致生出了许多毛病，终至因而送命。决没有无病无灾而好好就会死的；纵有，也是很少很少的，但亦必定有其他原因。要说人的生死有定，何以人不好好的就死，而偏要生病才死咧？这种无稽之谈，我是不盲目崇拜的。我觉得人的生活，所以有暂时和永久的，都是根据于卫生和操作的关系。我们现在讲活的教育，就要明白这种关系，然后好去预防他、保护他，谋永久的生活。

我在上海、南通参观各工厂，有许多六七岁的小孩子，都跟在他的母亲、父亲身边下做工。我看他们那些小孩子，都是很瘦的，精神也很衰败的。这都是那些贫民没有钱给儿童受教育，国家亦没有钱能办这种义务教育。有些资本家倒是很有钱的，但他只知道营业获利，不肯拿钱来办这可怜的教育。所以，那些小孩子就没有机会受教育，只得附随其阿父、阿母作工以度日。五六岁的小孩子，尚有许多生殖〔理〕器官还没有长完全，现在竟居然要他工做。这种不适宜的使用，一定会使那小孩子身体不得强健，甚至还要早死的。譬如树上的果子，还没有成熟，就把他折下去吃，那是一定吃不得的。小孩子还没成人，就要使用他，他的前途一定是很有限的，将来一定要发生危险的。像这样只顾眼前、不顾后来，就可谓之暂时生活，不是永久的生活。现在讲活的教育，就不能不注意这一层。

活的教育还有属于抽象的，叫做精神上活的教育。比方一个人死了，他的机能死了，他的躯干倒了，他的精神是没有死，还存在空中，能使我们还受到他的影响。这也似乎是种渺茫之谈，我本不敢怎么样的贡献于大家，因为各个人的观念不同。但是，有时我觉得大家也可以公认这话有点的确。例如：孔子是死了，他的精神还没有死，还影响着在我们大家身上，我们大家的脑袋中，都还印象了有个孔子；历来许多大英雄、大豪杰，他的身子虽已物化了，但他的勇气、毅气〔力〕，还是贯传着在我们大家的脑海中。这也就是精神上还没有死，他的精神可以一代一代的向下传，可以传许多人，不只传一人。

一个活泼学生的精神，可以传应到许多学生。比如，我的精神，传应着在大家身上，也可以传应到社会上去。这种传应，并是很快的。我们讲活的教育，对于这精神上的传应也要注意，也要求活的精神。精神也有死有活的。活的精神，就是能使感受了他，可以得到许多的教训。社会一日不死，各方面精神的传应也是不死的。我觉得，社会上受了这种精神的教育，也不知道有多少。这精神上的教育，最易感动人的，能连络一切。

我从前与许多朋友住在一块,后来别了好多年,没有见过面,形势上要算疏忽了,但是精神上还是没有分离。这就是一种活的精神的表现。

我希望,讲活的教育,也要把这活的精神当作活的教育里一件材料。这就是我讲的 education for life。①

附录　《陶知行致〈学灯〉记者函》

《学灯》记者先生:

今天我看见《学灯》上登了一篇《活的教育》,记得是在金陵大学暑期学校讲演的话。

现在汪、马二君发表出来,我很感谢。他们记得很详细,有好几处确能传达我的精神。但因各地言语不同,所以记的也不十分正确。如:"我们办教育,也就像推草一样",因为前后遗了几句,就和我原来的意见正相反了;"传财"与"传产",当是"单传账簿"与"对着账簿点明产业交代后人"之误;education of life 应在教材之前;等等。都是要更正的。

报章重在传达真相,知行提议,以后对于投来的演讲稿,如能办到,最好先寄与演讲人看过再登,当可减少错误。出版虽要慢几天,但看报的人因此所得的益处确要大些。

先生以为何如? 请先生将这信登在报上,作为更正。

陶知行
十一. 一. 十九

原载《时事新报·学灯》1922 年 1 月 23 日

---

① 　此英文,意为"为了生活而教育"。

67 论家庭教育

黄德正

1921年12月4日

题　解　本篇连载于《申报·自由谈·家庭周刊》1921年12月4日第17号、12月11日第18号、12月18日第19号、1922年1月8日第20号、1月15日第21号、1月22日第22号、2月5日第23期。

　　撰著者黄德正，生卒年未详，时任华东高级商校主任。除本篇外，还在《教育杂志》上发表了《小学教育与集合学校》《省视学与地方教育》，在《小学教育月刊》上发表了《我之实施教育经验谭》等文。

　　《申报》，初为隔日报，从第5期起改为日报，原名《申江新报》，创刊于1872年4月30日，由英国商人安纳斯脱·美查（Ernest Major）等投资、经营，中国人主笔。1909年后，转由中国人经营，并长期由史量才担任总经理。1911年8月24日，创办综合性副刊《自由谈》。该副刊初期强调趣味性和文艺性，下设游戏文章、海外奇谈等栏目及多种周刊。《家庭周刊》即其中之一，于1921年8月14日由每星期日刊载的《小说特刊》改办而来，旨在"营建和睦之家庭，造成健全之军国民"。主要撰稿者，有张舍我、瞻庐、凡夫、沈雏鹤、黄厚生等。《自由谈》于1932年12月改革后多发表社评杂文，成为进步舆论的阵地。《申报》于1935年10月因时局被迫停刊，1938年10月复刊，1949年5月终刊。

一、绪论

谚有之："一代没好妻，三代没好子。"是虽多半由于遗传，抑亦后天之环境为之也。

爱尔兰大学教授加伐维尔于《芒德淑利主义与实施》一书中，曾载一故事曰："昔欧洲时有孩儿迷失山林中，厥后经人察觉，性情皆异常人，且不能言语。后虽教导，亦只能粗解人意而已。"又："印度西北各省，常有狼口余生之小儿生长于狼队中，及被猎人弋得，既不能言语，亦不知工作，智慧本能丧失殆尽。"

盖动物之本能，实包含"一时""定期""早期特化"三种之特性。各特性之发展，恒因环境为转移。譬幼鸡之入鸽群也，或雏鸽之入鸡埘也，及其既长，遂亦安之，此因早期特化性之发展也。苟鸡、鸽互相易其位置，反仇敌相视，片刻莫容，此因一时性之消失也。

推而至于人类，又何莫不然？苟于幼时不与以完善之环境，注意教育之方法，其免于野蛮、低能也鲜矣。观加氏所述之故事，其亦知所审焉。

厥是之故，德人佛罗培尔[①]（Froebel，1782—1852）鉴于当时各家庭之养育方法皆戕贼儿童之天性、阻障儿童之本能，殊不合教育本旨，又得贵族之赞助，遂设蒙养院于马利安达尔城，收集四岁至六岁之幼龄儿童，与曾受教育之保姆以养育。其名为"蒙养园"者，实寓有儿童似植物、保姆若园丁、学校则花园之用意也。

今吾国蒙养园之设立，犹未有闻。各家庭之黑暗，十百倍于佛氏之时。保育之方法固不讲求，教导之方法尤其盲无所知，言之实足痛心。

况乎吾国今日之国民，老大孱弱，"病夫"声誉扬溢乎中外。少年劳瘵，早岁病亡，而"学生病"之徽号几于遍校有闻。

西方有言曰："健康之精神寓于健康之身体。"兹学生之身体如斯，学生求学之精神自可想见，将来学业之造诣亦可逆料。是则数十百年后，我国国民之现象亦可逆睹矣。危矣哉？危乎其危也！

然今之一般教育家，犹竞竞焉以提倡艺术教育为高尚，以开办大学为能事。至于义务教育，舍少数人之注视外，他则漠不加喜戚于其心；而家庭教育之重要，几无人述及。是何异于釜底抽薪，欲其沸腾也难矣！余不揣谫陋，竭力以一陈之。

---

① 佛罗培尔：通译福禄培尔。

二、本论

家庭教育之重要，既如上所述，然则吾人欲知家庭教育之大概将如何乎？愚以为，家庭教育之范围甚大，人自有生之始，至气散之后，皆不能与家庭以脱离关系。既不能与家庭脱离关系，则虽谓人之一生咸薰化于家庭教育之中，亦无不可。

兹以便于陈述起见，大别可分为三期：一则儿童未入世时之家庭教育，即所谓胎教是也；二则儿童既入世之后时之家庭教育；三则儿童既入校后，家庭间所施之补习教育也。至入校毕业后之家庭教育，已等乌有；虽有，亦无足轻重，盖木已成舟，即欲训练之，亦无裨益也。故家庭教育之重心，不在入校之后，而在于未入校之前也。

（一）胎教

尝闻里间父老言："当岳飞未生之时，其父鉴于宋室偏安，遂焚香拜祷，望上天赐以麟儿，以扩〔廓〕清妖魔。后果生武穆。"此虽为迷信无根之谈，要其父母头脑之清明、眼光之远大、思想之忠实、情绪之充裕，安得不一举而为宁馨儿乎？至尼山之祷①，亦其显著者也。然则吾人于善种学说②，可不注意乎？

复次，请论怀孕后之教育方法。夫小儿未离母体之时，自不能直接教之、育之；惟藉母体施适当之方法，用间接之教育以教育幼儿，使其内在之素地无所阙陷（运用康德氏论先天派文中的"内部之素地已有阙陷"之主意）。今仅述孕妇应注意之事项如下。

（1）节制不正当之嗜好。不良之嗜好最易遗传，若于怀孕时再不节制之，则其为害也甚大，不特遗传于子孙，甚将妨害其发育。

（2）力保正直之姿势。孕妇之姿势务宜正直，庶处腹中之儿童得自然发育，无畸形怪状或首折腰损之虞。

---

① 尼山之祷：相传孔子父母结合之后，想得到一个健壮、聪颖的儿子，便共同到曲阜东南的尼山祈祷，后终如所愿。孔子因之名"丘"，字"仲尼"。
② 善种学说：通称优生学，由英国科学家高尔顿于1883年首次提出。

（3）宜高尚其理想，和蔼其性情。近代英国科学家皮牙逊[①]（K. Pearson）以统计之方法研究善种学说，知性情、知慧等皆能如体质上性质之遗传。是则孕妇之理想及性情，皆与幼儿有莫大之影响，岂可不注意乎？

（4）谢绝强烈之药材及味素。凡强烈之药材与强烈之味素，最易刺伤神经，故孕妇最宜谢绝之。

（5）勿为不合法之行为。苟孕妇作不合法之行为，则其子女亦多蝇营狗苟，为世俗所卑鄙。是盖遵〔遗〕传为之也。

此五者，不过荦荦之大端。总之，孕妇之卫生务宜讲求，孕妇之道德及思想务宜洗刷，庶无不肖子弟之产生也，庶儿童内在之素地无缺陷也。

（二）未入学校前之家庭教育

当未入学校以前之儿童，其与家庭接触之时间实为最长，故此时之家庭教育尤为重要。盖儿童一生之事业即发轫于此，苟根本不立而欲枝叶之芃茂，亦良难矣。

此时期既为一生之本，则吾人自不能不加意于教育。教育之程序，又可分为三小期。

溯小儿之初生也，浑浑噩噩，一无所知，饥不知食，寒不知衣。为父母者，自应尽养育之职，此第一期也。

稍长，渐知饥寒。为父母者，则当阻遏其过量之求，引之导之，勿使其啼哭终朝，悖乎卫生之道。

迨至儿童之知识稍开展、言语能发表时，则为父母者，于养育之外，亦当注意于教授方面，惟不可以灌输知识为本位也。

佛罗倍尔言曰："学龄前之幼儿，万不可拘拘于教授知识方面，当自幼儿内部诱导其自由发展。"是诚教育"未入学校时儿童"之金科玉律之言也。今述是时期中教育之

[①] 皮牙逊：通译皮尔逊，即卡尔·皮尔逊（Karl Pearson，1857—1936），英国数学家、生物统计学家，数理统计学的创立者。早年毕业于剑桥大学，后赴德国海德堡大学、柏林大学深造。1884年任伦敦大学教授，1892年出版《科学的规范》一书，奠定了其"统计学之父"的地位。1901年，与高尔顿等人共同创办了《生物统计》杂志。

要点如下。

（1）宜守同一之意旨。

人之好恶虽各不同，然家人爱子之心则固人人之所同也。惟其所爱者同，势不得不各本各之意向，以推测幼儿之心理，与以相当之养护，与以合度之教授。然有时，父以为寒者，母或以为饥；祖父以为暖者，祖母或以为寒。羹汤杂进，温冷不调，皆非保育之道也。至于训育方面，若父母、祖父母之意旨不能统一，其为害也尤大。匪失于过严，即偏于姑息。父欲其东驰者，母或令其背骋。东椰西棒，徒使儿童之意志摇撼，寸心忐忑，莫衷一是。此固非小儿之福，亦家庭间最不幸之紊乱现象也。故欲保家风之善良，希望儿童之飞黄腾达者，当自统一教育之意旨始。

（2）勿奴视儿童。

天下之为父母者，第一当明了吾人生子之目的何在。将以为世用耳，非仅能以服劳、奉养为尽孝，而以显名扬亲，为国家、为社会、为民众造幸福为大孝也。

今人不明于此，往往视儿童若僮仆，待儿童如马牛，鞭之，捶之，恫之，吓之，绝不顾儿童之体面，绝不测儿童之心理，一味詈骂横加，夏楚频来。其循良者，或可承受于一时；不善者，则怨怼之声载于家，甚且老羞成怒，每况愈下，至于不可救药之途，皆奴视儿童之结果也。

又或独生之子，娇痛惯养，任其意之所之，凭其心之所向，解衣衣之，推食食之。及其既久，则豢养性成，情意恣纵。名似爱之，实则害之；阳若尊之，阴实奴之。盖小儿衣食，只可令其适体，毋容姑息之、厚饲之，若豢养牲畜焉。

（3）宜亲自养护。

当儿童公育之说未实行之先，其家境小康者，往往雇用婢仆担任养护之事。为父母者，或则久羁他乡，或则寄兴樗蒲①，或则假新文化运动之美名自陷于弃儿之地位。不知彼等为婢仆者，多半乡间土老、无子寡妇。其心肠之征服皆受金钱之使命，教从何处得知养护之方法乎？故为父母者，养护子女，皆当亲自莅临，不应假手婢仆也；即亲戚、家人，亦不可视为可恃之人也。

---

① 樗蒲：古代一种游戏，类似于掷色子。后成为赌博的代称。

（4）宜为积极指导。

幼儿之意志，若大风中之蛛丝，时东时西，莫获坚定。偶入歧途，则成染丝之悲①，其能入于良善之径者，盖寡矣。是则为父母者，自不当徒为消极之抑制。如小儿之欲入于歧途也，父母于抑制之外，尤当以有兴趣、极愉快之故事引唤其感情，增加其摹仿性（泰特氏谓，感情能增摹仿性），使其心坎上深刻古圣贤之嘉言懿行及近世宁馨儿之善状、天真。庶几，儿童之言语、行动，有所抉择，不致蹈入邪歧之途也。

（5）宜顺乎自然。

冬衣裘、夏衣葛，顺乎自然者，自适乎身体也。是则春光明媚、春色可人之际，则当作郊外之游，领略新鲜空气，以大块天地与儿童为友朋。至夏日炎热、汗注如雨之时，则以择茂林修竹、树木蓊蔚之地，令其休息、游戏于其间，较之往来赤日之下，有胜多多矣。而儿童疲劳之后，即当施以相当之调济，儿童久逸之后，亦当与以适宜之运动，庶无过劳、过逸之弊，且大有裨于天性之发展也。

此五者，皆教育儿童之极其重要之法则也。苟缺其一，则儿童直接的、间接的，有形的、无形的，蒙其害实非浅鲜也。

兹更进言教育之方法如下。

（1）与以适当之饮食。

幼儿之食物，第当估量其消化能力之大小，与食物之性质及进食之时间，以定所食之分量。故小儿于齿牙未发生以前，则以母乳为最宜。次则牛乳，亦足以增益儿童之蛋白质及脂肪质，补助身体之发育也。周岁后，始可进以谷食、豆腐及肉汁，然不可偏于一种之食料以迎合儿童之味觉，又不可与以富有刺激性之食料（如烟、酒、胡椒、葱、辣〔椒〕等）以酿成危险之胃病，更不可令与大人同食，餍其无厌之求，尤不可嚼烂食物以进幼儿之口，调和茶汤，易引幼儿不多咀嚼之弊也。

（2）与以适当之休息。

久劳之后，必当继之以休息。如幼儿游戏既久，即当令其徐步庭中，或使其静坐于空气流通之处。苟小儿用脑过度，亦当令其瞑目休息，或驱其入于睡眠之乡，以恢复其

---

① 染丝之悲：典出《墨子·所染》。原文为："染于苍则苍，染于黄则黄。所入者变，其色亦变。"意为：环境犹如染缸，素白之人，入缸会因之色变。

疲劳。故每于幼儿休息时，慎勿以劳动之游戏献艳于幼儿之前。至幼儿睡眠时，尤宜肃静；强烈之声响、激刺之振动，都宜力避，必令其睡足而后已。

今据一般卫生学者言，儿童睡眠之时间常与年龄成正比：

一岁～二岁，十六时～十八时。

三岁～四岁，十四时～十六时。

五岁～六岁，十三时～十五时。

六岁～七岁，十一时～十三时。

至睡眠时之衾褥、被服，亦皆以轻柔、软絮为宜。如幼儿之身体不妥，久不熟睡，伴其眠者，即当平心静气，低唱歌谣，怡悦其性情，安定其心神，自可导入睡乡。切不可大声呵斥，任意摇撼，以强其眠也。

（3）宜与以适当之游戏。

幼儿未有不嗜游戏者。盖幼儿本属天真烂漫、活泼泼地，在襁褓中即知游戏。及其稍长，知力渐形发达，体力亦逐渐强健，其游戏之欲望自然增高。为父母者，苟不监视之，最易酿成极大之危险。至游戏之材料，苟不拣择之，其为影响也尤大。

其一，恩物。

德人佛罗培尔于蒙养园中教育儿童之方法，咸以游戏为主。一则磨练儿童之身体及感官，所谓运动的游戏也；一则制成六恩物，令儿童构成种种之形状，以启发其理解力，所谓精神的游戏也。

今述其六恩物如下，以供各家庭采用焉。

① 球——毛制或棉制，配以色丝。

② 球——木制。

③ 立方体木片——长二寸，宽一寸，厚半寸。

④ 以立方体木片，纵横分为八等分之物（原图10）。

⑤ 将立方体木片分为纵长八等分之物（原图11）。

⑥ 将立方体木片切成二十七个立方形。其中，三个二分为三角形，三个三分为三角形（原图12）。

 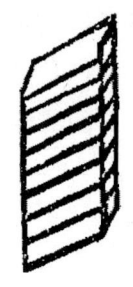 

原图 10　八等分立方体（一）　　　原图 11　八等分立方体（二）　　　原图 12　二十七立方形

与以是类之恩物，以益儿童之兴趣，以启儿童之理解力，诚一举而美善得矣。

其二，手技。

人莫不备有创造力。彼儿童于阶石前之时，亦知削竹为刀、堆土为山。此虽由于摹仿性之冲动，抑亦创造力为之也。儿童既具有创造之能力，则为父母者务当给以充分之材料，令其自出心裁，创作种种之模型，练习其手与目，开辟其想像之范围。故教导之际，第当自简而之繁，自易而之难。不可逾级而登，使生干燥无味之感。及其既久，其收效当亦匪浅。

其三，运动。

手技与恩物，皆精神的游戏也。其为用，仅足以丰富其想像，增加其理解力。今当更进一层，以述发达肌肉、强健身体之运动游戏矣。

其属于单独之运动者，如短距离之赛跑及跳跃、拍球、掷环等是也。其属于公共之运动者，如捉迷藏、拟战等是也。苟过危险之运动，则当以其他有兴味之游戏以引诱之，或携幼儿之手，作种种之谈话，决不可见其危险而加以阻抑，抹杀其兴趣，消失其活泼精神也。

故游戏之为用，实足以养成合群心与服从规则之习惯，且可强健身体、活泼精神、增加想像力与理解力。是则名曰游戏，实则寓庄于谐，指导儿童努力之途径，默示儿童向上之方针。盖儿童得益之处，多从不知不觉之中，较之正式训育时为尤大也。

（4）与以适当之知识。

教育幼儿，虽不必偏重于知识方面，然有趣味之童话、故事，其不频〔濒〕于干枯无味者，亦可尽量灌输。盖儿童对于有趣味之故事，最易记忆，最易引起其无穷之想像，作天圆地方之问难。为父母者，此时务宜取多量有趣之材料，以证明其问难之点。切不可随口答应，强不知以为知；或己所不知者，遂亦压抑儿童之求知心，令其不必知，其为患也更甚矣。

至灌输适当知识之方法，要不外于谈话之中，语以亲切有味之故事。设立家庭小图书馆，多购童话及儿童文学等书籍，增益其智慧，以为入学校之预备。其有记忆力薄弱及天资鲁钝者，即可估董〔量〕其领略了误〔悟〕之多寡，或不必令其阅读，纯粹藉对语时以增益。其收效，亦复不小。

（5）宜与以适当之良伴。

儿童之摹仿性甚强，时而呜呜作猫鸣，时而牙牙以学语，时而摹仿成人之嬉笑，时而摹拟成人之行动。故孟母三迁，亦所以拣择善良之环境也。以是为父母者，皆当谨其心之所向，惴惴焉惟恐污点之暴露，深刻于儿童之脑海中，作摹仿的表现，庶几其可也。

至伴侣最善者，前所述之童话、儿童文学、恩物等，及性情和蔼之小儿童，与清洁、高尚之环境，皆陶冶小儿性情之绝好伴侣也。

此五者，皆教育未入学之儿童所应注意者也。兹为节省篇幅起见，爰更论入学校后之家庭教育。

（三）入学校后之家庭教育

儿童既入校矣，为父母者，自以为教育重任理应属之学校，与家庭将毫无影响矣。不知儿童虽入学校，而完成学校之课程、补助学校教育之不及者，其责固仍在家庭也。

窃以为，家庭与学校之关系正如冶铁厂之与矿山也。儿童之顽否，固因学校之教育为转移，亦视矿石之纯良与否也。如儿童纯良，则学校教育方克有效；否则学校中虽费去九牛二虎之力，依样呈教育无效之象。是则主宰家政者，其可不注意于儿童之习性也明矣。

且有进者，学校教育，以一教师而教多数之学生，乃合同教育也；家庭教育，以一家庭而各自为教，乃个别教育也。个别教育之收效，较合同教育为尤速，其探求儿童之个性为尤便。故学校为促进儿童之进步起见，遂不得不思联络家庭之法：或聘请各家属开恳亲会，以讨论教学上之诸问题；或采用通知簿，以报告儿童在校之概况，及征求各家庭之意见。各家庭际此时机，即当尽量发表己见，或陈述儿童生活之状况及个性，以周知学校中管教各员，蕲者所采择焉。不可呼之为洋学堂，视为无足重轻；尤不可畏首畏尾，不敢略表寸衷。诚如是，则中国教育之前途幸甚矣。

至儿童假归时之教育，一如未入学校之前，兹从略焉。

三、余论

吾言至此，吾力疲矣。觉吾千斤之担已从肩头卸下矣。然重检一遍，挂一漏万、顾此失彼之处正复不少，有不禁为之赧颜矣。

乃吾志不懈，吾心不灰，敢更进一层，以述各儿童之特质，以为天下父母一告焉。最宜本乎各儿童之特质，以施相当之教育。故吾即以补救各儿童特质之方针，作本篇之余波。想读者亦未必其目吾为多事也。

考今世心理学家言，往往分儿童之气质为四类：曰胆液质（choleric）；曰多血质（sanguine）；曰神经质（melancholic）；曰粘液质（phlegmatic）。各质之儿童皆不相同，各具有优劣之点及特质焉。

（1）胆液质儿童。胆液质之儿童，平居多沉默，不与人较锱珠〔锱铢〕之值、纤细之事；而作事则果敢而敏捷，宽大而公明。惟其弊也，则残忍而傲慢，狂妄而固执。故为父母者，不可不持郑重之态度，不应轻加赞许。即赞许之，亦不失赞许之价值。当时时与以高尚之理想，使努力于正道，方不失为大英雄、大豪杰。否则，巨奸而已尔，大恶而已尔。

（2）多血质儿童。是类儿童，多由于神经过敏之故，遇事辄先，惟恐居后。彼既不能加以详审于前，自不能收圆满之果。所幸者，内蕴悲天悯人之心，外示快乐亲爱之象；天性活泼，智慧伶俐。然因是即常显轻薄、狡猾之状，放恣、浮动之习。故为父母者，当采用严格方法与自由主义，相济以训育之。第欲深固其记忆力，勖勉其有恒心而后可。

（3）神经质儿童。父母对于是类儿童之训育，务宜引导有兴趣之游戏，以引起其活泼之精神；不可任其沉静、冷淡，有凄凉、落寞之感。盖是类儿童多半嫉妒、懦怯、不求上进；虽有严肃、忍耐、谨慎、专心诸美善，终不能胜疑虑、退守心之强且固也。且是类儿童如于广众场所遭人僇辱，遂蒙自杀与自怨之想；甚或愤愤不平，竟自陷于无耻之境。教之者，不可不慎也。

（4）粘液质儿童。富有怠惰之根性，蒙有顽钝之天资，及冷淡、枯寂之习性者，则粘液质儿童之特性也。为父母者，惟有矫正其懒惰，督促其勤勉，勿使偷闲自解、株守一隅，致离群而独立，身逸而心郁，是为至要也。

儿童之气质及如何补救、如何训育之方法，已略如上述。然吾犹觉有未尽者，则以家庭教育实立国之根本，苟新进之国民若仍如旧观，我国家前途之黑暗，吾诚不忍言之矣。今述家庭教育之大概，亦不过聊以尽个人之天职云尔，岂敢谓为尽于是乎！

吾草是篇，中辍者凡四五次。固由于个人学识之谫陋，亦因天气炎热，不能久久攒眉，以致中间疏漏之处良多，尚乞读者见谅。惟俟他日再为补充，想亦读者之所许也。

——作者谨识

68 幼稚园之现在与过去

Julia W. Abbot 著　小青译

1921年12月20日

题　解　　本篇原载《教育杂志》第 13 卷第 12 号。发表时间为 1921 年 12 月 20 日。

撰著者 Julia W. Abbot，通译朱莉娅·W. 阿博特，生卒年及生平事迹未详。

译者小青，恐系笔名，生卒年及生平事迹未详。

有关《教育杂志》，参见前文《对于新教育之意见》题解。

在一间向阳的大室里，陈列著几口低矮的橱。橱里面，装满了许多积木和别的玩具。更有小桌子和小椅子，也随意散列在室中。除此以外，还有许多小孩子！那些孩子们，有些在地板上一同工作，或一同傍小桌子坐著；有些用黄泥在那里制造东西，或涂颜色在上面；有些在那里观图画书；有些在那里建造房屋。这就是现在的幼稚园。

在这样的现象之下，实在寻不出一个确当的字眼来形容他。至于幼稚园的方法和作用，却有一句定义，就是：用专心的、有目的的活动，以引进社会的环境。这句定义，是该括幼稚园中高等班的社交辞令的背诵和初等班的工作和游戏说的。

假使教多数孩子们围绕着特定的桌子坐著，然后凭著教师的指挥，使他们把小块的积木来堆搭东西，这种情形，在一般校长先生严正的眼光看来，似乎是很整肃有致的，然而在纯粹的教育眼光上观察，那又有什么价值呢？考特惠耳柯克①（Coldwell Cook）曾经说：

> "趣味"二字，是最重要的。而趣味的表现，就是游戏。原来，趣味是人类的心的欲望，是从我们生初就有的。所以古时候那句"趣味是从我们的手上寻求出来的，而游戏就是凭著我们的力使那趣味实现"的定义，在现今看来，实在是谬误的。

因此之故，现在的幼稚园对于"心的欲望"一层，都非常注意；不论孩子们把持什么东西，玩弄什么东西和打算怎样玩法，都一任他们的自动。

一、共同观念的养成

孩子们进了幼稚园之后，因著天天的游戏、工作、谈话、看图画、讲故事等等，不但他们个人的理想逐渐发展，而同时也使他们生出一种共同的观念。就工作论，除了纸工、泥工以外，就用积木等堆搭房屋。这样一步一步的进行，他们的兴味就也一天一天的发达，因此，他们工作的方法便也要一天一天的打算扩充了。譬如一所房屋，虽然已经搭成，过了一天，他们还要加上一重篱笆，或再要附设一所马厩；更进一步，他们要把别的孩子们所搭成的房屋，合在一起做成邻居，或者要建成一所较宽敞的房屋。他们也知道实行分工的方法。例如一人搭厨屋，一人建正屋，又一人围篱笆或砌围墙等，合了众人的力，以造成一所大屋。在这样的游戏或工作里面，孩子们的趣味固然是日进不已的，因而他们在一方面养成一种实践他们的理想的习惯，一方面也使他们对于共同观念的利益更加明了。

因著共同工作的结果，孩子们的判断能力便渐渐发展。原来孩子们本来都有一种自尊自大的观念的，但一经共同的游戏，他们各个的理想和技能就有互相接触的机会。接

---

① 考特惠耳柯克：通译科德韦尔·库克，生卒年不详。著有《游戏法》等。

触多了，他们自然也能承认他人的理想和技能了。所以，当他们共同游戏的时候，时常可以听得他们说："我们农场中的谷仓可让挨弗雷来造，因为他知道怎样造的。"或者说："我的货房里尚须造一只楼梯，请你来教我你的楼梯是怎么样造的。"

二、动的游戏

游戏和工作，应注意动的方面。现在，再把考特惠耳柯克所著的《游戏法》(*The Play Way*)里面的一节，引在下面："若论游戏的价值，动的要比静的高出数倍。因为动物的天性都倾向于动的缘故。所以儿童游〔戏〕时的动、静，应得任他们的自由，断不可强制执行，以阻遏他们的本能。"这层议论，已经为一般现代的教育家所公认了。

但从前的教法，和现在的却适相反。试观本篇所附的第一图（原图13），便可明了幼稚园已往的真相。此图是从二十五年前出版的《幼稚园的说明》(*Exposition of Kindergarten*)里面摘引出来的。图中的小儿很静止似的坐著，准备听了教师的指挥，以堆叠桌上的积木。而图的下列，是两组积木的方式。观那小儿所堆的，则已到了第一组的第五步了。

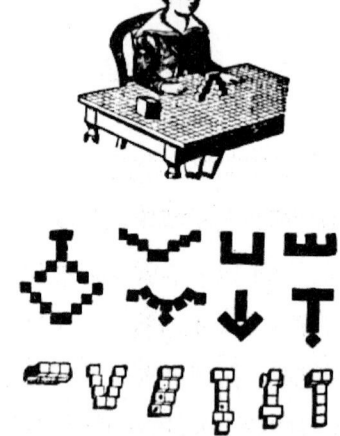

原图13　拼积木图

三、二十年前的幼稚园

原来已往的教法，一切都是由教师指挥的。譬如，每日间，教授的次序和游戏时所用的东西，既然都由教师预备，而当游戏时候的一举一动，也须教师们担负指挥的责任。

例如：将〔游〕戏之先，儿童们一个一个坐著，由教师把积木匣分给他们，而使他们将匣放在桌上一定的地方；然后由教师发令，使他们同时各把匣子反合在桌子上面，随手将匣盖抽去，再轻轻提起匣子，而使匣内的积木仍旧整叠不乱；此时，教师再把堆叠的方程〔式〕讲给他们听，使他们依著方法一步一步的堆搭上去。这样一组完毕，再换一组，而教法却只是一个。

这样的教法，在理论上固然好像是很整齐的，然而儿童的意志却不肯时时恪守教师们理想的教训。因此，从前幼稚园里的儿童，往往有不守命令的事情发生。譬如，教师们教儿童建搭一种方式，唤做"纪念柱"的，儿童却偏要替他改名做"电线杆"。诸如此类，不能尽举。然而就这一端上也可以想见过去的幼稚教育的价值哩！

四、形式和精神的区别

在从前的幼稚园和初等小学校里，大概都流行一种所谓"群体的教授"，就是在一间大课室里，聚著多数孩子，使他们在同一时间，听著教师的号令一起动作。这种教法，从前的教师们以为可以使孩子们发生共同观念，所以认为有养成儿童的社交性的价值。

其实，这种共同不过是外表的、形式的，精神上非但没有共同，而且还感受压迫的痛苦。原来，共同观念的养成，应得出于孩子们的自动。教师的责任不过从旁帮助，使孩子们觉得有共同的需要，而自己起来要求；若只用命令式的方法，压制他们的原动力和遏阻他们自然的活动，在现今想来，实在是错的。

现在的幼稚园里，并不直接教孩子们做什么群的工作。这不是对于社交的教育故意忽略，实在要使孩子们自己要求而养成他们内部的共同——精神上的共同。

试观第二图（原图14）中的三个小孩，中央的是女孩，唤做美琪，她本著自动的精神，正在把余剩的积木收拾在一只匣子里，预备移放到别处去。因为她以为那两个男〔伙〕伴的房屋已经造成，所以她应当负清理的责任，把那余剩的积木取起。但那时，她左旁的卡洛脱唤道："我的货房还没有完工，我还要几块积木哩。"美琪就把她收拾的木块重新放在地上，答道："那末，你用毕之后，你应当自己把余剩的放好。"接著，那右旁的却耳司也向卡洛脱道："请你再给我一块积木，我的烟囱上还缺少一块哩。"

试就这图的外表而论，那三人似乎各做各工，没有什么共同的形式；而那精神上，却是一种绝好的社交训练咧。

原图 14　拼大积木图

现在试再观第一图（原图 13），图中的小孩，不是像一个人独坐在那里工作么？其实，那时决不止他一人，不过旁的孩子的姿态、形式和他一样，实没有显示的必要。在这种情形之下，形式上虽似聚了多数孩子在那里共同工作，而精神上实在没有彼此接触的机会。因为他们工作的时候既然各做各工，而工作完后，也凭著教师的命令，同时各把积木归放在自己的匣子里面，然后交给教师替他们收藏。这样的动作，除了形式上同处在一室以外，实在没有一些共同的作用。

五、现在的进步

儿童的训练，自动固然重要，而也应得求有意识的自动。现在的幼稚园大概都能够注意到这一层，这也是从前没有的优点。

譬如，小孩当玩弄积木的时候，应当诱引他的兴味，使他一心一意运用自己的意思和方法，不可使他专靠教师的指授和解释。所以，有时小孩凭著自己的心裁，做出一种东西，虽然是比较的简陋些，也应当设法鼓励他，断不可因为他不就范围的缘故而指斥他。要知教育的目的是在发展儿童自己的思想，不是单要教他能够模仿一定的模范，养成机械式的儿童。这是教师们应得时刻记在心里的。

现在教育上分班的方法，大率把儿童的智力作标准，而不像从前把年龄作标准。这实在是一种进步。原来把聪颖和敏捷的儿童，硬教他合在低能的和懒惰的儿童一起，使他不能够充分进行和发展，实在是一件最不公允的事。

曾见某学校上诵读课的时候，教师向著一个小学生道："乔克，你读其次的一节。"那学生读时，却超过了别的学生所读的两页。教师便很严厉说道："乔克，错了，你已失去你所读的地方！"那学生急回答道："没有，没有，我没有失去我所读的地方，不过我不能一一守住他人所读的地方！"原来乔克的错误，就因他的智力比别人敏捷；他一经读出了兴味，便再不耐等待别的人了。

69　论儿童公育

瞿爱棠

1922年1月

另图 47　瞿爱棠像

题　解　本篇原载《小说新报》第 7 年第 1 期"思潮"栏。发表时间为 1922 年 1 月。

撰著者瞿爱棠，生卒年未详，江苏宝山（今属上海）人。曾任《劝业场日报》主编。除本篇外，还发表有《同类相残说》《职业说》《节俭说》《救国论》《米业应该组织消费协会》等文论。

《小说新报》，文艺月刊，1915 年 3 月创刊于上海，初由李定夷主编，国华书局发行。该刊为"五四"新文化运动前后发表鸳鸯蝴蝶派作品的重要刊物之一，宣称"鼓励爱国精神，以树立小说模范为己任"。主要栏目，有说林、短篇小说、长篇小说、谈屑、谈荟、说汇等；主要撰稿人，有东园、陆叔同、轶池、指严、无愁等。停刊时间不详，目前能查到的最后一期为 1923 年 8 月出版的第 8 年第 8 期。

一

儿童公育问题，是关系全社会组织的问题，人类进化的问题。这个问题一天不解决，什么妇女解放问题、劳动问题及一切的问题，也一天不能解决。可知，这个儿童公育问题，是社会上的一个重要问题的了。

这个问题，最早倡言的，就是柏拉图。其后，加列巴拉、尼采等，都有这个主张。我们中国从"五四"以后，对于社会上一切的问题都有许多议论，可是这个儿童公育问题却不十分注意，这是我国文化运动的一个弱点。

我是个信仰儿童公育者。对于儿童公育，照现在我们中国的情形，实在有实行的必要。如今，我把个人的见解写来，给大家参考。

我们要晓得，社会是集人群成立的。人们所生产的儿童，不是为自己而生产的，是为社会而生产的。人们既为社会生产儿童，教养儿童一事当然是社会的责任。因为人们替社会生产儿童，是义务的、没有权利的；尽了义务，如何可以叫他再尽教养的义务呢？就是人们情愿再尽教养儿童的义务，我以为这种教养，和平等的原理无论如何终于不合的。为什么呢？

譬如有两个人，一个是有产者，一个是无产者。

有产者，他有教养五个儿童的财力，但是他只有一个儿童。他把教养五个儿童的财力去教养一个儿童，这个儿童自然要立在"人上人"的地位了。或者他依旧把教养五个儿童的财力之一教养一个儿童，那末，所余教养四个儿童的财力，他把伊送到洋海里去。可保没有这一回事的？但是，他要消化这笔财力，社会上龌龊的、罪恶的事情，他一定大干特干。这是我所敢写保票的。

无产的呢？他只有教养一个儿童的财力（现在中国教养一个儿童的财力也没有的，真多得很呢），但是他却生了五个儿童。他把教养一个儿童的财力去教养五个儿童，这五个儿童还能得到充分的教养吗？或者他依旧把教养一个儿童的财力去教养五个儿童里的一个儿童，这个儿童当然能够成材，但是我要请问：其余的四个儿童与一个受教养的儿童，不是一样的人吗？难道一个儿童应该受教养，其余四个儿童不应该受教养的吗？换一句话讲，五个儿童中的一个儿童，因为受了教养，可以立在社会上做人了；但是五个儿童中的四个儿童，因为没受教养，这四个儿童不是不能立在社会上做人了吗？不能立在社会上做人的，不是残废的人吗？

你想，社会上有了多数的残废的人，这个社会也成了一个残废的社会了。照中国现在的情形看来，无产者占大多数，有产者百分之一也没有；而且有产者大都没有生育力，无产者倒很有生育力。夫如此，我们中国的社会，简直是个残废的社会，只是死僵僵的，不是活泼泼、有精神的社会。

要救济这个社会，只有实行儿童公育的一个方法。

二

我们中国须要实行儿童公育，已毫无疑义了。现在，我把儿童公育的组织与儿童公育的经费陈说于次。

（一）儿童公育的组织

在未办儿童公育机关之前，先要调查一个地方上有若干人口，然后在当地设立儿童公育的机关，应以能容本区域内儿童为准。要是一个地方上人口甚多，儿童公育的机关甚小，或者一个地方上人口甚少，儿童公育的机关甚大，这都是很不经济的。

儿童公育机关成立后，当地的儿童——无论资产家的儿童、无产家的儿童，都归入儿童公育机关教养。至某年龄、某程度后，得入中学以上学校——大学校及专门学校，学费等项也都归国家或社会担负。儿童教养成材后，由儿童公育机关或学校内荐以相当的职务，以发挥他自己的本能，了解独立的精神，并且使他明白：依赖父母、依赖任何人，是一件十分可耻的事情。

讲到儿童公育内部如何，今将意想所及者，述之于次：

（1）胎儿所。
（2）收生所。
（3）哺乳所。
（4）幼稚园。
（5）小学校。
（6）儿童运动场。
（7）儿童工作场。
（8）儿童图书馆。
（9）儿童研究学会。
（10）儿童物品展览会。
（11）儿童病院。

教养儿童的人，须要体力强健、思想灵敏、性情和悦、行动纯洁，而且要有儿童心理学、儿童生理学、儿童教育学的知识方能合格，儿童公育方能成效。

（二）儿童公育的经费

儿童公育机关是由国家或社会设立的，一切经费当然也由国家或社会担负。

但是我以为，在社会没有根本改造以前，社会上有贫富阶级，所以生产的人们（即父母），每年应助金若干。没财力的，可以减少助金，或完全免；有财力的，除却每年应助之金而外，还要纳临时助金、特别助金。

还有一层，社会上的遗产，都要归入儿童公育机关；无论何人，都没有分派和取用的可能的。

三

纪曼尔[①]说：

> 欲达到我们理想中的儿童教养法，是件极难的事。因为做母亲的，既欲有充分的金钱，又欲有充分的知识，并须有充分的时间。而社会上大多数的家庭，又是贫苦的、无知识的，去理想远甚，充分时间的有无更不必论了。社会中有金钱、有知识、有时间的母亲，实在是最少数。这最少数的女子，算得有教养儿童的资格了。其余最大多数的女子，竟没有担任这付重担子的资格。把儿童付托在他们手中，实在是极危险的事。欲免去这危险，达到完全母职的理想，只有儿童公育的一法。

他又说：

> 家庭的环境，终不及公共机关的环境好。在家庭内长养的孩子，极早便染了人我的界限，没有社会的观念，所以，博爱、互助等精神，是很缺乏的。儿童公育便就相反，团体的生活在他们的小脑子上，极早印上一个社会生活的影子。

---

① 纪曼尔：此处应为误录，当指纪尔曼，即夏洛特·帕金斯·纪尔曼。

照此说来，我们可以明白儿童公育的真义和价值了。

沈雁冰说：

> 我们倘细细一想，现在中国一般的家庭教养小孩子是怎样的一个情形，恐怕要悲观到二十四分哩！我们的孩子，一年中死于不卫生抚养的，合全国计，不知有多少！我们的孩子，受了家庭内恶习惯的同化而变为坏东西的，合全国计，又不知有多少！我们的孩子，勉强在学校内受到一点教育（？），一回家又受家庭恶化了，我们不觉得吗？若想待女子多数受到教育、多数解放后，然后来改革家庭、救小孩子，已是无及了！

你看，沈君的话何等痛切！所以，我主张中国立刻实行儿童公育，不可稍迟的了！

四

我们要晓得，中国实行儿童公育后，妇女解放、儿童教育有很大利益。现在，我再分说一下。

（一）儿童公育与妇女解放

儿童不公育，生产儿童的妇女必受儿童的牵累，此人人所公认的。可是社会上人又以为这是妇女的责任，不知养儿是男女两方面的事，当然要男女共负责任。现在偏于女子一方面，显见得不平之极了！妇女因为背着教养儿童的责任，当然不能再做社会上的职务；不能做社会上的职务，女子就不能经济独立；女子不能经济独立，女子的衣食不能不仰求男子；女子因为要男子给与衣食，不得不以失人格的行为（？）去谄奉男子；男子握着经济权，要女子怎样便怎样，女子也不得不屈服。

你想，男女究竟同是一个人，而男子的地位像主人一般，女子的地位像奴隶一般。我以为，我们要保障人道，极不该如此的。所以儿童公育是解决女子经济独立的一个先决问题。女子经济独立问题是妇女解放问题中的重要问题，经济问题不解决，一切的妇女问题也无解决的希望。因此，儿童公育与妇女解放，有至要至切的关系的啊！

（二）儿童公育与儿童教育

儿童不公育，儿童所受的教育终于不平等的。

资产家的儿童，从幼稚园至大学校，自然容易之极，不消说了。

贫苦家的儿童，要衣没有穿，要食没有吃，那里还有能力进那富贵的幼稚园呢？更那里还有能力进那富贵的大学校呢？

中产社会上的儿童，身上冷了有衣穿，肚里饿了有饭吃。但是，他在小学校里，读不上一二年或三四年书，他的父母不管三七二十一，便把他送进地狱化的店中，叫他学习生意。你想，儿童在此环境之下，还有什么知识、什么技能呢？

儿童公育，儿童的教育是平等的、无阶级的。平等的、无阶级的教育，是在教养出一般比现在更高超的儿童。那末，人类进步、社会进化，才有希望的了。

五

我做这篇《〔论〕儿童公育》，意见如此。或有与我同感者已经讲过，也未可知。这是就事论事，就题论题，倒也不必管他。

但是有的人说，这儿童公育属于理想，难以实行的。要知"理想者，成事之母也"。你想，要是瓦特①没有蒸气的理想，今日那里有汽船呢？要是嫘祖②没有育蚕治丝的理想，今日那里有衣服呢？可知天下无论什么事，都是先有了理想，然后成事实的。

孙中山先生说得好："知之惟艰，行之非艰。我们既知道一件事，应当立刻去做，事就成功。"我深信，儿童公育是应该实行的，望大家努力，大家努力！

---

① 瓦特：詹姆斯·瓦特（James Watt，1736—1819），英国发明家，蒸汽机的改良运用者，第一次工业革命中的重要人物。
② 嫘祖：中国古代传说中养蚕、取丝的创始人。

70　幼稚园中社会生活之设计

邰爽秋

1922年2月1日

> **题　解**　本篇原载《中华教育界》第11卷第7期。发表时间为1922年2月1日。
>
> 　　本篇为译文，原发表时未注明原著者，前附译者所撰"译者志"，内容如下："现在报章杂志上，讨论设计法的文章一天多似一天，这却〔确〕是教育界里很好的现象。不过他们所谈的仍多属于理论，小学教师每苦于具体的设计方法做教学上实施的向导，不无遗憾。鄙人有见于此，特从 The Elementary School Journal 里将此篇译下。虽说是幼稚园里的教材，然用之小学一年级或二年级，殊无不合之处。我愿以后杂志里多有这类的文章，我更愿小学教育界的同志把这个设计拿去试行一下。"其中所提 The Elementary School Journal，为美国教育月刊，通译《小学教育杂志》。
>
> 　　有关译者邰爽秋，参见前文《对于神话教材之怀疑》题解。
>
> 　　有关《中华教育界》，参见前文《蒙铁梭利女史新教育法（节录）》题解。

　　美国诗家谷大学[①]附设幼稚园里，在现在冬天，施行了一个设计，叫做"我们的城市"，很有兴趣。在秋天的时候，这班幼稚园里的儿童曾经做过许多家庭生活的游戏，又创设了一个杂货铺同一个玩具店。所以，关于家庭和社会的种种有趣味的经验，他们

---

①　诗家谷大学：通译芝加哥大学。

已经得了好多。

一、儿童所想的设计

一天早上，教师把木块准备好了之后，问儿童道："今天用木块堆什么呢？"随即有一个儿童答道："让我建造一个城市。"虽说这教师心里已准备提起这个设计，但是没有料到这样来得快；不过，这时候大家的心理，都已跃跃欲试，乃就鼓励他们向前进行。

二、讨论和试验

才上来，讨论一个城市里应当包含那几种建筑物，乃在黑板上写成一个表。这个表随后印在一张厚纸上。

第一天，他们所说的建筑物是：（1）火车站；（2）州立银行；（3）议会；（4）礼拜堂；（5）杂货店；（6）玩具店；（7）房屋；（8）汽车房。

各小孩选择一种，准备建造，并在室内选择一块地方做建造的基地，又选出适宜的木块做建造的材料。

三、组织

第二天，各小孩都急急的要开始建造。

有个小女孩说："我将做一个礼拜堂，从巴布拉的住宅到大街。"

另一个小孩说："我要把我的汽车房移到司梯劳生店间壁。"

这些建筑物自由的组合起来，自会引起儿童对于街道的观念；并且在讨论过各种建筑物之后，他们就决定，要有个"商业"和"住宅"的街道。

于是乎，把教室接连的两边区分开来做街道的基地。再在地板上，拿木块搭成月台，一边是三尺宽、二十尺长，他一边是三尺宽、十五尺长，统共六寸高。月台的用处，是预备永久的陈列这些建筑物，并且是高于地板，使儿童便于工作。建筑物中最好的，将来就放在上面，做这"城"里的永久建筑品。

这个月台一边是代表的住宅街，一边是代表的商业街。儿童决定了各建筑物的地点之后，教师就在那儿把各建筑物的名字写下。

四、团体及个人之批评

要看东西建筑得好不好，就看建这样东西的儿童本领怎样。他自己固要常常批评，还要靠着团体的讨论。有一天，别组的一个儿童走进了教室，看见满地板上都是散的房屋。他说道："这都是些发笑的房屋，我简直看不见一个烟囱？"这句话说过之后，自然个个屋上都有了烟囱了。

那几个建筑物，应当陈列在那个街道之上，全让儿童中所举出来的委员来审定。这个委员会，由五组中各举出一人来组织。这个人，必定自己建筑得很好，才得被选。教师之中也有一人加入。

五、竞争后的新计画

儿童方面，断不因他的房屋没有被选就灰心失望。他时常努力求好，另行筹思，看一个城里还应该建筑什么别的东西。

每天之中都有新计画出现，在原来的那个表上，加上了一个戏园、药铺、救火局、学校、面包铺、候车屋等等。

六、装饰建筑物

建筑物构造成功之后，就设法装饰、布置，这却不是一个儿童的事。有时候，一组的儿童全来布置一种建筑物，或是一团里的各儿童替一个不同的建筑物上想出一件装饰的东西，这都看他的兴味如何而定。

这些建筑物，都是没有屋顶。装饰的时候，就要应用各种材料和各式手工上的美术。

各建筑物都有他的标号，由各组拟定，用小木片印成，钉在建筑物上。从中有几个符号，是"符波药铺""马尔汽车房""议会旅馆""小学校""圣保罗教堂""救火局第一号"。

七、创造的机会

在杂货铺和玩具店里，儿童很能显出创造的能力。制造之许多货物，架子上都堆满了。从中有许多套数的小泥盘，上面画的油画，加的假漆，放在托盘里。还有溜冰鞋、车子、洋囡囡、大理石的器具、果品、蔬菜、提篮，甚至还有小的电话机，也是用泥做成，并且涂了许多颜色。各种有兴味、有价值的手工美术，层出不穷。

八、新计策之发现

此时，教室里已堆满了房屋，不能再加。大家的兴味，于是乎全到了街道之上。什么子路①、阶台、路灯、信箱、路标、车辆、居民一类的东西，一样一样的都出现了。这些后加的东西，都是经教师鼓励之后，由儿童自由想出。儿童想到那一样东西有价值，便想法制作。不过教师方面，仍当加一点工夫帮助儿童，使他们对于这些东西的观念更

---

① 子路：此处意为小路或支路。

加清楚。当儿童决定要建造住宅街、商业街的时候，教师领他们出去看了一遍。儿童看过之后，对于教堂、救火局、面包铺的观念愈加明了，对于这个设计，更〔格〕外发生兴味。他们最觉得有兴味的，便是装置路灯同路标。

九、儿童所得的知识

　　从事这个设计的儿童，虽仅在六岁以下，但是他们对于公民的知识却已有了初步。路灯、子路、整齐的街道、警察、救火局、路标、义路上的颜色电灯等等，都是"我们的城市"里便利交通、保护人民的东西。此时，儿童对于这些东西都已认识，在他们经验里都有了确定的意义。儿童此时又知道人民要建造家室，许多人民聚在一起就有教堂，人民再多就变成城市，还要办学校、设警察及救火局等。

　　有一个小孩子叫他的建筑物"州立银行"，各儿童脑筋当中，因而发生州的观念。教师问他何以要叫这个名字，他说："因为这是第五十五道街我们的银行。"教师随后问道："还有那个知道州立银行的意义吗？"别一个小孩答道："州管的银行。""什么是州？"随即有人答道："包有许多城市的地方，叫做州。"

　　在开始建筑的时候，有许多儿童屋上没有门户和窗户，这个缺点为他们看出。教师随即问道："屋上为什么要有窗户？"立刻有人答道："光线和空气。"因而接续讨论"充分空气"及"开窗睡眠"等之需要。

　　上面的这些知识都系偶然得来，并且是随随便便、毫不拘束。教师的目的是在继续的给儿童知识，但是一遇机会，就去设法澄清他们对于事物的观念。儿童的观念多少总有几分模糊，只须由教者相机问一两句话，便可变成清楚。

十、观察范围之扩充

　　设计扩大之后，儿童的观察也就愈趋精确。起初所忽略的小小节目，这时候都加上来了。即如他们学校旁边的路标，就是个例子。初上来，不过用了一片厚圆纸，也就很满意了。后来他们就问：那上面的字说的什么？那些路标的中央为什么有红圈？又为什么没有附近路灯那样高？他们出去散步的时候，时常停下来，读那些竖在草地上的路标。

十一、各种教材与此设计之关系

这个设计对于全班都有兴味，各儿童皆有一点贡献。幼稚园作业中，有好多可以拿他做中心来组织。

在会话的时候就可以互相交换观念，使观念变为明了。从中有许多知识，虽系偶尔得来，但也有永久的价值；并且各种经验，因为讨论这设计所做的种种事体，儿童也想起好多，教师更加以鼓励，使他们发表。当他们安置邮筒、邮差、邮局的时候，就有许多儿童说起曾经到过华盛顿和美国国会的议事堂。当"州"字出来的时候，就有许多儿童想起在美国各州的经验：冬日在弗鲁里达①和加利福尼②；暑假的时候在威斯康新③、美西干④、哥罗拉多⑤避暑。

儿童口演时，更用图画来帮忙，使他们在教材里有较为明了之了解。所用的图画，是住宅街、商业街、各种建筑物——教堂、房屋、店铺、客栈、栈房——又有火车、自动车⑥、货物车、邮夫、火夫⑦、警察等等的图画。

领学生出外察看，增加了许多团体组织的机会。在外面察看过之后，就接着叫学生画出所看的东西，又缀成短短的记事。就如这一次，儿童出外参观救火局，非常有味，回来之后画了许多图画。经大众的同意，把最好的挑选出来，插在一本簿子上面。各记事缀成之后，用打字机印成，也装在那本簿子里去。这本书，叫做《救火局参观录〔记〕》，陈置在幼稚园里，备大众常时阅览。

---

① 弗鲁里达：通译佛罗里达，美国州名，位于美国东南部。
② 加利福尼：通译加利福尼亚，美国州名，位于美国西部。
③ 威斯康新：通译威斯康星，美国州名，位于美国中西部。
④ 美西干：通译新墨西哥，美国州名，位于美国西南部。
⑤ 哥罗拉多：通译科罗拉多，美国州名，位于美国西部。
⑥ 自动车：汽车的旧称。
⑦ 火夫：此处专指消防员。

救火局参观记

我们跑到救火局里，局里的人领我们看机器和机器上的东西。跑到楼上，看见许多床铺，又看那些人从梯顶上跑下，引我们走到晒软皮管的地方。

我们走出门外，那些人又给我们看怎样爬到一住房屋的楼上。又看见一个救命网，威廉斯爬上救火车，跳到那个网里。哈利女士给我们每人一块饼干，又给了火夫每人一块。我们说了一声"谢谢你"，又向火夫说了一声"再会"，跑回幼稚园。

下面的句子，都是儿童想出，题在那本书里插图上的：

（1）这是救火车。
（2）这是些儿童和救火网。
（3）这是威廉斯在救火网里。
（4）这是救火局。
（5）这些是楼上的床铺。
（6）在救火局楼下。
（7）这是从梯顶上跑下来的人。

装饰房屋时，应用各种手工的美术。各种纸、空纸盒，都用来做车子和店铺上的装饰。粘土一类的材料用的更多，市上的人民，有好几个是用粘土做的，又加上颜色。有一个运输的管理员，穿的蓝制服，站在街角上，双手张开，神情毕肖。店铺里的天棚、手巾、桌布、地毯等物，都须用图画和图案，书的插图里也欲得着。

十二、鼓励读字的机会

有许多机会可以鼓励儿童读字。当儿童想出那些建筑物的时候，教师在黑板上写成一个表，第二天印在厚纸上，以便阅读。一做街道的那个月台，本系预备放置建筑物用的。那地方既经选择出来放那种建筑物之后，即在那儿把他们的名字写下。各建筑物标名的牌儿，概行印出。街上的车，玩具店、学校、教堂里的书，均附有他们的名称。所以，在这个设计里，读字的机会实在是很多。

十三、表演的游戏

每天早上，儿童有自由游戏的时间。在这些时间之内，这个设计里又加了许多小节目。即如附近走廊上的木块，就特为制了一辆车子来搬运。凡是这游戏时间内所想出来的事体，只要有价值，到了谈话的时候，都特别讨论，让儿童说出他在自由游戏时所做的事体。

儿童在这自由时间之内，真是可算是同这个设计游戏。他们在街、房、子路上走来走去，真是觉得快乐。他们早上所应做的事体，有一件是用幼稚园里的小帚扫街。而在这条小街上，有无数纸做的偶人，坐在自动车里，到面包铺、杂货铺里去买东西；一方面，学校里有许多纸做的小孩子，又坐在小桌上饮食。

除在"在这个社会里"游戏之外，儿童又欢喜把他们表演出来。因为他们曾经出去参观过救火局，建筑物中又有救火局的小模型，儿童在游戏的时候自然要装扮火夫。后来再经讨论，这个游戏便格外有了组织，变为完全。在这个游戏里，一个救火的头目骑了一匹连奔带跑的马走到火场。后面跟了许多火夫，手拿着软皮管（一条绳）和救命网（用粗布所制）。从中有一个火夫受头目的指挥爬上梯子，把洋囡囡救下。同时，别的火夫拿住救命网，运用软管施救。当儿童参观救火局的时候，就看见火夫表演救命网，所以他们〔对〕火网的印像特深。这样表演虽属简单，但是在儿童看来，因为有几样"家产"，如雨衣、帽、说话筒（自己做的）、洋囡囡、车儿等，便觉得非常重要。

十四、开会作结束

最后还有一次集会，做这一大段经验的结束。在这一年之初，这班小孩子曾经看过小学一年级表演"乡村会"。这时候，他们就想到"城市会"。这个会里包含的这小社会里的状况很多，各儿童皆要有一点贡献。

奏乐开会后，一个小孩子站起说："我们现在，要开会讨论我们的城市。"

然后，另一个小孩宣读各种表单。这些表单，是年纪最大的一团里的儿童做成、印好、预备诵读的。他们是：

（1）我们的城市：我们将有一条商业街；我们将有一条住宅街；我们将有一个戏园；我们将有一个救火局。

（2）街上的东西：人民、店铺、车、路灯、路标。

（3）我们将做的东西：我们将在营业街上造些房屋；我们将在住宅街上造些房屋。

（4）我们已经做的东西：我们造了几所房屋和一所教堂；我们做了几个店铺；阿郎做了一辆车；大卫做了几个邮箱。

这些表单读过之后，有几个儿童轮流的把他在这个设计里所做的东西拿在手里，跑到大众前面申说。

第一儿："我为我们城里做了一辆车。"

第二儿："我为我们城里做了一个邮箱。"

第三儿："这是我们街上的牛乳车。"

第四儿："我为我们城里做了一个路标：留心——这里是公立学校——慢慢的下去。"

第五儿："这些是路灯——白的是表示安稳的意思，红的是危险的记号——立于路角。"

在这些练习之后，另外又有一儿宣布道："我们为我们城里做了一个救火局。"

当那些选出来的儿童表演救火的时候，其余的儿童唱《救火机器歌》。在救火之后所做的事体，就是刚才所讲的集会，乃是"我们的城市"设计里最后的一节。

71 根据儿童心理的家庭教育

陈鹤琴

1922年2月

题 解 本篇原载《教育丛刊（余姚）》第 1 期"学术"栏。系演讲记录，记录者未详。演讲时间为 1922 年 2 月，发表时间为 1922 年 5 月 30 日。

该刊同期除本篇外，还载有陈鹤琴的另外两篇演讲词，分别题为《根据儿童心理的学校教育》和《心理测验》。据此可知，陈鹤琴此次赴余姚，一共进行了三场学术演讲。

有关演讲者陈鹤琴，参见前文《编译儿童用书与儿童心理》题解。

有关这次学术讲演会举行的背景和经过，可由余姚县教育会会长邵梦同所撰《呈请开办学术讲演会文》和《呈报举行学术讲演会开会情形文》（此两文均刊于该刊同期"公文"栏）中略知一二：举办时间，为 1922 年 2 月 9 至 11 日；受邀人除陈鹤琴外，还有沈衡山、李珀卿；演讲地点，在余姚县立高等小学校礼堂。

《教育丛刊（余姚）》，不定期刊，1922 年 5 月创刊于浙江余姚，系由余姚县教育会发行，由诸章达题写刊名，由杨贤江撰写《发刊词》。办刊宗旨为"谋求浙江余姚教育发展，探讨教育理论。"主要栏目，有言论、学术、选载、文艺、专件等；主要撰稿人，有邵梦同、劳泽人、黄望德、黄河济、沈衡山等。刊期不详，目前能查到的仅此一期。

今日余身体疲乏，精神不十分充足，讲来恐不能完全，还请诸君原谅。

今日讲题，是《根据儿童心理的〔家庭〕教育》。

教育，要算家庭教育最重要的。中国人但知有学校教育，不知学校教育之外，还有社会教育和家庭教育。什么叫社会教育呢？如图书馆哪，博物院哪，和一切的公共机关，都是关教育的。但社会教育的根本，在家庭教育。今先讲这家庭教育。

小孩初生的时候毫没能力。那羊初生时候，一二日就能走、能食。要小儿能走、能食，还费许多时候。小孩既没能力，要他渐有能力，教育自然最要。况小孩的脑质很纯粹，到了年长就有"杂质"，教化便不容易了。

我从前到北方调查教育，在济南遇见德国的小孩，对英人能讲英话，对中人能讲中话，对他父亲就讲德话。这些年纪，就能讲许多的话。

我在美国，见一先生的儿子，能识五国的言语、文字。他十二岁入大学，二十二岁就得博士的学位。

在十八世纪之末，德国考而法得①还没有小孩，他能够将养小孩的事筹备完全，那后来教育就很容易。如像中国教科书用图画代物识字，究属儿童能够晓得所画的实物？便不可必。有一小孩，已经读过了松鼠。我问他松鼠怎样大，他说出来的狠小。他的观念就被图画误了。考而活〔法〕得的教育小孩，就没有这个弊病。他儿子九岁入学，十四岁就进大学。这些年纪，求很高的学问，人都说他要短寿的，那晓这小孩寿至八十多岁。

还有英国的两个小孩，一个十岁进大学，一个十二岁进大学。后来，一至七十三岁，一至八十岁，可见他教育的好处。

现在，我讲教育儿童的要点，约有几种。

一、使小孩不但求自己的快乐，还能够使人快乐

例如，美国有两个小孩，他的父亲在外做事，回来的时候是狠疲倦的。那两小孩就商量使父亲快乐的方法。后来，一个装做仙女的模样，在门口等候父亲，一个预备父亲

---

① 考而法得：通译卡尔·威特（Karl Witte），生卒年未详。他于1818年将自己的教子经验写成《卡尔·威特的教育》。书中详细记录了他对其子小卡尔·威特独辟蹊径的教育方法，是世界上论述早期教育的最早文献。后郑宗海译出此书，由商务印书馆出版。

爱吃的食物和爱观的花。他父亲回来，一到门口，见小孩装得这样秀美来欢迎他，他心中自然快乐；一入室中，还备着爱吃的物和爱看的花，心中更快乐了。那末，共同说笑话，食饭时又讲些故事，饭后还弄琴、唱歌，他的快乐也不消说了。

中国妇女，当他男子回家的时候，往往不能使他欢喜；那小孩，衣服龌龊，更使他父亲厌恶。男子在家庭无快乐，就要到外面求快乐，什么赌、酒、嫖等事，就发生了。所以要改良社会，先要改良家庭。我想，改良家庭，应从调查着手：

（1）调查已经结婚的有否得到快乐。

（2）调查未结婚的必须怎样方得到快乐。

我调查到六十多人，大约快乐的，他的女子必能识字、抚琴；不能识字、抚琴的，只将柴、米、油、盐等去罗扰男子，这家庭就没快乐了。

英国的小孩，每到礼拜日到教堂中去，设有种种古圣贤的模样，并讲演轶事，以养成爱人的习惯，不是专使读书的。

二、爱护动物

猫、狗、鸟类等动物，都是要爱护的。中国儿童，往往有打狗、打猫、杀鸟等举动，毫无爱护的心思，这就不好。如猫、狗等动物，他的状态、性质，可以使儿童研究，增长他智识；并，使他和动物作同伴，也很有趣味的。

三、纠正怕惧心

儿童的身体、心思，是最活泼的，但有普通的弊病，就是怕鬼。

我尝和小孩同走夜路，那小孩必要夹在数人的中间。问他〔为〕什么，他说怕鬼。又，吃西瓜，教小孩到厨房中拿刀，因厨房的距离略远，那小孩去的时候，偏要高声唱戏。问他怎么，他说吓鬼。

要除掉这个心思，第一不要讲鬼怪的故事，更不要将鬼怪的事去吓他。还有，遇着动雷时候，切不可使他怕雷。雷是狠雄壮的声音，电是狠美观的形象。动雷时，不要关门使儿童害怕；还要使儿童出外，观云的变化去取乐。

四、利用儿童的想像

例如美国有个人，携着儿子去望祖母。走到中途，就要他父亲抱。等到回来的时候，他仍要他父亲抱。他父亲实在不能抱。那祖母想法备了红、黑、黄三杆棒，对他说："我有三匹马，教你骑一匹回去。三匹之中，那黑的最好。你愿择那一匹骑了回去？"他就说："我愿择黑的。"果然骑了棒回去，到家还比他父亲快。

五、利用游戏性

好动是儿童本性。儿童初生时，手足的动很平均。后就偏起来了，这就是有动有不动的缘故。

儿童既然好动，就可利用他。譬如见一种物件，儿童必要去拿他，这就是好动的本性。但各种物件必经拿过，才晓得他的构造和性质，就此可以增进他的智识了。

中国做父母的，往往禁止小孩玩，差不多要小孩像成人才好。哪晓玩是最好的，既可增长智识，又可使身体发展。

但中国卖的玩具，多不牢的，种类也不多。外国有许多玩具，如装木①、车子，都狠巧妙。到了冬天，还有溜冰、观雪的游戏。

---

① 装木：此处指手工拼装的木制玩具。

六、哭的研究

普遍的动物都要哭。小孩初生第一动，就是哭。康德说，哭是最神圣。卢梭说，世间都是罪恶，所以入世就哭。这都是凭空议论的。大概小孩在腹中时不用肺，产生后得到空气，所以开口就哭了。

但是，小孩的哭，也很有关系。例如小孩见橘欲拿，照社会上规矩，小孩不能随便拿物的。他母亲见了他，就去禁止，那小孩不得拿，就哭了。倘这时就给他，便养成好哭的习惯。拿时不准，哭时更不可准，必等请求时方准给他，愈哭愈不要依他。不〔过〕，要防他哭坏。

中国小孩，常有多食的弊病。凡食物，必使他问道〔过〕父亲方好。

七、换尿布要有一定时间①

八、睡眠不要同床

不同床，不同房，就能养成独立的性质和整理、美观的习惯。

食饭、摺被等事，都责他自行，不要处处服侍他。倘服侍惯了，譬如温室里的花，不能到外经霜露，这就不好。

中国小孩，还有偷窃铜钱的恶习。要除掉这恶习，不如将钱给他，使他有储蓄的方法。美国小孩，每礼拜必给他数十钱，使他自去处置。不要等他讨，才方给他。

卧前的时间，叫做儿童时间。不要有激烈运动，还应该讲些有趣味的故事。

---

① 此标题下，原文即无展开内容。

九、举行赏罚

　　中国做父母的，对于小孩，动辄骂，甚则打，这是不好。但我的主张，并非不宜骂、不宜打，且主张打和骂都要狠厉害。不过，骂和打时，一定要使小孩晓得骂和打的原因。

　　中国还有教小孩写字，字好给钱的行为。这也有弊病。教小孩写字，应该引起他竞争心，不使他有贪得心。

陳鶴琴先生講演

根據兒童心理的家庭教育

今日余身體疲乏精神不十分充足講來恐不能完全還請諸君原諒！

今日講題是「根據兒童心理的教育」教育要算「家庭教育」最重要的中國人但知有「學校教育」不知學校教育之外還有「社會教育」和「家庭教育」什麼叫社會教育呢？如圖書館哪！博物院哪！和一切的公共機關都是關教育的但「社會教育」的根本在「家庭教育」今先講這家庭教育：

小孩初生的時候，毫沒能力那羊初生時候，一二日就能走能食要小兒能走能食，還費許多時候，小孩旣沒能力，要他漸有能力，敎育自然最要况小孩的腦質很純粹到了年長就有雜質致化便不容易了。

我徑前到北方調查敎育，在濟南遇見德國的小孩，對英人能講英話對中人能講中話，對

另图48 《根据儿童心理的家庭教育》原发表件（部分）

72 儿童公育园
——论寄婴库（krippe）

黄胜白

1922年3月30日

另图49 黄胜白像

题 解 本篇连载于《同德医学》第3卷第4、6期"医药杂识"栏。发表时间为1922年3月30日、5月31日。

撰著者黄胜白（1889—1982），原名鸣鹄，江苏扬州人。1914年毕业于上海同济大学医科，精通德语，熟谙中国典籍。先后任教于南通医学院、上海同济大学、江苏医学院等校。1918年创办《医药学》杂志。1919年参与创办上海同德医学专门学校。中华人民共和国成立后，历任华东卫生部医教处副处长、华东医务生活社社长、中华医学会副秘书长、人民卫生出版社副总编辑、江苏省植物研究所研究员等职。著有《本草纲目译名考订》《本草学》等。

《同德医学》，医学月刊，1920年4月创刊于上海，由同德医学月刊社编辑，同德医学专门学校发行，总编辑为黄胜白。该刊宗旨为"发扬医药学业，造福人类。"主要栏目，有医药杂识、论议丛刊、别录等；主要撰稿人，有黄胜白、王恩覃、王宗汾、沈尧阶等。1923年4月改名为《同德医药学》前，共出5卷28期。

一 ①

从女子解放的声浪里面，生出一个难题，就是：谁负育儿之责？

---

① 本文中的此级标号，均系编者所加。

现在劳动主义盛行的时候，凡女子能劳动的，都已与男子同立于"日出而作，日入而息"①的地位。

所以那些"宜尔室家，乐尔妻孥"②，以及"歌于斯，哭于斯，聚国族于斯"③的古话，虽在中国尚有行的，但在新世界的潮流里是已完全不行的了。即就井臼亲操的旧妇女方面看来，小家贫妇终日为家事操劳，一旦育儿，亦每有顾此失彼之叹。从完全儿童卫生方面看来，国中儿童因其父母不解卫生而夭死的，每年不知其数。

无论讲国家主义，或种族主义，或社会主义，或共产主义，这保护儿童一层，总是各党一致公认为人道主义上第一要事。所以儿童公育问题，在现代已成为一种专门学术。在工业发达的国家，关于此层尤为注意。计其公私方面，关于儿童教养的设备，除学校而外，如儿童病院、儿童疗养院、孤贫儿院、幼稚园、儿童公园、儿童公育园、寄婴库、育婴堂、育婴总会等等，无不应有尽有。

德谚有云："小儿乃成人之父。"所以，小儿时代的卫生及教育，都是将来成人精神康健及肢体康健的根本，也是一个全民族康健的根本。贫家子女教育、卫生，是关系国家及民族的，所以是最有关系的事，不能说是贫家子女与我们痛痒无关，遂置之不问。

讲到贫家子女的卫生及教育，当然与一般社会卫生有密切关系。因各种社会卫生，如居室改良、地产改良、生活物料之平价、无职业或赋闲之救济，以及孕妇之维护、专门医院之设立及病人之隔离休养等等，有一失序，皆足影响于婴儿之康健。

由此观之，照社会现在情形，将育儿之责付于私家，实属危险之极。最近，社会卫生学中关于儿童问题有三种办法：一种是私育，如富人请保姆就家中教养之；一种是半公育；一种是全公育。半公育，是凡婴儿虽在一定时间受公育的训练，但一大半教养的责任仍由其家族负之，譬如白昼入公育园、夜晚归家之类。完全公育，系将婴儿完全脱离于家族之手，而由公立的儿童公育院负教养全责。三者之中，以半公育为最佳〔佳〕。在德、法盛行之寄婴库，即属半公育性质，中国最可仿行。兹篇专论寄婴库。

---

① 语出《庄子·让王》。原意为：太阳升起来就劳动，太阳下山就休息。后泛指单纯、简朴的生活。这里应指早起外出劳作、晚归入室休息，含早出晚归之意。
② 语出《诗经·小雅·常棣》。意为：井然有序地安排家庭生活，把妻子和孩子照顾得欢欢喜喜。
③ 语出《礼记·檀弓下》。意为：在这儿祭祀，在这儿办丧礼，也在这儿宴请宾客。

寄婴库（在德国文谓之 kripben，在法文谓之 creche）同幼稚园有个分别：寄婴库只有白日准人家寄小孩子并代人家看管、料理、抚养，到晚间仍须由本家收回，星期日、节日及夜晚皆是休业的；不似幼稚园是有寄宿舍，容小孩在里面过夜，可将小孩子成年累月养在里面的。

寄婴库又与儿童疗养院有别。疗养院，专收有病及病后的孩子的。寄婴库中虽然亦有专门的看护妇及传染病隔离病室，但不过思患预防；他的宗旨，是但寄康强的孩子的。寄婴库所收康健婴孩，从生下满月后起至两岁半止。

寄婴库又与育婴堂有别。育婴堂，是收无主的婴孩，抚养不要钱。寄婴库是寄有家的孩子，并且还要收费的，虽然做好事，一半也是营业性质。每日清晨，当孩子的母亲出去作工时候，将孩送来寄〔婴〕库；每日傍晚，工毕归家的时候，再将小孩领回。此等寄儿〔婴〕库的目的，可算完全为在工厂里做工的妇女而设的。

此种寄儿〔婴〕库，以法国为最盛，其他各国仿行亦多，尤以工业国家在工厂聚集的地方最为盛行。其中，虽多半为救济社会起见，但亦有因以为利的。因此，寄儿〔婴〕库的弊端亦颇不少。关于此层，曾经多数医家加以改革。虽是过去的话，却颇有研究价值。

德国医生法费①（Pfeiffer）在一八八四年曾说，寄婴库有害无益。法费曾提出三条弊端，来攻击寄婴库之不当。

（1）在寄婴库中，因哺乳不便，往往强将婴儿早期断乳，或原有母乳可哺，因寄育之故，反改哺牛乳。因用乳母制在欧洲各国其费极大，非寻常寄婴库所能胜任，故无不用牛乳哺儿。牛乳哺儿远不及人乳，婴儿因此夭殇者非常之多，所以说，寄婴库不合婴儿卫生。因为这个原故，有许多寄婴库仍令婴儿的母亲按时来哺他的婴儿，也有许多工厂特定章程，对于有乳婴的女工，特许他们每日有几次外出，乳哺他们的婴儿。

（2）大率入寄婴库的婴孩，都是穷乏人家的儿女，这其间还有许多私生子在内，往往是缺乏家庭教育的儿女，易于将好人家子女带坏。从旧习俗的观念看来，没有好好的人家肯将他们的儿女同人家私生子居处在一起的。法费以为，这也是寄婴库不可免的弱

---

① 法费：通译法伊弗。

点。当时德国特雷斯敦①地方的寄婴库因此制定章程，只收有正当父母的儿女，不收私生子。但照现在研究寄婴的学者论起来，收私生子原是毫无防碍而且应当的。

（3）法费谓，寄婴库易为烈性传染病的媒介。这一层，实是最要紧的一条，养育小儿的人最当注意。实在不独在寄婴库里此层第一当注意，是凡幼稚园、儿童公园、初等学校、育婴堂、儿童病院等等类乎此的所在，皆宜第一注意预防烈性传染病在此中潜滋暗长。

就事实论起来，即在现在欧洲最新式的寄婴库中，也有时不免为烈性传染的策源地。因为这些婴孩入夜及星期日都是在他们自己家中，在院外与传染病人来往与否，皆为寄婴库中人照管所不到的。此外，如寄婴库中缺乏有专门知识的人才，或人手不足，以及设备不合卫生，于此等处尤为危险。

私家所设寄儿〔婴〕库经费不充，不能安插高等专门看护妇，尤多此种缺点。所以，在德国有些地方寄儿〔婴〕库皆归官办。凡寄儿〔婴〕库，皆当遵照《警察取缔章程》；凡寄婴库，皆须延有专门小儿科医生，注意一应卫生设备。

就近代工业发达、育婴无人、婴孩夭死日众几种危险的原因，以及专门看护日有造就、卫生设备亦日趋完全的事实看起来，儿童公育一层，实为救济儿童夭亡第一妙策。德国名医家据充分的经验及理由而驳斥法费的论调的，已不一而足。那些工业国家的寄婴库亦确有大效奇功，昭然在人耳目。不过，关于寄婴库的内容、设备，是人人公认为重要的。

二

寄婴库设备的大概：

第一，接待室。凡婴孩之母，早晚来库送接婴儿，皆限于此室内，不得闯入儿室，以免大人将外间传染病及街坊灰尘传带入内。凡婴母按时来哺儿者，亦在此室。

---

① 特雷斯敦：通译德累斯顿，为德国萨克森州首府。

第二，更衣室。入库小儿，由女看护从接待室中领入更衣室，须将穿来之衣裳一律脱去，换库中清洁衣服。此等更衣室须大，以便多贮儿衣；又须能生火，以便冷天易衣时不致受凉；又须通风透气，以免人气薰蒸；又须光明，以便小儿脱衣之时，可以察视其周身，如有斑疹、疮疡之类，立时可以发见。

第三，浴室。小儿将穿来衣服完全脱去后，随即入浴室洗澡（如第一图）（原图15）。此等浴室，亦须可温可凉。室内须备有冷热水龙头，须有充分的浴盆。每儿须有一肥皂盆，每儿须有一付浴具及擦身的干毛巾。此等器具，皆按照各儿房间床位的号头编列号数，记在上面，不容有丝毫紊乱。浴后，改穿库中所备洁白、可浣洗的制服。

第四，群儿居室。在群儿居室最应注意的，就是卫生。对于稍大的孩子，还须注意教育。为预防传染病起见，每一房内须少容几个婴儿；并须分房别屋，不许相通。假如一房偶发见传染病，立刻施以消毒隔离，可免旁的房间及其他大多数儿童受累。因此，乳婴、匍匐的婴儿与能走的孩子，须别屋而居。关于教育一层，须与家庭教育一般细腻熨贴，因此，每一保姆也只能限定教几个小儿，不宜过多。

关于居室的设备，总以简单、清洁为主。除乳婴室中设备约同妇孺病院或婴儿疗养院外，其能跑、能走的小孩子所住的房间须宽大，中设一栏（如第二图）（原图16），可以学跑。此外，小凳、小几及有益的玩物也备点。但凡这许多器具以及玩物，皆须构造简单、能洗、能消毒，以便勤加洗涤及消毒。

第五，卧室。寄婴库虽不收住宿的孩子，但也须备有大寝室，以便各儿睡午觉（如第三图）（原图17）。此等卧室须光明、透气、清洁及寂静。每一婴儿宜有空气至少九立方密达①。卧床宜棉软，其上皆须有蚊帐。此等卧室须设铁丝网窗，不许有一个蝇或蚊及其他动物入内。每晚须用消毒水切〔彻〕透洗净，将玻璃窗大开，透换新鲜空气。晚间，无〔论〕任何人不许宿此室中，以免空气恶浊。

第六，隔离病室。凡婴儿有传染病之疑及已被发见患有传染病者，立送入隔离病室；延医诊治后，送儿童病院。

第七，花园。此间所谓花园，包括露台、草地、林荫及花坛等在内。小儿家，最宜

---

① 密达：法语 mètre 的音译，通译为米。

原图15 浴室

原图16 群儿居室

原图17 卧室

常令在新鲜空气中活动，所以，一个紧接居室的大花园，是凡寄儿〔婴〕库所不可少的（如第四图）（原图18）。库中保姆、看护妇等率诸儿于园中游憩，适〔时〕有医生来检查（第五图，在园内小林中之图）（原图19）。

第八，各种办事室。此中包括账房，厨房，婴儿牛乳房，洗衣作，储物库，管理员、保姆及看护妇寝室，饭堂，阅书报室等等。

原图18 花园

原图19 园林

凡寄儿〔婴〕库，须专聘一医生为经理，常年驻院，检查婴儿身体及指导、督促卫生事宜。即或不能常驻，亦须每日清早到院。每日清晨群婴入库时，皆须受医生检查；即或不能，亦须将每一个新报名入库的小儿交专聘医生详细检查一次。凡新报名入库小儿，须在别室独居四五日，如不发生若〔任〕何疾病，始准加入他儿之群。

凡寄儿〔婴〕库之看护妇，皆须身体强健、成绩优良（须有看护或保姆学校毕业文凭），真有学问、经验，并且性格相宜，始能胜任。此等看护人才，须充足敷用。按法国规定之法律，领幼婴之看护妇，每一人只许管理六孩；领较大的孩儿的，每人可领十二儿。众看护外，须有一领袖看护，是为女院监。其他粗重生活及管理衣服、物件或缝补等事，由院监另雇人管。女学生学保姆的，当在学校学过一学期后，可由校介绍入库，为学习看护。

三

如前文所述，寄婴库之设备几为一模范的婴儿教养所，其费用之浩大不言可知，但此等经费决不能完全取偿于婴儿之家属。虽婴儿入库当然负纳费之义务，然其所纳有一定之限度，决不足偿寄婴库所损失之数。

按：德国寄婴库收费制限，多由当地地方政府规定。战前所定价值，约为每婴儿每日纳费十至三十芬尼，合中国银币四分至一角二分之谱。据寄婴库经费支出的决算，核计起来，每儿每日至少耗费八九十芬尼，约中国银币半元之谱。以一百婴儿计算，每日须损失数十元，每月须损失数千元。所以寄婴库的经费，常常须仰助于他人的。外国寄婴库经费，大率由育儿公会资助。那种会，仿佛像中国各地的善堂或育婴堂董事会一般。

德国普鲁士省之寄婴库管理，概属于教育科的范围，而与警察行政无涉。因彼等认此事为教育事业而非卫生事业，故医学上之稽考亦付之阙如，此诚缺点，且因此，凡寄婴库皆不能得警察所经济上之赞助。故多数学者以为：寄婴库当然受地方官及警察之监视；凡教育及卫生之设备，当然受严格之稽考；然如设备合格者，亦当然应受地方公费之补助。

法国为寄婴库之发源地，故于此等处所规划至精。法国的寄婴库事业，定为地方行政之一科，曾由国家命令公布，非得地方长官允许者不得擅自设立寄婴库。凡寄婴库之大小，及每室准容婴儿若干，皆由地方长官定之。凡寄婴库一切设备，皆须受行政官厅严格的监视。每寄婴库中，必须聘一医生。凡卫生设备，概须规划详尽，呈报官厅立案。寄婴库之房屋，得由公家供给之。

此外，寄婴库所在地点，亦有可研究的。缘寄婴库之设立既以嘉惠工人子女为目的，其所在地当然不应距工人居室过远，最好设在工人住屋集中之地，庶婴儿之母易于往来。

寄婴库之地点，最好居工人居室与工厂之间，庶其母可于上工下工之便，顺道将其婴儿携入库中及复携归。往往有〔此〕等寄婴库：距离工人居室过远，婴母被迫于清早黎明时起身，即将婴儿沐浴、穿戴，跋涉长途而往寄婴库，晚间，尚须以劳倦之身，绕道往迎其儿。荒时费力，殊觉不善。且小儿以夜睡为营养之要素，往往因入库之故，在半夜睡梦中将婴儿唤醒，亦觉太不卫生。又因寄婴库中准许婴儿本母于工作之际，自往哺乳其儿，故其所在地，决不可离工厂过远。

德国有许多大工厂，皆自筑村区，租与工人居住；又于其集中之点，特自设寄婴库。凡女工有儿须自哺乳者，每日特许外出三次，每次半小时，并不折扣工资。计其寄婴库所费，每年约数万马克（战前），由工人担负者仅三之一，其余概由工厂担负。此实良法美意，可以消弭工、资两级之争，凡实业家所共当引为模范的。

中国今日工厂事业并不十分发达，是否有设寄婴库之必要，尚属疑问。但观闾里失养失教及不卫生的婴儿、孩提如许之多，殊为国家、种族之隐忧大患。即中人之家，虽能自育其儿，但于卫生及教育之设备仍完全付之缺〔阙〕如。则为提倡卫生计，似宜鼓吹国人广设此等模范的儿童公育之区。

窃计中国如行此制，应须注意者约有下述七事。

（1）中国向来社会慈善事业，几全为消极的。如崇贞、全节、养老、恤嫠之类，虽复耗费多金，究于社会大团体无大益处。他如保墓、施材等团体及一切迷信事业，竟欲消耗社会生人养命之钱以营鬼业，简直是社会的蠹害了。他如育婴堂、义学等，可以算有益的积极慈善事业；但因办事人缺乏新知识，对于卫生及教育设备未能改良，往往害多于利。故当代教育先进，应以婴儿卫生为目的，而提倡此等公育园或寄婴库之设立，以为积极的慈善事业（如医院、学校之类），树之风声。

（2）就中国人家庭习惯而论，送其婴儿离家庭而就公育的当然很少。但社会上如有此等处所，又专注意于新式的卫生设备，以为之模范，虽未必即达儿童公育目的，亦可以婴儿卫生知识输贯于一般家庭之中。

（3）此等事业，既全以婴儿卫生为目的，可以因此造就许多看护人才；而社会上原有之专门人才，亦可由此等处所消纳之。

（4）高等女子职业，在中国甚不易得。此等专门婴儿卫生及教育之事，实为女界最合宜之职业。

（5）中国工厂如须行此好事，须先自建工人住区，并减短女工工作时间。如：现在所有工厂，无暇注意工人利益；工人散居，距厂远近不等；女工无《妊娠保护条例》，工作时间太长，女工往往黑夜起身外出工作；工人得资甚微，不足担负婴儿教养费及家庭卫生；等等。凡此种种的事实，宜先由专门家设法改良才是。否则，去设公育的寄婴库时代还太远。

（6）中国农家散居，相距更远；每值初夏忙时，全家工作，置婴儿于不顾。如慈善界或卫生界注意此事，宜仿寄婴制度变通行之。

（7）此等事业，最忌有名无实，以似乱真。故必须由医家或专门卫生学家办理，庶不失婴儿卫生模范之本意。

73 趣味教育与教育趣味

梁启超

1922年4月10日

另图50　梁启超像

题　解　本篇原载《新教育》第5卷第1、2期合刊。系演讲词。演讲时间为1922年4月10日，发表时间为1922年8月。演讲邀请方，为直隶教育联合研究会。演讲地点未详。

本文后转载于《昆明教育月刊》第6卷第2号。

演讲者梁启超（1873—1929），字卓如，号任公，又号饮冰室主人，广东新会（今属江门）人。1884年中秀才，1889年中举。后师从康有为，就读于万木草堂。1895年协助康有为发动"公车上书"，吁请清廷变法，成为维新运动的领袖人物。曾主北京《万国公报》（后改名《中外纪闻》）和上海《时务报》笔政，受聘担任湖南长沙时务学堂总教习，宣传变法思想，培养维新人才。1898年进京参与"戊戌变法"，草拟多种章则，受命负责办理京师大学堂译书局事务。变法失败后，流亡日本，先后创办《清议报》和《新民丛报》，鼓吹改良，反对革命。中华民国成立后，归国组建了民主党，后改建进步党，出任司法总长，支持袁世凯。后因与袁世凯政见不合而参与"倒袁运动"，出任广东军务院抚军兼政务委员长等职。后出任段祺瑞内阁的财政总长兼盐务总署督办。1917年底退出政坛，致力于文化教育事业和学术研究活动。1920年后，先后任教于清华学校、南开大学等校，并到各地讲学。著有《中国近三百年学术史》《中国历史研究法》等，著作有《饮冰室合集》《梁启超全集》等。

有关《新教育》，参见前文《教育之对待的发展》题解。

一

假如有人问我："你信仰的甚么主义？"我便答道："我信仰的是趣味主义。"有人问我："你的人生观拿什么做根柢？"我便答道："拿趣味做根柢。"我生平对于自己所做的事，总是做得津津有味，而且兴会淋漓；什么"悲观"咧、"厌世"咧这种字面，我所用的字典里头，可以说完全没有。

我所做的事常常失败——严格的可以说没有一件不失败——然而，我总是一面失败一面做。因为我不但在成功里头感觉趣味，就在失败里头也感觉趣味。我每天除了睡觉外，没有一分钟、一秒钟不是积极的活动；然而，我绝不觉得疲倦，而且很少生病。因为我每天的活动有趣得很，精神上的快乐补得过物质上的消耗而有余。

趣味的反面，是干瘪，是萧索。晋朝有位殷仲文[①]，晚年常郁郁不乐，指着院子里头的大槐树叹气，说道："此树婆娑，生意尽矣。"[②]一棵新栽的树，欣欣向荣，何等可爱！到老了之后，表面上虽然很婆娑，骨子里生意已尽，算是这一期的生活完结了。殷仲文这两句话，是用很好的文学技能表出那种颓唐、落寞的情绪。我以为，这种情绪是再坏没有的了。无论一个人或一个社会，倘若被这种情绪侵入、弥漫，这个人或这个社会算是完了，再不会有长进。何止没长进？什么坏事都要从此产育出来。

总而言之，趣味是活动的源泉；趣味干竭，活动便跟着停止。好像机器房里没有燃料，发不出蒸汽来，任凭你多大机器，总要停摆。停摆过后，机器要生锈，产生许多毒害的物质哩！人类若到把趣味丧失掉的时候，老实说，便是生活得不耐烦；那人虽然勉强留在世间，也不过行尸走肉。倘若全个社会是如此，那社会便是痨病[③]的社会，早已被医生宣告死刑。

---

① 殷仲文（？—407）：陈郡长平（今属河南）人。东晋文学家。少有才华，容貌俊美。曾任会稽王司马道子骠骑参军等职，参与桓玄作乱。桓玄失败后不久，徙任东阳太守，郁郁不得志，后终被处死。
② 语出北周庾信《枯树赋》。完整原文为："殷仲文者，风流儒雅，海内知名。世异时移，出为东阳太守。常忽忽不乐，顾庭槐而叹曰：'此树婆娑，生意尽矣！'"
③ 痨病：结核病的旧称或俗称。在抗菌素发明之前，几乎是一种致死的绝症。

二

"趣味教育"这个名词,并不是我所创造,近代欧美教育界已通行了。但他们还是拿趣味当手段,我想进一步,拿趣味当目的。

请简单说一说我的意见。

第一,趣味是生活的原动力,趣味丧掉,生活便成了无意义,这是不错。但趣味的性质,不见得都是好的。譬如好嫖、好赌,何尝不是趣味?但从教育的眼光看来,这种趣味的性质,当然是不好。所谓好不好,并不必拿严酷的道德论做标准。既已主张趣味,便要求趣味的贯澈。倘若以有趣始,以没趣终,那么趣味主义的精神算完全崩落了。《世说新语》①记一段故事:

> 祖约②性好钱,阮孚③性好屐,世未判其得失。有诣约,见正料量财物,客至屏当不尽,余两小簏,以着背后,倾身障之,意未能平。诣孚,正见自蜡屐。因叹曰:"未知一生当着几纲屐。"意甚闲畅。于是优劣始分。④

这段话,很可以为选择趣味的标准。

凡一种趣味事项,倘或是要瞒人的,或是拿别人的苦痛换自己的快乐,或是快乐和烦恼相间相续的,这等统名为下等趣味。严格说起来,他就根本不能做趣味的主体。因为认这类事当趣味的人,常常遇着败兴,而且结果必至于俗语说的"没兴一齐来"而后

---

① 《世说新语》:南朝刘义庆等编撰的小说集,主要记录东汉后期到魏晋间一些名士的逸闻趣事和玄言清谈。全书原八卷,刘峻注本分为十卷,今传本皆作上、中、下三卷,分为德行、言语、政事、文学、方正、雅量等三十六门。
② 祖约(?—330):字士少,范阳道县(今属河北涿州一带)人。出生名门。初任成皋县县令,后转任丞相从事中郎,不久升任侍中。平生嗜积财。
③ 阮孚:生卒年未详,字遥集,陈留尉氏(今属河南)人。东晋名士阮咸之子。曾任从事中郎、屯骑校尉、吏部尚书等职。生性旷达,经常纵情狂饮,且有"蜡屐"的癖好。
④ 引文大意为:祖约喜欢钱财,阮孚喜欢木屐。两种嗜好,同是一种毛病;可是,还不能以此判定两人的高下。有人到祖约家,看见他正在收拾、查点财物。客人到了,还没有收拾完,剩下两小箱,他就放在背后,侧身挡着,还有点儿心神不定的样子。又有人到阮孚家,看见他亲自给木屐打蜡,还听见他叹息说:"不知这一辈子还会穿几双木屐!"说时,神态安详自在。于是,两人的高下才见分晓。

已。所以，我们讲趣味主义的人绝不承认此等为趣味。

人生在幼年、青年期，趣味是最浓的，成天的乱碰乱进。若不引他到高等趣味的路上，他们便非流入下等趣味不可。没有受过教育的人，固然容易如此；教育教得不如法，学生在学校里头找不出趣味，然而，他们的趣味是压不住的，自然会从校课以外乃至校课反对的方向去找他的下等趣味，结果，他们的趣味是不能贯澈的，整个变成没趣的人生完事。我们主张趣味教育的人，是要趁儿童或青年趣味正浓而方向未决定的时候，给他们一种可以终身受用的趣味。这种教育办法圆满，能够令全社会整个、永久是有趣的。

第二，既然如此，那么教育的方法自然也跟着解决了。教育家无论多大能力，总不能把某种学问教通了学生，只能令受教的学生尝着某种学问的趣味，或者学生对于某种学问原有趣味，教育家把他加深、加厚。所以教育事业，从积极方面说，全在唤趣味；从消极方面说，要十分注意，不可以摧残趣味。

摧残趣味有几条路。

头一件，是注射式的教育。教师把课本里头的东西，叫学生强记，好像嚼饭给小孩子吃。那饭已经是一点儿滋味没有了，还要叫他照样的嚼几口，仍旧吐出来看。那么，假令我是个小孩子，当然会认吃饭是一件苦不可言的事了。这种教育法，从前教八股完全是如此；现在学堂里形式虽变，精神却还是大同小异。这样教下去，只怕永远教不出人才来。

第二件，是课目太多。为培养常识起见，学堂课目固然不能太少；为恢复疲劳起见，每日的课目，固然不能不参错掉换。但这种理论，只能为程度的适用；若用得过分，毛病便会发生。趣味的性质，是越引越深。想引得深，总要时间和精力比较的集中才可。若在一个时期内，同时做十来种的功课，走马看花，应接不暇，初时或者惹起多方面的趣味，结果任何方面的趣味都不能养成，那么，教育效率可以等于零。为什么呢？因为受教育受了好些时，件件都是在大门口一望便了，完全和自己的生活不生关系。这教育不是白费吗？

第三件，是拿教育的事项当手段。从前我们学八股，大家有句通行话，说他是"敲〔门〕砖"。门敲开了，自然把砖也抛却，再不会有人和那块砖头发生起恋爱来。我们若是拿学问当作敲门砖看待，断乎不能有深入而且持久的趣味。我们为什么学数学？因为数学有趣，所以学数学。为什么学历史？因为历史有趣，所以学历史。为什么学画画、学打球？因为画画有趣、打球有趣，所以学画画、学打球。人生的状态本来是如此，教育的最大效能也只是如此。

各人选择他趣味最浓的事项做职业，自然一切劳作都是目的，不是手段；越劳作，越发有趣。反过来，若是学法政用来作做官的手段，官做不成怎么样呢？学经济用来做发财的手段，财发不成怎么样呢？结果必至于把趣味完全送掉。所以，教育家最要紧教学生知到〔道〕：是为学问而学问，为活动而活动；所有学问，所有活动，都是目的，不是手段。学生能领会得这个见解，他的趣味自然终身不衰了。

三

以上所说，是我主张趣味教育的要旨。

既然如此，那么在教育界立身的人，应该以教育为唯一的趣味，更不消说了。一个人，若是在教育上不感觉有趣味，我劝他立刻改行，何必在此受苦？既已打算拿教育做职业，便要认真享乐，不辜负了这里头的妙味。

孟子说："君子有三乐，而王天下不与存焉。"那第三种就是"得天下英才而教育之"[①]。他的意思是说，教育家比皇帝还要快乐。他这话，绝不是替教育家吹空气，实际情形确是如此。我常想，我们对于自然界的趣味，莫过于种花。自然界的美，像山水、风月等等，虽然能移我情，但我和他没有特殊密切的关系，他的美妙处，我有时便领略不出。我自己手种的花，他的生命和我的生命简直进〔并〕合为一，所以我对着他有说不出来的无上妙味。凡人工所做的事，那失败和成功的程度都不能预料；独有种花，你只要用一分心力，自然有一分效果还你，而且效果是日日不同，一日比一日进步。教育

---

① 语出《孟子·尽心上》。完整原文为："君子有三乐，而王天下不与存焉。父母俱存，兄弟无故，一乐也；仰不愧于天，俯不怍于人，二乐也；得天下英才而教育之，三乐也。"意为：君子有三大快乐，称王天下并不在其中。父母健在，兄弟平安，这是第一大快乐；上不愧对于天，下不愧对于人，这是第二大快乐；得到天下优秀的人才而进行教育，这是第三大快乐。

事业正和种花一样：教育者与被教育者的生命，是进〔并〕合为一的。教育者所用的心力，真是俗话说的"一分钱一分货"，丝毫不会枉费。所以，我们要选择趣味最真而最长的职业，再没有别样比得上教育。

现在的中国的政治方面、经济方面，没有那件说起来不令人头痛；但回到我们教育的本行，便有一条光明大路摆在我们前面。从前国家托命，靠一个皇帝；皇帝不行，就望太子。所以许多政论家——像贾长沙①一流，都最注重太子的教育。如今，国家托命是在人民；现在的人民不行，就望将来的人民。现在学校里的儿童、青年，个个都是"太子"；教育家，便是"太子太傅"。据我看，我们这一代的太子，真是"富于春秋""典学光明"。这些当太傅的，只要"鞠躬尽瘁"，好生把他培养出来，不愁不眼见中兴大业。所以，别方面的趣味或者难得保持，因为到处挂着"此路不通"的牌子，容易把人的兴头打断；教育家却全然不受这种限制。

教育家还有一种特别便宜的事。因为"教学相长"的关系，教人和自己研究学问是分离不开的。自己对于自己所好的学问，能有机会终身研究，是人生最快乐的事。这种快乐也是绝对自由，一点不受恶社会的限制。做别的职业的人，虽然未尝不可以研究学问，但学问总成了副业了；从事教育职业的人，一面教育，一面学问，两件事完全打成一张。所以，别的职业是一重趣味，教育家是两重趣味。

孔子屡屡说："学而不厌，诲人不倦。"②他的门生赞美他说："正唯弟子不能及也。"③一个人，谁也不学？谁也不诲人？所难者，确在不厌、不倦。问他为什么能不厌、不倦呢？只是领略得个中趣味，当然不能自已。你想：一面学，一面诲人；人也教得进步了，自己所好的学问也进步了，天下还有比他再快活的事吗？

人生在世数十年，终不能一刻不活动。别的活动，都不免常常陷在烦恼里头；独有好学和好诲人，真是可以无人而不自得。若真能在这里得了趣味，还会厌吗？还会倦

---

① 贾长沙：贾谊。
② 语出《论语·述而》。完整原文为："默而识之，学而不厌，诲人不倦，何有于我哉？"意为：默默地记住（所学的知识），学习不觉得厌烦，教人不知道疲倦，对我来说，哪一样做到了呢？
③ 语出《论语·述而》。完整原文为："子曰：'若圣与仁，则吾岂敢？抑为之不厌，诲人不倦，则可谓云尔已矣。'公西华曰：'正唯弟子不能学也。'"

吗？孔子又说："知之者不如好之者，好之者不如乐之者。"① 诸君都是在教育界立身的人，我希望，更从教育的可好、可乐之点切实体验，那么，不惟诸君本身得无限受用，我们全教育界也增加许多活气了。

---

① 语出《论语·雍也》。意为：对于学问和学业，知道它的人不如爱好它的人，爱好它的人不如以它为乐的人。

74 美育实施的方法

蔡元培

1922年6月20日

题 解 本篇原载《教育杂志》第14卷第6号篇首。发表时间为1922年6月20日。

本文后转载于《民国日报·觉悟》1922年9月18日第4张第1版和《河南教育公报》第2年第5期（1923年1月2日）。1925年，商务印书馆将本篇收入同名单行本，作为《教育杂志》16周年汇刊印行。同时收入印行的，还有吕凤子《中学校的美育实施》、何仲英《学校里美育的训练》、雷家骏《新制小学美术课程教学的理论和实际》诸文。

有关撰著者蔡元培，参见前文《对于新教育之意见》题解。

本文不仅宜视为蔡元培的美育代表作，更宜视为他提倡儿童公育的宣言书。文中承续了康有为在《大同书》中的儿童公育主张，并以艺术家的气质予以细化，从而在操作性层面上有所拓展。

有关《教育杂志》，参见前文《对于新教育之意见》题解。

我国初办新式教育的时候，止提出体育、智育、德育三条件，称为"三育"。十年来，渐渐的提到美育，现在教育界已经公认了。李石岑[①]先生要求我说说"美育实施的

[①] 李石岑（1892—1934）：原名邦藩，湖南醴陵人。1912年底赴日本留学。1919年归国后，长期担任上海商务印书馆编辑，并一度主编《教育杂志》。1928年留学法国、德国，研究哲学。1930年归国后，先后担任中国公学、暨南大学等校哲学教授。著有《中国哲学十讲》等。

方法"，我把我个人的意见写在下面。

照现在教育状况，可分为三个范围：一、家庭教育；二、学校教育；三、社会教育。我们所说的美育，当然也有这三方面。

我们要作澈底的教育，就要著眼最早的一步。虽不能溢出范围，推到优生学，但至少也要从胎教起点。我从不信家庭有完美教育的可能性。照我的理想，要从公立的胎教院与育婴院著手。

公立胎教院是给孕妇住的，要设在风景佳胜的地方，不为都市中混浊的空气、纷扰的习惯所沾染。建筑的形式要匀称，要玲珑，用本地旧派，略参希腊或文艺中兴时代的气味；凡埃及的高压式[①]、峨特的偏激派[②]，都要避去。四面都是庭园。有广场，可以散步，可以作轻便的运动，可以赏月观星。园中杂莳花木，使四时均有雅丽之花叶，可以悦目。选毛羽秀丽、鸣声谐雅的动物，散布花木中间；须避去用索系猴、用笼装鸟的习惯。引水成泉，勿作激流。汇水成池，蓄美观活泼的鱼。室内糊壁的纸、铺地的毡，都要选恬静的颜色、疏秀的花纹。应用与陈列的器具，要轻便雅致，不取笨重或过于琐巧的。一室中要自成系统，不可混乱。陈列雕刻、图画，都取优美一派；应有健全体格的裸体像与裸体画。凡有粗犷、猥亵、悲惨、怪诞等品，即使描写个性大有价值，这里都不好加入。过度激刺的色彩，也要避去。备阅览的文字，要乐观的，和平的；凡是描写社会黑暗方面、个人神经异常的，要避去。每日可有音乐，选取的标准与图画一样，激刺太甚的、卑靡的，都不取。总之，各种要孕妇完全在平和、活泼的空气里面，才没有不好的影响传到胎儿。这是胎儿的美育。

孕妇产儿以后，就迁到公共育婴院。第一年是母亲自巳〔己〕抚养的；第二、三年，如母亲要去担任他的专业，就可把婴儿交给保姆。育婴院的建筑，与胎教院大略相同，或可联合一处。其中陈列的雕刻、图画，可多选裸体的康健儿童，备种种动静的姿势；隔几日，可更换一套。音乐，选简单静细的。院内成人的言语与动作，都要有适当

---

① 埃及的高压式：指埃及神庙的建筑风格，即均用巨石垒造而成，利用石柱支撑，以石拱扩大空间，从而营造出肃穆、神秘、压抑的氛围。

② 峨特的偏激派：峨特，通译"哥特式"，为创始于法国的一种建筑样式，巴黎圣母院为其典范。它有尖肋拱顶、飞扶壁等特点。欧洲中世纪著名教堂的建筑，多半是哥特式。"峨特的偏激派"，指哥特式建筑中过度重视装饰性、轻视实用性和简约美的一派。

的音调、态度，可以作儿童的模范。就是衣饰，也要有一种优美的表示。

在这些公立机关未成立以前，若能在家庭里面，按照上列的条件小小布置，也可承认为家庭美育。

儿童满了三岁，要进幼稚园了。幼稚园是家庭教育与学校教育的过渡机关，那时候儿童的美感不但被动的领受，并且自动的表示了。舞蹈、唱歌、手工，都是美育的专课。就是教他计算、说话，也要从排列上、音调上迎合他们的美感，不可用枯燥的算法与语法。

儿童满了六岁，就进小学校。此后十一二年，都是普通教育时期。专属美育的课程，是音乐、图画、运动、文学等。到中学时代，他们自主力渐强，表现个性的冲动渐渐发展，选取的文字、美术，可以复杂一点，悲壮、滑稽的著作，都可应用了。

但是美育的范围，并不限于这几个科目；凡是学校所有的课程，都没有与美育无关的。例如数学，仿佛是枯燥不过的了，但是美术上的比例、节奏，全是数的关系，截金术[①]是最显的例。数学的游戏，可以引起滑稽的美感。几何的形式，是图案术所应用的。理化学似乎机械性了，但是声学与音乐，光学与色彩，密切的很。雄强的美，全是力的表示。美学中有感情移入论[②]，把美术品形式都用力来说明他。文学、音乐、图画，都有冷热的异感，可以从热学上引起联想。磁电的吸距，就是人的爱憎。有许多美术工艺，是用电力制成的。化学实验，常见美丽的光焰。元子[③]、电子的排列法，可以助图案的变化。图画所用的颜料，有许多是化学品。星月的光辉，在天文学上不过映照距离的关系，在文学、图画上便有绝大的魔力。矿物的结晶、闪光与显色，在科学上不过自然的结果，在装饰品，便作重要的材料。植物的花叶，在科学上不过生殖与呼吸机关或供分类的便利，动物的毛羽与声音，在科学上作为保护生命的作用，或雌雄淘汰的结果，在美术、文学

---

① 截金术：指黄金分割法，亦称"黄金分割率"，简称"黄金率"，是艺术造型中的一种分割法则。其分割方法为：把一条线段分为两部分，使长段与短段之比恰恰等于整条线段与长段之比。其数值比，为1.618∶1或1∶0.618，被称为黄金比。黄金比广泛应用于艺术造型中，具有美学价值。
② 感情移入论：关于美的本质的意见中支持主体论的一个派别所持的观点。该派别认为：美是观念，是人的主观感受的产物；对象美，是因人的感情移入到客体上去的结果。
③ 元子：今通称"原子"，是物质保持其化学性质的基本微粒。一个原子包含有一个致密的原子核以及若干围绕在原子核周围旋转的电子。

上，都为美观的材料。地理学上云霞、风雪的变态，山岳、河海的名胜，文学家、美学家的遗绩，历史上文学、美术的进化，文学家、美术家的轶事，也都是美育的资料。

由普通教育转到专门教育，从此关乎美育的学科都成为单纯的进行了。爱音乐的，进音乐学校；爱建筑、雕刻、图画的，进美术学校；爱演剧的，进戏剧学校；爱文学的，进大学校文科；爱别种科学的人，就进了别的专科了。但是，每一个学校的建筑式、陈列品，都要合乎美育的条件。可以时时举行辩论会、音乐会、成绩展览会、各种纪念会等，都可以利用他来行普及的美育。

学生不是常在学校的，又有许多已离学校的人，不能不给他们一种美育的机会。所以，又要有社会的美育。

社会美育，从专设的机关起。

（1）美术馆。搜罗各种美术品，分类陈列。于一类中，又可依时代为次。以原本为主，但别处所藏的图画，最著名的，也用名手的摹本，别处所藏的雕刻，也可用摹造品。须有精印的目录，插入最重要品的摄影。每日定时开馆。能不收入门券费最善；必不得已，每星期日或节日必须免费。

（2）美术展览会。须有一定的建筑①，每年举行几次，如春季展览、秋季展览等。专征集现代美术家作品，或限于本国，或兼征他国的。所征不胜陈列，组织审查委员选定。陈列品可开明价值，在会中出售。余时，亦可开特别展览会，或专陈一家作品，或专陈一派作品。也有借他国美术馆或私人所藏展览的。

（3）音乐会。可设一定的会场，定期演奏。在夏季，也可在公园、广场中演奏。

（4）剧院。可将歌舞剧、科白剧②分设两院，亦可于一院中更番演剧。剧本必须出文学家手笔，演员必须受过专门教育。剧院营业如不敷开支，应用公款补助。

（5）影戏馆。演片须经审查，凡无聊的滑稽剧、凶险的侦探案、卑猥的恋爱剧都去掉。单演风景片与文学家作品。

（6）历史博物馆。所收藏大半是美术品，可以看出美术进化的痕迹。

（7）古物学陈列所。所收藏的大半是古代的美术品，可以考见美术的起原。

---

① 建筑：此处指举办美术展览会的场馆。
② 科白剧：与歌舞剧相对的剧种，通常指话剧、滑稽喜剧等，演员凭借台词和动作进行表演。

（8）人类学博物馆。所收藏的不全是美术品，或者有很丑恶的，但可以比较各民族的美术，或是性质不同，或是程度不同。无论如何幼稚的民族，总有几种惊人的美术品。又，往往不相交通的民族，有同性质的作品，很可以促进美术的进步。

（9）博物学陈列所与植物园、动物园。这固然不专为美育而设，但矿物的标本与动植物的化石，或色彩绚烂，或结构精致，或形状奇伟，很可以引起美感。若种种生活的动植物值得赏鉴，更不待言了。

在这种特别设备以外，又要有一种普遍的设备，就是地方的美化。若止有特别的设备，平常接触耳目的，还是些卑丑的形状，美育就不完全。所以，不可不谋地方的美化。

地方的美化，第一是道路。欧洲都市最广的道路，两旁为人行道，其次公车来往道，又间以种树、艺花，及游人列坐的地方二三列。这自然不能常有的。但每条道路，都要宽平。一地方内各条道路，要有一点匀称的分配。道路交叉的点，必须留一空场，置喷泉、花畦、雕刻品等。

第二〔是〕建筑。三间东倒西歪屋，固然起脆薄、贫乏的感想；三四层匣子重叠式的洋房，也可起板滞、粗俗的感想。若把这两者并合在一处，真异常难受了。欧美海滨或山坳的别墅团〔群〕体，大半是一层楼，适敷小家庭居住；二层的已经很少，再高是没有的。四面都是花园，疏疏落落。分开看，各有各的意匠；合起来看，合成一个系统。现在各国都有"花园城"的运动，他们的建筑也大概如此。我们的城市改革很难，组织新村的人，不可不注意呵！

第三是公园。公园有两种。一种是有围墙、有门，如北京中央公园、上海黄浦滩外国公园的样子。里面人工的设备多一点，进去有一点制限。还有一种，是并无严格的范围，以自然美为主。最要的是，一大片林木，中开无数通路可以散步；有几大片草地，可以运动；有一道河流，或汇成小湖，可以行小舟；建筑品不很多，游人可自由出入。在巴黎、柏林等，地价非常昂贵，但是这一类大公园，都有好几所永远留着。

第四是名胜的布置。瑞士有"世界花园"的称号。固然是风景很好，也是他们的保护、点缀很适宜，交通很便利，所以能吸引游人。美国有好几所国家公园，地面很大，完全由国家保护，不能由私人随意占领，所以能保留他的优点，不受损坏。我们国内名胜很多，但如黄山等交通不便，颇难游赏；交通较便的，如西湖等，又漫无限制，听无知的人造了许多拙劣的洋房，把自然美缀了许多污点，真是可惜。

第五是古迹的保存。新近的建筑，破坏了很不美观；若是破坏的古迹，转可以引起许多历史上的联想，于不完全中认出美的分子来。所以保存古迹，以不改动他为原则。但有些非加修理不可的，也要不显痕迹，且按著原状的派式，并且留得原状的摄影，记述修理情形同时日，备后人鉴别。

第七〔六〕是公坟。我们中国人的做坟，可算是混乱极了。贫的，是随地权厝①，或随地做一个土堆子；富的，是为了一个死人，占许多土地。石工、墓木，也是千篇一律，一点没有美意。照理智方面观察，人既死了，应交医生解剖，若是于后来生理上、病理上可备参考的，不妨保存起来；否则，血肉可作肥料，骨胳〔骼〕可供雕刻品，也算得是废物利用了。但是人类行为，还有感情方面的吸力，生人对于死人，决不肯把他哀感所托的尸体简单的处置了。若是照我们南方各省，满山是坟，不但太不经济，也是破坏自然美的一端。现在，不如先仿西洋的办法。他们的公坟有两种。一是土葬的，如上海三马路、北京崇文门，都有西洋的公坟。②他是画一块地，用墙围著，布置一点林木。要葬的，可以指区购定。墓旁有花草，墓上的石碣有花纹、有铭词，各具意匠，也可窥见一时代美术的风尚。还有一种是火葬。他们用很庄严的建筑，安置电力焚尸炉。既焚以后，把骨灰聚起来，装在古雅的瓶里，安置在精美石坊的方孔中。所占的地位比土葬减少，坟园的布置也很华美。这些办法，都比我们的随地乱葬好，我们不妨先采用。

我说美育，一直从未生以前说到既死以后，可以休了。中间有错误的、脱漏的，我再修补，尤希望读的人替我纠正。

---

① 权厝（cuò）：人死入土前临时置棺待葬的做法。
② 上海三马路的公坟，即位于上海公共租界三马路（今汉口路）附近的公墓，当时主要安葬在华去世的外国人士。它布置规整，有专人管理，具有园林化风格。北京崇文门的公坟，即崇文门基督教堂（当时名为亚斯立堂）附设的三块墓地。它也是依照欧美的公墓布局和实施管理。

75　幼稚园的设计教学法

陈静波

1922年6月

题　解　　本篇原载《景海星》第4期"教育"栏。发表时间为1922年6月。

撰著者陈静波，女，生卒年未详，当时为教会女学景海女子师范学校幼稚师范科四年级学生。此文当为她的课程论文。

设计教学法，亦称单元教学法，一般认为由美国教育家克伯屈（又译基尔帕特里克）倡导并加以大力推广。其特点在于设想、创设一种问题情境，让学生自己去计划、执行，并解决实际问题。它要求废除传统的班级授课制，摒弃教科书，不受学科限制，由学生根据自己的兴趣决定学习内容，在自己设计并负责的单元活动中获得有关知识和解决实际问题的能力。该法于1918年由克伯屈在其《设计教学法》一书中明确提出，随次年杜威来华讲学传入中国，并曾兴盛一时。

《景海星》，校办学生刊物，半年刊、年刊，1921年1月创刊于苏州，由景海女子师范学校主办、编辑并发行，旨在为学生的学习心得和研究成果提供发表的园地，并借以联络校友情谊。主要栏目，有论著、调查、记载、感言等；主要撰稿人，有吴润珠、黄美玉、丁舜华等。1924年终刊，共出5期。

近年来，设计教学法之讨论，凡关心教育事业者莫不研究。报章、杂志对于设计教学的文章日有所见，全国的教育机关皆取设计法为研究的问题。此足证我中国教育进步的好景象。今将幼稚园的设计教学法述之于下。

讨论幼稚园设计教学之先，要提出旧法之缺点同设计教学的意义。从前的教授法，不能引起学生的兴味，没有共同的机会，不能与他科联络，学生是被动的，所学的不能实用。设计教学法，就是要补旧法的缺点。现在，将设计教学法的大意写在下面。

设计教学法者，是有目的的，亦有社会价值的。可用一譬方以明之。如一儿向母亲要做新衣一件，其母答曰："购衣须洋六元，我能付出半数，余则汝积另〔零〕用费以补之。"此儿已有这目的，则平日克己。要做新衣，他有一定的计划；他做衣服，有目的，亦有社会的价值；给自己或给别人，他的目的很明了。要达到此目的，必有阶级的预备，可以一步一步的做上去。这是个人的设计。

今欲叙述教师怎样对于学生的设计法。这个设计，当以学生为主位，教师为客位；学生处于自动的地位，教师仅负指挥、诱导之职。要采取学生经验中的事，能够合配他于现在及将来的，取为教材，任学生自由发挥心意。这就是以学生为主位。学生在实行自动的时候，教师宜注意学生的困难，设法以助之。倘做而不成功，中途而废，与他的前程很有危险。教师趁其实行时，要把目的提醒，但不能用先生自己的目的。这就是以教师为客位。

设计教学法的目的，就是重视学生所需要的，合乎现今社会所实用的。设计法既然使学生所学的能实用，这样学生不是被动，是主动了。学生有了真正的需要，然后方肯尽心极力去做。未做之先，有了计画；事成之后，有一定的判断，并且他的计划同判断，是明了的、有目的的、坚固可靠的、独立的，亦是建造健全人格的。不像那奴隶，受人支配而无定向的、无目的的，只有主人的计划同判断。故设计法可谓是关于自身所需要的，亦能应付社会所适用的，不离道德的。这样看来，设计教学法不但能养成学生智能，并且可养成一个完全的好公民。

教师用设计法指导学生，学生用设计法学习，无非想达到设计的目的。教师要达到这个目的，先要明白学生的心理，然后设各种相当的激刺，以盼望得所预计的反应。譬如学生遇了一个难题，教师当勉励之，使他可胜过这难题。他要胜过这难题，势必先有设计，后来才用他的脑力去想，用他的手去做，用他的旧智识去应用。再有不足的，亦愿想法去补足他。一面做，一面加以研究、试验、改良，必达到目的才肯放手。教师在学生胜过难题的时候，宜使有满意的结果，则下次遇有难题，必能尽力考察。凡一事，经过思想，必能深印脑府。日后遇有相仿之情形，易于唤起旧时之印象。凡明白心理学的教师，用了设计法，更能达到他所把望的目的。因儿童的本能、才能有一定发达的时期，教师按他们的本能同才能发达的程序，利用这设计教学法，好像对症服药，收效必灵。

教师既用设计法，对于选材及教题极须研究。选材及教题的方法，就是先要考察儿童的程度、智力及家庭同社会的环境，并要根据他们的兴味、本能而选择合配的材料。

现在要说到对于幼稚园的设计教学法。儿童出了母胎，第一次所进的学校就是幼稚园。故幼稚教师在儿童初步学习事物的时候，宜静心研究关于幼稚园的设计教学法。因幼稚时代为人生最要紧的一个阶级。不论何种动植物，亦必由幼时培植起来。讲到我们的行为、智识，是在生后学得的；道德、信仰、思想，也是逐渐养成的。这些活动，都要在幼稚时期发展。因为这时期的能力发展很快，养成习惯也很容易，故设计教学法在幼稚园就应该正式施行了。

今将我们幼稚园平日所用的设计教学法，来讨论讨论。

说到幼稚园选择题目及材料的法子，最好要在小儿经验界中及与日常生活有关系的，作为题目及材料。儿童对于自己有经验的事很有兴味；倘若不然，不但不懂，而且无兴味。等到没有兴味，那就不肯用心注意了。这样看来，若教材不合，虽用设计的方法也是不能有效验了。故我们选择题目没有限定，有时为先生选择，有时由儿童自己到花园或路途中遇见之事作为教题，有时教师按时令或儿童智识所能及者做题目。

下面说明先生出题目怎样用设计法教学儿童。举一实例。

有一天，我们设计的题目，论到风怎样帮助行水路的人。教师预先将各种关于风的材料（大小恩物、木珠、竹棒、纸人、浆、颜色笔、各种有色的软硬纸、剪力〔刀〕、绵〔棉〕）置各班的小桌上。儿童仍照平日的秩序进行。在谈话的时候，先生略略的解说本日的题目，学生同时亦提出他们自己对于船的经验。但有年龄较幼的儿童，对于风助船前进的观念不很清爽，非使他们实物观察不可。

本幼稚园邻近适有城河，往来的船亦很多。此日适有风，乃领儿童排立在岸傍，观往来的船只。先生指示风的方向，有数儿说："来的船有风篷，只有一人摇，而走得很快；那去的是空船，是有三四人摇着，并有人拉纤，但不比来的船快。"教师遂趁此机会，讲明顺风、逆风的道理。

待他看清楚后，回来时，先生问明所看见的怎样，学生一一回答。但先生不告诉他们要怎样做手工或搭木头，任儿童自己发表心意。有的用木块搭船同河，有的说要画船，有的要摺船。先生说:"现在各班到自己的班次里去,随自己的意思去做。"于是分班,各依自己的意思去做,正像一班小工人,很忙的在那里做工。但有的所发表的不对,教师稍加指示。有几个小儿将船做好后,又用木块搭成河、城墙、桥,又插些树枝,当树植在河边,还用几个纸人站在那里,当做他们去看船的样子。另有一儿说:"今天不是有风吗,为何不张篷?"搭河的小儿说:"风篷已破了,要重做一个。"于是将纸剪成风篷,插在船头上;一纸人在船上摇,里面还坐着几了〔个〕客人。他自言自语的说:"上海要到了,船客预备好,要上岸了。"过一时喊着说:"到了,到了,要小心,一个一个上来,不要乱。"一面说,一面把纸人一一拿到岸上。他表演的时候,很有兴味,想像亦很浓的。还有一年龄较大的小儿,用木块搭成码头同几座大的洋式房子,又将木块搭一轮船在一硬纸上,以便移动而不倒,船上有大的烟囱,船行的时候,同时又作放汽管的声音。此时各儿所发表的不同,不能一一举出来。

现在要说到共同动作的发表。依各班的主见,要用大恩物搭桥及河。在地板上,将已做好的大船系以绳,两儿背纤,沿岸而走,一面唱着摇船歌。背纤时,似很用力。一儿不留意,蹈入河里,在傍观看的人就喊着:"跌入水中,将溺死了!"并作急奔状往救之。

以上所述,是设计教学法的大略。内中含有智、德、体三育,以养成完全的人格,并可使儿童有真的兴味,和有判事的能力、克制的功夫。每得到一种智识或技能,必有公共动作及互助的精神。任教育的诸君,对于设计教学法岂可不研究么?

76 幼稚园中游戏的价值

李国华

1922年6月

题 解　本篇原载《景海星》第4期"教育"栏。发表时间为1922年6月。

撰著者李国华，女，生卒年未详，当时为教会女学景海女子师范学校幼稚师范科四年级学生，此文当为她的课程论文。

有关《景海星》，参见前文《幼稚园的设计教学法》题解。

譬如一粒种子种在花园里，种子长发起来茂盛不茂盛，是要看地土肥美不肥美，园丁栽培尽力不尽力，雨露日光均匀不均匀。倘然地土肥美，园丁尽力，雨露日光均匀，种子自然生长茂盛；若这几样中缺少一样，种子就不能够茂盛了。这就可以晓得这几样事情对于种子是怎样的要紧了！

幼稚园就是一个栽培幼儿的花园。福罗伯①（Froebel）说："幼稚园是一种庭园，保育未达学龄的幼儿，可以自由发展身心各方面。"所以，儿童到幼稚园中，如同一粒花种栽在花园里，幼儿得着先生的保育，各样教授法的栽培，自然可以成功〔为〕好孩子。若是先生保育法不善，或是教授法有缺点，就如花种种在地里，没有好的园丁栽培或所需的雨露或适当的日光，虽也得生长，犹如花放在温室里容易凋落，因为已失了自然生长的本性了。小孩也是这样。所以，先生的保育法当完全，也要用合配的教授法。因为

---

① 福罗伯：通译福禄培尔。

幼稚园中的教授法，就是幼儿的地土、日光、雨露。

幼稚园中，所用教授儿童的方法有四种，就是游戏、唱歌、谈话、手工。这几样对于幼儿皆有益，但是最能发展小孩身心的，是游戏。所以，现在要将游戏的价值略略的说一说。

我国先哲在儿童的时候也喜欢游戏，他们所游戏的事都记在书籍上。就如：孔子游戏，尝陈俎豆，这是他修明礼乐的根性；孟子游戏，模仿性最强，所以孟母三迁，孟子游戏的方针也随之改变。这样可以晓得古时不禁止儿童游戏。古时的教化传到中世，就将教育的方针改了，变成了专制的教育，不许儿童游戏了，说儿童游戏是耗费好的光阴。

不但是中国这样，就是欧西各国也是这样。到了西历一千八百余年的时候，福罗伯查出，游戏对于儿童有最大的价值，福罗伯就创设幼稚园，并且著出许多的书来讨论游戏的价值。从这时候起，教育家才用游戏的教授法。

现在的教育是日新月异，最新教授法是设计法，是使儿童自出心才，用游戏的方法做出来。

那么，游戏两个字是什么意思呢？就是可以发表小孩身心盛旺的活动。因为幼儿的天性，以游戏为最有幸福、最高贵的事。倘若阻止小孩的游戏，或不替小孩备玩具、备地方，并无好的方法引导，幼儿的心身必不能完全发达。这样，可知游戏是怎样的要紧了。

所以，讲求幼儿的身心圆满，活动为大目的。幼稚园对于幼儿的游戏，当特别注重。所以，幼稚园可称为幼儿游戏的地方。幼儿既到幼稚园，先生要从幼儿无规则的游戏中，渐渐引入到有规则的游戏。有规则的游戏，对于儿童有两种极大的价值：（1）帮助小孩有互助的精神；（2）帮助小孩有竞争的精神。

有规则的游戏分为两种：（1）技能的游戏；（2）表演的游戏。

技能的游戏。幼稚园中，利用儿童天然无规则的游戏而成为有益的本事，如跳高、跳远等，所以名技能的游戏。对于卫生方面，可以加增力量、强健筋肉；对于生理方面，也有益处。

表演的游戏。大概是表演人类的动作。当由小孩自然表演。表演能熟习事实，能清爽观念，对于社交方面、道德方面皆有益。但于表演时当注重的，是不可变成真的作戏。若变成真的作戏，是失去表演游戏的价值了，不但无益，并且有害。

游戏对于小孩，有最大的价值。从前福罗伯说："游戏有两样最大的价值：（1）使小孩知友谊的道理；（2）使小孩可以更换智识。"后来教育家说，游戏大概有八样价值：（1）公道的心思；（2）节制的道德；（3）自治的才能；（4）真道；（5）忠心；（6）勇敢；（7）恒心；（8）协力。不论何种游戏，皆含有这八样的美德。这样看来，游戏的价值真正是说不尽了。所以，幼稚园中用游戏教学法是最合配的。

77 幼儿心理和幼稚园

胡超伦

1922年11月6日

另图51　胡超伦像

题　解　本篇原载《青浦县教育月刊》第 7 期"研究"栏。撰成时间为 1922 年 11 月 6 日，同月发表。

撰著者胡超伦，生卒年未详，江苏青浦（今属上海）人。上海持志大学毕业，获文学士学位。曾在《教育杂志》上发表《一个大单元的教学报告》，在《申报》上发表《国民学校应如何实施二部编制》，并在《持志年刊》及各地的《国民教育指导月刊》上发表多篇教育论文及诗作。编著有《国民教育联合成绩展览》《国民教育视察与辅导》等。

《青浦县教育月刊》，月刊。1922 年 5 月创刊于青浦，由青浦县劝学所和青浦县教育会联合主办，主编曹维桢。主要栏目，有会务记录、文牍、评论、研究等；主要撰稿人，有沈百英、盛朗西、曹祖参、徐济江等。停刊时间不详，目前能查到的最后一期是 1922 年 12 月出版的第 8 期。

教育须根据儿童心理，这是大家都知道的。不过，教育怎样去根据儿童心理，那是须待学者的研究。所以，我起先握笔的时候，标题叫做《教育和心理》，专论教育和心理的关系，后来觉得，这个题目的范围太大了，一时也说不尽许多，所以但就根本上、起点上研究，把题目改做《幼儿心理和幼稚园》，用心理的原则解释教育的怀疑。不过这一篇里错误的地方想必不少，还得请同志们指正！

一、幼稚园的保育主义是根据什么？

小孩子从三岁到七岁，叫做幼儿前期①，正是送到幼稚园里受保姆保育的时期。

这个时期里，是自发活动最旺盛的时候。不论是身体的动、心意的动，所有动作都起于冲动，就是无目的、无思虑、自然发现的活动。

因为幼儿有了活动的天性，所以不喜欢静坐，天真烂漫，纯任自然，把游戏当做最快乐的一件事。如果常受人家的干涉和强制，那末幼儿身心束缚，将来在社会上总是畏缩迟缓，造成一个庸碌无能的懦夫。

十九世纪德国的福禄培尔曾说："幼儿的心常有冲动的活动，能够利用于教育，必有很大的益处。"所以，他就创设了一个幼稚园，使幼儿自由发现天性的活动，并用方法去导纳到善良的轨道上。他用着这种主义去保育幼儿，常得很好的结果。所以，现在的幼稚园多用着福氏的保育主义。

二、幼稚园的功用是什么？

幼稚园的功用有二，今分说如下。

（一）修正本能

本能，是不学而能的动作，这是大家知道的。但是，这种不学而能的动作，是很粗糙、盲目的，我们必须用适当的方法去修正和培养。

例如，不论那一种木材，必须经过了刀斧才得成器；就是大部分的本能，必须用工具去修正，才得有良好的应用。那几种的本能，应该用"停用法"去修正他的？（例如要防制惧怕本能的发达，须想法除去引起惧怕的外感。）那几种本能，应该用苦痛或愉快的结果去修正他的？（例如用手制器而得赏，用手扑火而受伤，使幼儿明白同一用手

---

① 幼儿前期：此称谓似不确当，现今通称"学龄前期"。

而得到或苦痛或愉快的结果。）那几种的本能，应该用代替法[①]或化纯法[②]去修正他的？（例如把幼童挺身而走的发怒感情，移到杀身成仁、为真理而奋斗。）全在教育者分别修正之。

（二）改良习惯

活动是儿童的天性。不过，同一的活动，经过了屡次的反复，就可以造成习惯。明白的讲，就是小儿的脑子仿佛像一张白纸，并没有一些的痕迹。当他最初动作时，脑中必定印着一个定型。后来受了同一的刺激，脑中就按着前有的定型起动作了。

不过，他最初的动作，是在模拟中得来，是在人事界模拟得来。因为他模拟的不尽是好的，所以他的习惯不尽是好的。因为不好的习惯应该除掉的，所以幼稚园里应该随时随地留意幼儿的模拟，矫正幼儿不良的习惯。

三、幼稚园里为什么要注重游戏？

幼儿的动作，纯由心中自由表现，绝对不欢迎外界的干涉。

常见六七岁的小儿，联合了哥姊弟妹，削竹为刀，弯竹为弓；乡间小儿，抛砖弄石，追人逐狗，本他天赋的活动，自由的表现。

所以，幼稚园的注重游戏，就是要满足幼儿活动的愿望；不过用一些方法，去化无意识为有意识，变无目的为有目的罢了。

---

① 代替法：也称替代法或换元法。原为物理实验方法，后引入教育学和心理学领域。
② 化纯法：也称纯化法。原为物理、化学的实验方法，即将多种物质的聚集体通过筛选、离析而变成单一物质的方法。后引入教育学和心理学领域。此处实指通过教育和引导，将幼儿的某种情绪反应转化为更高尚的意志品质。

四、幼稚园里为什么要注重恩物？

小儿天性最喜玩具，什么喇叭、鼓、笛，整日不离，几当他第二生命。即使乡村小儿，没有玩具，也是堆瓦成塔、切草为蔬、团泥成龟、击石为刀，靠着创造的玩具，供给他们的玩弄。

所以，福氏就利用这个心理，制定幼稚园的玩具，叫做恩物（就是说上帝所恩赐与儿童的东西）。这种恩物的精神，就在几个长阔、方圆的木块。这几个木块的精神，就在发展幼儿的想像和创造。

所以，福氏的恩物不是用机械去发动，是需心思去运用；不是表现呆板的动作，是有变化的形式；不是一玩即厌，是能玩久生巧。可以说，他是启发幼儿灵机的宝钥；也可说，他是储藏智慧的宝库。

所以，看他是几个木块，但是对于幼儿有很大的功劳呢。

五、幼稚园里为什么要注重谈话？

幼儿前期已具有心理的同情。尝见五六岁的小孩，随母亲的快乐而快乐，随母亲的悲苦而悲苦。

所以，在这个时期里，教育者把故事讲给他们，必能引起幼儿的同情心，或赞美，或悲苦，或咎责，或快乐等种种心理作用。心理上既起了如许作用，那末幼儿和故事已合而为一。幼儿不但欣赏故事，简直是生活在故事领域中了。在这种情形之下，必能影响到将来国民性的改造。不过，在这个时期里，能够使幼儿感同情的人物，都是可以和幼儿做伴侣的，并且幼儿也喜欢和他们做伴侣的。如果用了冒险和勇武色彩的故事给他们讲，那是没有不失败的。所以幼稚园里，常用《老妇和小猪》《三只小猪》等物语故事讲给幼儿，使幼儿的同情圆满发达，幼儿的德性日渐高尚。

小儿因具有把持的本能，所以喜欢持物。不过，他不知道人和己的区别，如果叫他把足喂狗，他也愿意。后来因痛苦的感觉，就慢慢地感有自己了。所以幼稚园里，常利用把持的本能和自我的成长，在谈话里教以常识，使幼儿深信：人类可以制服自然！自己可以创造一切!

六、幼稚园里应否使幼儿识字?

人生最初的记忆,大约在三岁左右。当他最初能记忆的时候,必定是特殊的事项。到了六七岁的时候,能够记忆什么怕啊、惊啊,这是因为,怕和惊都有很强的感觉。如果有某种事项,和幼儿并没有特殊的感情,平平常常的,要幼儿记忆,那是没有不失败的。所以,有许多的幼稚园里,并不教幼儿读书识字。

但是社会上有许多的人不明白这层原理,说是要读书才送到幼稚园里的,如果在半年里不识几个字回去,怕不要在信仰上受着影响么?

所以,在幼稚教育没有发达的时候,为迎合社会心理起见,不得不添设识字课。不过,总要等到幼儿有了学习的动机,有了学习的要求,才能教给他们。如果只顾社会心理,把整块知识拼命的灌输,强使幼儿记忆,那么,不要说是"缘木求鱼,终不可得",就是生理上、心理上也要大受影响哩。

七、幼稚园里上课时间为什么要短?

幼儿前期,做事最难有恒。他所以难于有恒的缘故,有两个理由。

(一)因律动的关系

世间一切事务的进行,都是波动的,不是直线的。试观幼儿求学,有时一日千里,有时横生阻力。推求他的原因,实受律动的支配。要求救济的方法,惟有时时改换形式,不用同一的方法强幼儿长久的注意。所以幼稚园里,每二十分或三十分,必须调换一种教材。

（二）因疲劳的关系

人的疲劳，因为血腋〔液〕中发生毒素、脑子里细胞萎缩的缘故。幼儿的身体各部分都没有完全发达，所以无论做什么事都很容易疲劳。幼稚园里上课时间的缩短，也就是为着救济幼儿的疲劳。

八、幼稚园里应该有怎样的设备？

幼稚园的功用既然是修正本能和改良习惯，那末不但在上课的时候要注意到这两条功用，就是在无论什么地方，也不能够不注意到这两条功用。

不过我想，现在家庭里不明白幼稚教育的还是不少，社会上不良的组织还是很多。统计幼儿置身不良环境的时候，还是超过全数之半。那末，幼稚园里的保姆，虽有改良习惯、修正本能的苦心，恐怕终不能够办到么。

所以，最好幼稚园里备有膳宿，使幼儿的作息完全在幼稚园里，和不良的环境完全隔绝。那园里设备，应该包含自然、人事两界；须具有良好的社会环境、快乐的家庭生活和有关人类的动、植、矿物，可以随时随地触动幼儿的观察和研究。那末，自能事半功倍了。

九、幼稚园里宜采用那一种的教学法？

这个问题，很容易解决。

因幼儿的活动既然是由他自由的表现，绝对不欢迎外界的强制，那末教学的方法，自然应当随幼儿的活动而活动。

既然他的活动没有固定的目的，大都起于外界的冲动，那末教学的方法，自然应当先设下了一个环境，去冲动幼儿的活动，发出学习的要求，然后施以相当的教育。

所以，敢胆大的说一句话：幼稚园里，最相宜采用设计的教学法。

78 幼稚园恩物应当用福氏教具入手

陈中瑾

1922年11月10日

题　解　　本篇原载《青浦县教育月刊》第7期"研究"栏。撰成时间为1922年11月10日，同月发表。

撰著者陈中瑾，女，生卒年未详。1930年前后任南京女子中学附属幼稚园主任。

有关《青浦县教育月刊》，参见前文《幼儿心理和幼稚园》题解。

福禄培尔研究幼儿教育几十年，发明恩物十二种。这十二种恩物，没有一种不切合幼儿的心理，没有一种不是变化无穷的，所以不但可以发表幼儿的思想，并且幼儿玩弄他狠有趣味的。

后蒙台梭利依福氏的教具而推广之，又有各种恩物出现。这种恩物的职能，多在练习感官方面，所以狠有益于身心的。

世界各国的幼稚园，从前多用着福氏教具，近来也有用着蒙氏的教具了。不过幼儿天性好动、好玩弄、好毁坏，蒙氏的教具尚静、尚缜密，所以幼稚园里应用福氏教具入手。敝校附设幼稚园里，备有福氏教具六种，今逐种说明如下。

一、第一种恩物说明

用红、橘、黄、绿、蓝、紫六色绒绳，钩结成圆形，中盛以棉花，上系短绳如下图（原图20）。

二、第二种恩物说明

用木制成圆体木一、立方体木一、圆桂〔柱〕体木一。此三体之大宜相等。外附木盒一个、箸三根，共为一组。此组恩物，自外形视之，不过三种木物，有何大用？其实，宇宙万物的形态，都被这三种形体包括了。列如下图（原图21）。

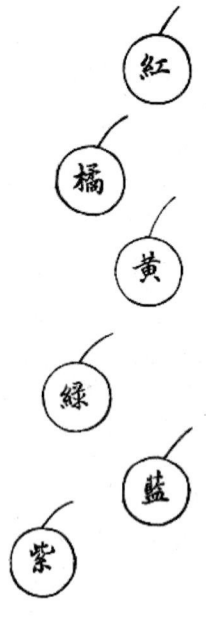

原图20　第一种恩物

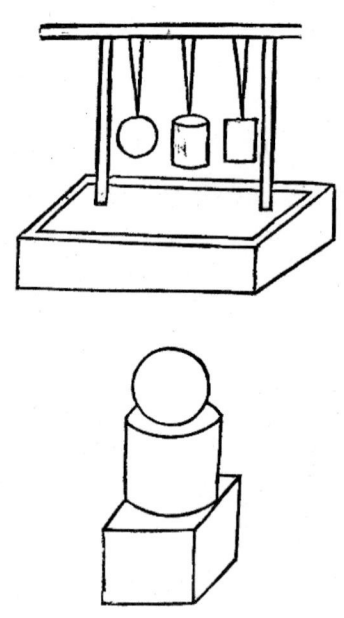

原图21　第二种恩物

三、第三种恩物说明

用小立方木块八块，积叠成一大立方体，装置一盒。此组恩物，应各具一盒。教员先示以玩法，然后令各自玩弄之。列于下图（原图22、原图23）。

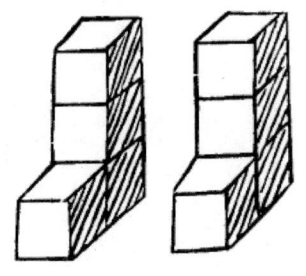

原图22　双椅

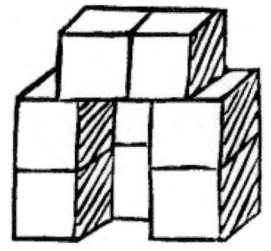

原图23　小屋

四、第四种恩物说明

用扁平长方木八块。其辟〔阔〕，适与第三恩物小立方体同；其厚，则仅及小立方之半。列如下图（原图24、原图25）。

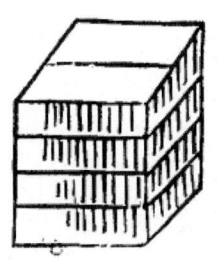

原图24　立方

原图25　牌楼

五、第五种恩物说明

用一种轻细的木,做成一个三寸的立方体。由这三寸的立方体,分为二十七个立方体。拿二十七分之〔三〕,得三个立方体,用对角线分为六个正三角体。再拿二十七分之三个立方体,分为十二个正三角体。共分为三十九块。列图如下(原图26、原图27)。

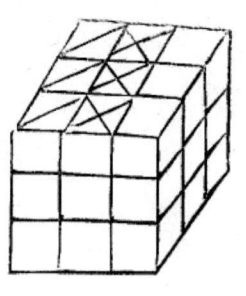

原图 26 立方

原图 27 洋屋

六、第六种恩物说明

用旧式的制法,是三寸半的立方盒里,装三寸立方体。立方体划分三十六块。他的划分法:一寸宽、半寸厚、二寸长的十八块;一寸平方、半寸厚的十二块;半寸宽、厚,二寸长的六块。列图如下(原图28、原图29)。

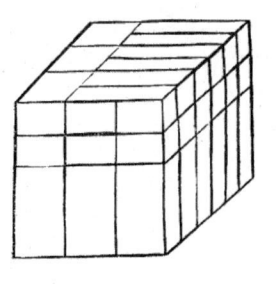

原图 28 立方

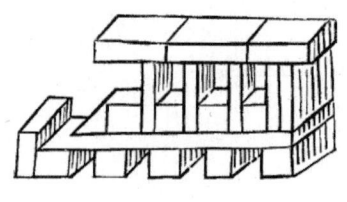

原图 29 火车

图书在版编目（CIP）数据

中国学前教育史料集成．卷三，蒙养园论集．下册/喻本伐总主编；喻本伐，赵燕本卷主编．—北京：人民教育出版社，2022.8
ISBN 978-7-107-36855-4

Ⅰ．①中… Ⅱ．①喻…②赵… Ⅲ．①学前教育—教育史—史料—中国 Ⅳ．① G619.29

中国版本图书馆 CIP 数据核字（2022）第 131796 号

中国学前教育史料集成　卷三　蒙养园论集　下册
ZHONGGUO XUEQIAN JIAOYU SHILIAO JICHENG　JUANSAN
MENGYANGYUAN LUNJI　XIACE

丛书责编　刘雅琴　焦　艳
本书责编　向　导
书籍设计　张志奇

出版发行	人民教育出版社 （北京市海淀区中关村南大街17号院1号楼　邮编：100081）
网　　址	http://www.pep.com.cn
经　　销	全国新华书店
印　　刷	北京华联印刷有限公司印装
版　　次	2022年8月第1版
印　　次	2022年11月第1次印刷
开　　本	787毫米×1092毫米　1/16
印　　张	33
插　　页	4
字　　数	566 千字
定　　价	130.00 元

版权所有·未经许可不得采用任何方式擅自复制或使用本产品任何部分·违者必究
如发现内容质量问题、印装质量问题，请与本社联系。电话：400-810-5788